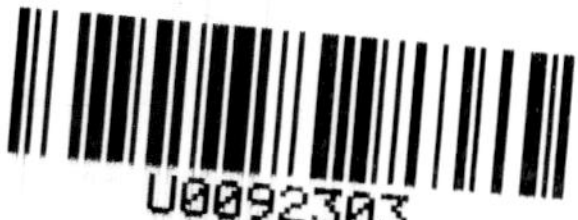
U0092303

人類智慧溯源

人的本質探索

秦躍東——著

人不是動物，人是智物
——因為人有一切動物所沒有的智慧。

——作者題記

目次

第一章　緒言　014

第一節　人類與禽獸　014

一、能力比較　014

二、進化論的尷尬　016

三、哲學家的觀點　017

第二節　問題的發現　022

一、人類自我認識盲點　022

二、心理學家的茫然　024

第三節　哲學的使命　028

一、赫布的心理起始觀點　028

二、心理學家的尷尬　029

三、時代呼喚哲學　036

第四節　本書內容簡述　039

第二章　感覺的質疑　044

第一節　什麼是感覺　044

一、感覺的至關重要性　044

二、什麼是感覺　047

第二節　感知不分的問題　049

一、哲學家們的感覺觀念　049

二、哲學無所不在　051

三、感覺疑難的根源　053

四、從感覺問題開始　055

第三節　感覺的原則　060

一、感覺的內容　060

二、感覺令人困惑之處　064

三、感覺發生的一般性觀點　069

四、感覺發生的連帶問題　070

第四節　感覺的機理　073

一、感覺經典描述的缺漏　073

二、缺漏引起的悖謬　075

三、感覺發生的疑惑　077

四、對經典式感覺描述的修補　079

五、缺漏修補後的意義　080

六、不應該的缺失　086

第五節　人與禽獸的感覺　088

一、對感覺的妄斷　088

二、認識論的感覺悖謬　090

三、對「知識」反思 093
四、感覺的生物學內容 096
第六節　感覺與情緒 102
一、感覺的情緒內容 102
二、不得不留下的遺憾 105

第三章　情緒解謎 107

第一節　迷惑的情緒 107
一、情緒的語義 107
二、望而生畏的沼澤地 109
三、情緒是個什麼玩意兒 112
四、荒唐的心理學結論 116
第二節　迷亂的根源 119
一、詹姆士—蘭格情緒學說 119
二、對「詹姆士—蘭格情緒學說」的解剖 120
三、站在「地獄」門口 123
第三節　情緒、情感與心理 126
一、感覺的情緒色彩 126
二、生理活動的重要意義 130
三、情緒不屬於心理 132

第四節　感覺的意義 137

一、對感覺的再分析 137

第五節　情緒的本質 147

一、感覺器官的生物特性 147

二、感覺器官的機能 149

三、應激性反應的生物學意義 151

四、應激性反應與感覺質 153

五、感覺的刺激意義性 156

六、主動性感覺 158

七、所謂的實踐感覺問題 160

八、情緒的本質 162

第六節　情緒與「感覺」 166

一、「感覺」起源於情緒 166

二、感覺的定義 168

第四章　心理的範疇 173

第一節　心理概念的含義 173

一、哲學對文明的貢獻 173

二、哲學的致命缺陷 174

三、心理能力表現 179

第二節　心理的範疇 184

一、感性事物 184

二、感覺認識的反差 186

三、心理概念的範疇 190

第三節　心理的內容　197
一、心理的生物基礎　197
二、感應性和感受性　199
第四節　心理的本質　205
一、心理中的感覺　205
二、心理中的知覺　207
三、心理的定義　214

第五章　情感問題　219

第一節　心理中的表象　219
一、刺激物與刺激意義性　219
二、過去觀念的表象　221
三、變換了的表象說法　226
第二節　表象的實質　230
一、表象的作用　230
二、對表象認識的驚人一致　231
三、表象的定義　235
第三節　情感的本質　239
一、表象中的感知內容　239
二、表象的刺激意義性　240
三、腦反映的產物　242
四、情感的定義　245
第四節　情感與主觀　247
一、歷來的情感觀點　247

二、情感歸屬問題 249
三、人類的表象 257
第五節　人類的表象內容 262
一、情感與感情 262
二、解答慣性思維者的疑惑 264
第六節　思維的本質屬性 273
一、宗教與思維 273
二、思維的一般性觀念 277
三、對思維內容的分析 278
四、表象與思維 281

第六章　思維、概念與詞語 284

第一節　概念與詞語 284
一、過去的觀念 284
二、語言知多少 286
三、語言與概念不同 287
四、詞語與概念 288
第二節　思維能力的範疇 292
一、思維的內容不是概念 292
二、思維的對象 295
第三節　再論概念與詞語 300
一、概念不是心理對象 300
二、概念的屬性 302

第四節　認識面對的對象　306

一、「剝奪感覺」的實驗　306

二、海倫・亞當斯・凱勒的啟示　309

三、黑格爾的概念觀點　310

四、「知性邏輯」的概念觀點　312

五、「知性邏輯」的啟示　314

第五節　駁主觀唯心論　318

一、主觀唯心的貓論　318

二、駁主觀唯心論　320

第六節　思維與意識　325

一、「周圍環境」之網　325

二、人類思維的內容　328

三、人類的得意之處　331

四、想像的實質　333

五、飛翔的翅膀　339

第七章　意識的本質　342

第一節　靈魂的本來面目　342

一、靈魂觀念產生的必然性　342

二、靈魂是否有優劣　343

三、靈魂本來面目　346

第二節　意識產生的條件　349

一、人的生物機能　349

二、再論「周圍環境」之網 351
三、心理行為的無所適從 353
四、摸著一塊石頭 355
五、哲學認識的遺憾 358
第三節 意識的原形 362
一、心理的內容 362
二、意識的原形 363
三、過去對意識的茫昧 366
四、生活中的例證 367
五、意識後的實踐 370
六、意識是每一個人的基本能力 373
第四節 我之所以為我 375
一、第六感官感覺 375
二、意識的對象 378
三、對心理內容回顧 379
四、「我」的產生 381
五、外部存在物與我的分化 383
第五節 意識、語言與感情 386
一、意識的定義 386
二、語言產生的必然性 390
三、語言的威力 392
四、意象的內容 395
五、看上去的荒誕 396
六、意識的越俎代庖 399
七、感情的特質 401

八、內在感受與外在表現 404
九、先天的第一福音 406
第六節 兩片樹葉和一條河流 409
一、人們會有的詰問 409
二、意識面前的心理內容 410
三、赫拉克利特名言 414
第七節 猛獁象和恐龍 420
一、「一切皆變，無物常在」 420
二、本質和規律的關係 422
三、具體事物的存在和消亡 427
四、猛獁象和恐龍 429
五、本質和規律與現象的關係 432
第八節 哲學與真理 436
一、哲學的沒落與興盛 436
二、哲學不是「世界觀」 438
三、哲學產生的必然性 442
四、「世界」詞語的概念 445
五、哲學的誕生 449
六、本質和規律及哲學和科學 452
七、「智慧就在於說出真理」 457
八、真理和真理觀 461
九、真理和真話 463
十、真理的定義 465

1 緒　言

第一節　人類與禽獸

一、能力比較

不知道從什麼時候起，我就開始對人類與禽獸的本質區別，產生出一種尋根究底的好奇。

現實生活中，如果我向人們提出了這個問題：大多數的人，會看看大街小巷上那些穿紅著綠、掛金飾玉的男男女女；會望望那些被人類圈養和驅使的牲畜；會觀覽一下人類為改變自己的生存環境和生活質量，而創造出的物質和精神產品（亭臺樓閣和琴棋書畫）；會眺望一下那些游蕩在山澗森林中的狼蟲虎豹——他們雖然也總是不能不覺出，這其中，確實有某種實質性的區別存在著；但他們，對這種實質性區別的內容究竟是什麼，卻又不甚了了——更別說道出個所以然來。

人們之所以會覺著，難於辨析出這種實質性區別的內容是什麼。是因為，人類與禽獸的能力表現，並不僅僅只是存在著不同的方面——人類與禽獸的能力表現，還存在著一般無二的相同方面。比如，禽獸也會像人類一樣：對意外的聲響引起驚覺；對意外的光亮產生特別的關注；對某些氣味會產生厭惡、迴避或喜愛、趨近；感到癢癢會抓撓，會生老病死，等等。但禽獸，卻不會像人類那樣並不滿足於此——人類還會對這一切，進行尋根究底的探索；人類還能夠通過回溯歷史、展望未來，而產生「永保青春、長生不老」的奢望，且積極主動地去實踐著——而再「聰明」的禽獸，它們也只能是為眼前的生存疲於奔命，為眼前存在著的利與害的取捨而瞻前顧後；從不會奢望什麼「永保青春、長生不老」，也不能回溯歷史、展望未來，更不會對自己的這一切，進行尋根究底的探索。

或許有些人，會對我的這種說法，不以為然。在他們看來，人類與禽獸的不同，只是在於兩者的生存方式的不同，而並不是什麼能力的本質有區別。因為他們認為，人有人言，獸有獸語[1]。

我姑且不質疑這種說法的合理性，假設此言不虛。既如此，那我們就應該感到奇怪了：禽獸，何以不與侵占和破壞了它們生存環境的人類分庭抗禮？禽獸，又何以能夠甘願受人類的控制和驅使？即使禽獸的肢體，如何地不如人類，但它們，起碼可以利用它們的心智和獸語，像窮兵黷武的獨裁者——人類戰爭販子蠱惑人類那樣，去蠱惑它們的同類；使得它們的同類，巧妙地攻擊人類，在地球上掀起一場「獸類起義」。或者像人類某些神話賦予它們的能力那樣，利用它們的心智愚弄人類，使得人類自相殘殺，像人類的鬥牛、鬥馬、鬥狗、鬥雞、鬥蟋蟀的娛樂一樣，來個「鬥人」的娛樂——可它們沒有。它們為什麼沒有呢？顯然是因為：它們缺乏這樣的能力。

二、進化論的尷尬

禽獸，為什麼會缺乏這樣的能力呢？有人說，是禽獸還沒有進化到這一步。

這難道真的就是因為它們的進化問題嗎？而我們，之所以能夠驅使它們，僅僅是因為我們的進化，比它們稍稍快了那麼一點兒嗎？

在我看來，這種觀點，是很牽強的，它難於使人信服。就我們本身所表現出的能力，與禽獸比較，並不是一個「進化說」，就可以證明的。

人類真正有文字記載的歷史，也只有幾千年的時間；而生物歷史學家告訴我們，人類「站立」起來的歷史，卻有幾百萬年。如果說，人類與禽獸的分道揚鑣，始自於一部分猿類，開始「站立」起來的進化；那在這漫長的幾百萬年裡，禽獸（比如另一部分的猿類），怎麼就沒有再「站立」起來的進化了？當然有人還會說，由於生存環境的什麼因素，使得禽獸（另一部分的猿類）能力的進化停頓了——這樣地說，實在是具有太多人為地霸道干涉的因素。

退一步說，如果我們不質疑那些進化論者的觀點，承認一部分猿類變成人類的原因，就是因為這一部分猿類的生存環境，發生了無法逆轉的巨大變化，而使得它們不得不「站立」起來的因素所致。也就是說，生存環境的改變，是可以改變禽獸自身的心智的。

但若真如此——這種觀點，必然就會面臨著一個在現實中，解決不了的悖論：具有了幾百萬年「站立」歷史的人類，在這期間，所圈養過的禽獸，不止千千萬。對於那些禽獸而言，這就不止是改變了它們的生存環境，這簡直就是直接向它們灌輸著人類的能力和智慧。可即便如此，禽獸，也並沒有因為生存環境的改變，或和人類智力的直接接觸並被影響，而變得具有人類這樣的能力。而至於那些特意考察禽獸的智力，並以人類的方法，有意識地激發禽獸智力的科學家，他們在辛苦實驗之後的最終失望，也更就說明了問題。

進化論只要解決不了這個悖論，那麼，它的那些關於人由猿轉化而來的觀念，就是難以成立的。

三、哲學家的觀點

很顯然，人類與禽獸的能力，是有實質性區別的。那麼，人類區別於禽獸的實質性能力，是什麼呢？

被譽為德國古典哲學集大成者的德國哲學家黑格爾，針對著這個問題，曾經明確地說過：「動物也是具有潛在的普遍的東西，但動物並不能意識到它自身的普遍性，而總是只感覺到它的個別性。動物看見一個別的東西，例如它的食物或一個人。這一切在它看來，都是個別的東西。同樣，感覺所涉及的也只是個別事物（如此處的痛苦，此時感覺到的美味等）。自然界不能使它所含蘊的理性（Nous）得到意識，只有人才具有雙重的性能，是一個能意識到普遍性的普遍者。」——由黑格爾以上的這些話，我們可以知道，在黑格爾看來，這個實質性的區別，就是「意識」。人「能意識到普遍性」，而禽獸只能「感覺到」「個別性」，它們沒有意識能力[2]。

但多數的哲學家們，面對這個問題時，卻常常會思想懶惰地以上帝、精神或者自然一類的想當然安排來解釋。至於一些另類的哲學家，當他們遭遇這個問題時，他們往往會出人意料地對提出這個問題的本身，進行一種故作高深而實則避實就虛的質疑。這一類的哲學家們的策略，是首先向他們自己發難：一本正經地把自己轉變成禽獸（比如小雞）[3]。站在禽獸的角度，他們故作莊重地審視他們自己的認知——並由禽獸對現實和未來的無知（不知道現在餵它們食物是為了將來絞斷它們的脖子），而否認禽獸能夠有所知道。之後，再搖身一變，又把他們自己，再轉變回人類。借助於他們是人類一分子的身份，借喻禽獸的「無知」，而否認人類能夠有所知道。再之後，他們就會依賴於他們得出的這個「不可知論」，對我們提出的這個問題的合理性，進行一種詭辯性的質詢——直至否認這個問題的合理性。最後，他們就會自以為是地認為，這個問題的本身，並沒有意義——在他們看來，一切都是「不可知」的。

對這種並不高明的詭辯性否認，我們並不能認同。因為，當這些哲學家站在禽獸的角度，向他們自己的人類身份發難時，他們首先就「知道」了禽獸和他們自己的存在，並且也「知道」了站在禽獸的角度，他們無法瞭解人類。即他們知道，他們自己與禽獸是不同的。而當他們「出爾反爾」地把自己再變回人類時，他們已經「知道」了，有和他們一樣的那麼一類生物叫做人，也「知道」了和他們一樣的人，提出了「人類與禽獸的不同是什麼」的問題。很奇怪的是，他們竟然沒有想過，當他們質疑這個問題時，他們正是從不同的角度，否認了他們自己的那個「不可知論」。因為，正是通過這個「質疑」，顯現著他們，對我們的這個問題已經「可知」了。還有一種方法，我們也可以通過他們自己的言行，來使得他們自己承認：他們與禽獸是不同的。這種方法，就是：如果我們把他們歸入禽獸之類，他們就會以人性、人權的名義，向我們鄭重地提出抗議。

這也就可以看出，他們不是不知道，人類與禽獸有實質性的區別——只是他們的虛榮心，使得他們不願意承認，他們對這種區別的實質並不瞭解。

就禽獸適應生存環境和人類改造生存環境的不同，人們應該可以知道，禽獸的能力與人類的能力，不可同日而語。比較一下人類與禽獸對自然的作為的不同，我們完全可以肯定，人類與禽獸的能力，是有本質的區別的。

勿需避諱，過去的多數哲學家都認為，人類與禽獸的能力有本質的區別。但過去的多數哲學家，關於這種能力區別的看法，以及為此種看法所舉出的那些事例，卻幾乎都是不值一提的。因為，他們的那些看法和例子，只不過是把「心理」能力，做了所謂的高級或低級之分[4]。依照於他們這樣的區分，不僅不能使得人們認知到，人類能力與禽獸能力的本質不同在哪裡？也會使得稍有一點邏輯知識並肯於思考的人，對過去的多數哲學家的辨識能力，產生出一種百思不得其解的困惑：這些哲學家這樣說時，難道竟會不知道，心理能力不管具有怎樣高級或低級的不同，但它們都還是「心理」能力——既然它們都還是「心理」能力，那它們，怎麼就會有本質的區別呢？顯而易見的是，如果它們都是心理能力，那麼，它們就不會有本質的區別。心理能力就是心理能力，它在人類及一切具備此種功能的生物，並不是兩種功能、兩樣存在、兩個東西。不管是在人類，還是在禽獸，心理作為其們共有的一種「為生存服務」的能力，在本質上，都是一樣的。

由以上的這些分辨，或許，可以使得人們得出這樣的結論：哲學家們過去從來也沒有真正完全地認識到，人類能力與禽獸能力的本質區別究竟是什麼；哲學家們從來也沒有對人類能力與禽獸能力的本質區別，有過一個準確而清晰的認識——即使像黑格爾一類的哲學家，雖然他們認識到了人類能力與禽獸能力的本質區別，就在於「意識」，但由於他們並沒有能夠真正地揭示出：「感覺（心理的能力之一）」和「意識」的各自不同能力的本質屬性是什麼？「感覺（心理的能力之一）」和「意識」，在人類的能力活動中，具有著什麼樣的關係？等等，因而，他們的那個認識，實質上，並沒有超越大眾化的一般認知。

不管人們認可不認可，人類能力與禽獸能力有本質的不同的說法。聊以可以自慰的一點是：不管是你、我、他——只要你是人，你都可以由自己的生活行為而知道，人類的能力，在本質上，是有異於禽獸的。至於這個能力的本質區別是什麼？你或許一時未必說得清楚，但這並不影響你比禽獸生活的更明白——這些，就表現在你日常的生活行為和思想活動中。

[1] 禽獸之間聯繫的聲音和記號，不能稱為語言。再見《語言學基礎》　第38頁　王振昆　謝文慶　劉振鐸

[2] 黑格爾：《小邏輯》　邏輯學概念的初步規定　§24　附釋一　第四自然段

[3] 羅素：《哲學問題》　第六章　論歸納法

[4] 有一種說法，是把人的心理叫做意識——說意識是心理發展的最高級水平，即意識是最高級的心理。

第二節　問題的發現

一、人類自我認識盲點

坦率地說，在「人類智慧溯源」的探索過程中，我是極力地強迫著自己，盡可能地拋棄掉過去哲學已有的一切「人的本質」的定型觀念，以新角度、新視點，來觀察人、研究人——在這種觀察研究的過程中，我是以人的實際行為能力為依據，把人當作一個客體的對象，實事求是地對人進行全面、客觀、認真的剖析研究。

正是在這種特立獨行的剖析研究過程中，我偶爾發現：此前的一切有關人的理論，在「人的本質」的認識方面，都存在著致命的缺陷——這種致命的缺陷，幾乎會使得我們以往的一切有關「人的本質」的認識，毀於一旦。

我這絕不是在危言聳聽。因為，這個「缺陷」所牽涉的內容，正是：人之作為人的最基本、最重要的內容——

在人的一生中，有一種存在，就像伴隨著生物生命的陽光、空氣和水一樣，始終伴隨著人的一切活動：不管你是英雄、偉人，還是懦夫、小人；不管你是科學家、政治家，還是健全人、殘疾者；不管你在人類社會中，扮演了多麼崇高無比或卑鄙無恥的角色；也不管你正在什麼時候、什麼境遇之中——你都不可能須臾地離開它。它浸透在人的物質生活和精神生活的每一方面、每一領域：大到人對自然或社會的認識、改造活動，小到人與人的一般交流來往、人自身生理方面的內外變化；甚至於人們可以從已經死去的思想巨人——比如阿伯拉罕[1]，比如摩西、比如泰勒斯、比如釋迦摩尼、比如李耳（老子）、比如孔丘、比如赫拉克利特、比如蘇格拉底、比如德謨克利特、比如柏拉圖、比如亞里士多德、比如西塞羅、比如耶穌、比如默罕默德、比如阿維納森、比如笛卡爾、比如休謨、比如梅特裡、比如康德、比如赫胥黎、比如黑格爾、比如費爾巴哈、比如科林伍德、比如杜夫海納，等等——那曾有的一生活動中，和未曾出生的未來人，那將會有的一生活動中，意識到它的不可或缺的存在。總之，在人的過去、現在和未來的所有活動中，它無所不在、無處不有。說起來，人們對它也並不陌生，因為它在人的活動中的具體表現，就是：「快樂、痛苦、幸福、悲傷、高興、沮喪、喜歡、厭惡」等等，哲學家及心理學家把它籠統地稱之為「情緒、情感或感情（態度）」——我們在這裡，把它稱之為「情覺」[2]。

就人類活動的歷史遺跡（文字記載）和人們的現實活動來看，我們可以毫不誇張地說：「情覺」是人類活動的基本動力，是人類心理的根本所在，是人類社會道德和信仰的內在基礎。勿須贅言，「情覺」，與人們現實生活的各個方面息息相關。「情覺」是如此地至關重要，以至於我們不得不去想：如果人類缺少了它，還會不會有人類的社會生活？還會不會有人類的活動？還會不會有人類？就人類的自我認識而言，人類自身的一切其它問題，與「情覺」的問題相比，不過是參天大樹上的細枝末節而已。

「情覺」是如此地不容小覷、不可忽視。然而，令人百思不得其解的是，人類在自我認識的漫長認識歷史上，卻始終對它，採取著漠然視之的態度。檢視一下人類經過千百年沉澱，而匯融在一起的自我認識理論，我們就會看到：人類至今對它，還是「知其然，而不知其所以然」——它，竟然依舊是人類自我認識上的一個盲點——這就是人類在「人的本質」認識上的致命「缺陷」。

二、心理學家的茫然

說起來，按照理論界的現今觀點說來，「情覺」，只能算做心理學的對象——雖然心理學和哲學，在歷史上原本曾是一回事兒（十九世紀中葉，心理學才從哲學中脫胎而出）[3]——充其量說，它也超不出現今心理學的範疇。可是，十分不幸是，心理學家們，無論如何也解決不了這個問題。

幾乎是研究了西方古今（由柏拉圖和亞里士多德，而至笛卡爾，再至詹姆士——蘭格情緒理論，直到曼德勒的著述）所有「情覺」理論的K.T.斯托曼教授，在其研究之大成的《情緒心理學》一書中，向人們昭示的就是這個結論[4]。

那所謂的東方心理學家們又怎樣呢？在所謂的東方心理學家們的心理觀念中，別說「情覺」的來龍去脈，就連人的心理之中，是否具有「情覺」的存在，都是一個大問題。

我這樣說，是有事實依據的。不過，在舉出這個事實依據之前，我們須首先去瞭解一個很至關重要的概念——這個概念，就是「反映」。

什麼是反映呢？關於「反映」，黑格爾在其「哲學全書」的《邏輯學》一書中，很明確地說道：「反映或反思（Reelexion）這個詞，本來是用來講光的。當光直線式地射出碰在一個鏡面上時，又從這鏡面上反射回來，便叫做反映。」[5]辯證唯物主義者們，把這個說法，簡化為「反照」[6]。比較容易被人理解的說法，是：一個人照鏡子，鏡子中映現出了他的影像——鏡中的那個他的影像，就是鏡子對他的反映。

瞭解了「反映」這個概念的基本意思之後，我們再來說說：「在所謂的東方心理學家們的心理觀念中，別說『情覺』的來龍去脈，就連人的心理之中，是否具有『情覺』的存在，都是一個大問題」——的事實依據：

人們知道，心理學家們告訴人們：人的心理中的一切，都來源於感覺——這也不只是心理學家們這樣認為，從來的哲學家們也都如是說——感覺是心理的初級形式，即感覺是心理的基礎[7]：沒有感覺，就沒有心理。那麼，感覺是什麼哪？感覺是「我們對作用於感覺器官的客觀事物的個別屬性的反映。」[8]——感覺如此。那麼，心理怎樣呢？心理「是人腦對客觀事物的反映。」[9]這就是這些心理學家們，對人的心理實質所做的定義。

在這個定義裡，人們絲毫也覺察不到，那亂我之心、添我之憂的「情覺」，是如何地存在著——更就別說，它在人的心理之中，有什麼作用和影響了。當然，勿須避諱，這些心理學家們，在說到「心理現象」時，也提到了「知覺、記憶、思維、情感、意志」等等——「情感」在其中——在他們看來，心理是以上這些現象的「總稱」[10]；而且，他們還為他們的那個心理定義，補充了「是人腦的機能」[11]的說法——

看上去，這些心理學家們，似乎並沒有忘記：「情感」，也是人的心理現象的內容之一。

然而，追究起來，這實際上，也不過只是他們，替人粘了個尾巴而已。試想，一切都來源於感覺的心理內容，只是人腦對「客觀事物」的反映來、反映去，又怎麼會有「情感」的存在？「情感」源自哪裡？又去向何處？至於「人腦的機能」之補充，若非多餘，那就是對他們自己的「反映」之說，進行了不自覺的自我否定。

的確，這些心理學家們，其實，是非常清楚「情覺」在人的心理的意義。他們也確實沒敢真就愚蠢地否定：「情覺」存在於人的心理之中。可在就人的心理實質進行定義時，他們卻又不得不忍痛割愛。因為，他們的認識，掙脫不了那個喧囂一時於人類社會的辯證唯物主義觀念的束縛——他們的思想，是被那個源自於西方的、喧囂一時的辯證唯物主義觀念綁架著。他們的「心理」觀念，只不過是把辯證唯物主義的現成觀念，像請神似的「請」了那麼一下，遂便變成了他們的心理學概念。

我想，由這樣的情況，應該可以使得人們悟道：要想解決人的心理實質的問題，首先就必須解析一下，喧囂一時的辯證唯物主義的心理觀念。

[1] 見《朱光潛美學文集》第三卷「基督教與西方文化」　第126頁

[2] 這裡所說的「情覺」，是對情緒、情感、感情（態度）等的總稱。我此後，會具體地說明，情覺就是機體對刺激物於己的利與害的感受，即情覺是機體感受到的刺激物於己的利與害。

[3] 《簡明哲學詞典》　羅森塔爾　尤金　編　第52頁

[4] 《情緒心理學》　K.T.斯托曼著　張燕雲譯　孟昭蘭審校　第2頁

[5] 《小邏輯》　黑格爾著　第二篇　本質論　§112　〔說明〕　附釋

[6] 《簡明心理學辭典》　楊清主編　第42頁

[7] 《心理學詞典》　八所綜合性大學《心理學詞典》編寫組　編　主編：宋書文 孫汝亭 任平安　第267頁、《簡明心理學辭典》楊清主編　第352頁

[8] 《心理學》　伍棠棣 李伯黍 吳福元主編　第28頁

[9] 《簡明心理學辭典》　楊清主編　第38頁

[10] 《心理學詞典》　八所綜合性大學《心理學詞典》編寫組　編　主編：宋書文 孫汝亭 任平安　第38頁

[11] 《心理學》　伍棠棣 李伯黍 吳福元　主編　第12頁

第三節　哲學的使命

一、赫布的心理起始觀點

或許人們，對我的這一點覺悟，會覺著不以為然。

辯證唯物主義在人類社會的肆虐式橫行，已經使得很多人，幾乎是虔誠地迷信著這個主義的一切觀念——對辯證唯物主義的任何觀念的任何置疑，就像觸動了辯證唯物主義墳塚上的草木一樣，會招致辯證唯物主義守靈犬的瘋狂噬咬——原本應為人類服務的哲學，因為辯證唯物主義創立者，別有用心而又不懷好意的篡改，已經使其，變成了戕害人類肌體和心靈的「巫咒」。

辯證唯物主義者們，不管如何恬不知恥地吹噓他們自己的理論觀念，是「最科學的真理」，但他們卻也掩蓋不了：其關於人的心理的觀念，其實，是荒謬絕倫的妄斷。

就人的心理內容而言，「感覺剝奪」實驗的創始人、西方心理學家赫布的實驗結論是：「心理最初基本上是空白的」[1]。這也就是說，在人的天生的心理機能（人腦）中，在赤子的階段，並不就天生地具有著那些導致他們後天行為活動的心理內容。也就是說，人的心理機能（人腦）中的心理內容，最初，基本上是沒有的——在人天生的心理機能（人腦）的最初階段，那裡，基本上是一無所有的。如果我們把人的心理內容，比做紙上的文字和圖畫，那麼，人天生的心理機能（人腦），就猶如一張白紙——在這張白紙上，它最初，是什麼文字和圖畫也沒有。這也就是說，人的那些導致自己行為活動的心理內容，是人在後天的生存活動中獲得的。

就赫布的這句話而言，這是一個很哲學性的陳述。辯證唯物主義的那些心理學家們，他們當然是得意洋洋地認為：赫布的這個結論，很契合於辯證唯物主義的「心理是人腦對客觀事物的反映」的觀念，也彷彿是在為一個半世紀前就有的辯證唯物主義的心理觀念，做著其已是超越了科學的認知，而被證明是「最科學的真理」的詮釋。在他們看來，這是對他們所崇拜的理論觀念，一個證明性的大發現；是具體學科對他們的人類心理觀念，最具有現實意義的具體補充：惟此（空白），「客觀事物」才能寫入進大腦裡去，並以「反映」的形式而表現出來；也惟此（空白），「反映的客觀事物」，才就是「心理的內容」——乍一看來，這似乎是有點順理成章的邏輯味道兒。

二、心理學家的尷尬

然而，就是一個普通的人也知道，人的心理機能（人腦）中具有的心理內容，並不僅僅就只有客觀事物的內容，還有主體予這客觀事物的好惡內容：「情覺」（對事物的傾向性）的內容——喜愛、厭惡、恐懼、害怕、高興、沮喪——「情覺」也是人的心理內容之一——「情覺」的內容，在人的心理中的存在，並不是個別的、特殊的、可有可無的一種存在，而是人的心理中必不可少的一種存在。因為，心理若缺此內容，心理就不為心理了。

言及於此，我不禁就要問他們一下：「在人的心理內容的空白階段，人的心理的那些『情覺』內容，是不是也是空白的？」

提出這樣的問題，或許，在辯證唯物主義的那些信徒們看來，這在邏輯上來說，是屬於幼稚、可笑的不入流問題——可就是這個幼稚、可笑的不入流問題，就能夠使得辯證唯物主義的人類心理觀[2]，陷入不尷不尬的二難推理境地。或許，在他們那些自以為聰明的人看來，我的這個問話本身，就是一種荒謬自悖的表述。因而，他們就會說：人的心理的「情覺」內容，既然屬於人的心理內容，那在人的心理內容空白之時，自然也就不會有人的心理的「情覺」內容。因為，若人的心理內容空白之時，就已經有人的心理的「情覺」內容，那人的心理內容，就不能說是「空白」的——這個道理，應該是淺顯自白、不證自明，人人都應該懂得的。

聽上去，這個辨識，確實不錯。而這樣一來，表面看上去，那就是我的問話本身，確實存在著邏輯的悖謬。可問題在於，如果人的心理中的「情覺」內容，確實如此，那麼，它就理應顯現在他們那個揭示人的心理的定義中——這個道理，好像也應該是淺顯自白、不證自明的。可我在他們那個對人的心理的定義中——心理「是人腦對客觀事物的反映」[3]——絲毫也尋不到人的「情覺」內容的任何蛛絲馬跡。由此，也就可以知道，我的問話，只要是把赫布的實驗結論，與他們那個對人的心理定義，相比較著而提出，那就不是荒謬自悖的。因為，若按照赫布的實驗結論，來理解他們那個對人的心理的定義——在他們那裡，「心理」所能「空白」出的內容，就只是「客觀事物」的內容，而沒有「情覺」內容的什麼事兒。

既然赫布的「空白」之說，在他們那裡，沒有「情覺」內容的什麼事兒。那我就有理由，向他們提出這個疑問：「在人的心理內容的空白階段，人的心理的那些『情覺』內容，是不是也是空白的？」

窮盡他們的回答，無非有三個：一是「是」；二是「不是」；三是「是，也不是」。但不管他們怎樣地回答，結局都會使得他們那個心理定義，捉襟見肘，不能自圓其說。

是否如此呢？在這裡，針對著他們的各個回答，我們不妨具體地分析一下：

一，首先，他們會不假思索地回答：「是」。這也就是說，他們認為：「人的心理的『情覺』內容，在人的心理內容空白之時，也是空白的。」

既然他們承認「人的心理的『情覺』內容，在人的心理內容空白之時，也是空白的」。那麼，作為辯證唯物主義的信徒們，接下來，他們勢必就需要再解釋性地回答一下：人的心理中的「情覺」內容，是從哪裡來的？即人的心理中的「情覺」內容，其的源泉在哪裡？尤其是「情覺」與「客觀事物」，在人的心理中是一種什麼樣的關係？等等——這樣的一些問題。

然而，不管他們怎樣地回答、解釋，他們那個「心理是人腦對客觀事物的反映」之說，首先，就要受到質疑——因為，事實已經告訴我們，人的心理內容中，並不僅僅只有

「反映物」的內容，還有與「反映物」相關的「情覺」的內容。換個角度來看他們的那個定義，就可以看出，他們的那個定義中的對象內容，充其量說，也只是包含了人的心理內容中的部分對象（反映物），而並沒有囊括心理內容中的全部對象（反映物和情覺）。由此，至少我們可以這樣說：辯證唯物主義的那個心理定義，是以偏概全的。

我想，他們有些人，不至於為此，會愚蠢透頂地認為：「情覺」是外部客觀事物的屬性。也不至於為此，會否認「情覺」是人的心理的內容吧？

二，他們回答：「不是」。那這也就是說，他們認為：「人的天生的心理機能（人腦）中，先天地就有著『情覺』的內容——它先於那些後天的客觀事物的內容，而先天地就在心理機能（人腦）中存在著。」

若實際情況，真是如他們這個回答所說的那樣。那麼，即便是我放棄追究他們說的這種先天就存在著的「情覺」，是不是就屬於人的心理？是不是就是人的心理內容的本身？以及這種「情覺」，與他們所謂的後天反映物，在心理中，又是一種什麼樣的關係？僅就他們回答「不是」，所表示出的觀點：「情覺」先於他們所謂的反映物，而先天地存在於人的心理機能（人腦）中——「情覺」，在人的心理機能（人腦）中，恐怕就已經有了先天的「靈魂本體」之嫌。

而這樣一來，如果他們尚還懂得一點兒邏輯，他們就不得不把他們得意洋洋地昭告天下的「心理最初基本上是空白的」[4]肯定態度，變為垂頭喪氣的否認——而這種不得不遵守邏輯所做的否認，隨之給他們帶來的不幸，就是：接下來，他們就又不得不否認他們的「反映說」。因為，如果由於「情覺」內容在人的心理機能（人腦）中是先天性的存在，而使得心理內容最初並不就是空白的。那麼，人的心理，就不能說是後天的反映所得。即使人的心理內容中，確實是有後天反映物的內容；但人的心理內容，起碼並不就只是後天反映物的內容——因為，當他們否認「情覺」內容，在人的心理內容空白時也空白，就表示著他們認為，人的心理的「情覺」內容，在人的心理機能（人腦）中，是先天就有的。

一切唯心論的理論家們，之所以不屑於苟同唯物論的觀點，並且對他們自己的唯心論觀點深信不疑，其可堅持並支撐著他們觀點的道理之一，就在於這個「情覺」，在人的心理中的存在。

三，他們回答「是，也不是」——這就表現在信奉辯證唯物主義的那些所謂的現代理論家，他們於「心理是人腦對客觀事物的反映」之說法的前後，又愚蠢地補充「是人腦的機能」[5]之說法上，即心理「是人腦對客觀事物的反映，是人腦的機能。」[6]

——這種說法，在他們一些人看來，應該能夠解決「情覺」與反映物，在人的心理中的關係。

但在我看來，這種說法，是一種有悖於起碼邏輯的錯謬表述——在「心理是人腦對客觀事物的反映」的說法上，或前或後地並列上「是人腦的機能」的說法，就像是把因是屬種關係，不能並列在一起說的「水果、獼猴桃」，幼稚而錯誤地並列在了一起來說一樣——這顯然是對概念的邏輯關係，不清不楚的一種錯謬表述。因為，「人腦……的反映」

之說法，其實就是「人腦的機能」的說法的具體表述。即「人腦……的反映」，是「人腦的機能」的一種具體機能的表述——正如獼猴桃是水果的一種具體表述一樣。

當然，作為習於詭辯的觀點的具體執行者們，他們當然會辯解地說，他們這裡所說的「人腦的機能」，是指與「人腦……的反映」，有著不同機理的「特殊的功能」。然而，不管他們怎樣巧舌如簧地辯解，他們也是難於擺脫掉：他們的這種說法，其實，就是「掛羊頭賣狗肉」的騙人玩意兒。

是否如此呢？我們不妨就他們所強調的「那一點」，來具體地分析一下：

既然他們說「人腦的機能」是指「人腦具有特殊的功能」，那也就是說，人的心理並不能以「反映」來定論。因為，把「人腦的機能」和「人腦的……反映」並列在一起說，也就表示著：遮映 「反映」的這個所謂的「特殊」功能，所具有的能力，肯定是「非反映」。這也就是說，不管這「特殊的功能」是怎樣地「特殊」，起碼不應、也不會是「反映」。如此一來，「反映」一說，就屬多餘：它並不就能夠代表得了人的心理。

說人腦具有「特殊的功能」，那這個「功能」是怎樣地「特殊」呢？如果細細地斟酌一下，人們就會發現，除了「反映」之外，尚有個「靈魂」可依；餘者，則是萬難揣摩。不招自來的「靈魂」之魅影，不無諷刺地懸停在所謂的辯證唯物主義理論家們的頭頂之上，成為他們頭頂上光彩奪目的「標誌」——具有絕對諷刺意味的是，這「靈魂」的觀念，正是他們費盡心機，甚至於以不惜暴力消滅肉體的惡毒方式，極力要扼殺的對象——他們並不相信有「靈魂」存在。

那麼，他們相信什麼存在哪？他們只相信：那給予他們「情覺」感受的肉體的存在。在他們看來，人類社會就是一個森林，而人類社會應有的道德觀念，就是森林法則——「弱肉強食」，就是這個森林法則的精髓。因為，他們骨子裡始終認為：他們的那一身臭皮囊，和禽獸一樣，死去後，就是塗脂抹粉地保存的再好，也是毫無「情覺」地一無所能、一無所有。所以，他們所表現出來的德性，就是在活著時，會不擇手段地及時行樂。

由此可見，喧囂一時的辯證唯物主義或者叫「實踐的唯物主義」——其實是一路貨色——並不是以「愛智慧」為宗旨的哲學理論，而是一種庸俗淺薄的「人生觀」——這種「人生觀」的真正內容，既不是哲學上的唯物論，也不是哲學上的唯心論，而是耽於現實，並以及時享樂為指導思想，且拒斥一切的虛無主義。

他們當然不知道，人不是動物，人是智物——因為人有動物所沒有的智慧。他們當然也理解不了：任何一個人的存在，並不僅僅在於他有一個生命的歷程，而是在於他作為「人」的價值的存在。這就是說，只要一個生物作為人而存在過，他就在為人類貢獻著他的智慧——不管這種貢獻，是物質方面的、還是精神方面的。一個人，即使是一個再普通不過的人，作為人類的一員，與他對人類社會的貢獻而言，他所消耗的社會財富，永遠是九牛一毛。

由以上的分析可知，辯證唯物主義的心理觀，是一種淺薄、片面的心理觀——追隨此主義的心理學家的心理觀，也必然是淺薄、片面的。因而，指望借助於此種主義的那個心理觀念，去揭示人的實質，那不僅是幾同於痴人說夢，而且還是對人的智慧的侮辱。

三、時代呼喚哲學

時代的發展，已經不允許我們，得過且過地滿足於舊有的觀念而不進；社會發展所面臨著的眾多問題，也已經刻不容緩地要求我們：必須真正而且徹底地揭示出人的真實本質。

而要想實現這一點，關鍵就在於：我們首先必須確實地瞭解人的「情覺」的真正來源、去處及其實質。因為，「情覺」始終貫穿著人的一切：不管我們是求知、還是求罔，是求生、還是求死——這一切，都源自於「情覺」。可以說，如果沒有「情覺」的實質問題的真正解決，那麼，有關人類的一切認識，便就永遠具有不確定的或然性。

可以肯定地預言：對「情覺」問題的關注，必將會使得人類，對自身的問題重燃認識的激情——進而，將會引起人們重新熱愛哲學的激情。

哲學也確實需要重燃激情了。正如物理學家史蒂芬·霍金在其《時間簡史》一書的結論中，所指出的那樣：「另一方面，以尋根究底為己任的哲學家，不能跟得上科學理論的進步。在18世紀，哲學家將包括科學在內的整個人類知識，當作他們的領域，並討論諸如宇宙有無開初的問題。然而，在19世紀和20世紀，科學變得對哲學家，或除了少數專家以外的任何人而言，過於技術型和數學化了。哲學家如此地縮小他們的質疑範圍……這是從亞里士多德到康德以來，哲學的偉大傳統的何等的墮落！」[7]也正是這種墮落，使得以「愛智慧」為宗旨的哲學，只成為少數理論家書齋裡擺設的噱頭。曾經讓人們以為體現著人類智慧之大成的哲學，如今只成為「不知所云」的代名詞——這是對自以為掌握著人類智慧之鑰的哲學家們，何等直白的蔑視。

很顯然，以認識論的問題，代替人類一切問題的舊有哲學，已經完成了它的歷史使命。新的哲學，將會以人類自身的本質問題為目標，並會以此輻射出對世界事物的重新認識。

說起來，還真是令人感到奇怪：面對著這樣的一個共同的世界，人類的意識，竟然會產生出既相互否定又相互滲透的兩種世界本原的觀念。而且，更加令人奇怪的是，幾千年來，它們竟然誰也沒有能夠征服得了誰：它們在人類的認識活動中，一直是此消彼長地共存著——在科學已經十分昌明的今天，卻依舊蓬蓬勃勃地生長著各種各樣反科學的宗教和信仰——這就是一個不容置疑的鐵證。僅這事實本身，就使得任何蹦出來，企圖為舊有的哲學觀點辯護的人，看上去，像個十足的小丑。

幾千年了呵。在這漫長的歲月裡，人類的智慧，有什麼問題不能解決？還有什麼問題解決不了？可知否，人類的智慧，已經使得中國古代的「嫦娥奔月」神話，變為了活生生的現實（可惜不是中華民族的現實），使得中國古代夢寐以求的「千里眼、順風耳」等的荒謬神技，成為了普通人最一般的能力（電話、電視、電腦）。然而，不意的是，人類的智慧，對它面前的這個共同的世界——人類生於斯、長於斯而最熟悉不過的世界，卻始終不能道出個所以然來。

這是不是有點兒太過荒唐了？事實上，人類的智慧，就是這樣地荒唐——人類的智慧，一直以來，就是不能面對著人類面前的這個共同的世界，在觀念認識上，達成基本的共識。難道是，這個世界真得難以透視？顯然不是。可為什麼人類的智慧，在觀念認識上，就是不能達成一致呢？難道說，這個世界的本身有舛？如果人們心智未泯的話，那顯然應該知道，問題並不在於我們面前的這個世界的本身，問題在於我們人類自身，在於我們人類認識世界事物的出處……

---

1 《簡明心理學辭典》　楊清主編　第356頁

2 我之所以要在心理之前，不厭其煩地帶上「人」或「人類」的冠名，是因為，很多哲學家和心理學家普遍地認為，人的心理和禽獸的心理有本質區別。

3 《簡明心理學辭典》　楊清主編　第38頁

4 《簡明心理學辭典》　楊清主編　第356頁

5 《心理學》　伍棠棣 李伯黍 吳福元 主編 第12頁

6 《簡明心理學辭典》　楊清主編　第38頁、《心理學》　伍棠棣 李伯黍 吳福元　主編　第12頁

7 《時間簡史》　史蒂芬·霍金著　第156頁（特注：修正了一下標點符號）

第四節　本書內容簡述

本書的目的，在於解決與人的「智慧」有關的一系列問題。在這同時，本書還將試圖解決，與動物的行為活動有關的一系列問題。

本書所涉及到的一些主要概念（「情覺」除外），作為舊有的詞語，並不會使得人們感到陌生——它們在人們的思想觀念中，看上去都屬於常識的對象。本書的主旨，就在於賦予這些所謂的「常識」，以一種新義——一種更符合概念的原本內容的新義。也就是說，我保留了這些詞語的形式，而賦予了這些詞語以新的內容。

以下，是我所探討的問題的內容簡述：

「感覺的質疑」，所質疑的對象，當然就是舊有哲學的「感覺」觀念。

就人而言，感覺是人的一種能力——這種能力，就是人依賴於自己的感覺器官，與世界[1]建立起心理的關係。因而可知，感覺是人與世界建立起心理關係的基礎：沒有感覺，就沒有心理。然而，在過去哲學的那種感覺觀念裡，即「『存在就是被感知』，外物是『感覺的組合』」（貝克萊）[2]；感覺「是客觀事物的某個片面或個別屬性等外部現象在人腦中的直接反映。」[3]——等等的類似觀念中，我首先就發現，我們由它們，並不就能體察到人與世界建立了心理關係。因為，所謂的心理關係，不僅僅體現在「物」的方面，還體現在對物的「好惡」的方面。而以上的這些關於感覺的觀念裡，僅僅只有「物」的內容，而沒有對物的「好惡」的內容。因而可知，過去哲學關於感覺「反映物」或以「物」為內容之說，並不就能夠說明人與世界發生了心理的關係。故而，也就不能夠證明人與世界具有了心理的關係。

「感覺的質疑」，首先是從已有哲學與當今的心理學，在感覺的觀念上，所存在著的認識差異開始。

探討感覺的問題，目的就是要破解，十九世紀的哲學家和自然科學家托馬斯·赫胥黎曾經發出的悲哀預言：「我們永遠不能確實知道引起我們的感覺的真正原因。」[4]

「情緒解謎」，當然首先在於揭開情緒本身的謎團。不過，亦不僅僅止於此。揭開情緒本身的謎團，並不就只是找到了情緒的本質——而是在找到了情緒的本質的同時，也就解決了人與世界怎樣地具有了心理的關係——情緒正是這種關係的體現。這一點，就在人與世界發生心理關係的基礎——感覺裡。正是通過對情緒的解謎，我們才「確實知道」了「引起我們的感覺的真正原因」。

情緒，毫無疑問是情感的來源，是一切情覺的根源——我們的一切情覺，皆來源於此。

「心理」一詞，是哲學家們和心理學家們[5]指稱人類和禽獸的行為活動時，用得最多，而含義最混亂不清、界緣最含糊其辭的一個詞語了。不管是對人，還是對禽獸，理論家們總是很隨便地就把「心理」一詞用上去。可事實上，不管是在哲學家們，還是在心理學家們——他們，其實也並不十分清楚：「心理」一詞的究竟所指，心理一詞的本義。

在這裡，我把「心理」一詞作為概念的本義，「心理」一詞的究竟所指，即心理的內涵和外延，明白無誤地呈示了出來——這也許是人類歷史上的第一次：心理是指有腦生物在現實環境中趨利避害的行為能力的根源——是生物腦（借助於感官）反映現實環境刺激物與機體關係的能力——在這方面，並不存在人與禽獸的差異。

勿須否認，人與禽獸，在心理對象的反映方面，確有一定的差別。不過，這種心理對象的反映方面的差別，並不是什麼本質的差別——這種差別，並不像以往哲學家所認為的那樣，有本質的不同。我可以在這裡明確地說，這種差別的情況，幾乎就像色盲與非色盲的差別那樣微不足道。因為，人與禽獸的本質區別，並不在於什麼「人的心理」與「動物心理」的不同——並不在心理能力的方面，而是在於有沒有意識的能力。

說到「情感」，還真是說到了一個「問題」。我當然贊成「情感來源於情緒，情緒是情感的基礎」的那個說法[6]。不過，在我看來，這並不就是在表示著情緒和情感是一回事兒，或說情緒和情感只是理性程度或機體體驗程度的差別，而沒有本質的不同。在我看來，情緒與情感是有本質的差別的——這種本質的差別，就猶如人與鏡中的人映像，有本質的差別一樣——這種本質的差別，就在於腦，是否主動地介入。

「意識」，是人「覺察」自我與世界的一種能力；是人之為人的基本所在；是人類創建自己物質生活和精神生活的能力的基礎。意識是人所獨有的一種能力——這種能力，使得人類成為地球的主宰，是人類區別於禽獸的本質標誌。人們所謂的「語言、觀念、認識、理性、智慧、憧憬、靈感、直覺、內省、意志」等等——這些被哲學家所青睞的對象，無不是意識自身能力的體現。

我並不以為意識是心理發展的最高級水平——即不認為過去所謂的「通常把人的心理叫做意識」[7]的說法符合實際；也不認為心理和意識可作同一概念運用，或者說什麼「『心理』比『意識』大」[8]。

在我看來，心理和意識，是兩個完全不同的概念，它們是有本質的區別的。我當然承認「意識是人腦的機能」的說法，但我卻並不以為這個「機能」就是「反映」。我以為，意識首先就表現在對自我心理活動的「覺察」上——這個「覺察」，是由人與環境客觀事物的心理關係的矛盾所引起。正是這種矛盾，激發了具有意識功能的大腦，產生出對自我心理活動（自我）的省察——並由此，而發現了我與環境客觀事物的心理關係的存在——這是人腦機能的必然性。

以上，就是「人類智慧溯源——人的本質探索」的內容簡述。

當然，作為內容的簡述，充其量，也不過是「畫龍點睛」。然而，不見龍身，「睛」再「點」得好，也無異於

「塗鴉」——能夠給予龍以騰雲駕霧本領的本源，歸根結底，就在於人腦的意識。

在這篇緒言的結尾，我願意借助史蒂芬·霍金先生在《時間簡史》一書上，引用的科學哲學家卡爾·波帕的話，作為本篇的結束——並以此，作為全書的鏡鑒：

「一個好的理論的特徵是，它能給出許多原則上可以被觀測所否定或證偽的預言。每回觀察到與這預言相符的新實驗，則這理論就幸存，並且增加了我們對它的可信度；然而，若有一個新的觀測與之不符，則我們只得拋棄或修正這理論。」[9]

——我願意讓此書理論受此檢驗，並以此書理論，來鏡鑒人類及一切動物。

---

[1] 為了避免一上來就介入到唯物、唯心觀點的爭論之中，我們這裡所說的「世界」，並不分為所謂的內部和外部。這種含糊，在這裡是必要的。

[2] 《認識論詞典》　章士嶸 盧婉清 蒙登進 陳荷清　編　第177頁

[3] 《認識論辭典》　章士嶸 盧婉清 蒙登進 陳荷清　編　第44頁
過去哲學，在感覺上的分歧，只是在來源和內容上的分歧，而不是在形式上——形式上，感覺都是腦映現著物。

[4] 《簡明哲學辭典》　羅森塔爾 尤金編　第662頁

[5] 目前在學術界，這兩個學科並沒有隸屬關係，所以，我在這裡把它們並列在一起。雖然，事實上，心理學是隸屬於哲學的。本書的結果之一，就是恢復它們的隸屬關係。

[6] 《普通心理學》　[蘇]B.B.波果斯洛夫斯基　等主編　第302頁，另見《心理學》華東師範大學心理學系公共必修心理學教研室編　第172-173頁

[7] 《簡明心理學辭典》　楊清主編　第370頁

[8] 《心理學詞典》　八所綜合性大學《心理學詞典》編寫組 編　主編：宋書文 孫汝亭 任平安　第277頁

[9] 《時間簡史》　史蒂芬·霍金著　第20頁

2 感覺的質疑

第一節　什麼是感覺

一、感覺的至關重要性

十九世紀，集自然科學家和哲學家於一身的托馬斯·赫胥黎，繼十八世紀集經濟學家、歷史學家和哲學家於一身的大衛·休謨對感覺的認識之後，再一次，不無沮喪地證明說：「我們永遠不能確實知道引起我們的感覺的真正原因。」[1]——這個證明，不管是對他們那個時代的哲學家，還是對我們今天的哲學家及其心理學家，都是振聾發聵的。

雖然我們未必會「永遠」地沮喪下去，但若說此前（二十世紀末）的哲學家及其心理學家，已經「確實知道」了「引起我們的感覺的真正原因」，那也著實是在欺騙世人。

感覺，在人是十分重要的。被後人譽為百科全書式人物的古希臘大哲學家亞里士多德，在其作為「哲學」標誌的《第一哲學》（即被後人易名為《形而上學》[2]）一書中，就把感覺，放在了全書的首要位置來說。他在他的《第一哲學》的開篇話中，首先談到的對象，就是感覺。他是這樣開始的：「求知是人類的本性。我們樂於使用我們的感覺就是一個說明；即使並無實用，人們總愛好感覺，而在諸感覺中，尤重視覺。無論我們將有所作為，或竟是無所作為，較之其它感覺，我們都特愛觀看。理由是：能使我們識知事物，並顯明事物之間的許多差別，此於五官之中，以得於視覺者為多。」[3]此外，他還說過：「我們不以官能的感覺為智慧；當然這些給我們以個別事物的最重要認識。」[4]由亞里士多德以上的這些話，我們可以看出，若要探討「人類的本性」的問題，不能不首先從感覺說起。

古哲人如此。現今的哲人們，又是如何地看待感覺的呢？二十世紀的英國現代哲學家伯特蘭·羅素，在其頗有影響的《哲學問題》一書第一章的「現象與存在」中，所首先談到的問題，就是「感覺」的問題[5]。而在當今中華內地官方哲學界有些名氣且具有中西合璧特點的大學教授陳嘉映先生，在其以「感覺」為題發表於《中國現象學與哲學評論》第一輯，後又修改再發表於《天涯》1998年第三期，而改名為「從感覺說起」的文章的開篇第一句話，就是：「我們的確要從感覺開始。」[6]

由以上這些哲人的言論，應該可以使得人們看出：感覺的問題，是人類認識自我，所首先要面對的第一問題。

尤為使人不能忽略感覺於我們的重要性的依據，還在於：現代的心理學家唐納德·赫布，從心理學上，已經證明了「人的心理最初基本上是空白的」[7]。而我們已經知道，感覺是人的心理的泉源，是人的心理的基礎——是人與自然界發生心理關係的唯一基礎——也是人的一切能力的基礎。沒有感覺，就沒有心理——從而，也就沒有人的一切能力。

哲學的歷史，也清楚地表明：以往的一切與人有關的觀念，都不可避免地會受到感覺的問題的影響和鉗制。我們完全可以這樣說：對人的感覺的認識，實際上，就是對人的本質的認識。

然而，正如大衛·休謨和托馬斯·赫胥黎所言，感覺，也確實是一個令人琢磨不透的現象。

古往今來的哲學家們，雖然都特別地青睞它，都曾不惜筆墨地描述過它、研究過它——這看上去似乎是一件好事——可不意的是，這些哲學家們的感覺觀念，不僅大相逕庭，甚至於彼此針鋒相對、互不相容。憑經驗，我們實在難於確切地判斷出它們的是與非——這倒不是我們心智尚幼、缺乏判斷力，而是當我們站在不同的角度或處於不同的境地，檢驗他們各自的不同觀念時，我們往往就會覺著：它們各個，好像都有一定的道理，都不是信口雌黃。

品性正直的人，理應不會懷疑過去的多數理論家們，胸懷著是為人類服務的良知：他們的理性思考，具有天性的誠實——可這樣一來的不幸，卻是使得我們自己，陷入了一種無所適從而又無可奈何的困惑境地。

這是怎麼回事呢？這當然有一定的歷史因由。不過，即便如此，我認為，我們也不必為此，就把自己變成鑽進歷史舊書堆的一條蠹蟲——那實在是沒有必要的。我們是繼承著歷史的現代人，我們有繼承著歷史的現代理論。更重要的因素，還在於：我們正是感覺者——我們正在感覺著。因而，我們完全有理由，用我們自己的切身經驗和我們現代的知識，去審視一下，理論家們過去的「感覺」觀念——並由其中，發現問題的所在。

二、什麼是感覺

說到感覺，不管是哲學家，還是心理學家，他們都會承認一個基本的事實——這個基本的事實，就是：感覺是以感覺器官為基礎的。亞里士多德在二千多年前的《第一哲學》一書的開篇話中，就首先談到了感覺器官之一的「視覺」[8]；現代哲學家伯特蘭·羅素在其《哲學問題》一書中，所首先談到的是「肉眼」的「感官」[9]；而陳嘉映先生談到的對象是「視網膜」[10]。

不管哲學家及其心理學家是怎樣地談論著感覺的能力和作用，有一個前提，是確定無疑地存在著，那就是：感覺，首先有賴於感覺器官的機能的健全。

我們都知道，沒有視覺功能的瞎子，看不到陽光之下的物體及其影子；色盲者，看不到物體賞心悅目的五顏六色；耳朵失去聽力的聾子，聽不到聲音，也感受不到音樂的魅力。人們應該都知道，感覺器官是：看東西的眼睛，聽聲音的耳朵，嗅氣味的鼻子，嘗鮮食香的舌頭，知冷知熱的皮膚、內臟及骨胳感受器，以及滿布於如上器官中的感受著觸、壓、疼的感受器——這些，就是感覺器官。

那麼，什麼是感覺呢？臺灣心理學家張耀翔先生，在其《感覺心理》一書中，關於感覺，有過這樣的一種說法：「呈一蘋果於兒前，兒看見；但最初所見的不是蘋果，而是一團光線和色彩。」[11]瞭解一點兒視覺生理的人都知道，視覺發出神經信號而引起感覺，主要是兩種細胞的作為：即視杆細胞（感覺明暗）和視椎細胞（感覺顏色）。很顯然，張耀翔先生關於感覺「所見」的那個「一團光線和色彩」的說法，是對這兩類細胞活動的別一種表述。

由此，結合著過去哲學和現今心理學的一般知識，關於「什麼是感覺」的問題，我們可以這樣認為：只要感覺器官令大腦放棄原有的活動，而產生或看到、或聽到、或嗅到、或嘗到、或知到、或感受到的活動，就是感覺。換一種說法，就是：感覺是大腦應和個別感覺器官的活動。

---

1 《簡明哲學辭典》　羅森塔爾 尤金編　第662頁

2 《認識論辭典》　章士嶸 盧婉清 蒙登進 陳荷清編　第169頁

3 《形而上學》　亞里士多德著　卷一　章一　第1頁

4 《形而上學》　亞里士多德著　卷一　章一　第1頁

5 《哲學問題》　羅素著　何兆武譯　第一章「現象與存在」

6 《中國現象學與哲學評論》　第一輯　《天涯》1998年第三期「從感覺開始」

7 《簡明心理學辭典》　楊清主編　第356頁

8 《形而上學》　亞里士多德著　卷一　章一　第1頁

9 《哲學問題》　羅素著　何兆武譯　第一章「現象與存在」

10 《天涯》1998年第三期「從感覺開始」

11 《感覺心理》　張耀翔著　第一章　概論　第3頁

第二節　感知不分的問題

一、哲學家們的感覺觀念

哲學家的繼承者們，都普遍地知道一個事實，這就是辯證唯物主義的當代崇拜者們所不得不承認的事實：他們的經典作家們所說的「感覺」，不是純粹的感覺，而是感知不分的[1]。即他們所謂的經典作家們的「感覺」，是把當今心理學的「感覺」和「知覺」，當成了一種能力來說的。他們所謂的經典作家們，在他們，是指馬克思和恩格斯、列寧。人們或許已經知道，貽害於人類社會的馬克思主義「哲學」，是那些所謂的「經典作家們」，把階級鬥爭觀點塞入黑格爾的辯證法，把進化論觀念植入費爾巴哈的唯物論，冒用「哲學」的名義，而拼湊出的一種鼓動人類彼此仇恨、自相殘殺的「人生觀」。他們的後輩承襲者們，說他們是「發展了」洛克的唯物主義和黑格爾的辯證法——人們可以不必在意這些後輩承襲者們，這種玩弄辭藻的把戲。

如果人們不懷疑馬克思之流，對唯物論和辯證法的觀念本身，沒有任何實質性的變動，那麼，人們由此，應該可以推出：從馬克思之流，上溯到費爾巴哈或英國唯物主義者，再到黑格爾，他們所說的「感覺」，都是「感知不分」的。黑格爾都是如此，而更早於他的哲學家，比如康德、休謨、萊布尼茨、笛卡爾等等，有理由認為，他們對「感覺」的認知，並沒有超越過亞里士多德在《第一哲學》中的識知——而在亞里士多德的時代，顯然是沒有具備，能夠區分出感覺和知覺不同的科學條件。

由此，人們就可以知道，費爾巴哈之前的一切哲學家們，都是「感知不分」的。至於他之後的那些哲學家們，人們由當代中西合璧的陳嘉映先生那篇「從感覺說起」的文章，就可以看得出來，他更是感知不分——至於他的學問，師承於歷史或當代的什麼哲學家？那個哲學家又怎麼樣？人們是可以不必關心的。可以看得出來的一點是，他難於超越過去哲學家們的智慧和認識能力。從他那篇「從感覺說起」的文章中，人們就可以知道，他不僅感知不分，甚至於把只是表示著概念的一部分屬性的街談巷議用語，當成了哲學的概念對象來看待。

至於馬克思之流的經典作家們拼湊出的觀念認識，遠不是他們自己和其的信徒們，所吹噓的有什麼客觀和科學。別的問題不說，被他們的信徒稱為經典作家的那幾個人，竟然就對早於他們的已有科學發現，一無所知：「在哲學上和日常生活中，在歷史上，感覺和知覺統稱為感覺或感知。1824年，法國弗洛倫（P.Flourens1794——1867）在鴿腦實驗的基礎上發表大腦統一機能說，才對感覺和知覺作了嚴格的區分。」[2]——如果他們那些所謂的「經典作家」的觀念認識，真的達到了客觀和科學的境界，那麼，那些所謂的「經典作家」，就不該在弗洛倫之後的觀念認識中，依舊是「感知不分」的。至於受惑於馬克思主義的那些後輩們，他們雖然注意到了感覺和知覺的不同，但由於信仰的毒素，痲痺了他們的大腦，致使得他們，只能比貓畫虎地把感覺和知覺做機械的劃分。而中西合璧的陳嘉映先生，由於自以為身份的優越性，自然會對人類科學認識上的進步不屑一顧。

由以上的分析，人們就可以看出，後來的哲學繼承者的不幸，在於：他們只是沉浸在對過去的哲學理論的繼承和發掘上，而並沒有把自己，當成哲學的對象來看待。即沒有把自己，當成被哲學所認識的對象來對待。也正因為如此，所以，他們也就沒有能夠關注並思考這個「感知不分」以及由其衍生的一系列問題。

從為人類服務的角度講，如果哲學家們能夠早早關注並思考這些個問題，並由此而揭示出感覺及其相關問題的實質。那麼，這不僅會有助於人類解開自身之謎，提高人類對這個世界的領悟能力；也會使得人類社會的道德和文明，跨上一個新的臺階；更會使得人類因為宗教、種族、國家、膚色，等等不同而產生的紛爭，消弭於無形。

回溯一下人類多難的發展史，人們就可以發現，宗教、種族、國家、膚色，等等的一切之爭，歸根結底，就在於人們，並不清楚自己作為人類，與一般動物的不同本質究竟是什麼。而導致這一切的根源，說到底，就在於哲學的感覺觀念所造成。

二、哲學無所不在

說到這裡，可能有些人會覺著，這些有關於哲學觀念的話題，是個玄虛、空洞的無聊話題，它與人們的現實生活的認識，與當今前沿科學的科學認識，都是毫無關係的。因而，人們也就大可不必在意，這些哲學的觀念會怎麼樣。

不客氣地說，持有這種看法的人，若不是無知，那就是愚蠢。因為，哲學觀念對人類的各個方面的影響，不管是在過去，還是在現今，或是在未來，都是無所不在的。

比如，那個超越了娛樂讀物購買量而創造了科普讀物發行量奇跡的史蒂夫·霍金的《時間簡史》一書——那書中的內容，看上去，好像和歷來的哲學觀念毫無關係，是現代宇空物理學知識的最新產物——但如果細究一下，人們就會發現，他的書中所說的一切，亦不過是對過去已有的哲學觀念的現代解說。

對德國古典哲學的理論觀念有一定識知的人，應該可以看出，霍金的理論觀念基礎，其實，並沒有什麼新鮮的東西，它還是已有的哲學觀念的體現——霍金的理論觀念的來源，是早他兩個世紀的德國哲學家康德關於時空的那個「二律背反」觀念。說白了，霍金只是用現代宇空物理學的術語，試圖去詮釋哲學家康德的時空「二律背反」觀念，而且只是詮釋了「二律背反」的一部分：「世界在時間上和空間上有限」——且並沒有超越得了康德的認識境界，因為他不僅淡化了康德那個「二律背反」所關於時空的另一部分觀念，即「世界在時間上和空間上無限」[3]，而且還用現代科學的術語，為康德的「物自體」不可知觀念做了注釋。至於他在描述宇宙遇到疑難時，所不得不求助的所謂「弱人擇理論」和「強人擇理論」，亦不過是由於人們不同的感覺觀點，而衍生出的唯物論或唯心論或不可知論，在當今理論科學前沿的另一種表達方式而已。

再比如，我們平時所使用的一些概念：世界、物質、事物、運動、變化、存在、物理、質量、物體、能量、現象、本質、規律、原因、結果、形式、內容、觀念、認識、知識、心理、感覺、思想、意識，等等，追本溯源，都來源於哲學——都是哲學的觀念，它們的概念內涵，一直是被從來的哲學觀念所左右著。

由此，我想，人們應該可以明白了：哲學的觀念，從來也沒有離開過人們日常生活的日常認識，它一直在潛移默化地影響著人們的日常思想，影響著科學的最新認知。

三、感覺疑難的根源

說「人人都有感覺」，應該不是一句不符合事實的虛假話，也應該不是一句不負責任的誇張話。既然是人人都有感覺，那麼，感覺作為被我們所認識的對象，就應該不是一個什麼神秘莫測的對象。

可令人頗感迷惑的是：感覺的問題，竟然至今，依舊還是哲學界的一大疑難問題——心理學界自然也是無能為力——哲學過去已有的感覺觀念，甚至於在歷經了兩千多年的哲學探討之後，而被十九世紀的托馬斯·赫胥黎，一語成讖地指出了其的不可知性：「我們永遠不能確實知道引起我們的感覺的真正原因。」

就已有哲學的歷史來看，我們可以肯定地說，感覺正是橫亙在哲學的派系——唯物論、唯心論、不可知論——的觀念之間，使得哲學的各種觀念認識，不能達成基本統一的唯一屏障。

問題出在哪裡呢？在我看來，歸根結底的原因，就在於：被譽為百科全書式人物的大哲學家亞里士多德，在距我們現今兩千多年的古希臘時期，就已經為「感覺」，做了一個令其後的哲學家，誰也不敢僭越的規定——這個規定，就是：感覺「能使我們識知事物，並顯明事物之間的許多差別」，「我們不以官能的感覺為智慧；當然這些給我們以個別事物的最重要認識。」[4]即感覺的「為認識」性——並被規定成為了感覺的「唯一性」。而這「為認識」的唯一性，發展到後來，就變成了感覺只是「看」什麼；再後來，人們就開始不關心感覺「看」什麼的問題，而開始關心起感覺的內容源自哪裡？

最有代表性的兩種觀點，是：「『存在就是被感知』，外物是『感覺的組合』」（貝克萊）[5]；「感覺是物質作用於我們感覺器官的結果，是人腦對外部事物的反映。」（列寧）[6]即感覺的內容，是內部就原有？還是來源於外部？

正是以此為據，以為來源於內部者認為，世界只是人類的一個幻像，或說世界是人或「類人之神」創造的，即唯心論；而以為來源於外部者則認為，世界是先於人類而存在的，即唯物論——這就是人們過去說的「世界本原」的問題——而唯一以感覺本身為目標、對感覺本身的問題感興趣的人們，卻由於難於洞悉感覺的實質，而無可奈何地陷入了「不可知論」——「不可知論」這個詞彙，正是悲哀地預言「我們永遠不能確實知道引起我們的感覺的真正原因」的托馬斯·赫胥黎，首先創造出來的。

四、從感覺問題開始

縱觀一下過去哲學和現今心理學[7]的一切感覺觀念，人們就會看到，它們感覺觀念的最終指向，都是感覺在「物」的「認識」上。即使那個對引起人類「感覺的真正原因」做出悲哀預言的托馬斯·赫胥黎，其質疑的所在，也是感覺對「物」的「認識」的問題。

就哲學認識歷史對人的感覺的認識而言，感覺作為人的一種能力，其除了給認識者提供一定的事物對象的特徵之外，除了其內容的來源，需分辨出個「內和外」的不同之外，似乎殊無他能、殊無他用。感覺予我們的事實，真是這樣嗎？

說感覺，不管我們怎樣地說它，有一點，我們無論如何也是不能忽略的——那就是：感覺是我們人生歷程中，一種讓我們能夠在這個世界上維繫基本生存的最基本的功能。

凡能夠對感覺問題進行侃侃而談的大家們，不管是質疑它、否定它、肯定它，不管是「唯心」地說它，還是「唯物」地說它，或是「不可知」地說它，他們都有一個共同的特點——這就是：他們都已是成人。他們的感覺器官，都已經經過了內外刺激對象的千錘百煉的鍛造；他們的感覺，都已經與自己其他的心理能力（知覺、表象等等），建立起了千絲萬縷的連接。感覺，在他們那裡，已經不是純潔的處子，而是變成了人盡可夫的蕩娃。讓一個成人，把自己的感覺，從內外事物的千錘百煉的鍛造中還原，斬斷與自己其它心理能力的千絲萬縷的連接，那就猶如讓一個蕩婦，變回處子一樣地不可能。但是，沒有辦法是，要使得他們能夠真正客觀地認識到感覺的實質，唯有讓他們，再經歷一次那樣的返璞歸真，才能讓他們明白過來。

就猶如任何一個蕩婦，總是有曾經是處子的過去一樣，任何一個成人，亦毫無疑問地都有自己從母腹中出生，並經歷幼年成長的歷史。他們總不至於會否認，他們的成「人」，是從母腹而來開始。他們總是有過自己幼年的稚嫩。不過，話說回來，如果真得要求他們，再回到那個赤子般的幼年階段，那也是不可能的（雖然這是很多人的奢望）。幸好，可以斷定，他們也並不就生活在渺無人煙之處，他們不僅經歷過自己從幼年的成長，他們的周圍，也層出不窮地有一些才剛出生並正在成長的嬰幼兒。如此，那就不妨讓他們做一個實驗——這個實驗，就是：讓他們，與那些具有完整感覺器官的嬰幼兒做個交流——與嬰幼兒或者談談生存的目的，或者談談人生的哲理，擬或也談談生活的不幸——這樣一來的結果，會是怎麼樣的呢？我不說，人們也會想到，這個結果將會是怎樣的。因為，人們的周圍，總也有一些嬰幼兒在生長著。人們完全可以通過類似的實驗，而毫不費心力地就能夠知道，這會是一個什麼樣的結局。如果真有一個成人，向一個尚在襁褓中的嬰幼兒，熱情澎湃地大談生存的目的、人生的哲理、生活的苦難，他不僅不會得到，這個嬰幼兒在這方面的絲毫回應，而且還會被旁人認為：這是一個精神有毛病的病患者。嬰幼兒為什麼不會回應他呢？而當這個嬰幼兒生長到一定的年齡之後，為什麼又能夠回應他的這些談話呢？

再有，人們也不妨去啟發一下那些大家們，讓他們，憑藉於他們的大腦智力，做一個實驗：把他們面前才出生的嬰幼兒的感覺器官，全部地阻斷。讓他們設想一下，如果一個嬰幼兒一出生，全部的感覺器官就喪失了功能，就沒有了任何的感覺。那將會是一種怎樣的成長情況呢？很顯然，如果大家們不是心智過於愚鈍，那麼，他們幾乎不用費什麼心力，他們就應該可以明白：這個嬰幼兒，將對外界和內部的任何刺激，都不會發生任何的回應，甚至於都不會有包括維持生命基礎的吃喝基本欲求——因為，就連最基本的吃喝欲求，在人也是需要感覺的參與，才能夠實現的。如果一個才出生的人，連維持生存的吃喝基本欲求都沒有了，那就更別奢談，以此為生存基礎的其他心理功能了。

至於某種感覺能力先天或後天的缺失（比如盲人、聾啞人、無痛覺和無味覺人），對心理和認識所造成的負面影響，在人類的現實生活中，是屢見不鮮的。

由以上的這些分辨，就可以使得人們明白，感覺，並不僅僅只有認識的一種意義，也並不就僅僅是「為認識」而存在著。感覺，最重要、最基本的現實意義，在於：為機體的現實生存服務。如果說，生命來源於父精母血，那麼，感覺，就是這個生命與現實世界發生關係，並在這個現實世界中得以生存下來的唯一基礎。

有一點，人們是不能不瞭解的。直到本世紀初（二十世紀初），科學家仍普遍地像外行一樣，認為人類只有五種基本的感覺機能。至於哲學的方面，瞭解一點兒哲學認識論歷史的人，都應該知道，哲學家曾經就感覺器官的多寡意義性，進行過爭辯。而且，直到今天，仍有不少理論家，對人類五種以外的感覺機能，依舊採取不屑一顧的態度。這些人當然不會知道，現代心理學通過大量的實驗，已經證明：人的機體上，有廿多個感覺器官。

人，無疑是有認識能力的——人的認識對象，不管是什麼，總是直接或間接地和人的某種「情覺」相關聯。事實上，導引著人認識活動的動機和目的，是人須臾不可離的七情六欲。這也就是為什麼在同樣的環境中，人會有不同的認知表現，會成為不同的人。人為什麼會有七情六欲？人的七情六欲來源於哪裡？不管這種七情六欲是正常的、還是變態的——其根源，說來說去，就在於人的感覺。

我們一般地知道：我們的感覺，是物質作用於我們感覺器官的結果——這句話中的感覺，是指外部感覺器官的感覺。我們的一切外部感覺器官，能夠產生感覺的前提，的確都是在一定的物質刺激作用下，才能發生的。只是，即使人們認可了這個說法，但卻並不一定由這個前提，就必然地能夠得出正確的感覺結論。這就如同美學家或商人對待黃金一樣，不同的人，站在不同的立場，就會有不同的看法。而且，很有可能還是針鋒相對、互不相容的。

我這樣地說，並非在不負責任地搬弄是非。

人們不妨就如下的情況，做一下具體的分辨：比如，一個蘋果，呈現在我們的面前，我們看到了它——如果我們已經剔除了感知不分的問題，那麼，過去的所有哲學家的感覺結論，都會像臺灣當代心理學家張耀翔先生告訴我們的那樣，說我們最初所感覺到的是：「一團光線和彩色」。即感覺中感覺到的對象，只是那個蘋果「物」的一些個別的屬性。把感覺，只是當成「見物」的觀念，由亞里士多德的那個《第一哲學》或更早，似乎就在哲學上已經達成了共識。

說到這裡，有人或許會有這樣的疑問：唯心論或唯物論，它們對感覺是否見「物」的觀念，應該會有所不同吧？其實不然。唯心論或唯物論對感覺的分歧，不是感覺是不是「見物」，而是所見之「物」的來源。這就是我上邊已經提到過的貝克萊那個「『存在就是被感知』，外物是『感覺的組合』」的觀念——唯物論的觀點，就更不用再說了。至於不可知論[8]，它們不是否認感覺是不是以「物」為對象，而是不知道這「物」來源於哪裡？是不是真實的存在？而不是否認感覺看到了「物」。

這樣地說起來，「感覺只是『見物』的觀念」，似乎沒有什麼可爭辯或討論的意義。

實際上，並不儘然——有人，就對這種說法，不以為然。

---

[1] 《簡明心理學辭典》　楊清主編　第205頁　第352頁

[2] 《簡明心理學辭典》　楊清主編　第205頁「知覺」。

[3] 《認識論詞典》　章士嶸 盧婉清 蒙登進 陳荷清編　第210頁。解決康德的時間和空間的二律背反，人們可以在網上尋找一下我的《空間和時間的性質》一文。

[4] 《形而上學》　亞里士多德著　卷一　章一　第1頁

[5] 《認識論詞典》　章士嶸 盧婉清 蒙登進 陳荷清編　第177頁

[6] 《認識論詞典》　章士嶸 盧婉清 蒙登進 陳荷清編　第44頁

[7] 再次強調一下：目前在學術界，這兩個學科，並沒有隸屬關係；所以，我在這裡，把它們並列在一起。雖然，事實上，心理學是隸屬於哲學的。本書的結果之一，就是恢復了它們的隸屬關係。

[8] 不可知論，在哲學歷史上，有兩種觀念：一種就是對對象的不可知；一種就是康德的認識界限的不可知。

第三節　感覺的原則

一、感覺的內容

為了證明這一點，我在這裡，把認為不以為然的例子，先行展示給大家看看。

美國著名的心理學家——發展心理學的創始人——古德伊洛弗女士，舉過這樣的一個例子：一粒灰塵落在人們的皮膚上，在人們，會引起對灰塵的輕微觸覺；而如果這粒灰塵不幸地進入了人們的眼睛，那就會引起人們，對灰塵的難以忍受的劇痛感[1]。

按照過去的哲學理論及其心理學理論，給予人們的一貫看法來說，人們通過輕微觸覺或劇痛感，人們知道是灰塵的緣故，所以，人們感覺到的是灰塵——這在被辯證唯物主義的觀念和旗下的心理學觀念薰陶慣了，並且迷信於它的人們看來，真是沒有什麼可疑問的：灰塵畢竟就是灰塵——不管是落在皮膚上，還是落在眼睛裡，它依舊還是灰塵。因而，辯證唯物主義這樣地告訴人們：「感覺是客觀事物的某個片面或個別屬性等外部現象在人腦中的直接反映。」[2]——這裡說的「客觀事物的某個片面或個別屬性等外部現象」，就是臺灣心理學家張耀翔先生說的那個蘋果反射的「一團光線和色彩」[3]——這是人們最熟識，並且也一致信奉著的感覺的「真理」觀念。

可是，令人大感詫異的是，心理學家古德伊洛弗女士，針對著這個「灰塵」的事例，所得出的結論，竟然是毫不客氣地直接就否認了人們以為是「真理」的那個觀念。她在她的那本著名的《發展心理學》一書中，就灰塵的這個事例，極其明確地是針對著以往哲學的感覺觀念，寫道：「在感覺中所感到的東西是感覺器官的反應，而不是引起感覺的那個事物的本身。」[4]這也就是說，在她看來，感覺裡，並沒有什麼「物」——「物」只是引起了感覺。

乍一看來，心理學家古德伊洛弗女士的這種說法，好像有點兒不那麼符合實際。但我們不要忘記，我們所認為的那一點兒實際，是由始自於亞里士多德的歷來哲學觀念，強加給我們的。而我，也才將告訴過人們：哲學家們歷來是感知不分的。即使法國弗洛倫在十九世紀初葉，發表了「大腦統一機能說」——真正地揭示出了感覺和知覺的不同，但也並沒有使得他之後的幾乎所有的哲學家們醒悟過來——他們還是依舊沿用著舊有哲學那種感知不分的「感覺」觀念，談論著人與世界的感覺關係。

由此，這就不能不令我們覺著，心理學家古德伊洛弗女士這樣的說法，或許真有她的一定道理。若真是如此，這就使得我們，對始自於亞里士多德的那個「感覺」觀念，是否正確？是否符合實際？不能不有所懷疑。而如果有一個人是在辯證唯物主義觀念的魔影下成長著，且還能夠有自己獨立思考的能力，那麼，他的精神，就會不免為之一振。因為，他知道，古德伊洛弗女士，不是以冥想思辨見長的哲學家，而是以實踐地研究人的心理發展機制為己任的心理學家。若論學術思想的獨立性、自由性、嚴肅性和科學性，那些不得不信奉辯證唯物主義觀念的心理學家們，與其相比，是相形見絀、難望其背的。因為，心理學家古德伊洛弗女士沒有「哲學」政治迫害的擔憂，她的思想和實踐活動，起碼就不會事先去顧及「哲學」上是怎樣說的——她會一心一意地考慮，怎樣把自己知道的事實本來面目，呈獻給人們。就她所舉得這個事例，和她由此而得到的這個結論，不能不使得我們懷疑：「感覺是人腦對客觀事物的個別和片面屬性的直接反映」的說法的正確性？而臺灣心理學家張耀翔先生那個類同於經典性結論的「光線和色彩」的說法，也不能不讓我們有所存疑。

看過心理學家古德伊洛弗女士《發展心理學》一書的人，應該可以想到，心理學家古德伊洛弗女士的結論，會使得那些曾經盲目地信奉辯證唯物主義觀念是「最科學真理」的人們，如吃飯時，被意外地噎著了一樣地難受。他們的難受，倒不是因為他們發現同一刺激物，刺激不同的感覺器官，會得到不同的觸感或劇痛感——或由它們的不同，進而發現灰塵變成了別的什麼東西。心理學家古德伊洛弗女士向他們展示的對象，也不是什麼其他的東西：灰塵畢竟只是灰塵。他們之所以會感到噎著般地難受，是因為，心理學家古德伊洛弗女士在說「在感覺中所感到的是感覺器官的反應，而不是引起感覺的那個事物的本身。」——這句話之前，還有一個至關重要的提示——這個提示，就是：「這再一次說明這個原則」[5]——這竟然是一個「原則」，而灰塵的事例，只不過是「再一次說明這個原則」。這也就是說，心理學家古德伊洛弗女士這個結論的所指，並不是指某個感覺器官在發生感覺時的特例，而是指所有感覺器官的所有感覺，皆是如此。

如果說，舉出一粒灰塵落在人們的皮膚上，會引起人們輕微的觸感，是很平常的一個例子——我們由此，似乎可以感到過去哲學的那個感覺說法有其可信性；那舉出一粒灰塵落入我們的眼睛裡，會引起我們難於忍受的劇痛感的事例，則是一種智慧——在對這種感覺的認知裡，如果我們要想感覺到所謂的「事物的個別或片面的屬性」，我們不僅要背叛性地忘記我們自己的劇痛感，我們起碼還需要借助於其他的心理能力來幫忙——這無疑不是一個似是而非的事例，而是具有鮮明特徵的特殊事例。而如果我們要堅持過去哲學理論關於感覺的一貫觀念，我們起碼要就這種特殊性的事例，作出合理的解釋。只有這樣，我們對人的感覺的實質，才能有達到真正認識的可能。

這個例子，說明了一點，就對事物的認識而言，事物的本來面目，或許多是並不在司空見慣的一般事例的表面，而是很有可能隱藏在司空見慣的事例的背後。也就是說，如果我們要想看到事物的本來面目，我們只有通過對個別的特殊性事例的求證，我們才能看到事物的真相。因為，事實上，個別的特殊性事例，並不游離於一般事物之外，也並不就是沒有一般事物的一般性特點。恰恰相反，揭示特殊性事例的一般性特點，也就是揭示著一般事物的一般性特點。反過來說，由司空見慣的事物得出的結論，如果不能去說明特殊事物的一般性，那這個所謂的結論，很有可能就是似是而非的。事實也已經告訴我們，相較於自身的一般而言，任何個別，都是特殊的。

由古德伊洛弗女士所舉的事例，可以看出，古德伊洛弗女士並沒有否認「物質作用」；而所謂的哲學經典觀念對「物質作用」的認知，就更不用說了。可為什麼在肯定共同的事實的前提下，「結論」，卻如此這般地對立？這可真是費人思量。

二、感覺令人困惑之處

在這裡，我們不妨首先通過心理學的「知識」，來瞭解一下，心理學，是怎樣對感覺的發生，進行描述的：

「來自內外環境的刺激作用於人的感覺器官——眼睛、耳朵、鼻子、舌頭、皮膚等，就產生了一種神經衝動；這種神經衝動傳至大腦皮層的一定部位，便產生了感覺。」[6]

這是心理學的一種普遍的觀點。這裡的「刺激作用」，等同於那「感覺是物質作用於我們感覺器官的結果」中的「物質作用」的說法。我們知道，不管是「刺激作用」，還是「物質作用」，都是指人體以外的自然界中的聲、光、氣、味、體，等等之類存在物的作用；所謂的「感覺器官」，這裡所指的是一些「外部感覺器官」。我前邊也已經說過，它是指我們相應的聽覺器官（耳朵）、視覺器官（眼睛）、嗅覺器官（鼻子）、味覺器官（舌頭）、觸覺器官（皮膚），等等外在的感官。而「我們」，則是指現實生活著的人。

作為現實生活著的我們，應該知道，我們的感覺器官，無時無刻地不被作用著的「事物刺激」包圍著。自打我們一來到這個世界上，我們的感覺器官，就無可迴避地掉入了刺激作用的汪洋大海之中。周圍世界的刺激物，對我們感覺器官的刺激，就像海水包裹著溺水者那樣。也就是說，除了睡眠，我們所有的感覺器官，每時每刻都被引起我們感覺的廣泛刺激作用著。那麼，我們是不是在這種作用之下，對所有的刺激，都感覺著哪？

聽我們如此之說，有人可能會認為，我們這樣的說法，有點兒故意地無事生非的意味兒。但如果他們用心地琢磨一下，他們也就可以覺出，這其中，確實有些令人驚奇的不可思議之處。可知否，心理學已經證明說，我們人的感覺器官有廿個之多。也就是說，我們的廿個感覺器官，無時無刻地不被作用著我們感覺器官的刺激物所刺激著。如此，我們是不是對這所有的刺激物的刺激，都感覺著呢？

說到這裡，表面看上去，我們好像是要追尋外部事物刺激我們的感覺器官，我們的感覺器官，是否必然地就會產生相應感覺活動的問題？但實際上，我們這裡所要追究的是，外部事物刺激我們的感覺器官，與我們感覺的發生，究竟是一種什麼樣的關係？再具體一點講，我們真正要追究的內容，是：外部事物對我們感覺器官的刺激，是否必然地就會引起我們腦子的應和活動？

瞭解現代心理學的人都知道，現代心理學以確鑿的證據指出：感覺「特別是腦的機能。」[7]由此，我們也就可以知道，感覺的發生，並不只是在於感覺器官是否活動，而且還需要有腦子的參與——沒有腦子的參與，我們就不會有感覺的發生。如此，或許有人就會「杞人憂天」地害怕起來。因為，感覺，如果真像以往的哲學家及其心理學家所以為的那樣，是「一觸即發」式的，那麼，我們那被海嘯般刺激裹脅著的感覺器官，將會讓我們的腦子，承受著一種怎樣不堪忍受的重負？如果事實確實如此，那麼，我們的腦子，除了疲於應付持續不斷地作用於我們感覺器官的各種各樣的刺激之外，除了在感覺中感覺著——被動地感覺著，還能做什麼呢？我們幾乎不用思考，就可以馬上明白：什麼也不能做。

我可以想到，有人會對我這樣的說法，不以為然。在他們看來，我們腦子的注意力，是可以一邊感覺著刺激物於我們感覺器官的刺激，一邊作別的（比如看書）。這種看法，乍一覺來，似乎還真像就是那麼一回事兒。生活中，我們好像就是能夠一邊愜意地躺在床上讀著書，一邊漫不經意地聽著屋外嘈嘈雜雜的聲響——這看上去，我們的腦子，好像還真的就是在同時做著兩件不同的事兒，感受著兩種不同的刺激。

其實，真實的情況，遠不是他們所以為的那般狀況。有心的人，讀到這裡，不妨自己去體驗一下，看看我如下的說法，是否符合事實：當我們聽到屋外某個聲響的一剎那時（感覺到時），我們腦子的注意力，已經離開了書本的內容，而感受著屋外的那個聲響的刺激性質——在那一剎那時，我們的眼睛，固然是依舊注視著書本，但卻是「視而不見」的。習慣和經驗，可以使得我們，對待熟識的刺激像對待討厭的蒼蠅那樣，立時就把它們從腦中轟走；然而，它們，也正像那些討厭的蒼蠅一樣，隨時會飛回來干擾我們的思想——我們是無法拒絕感覺的。要不然，我們在用腦之時，也不會總希望能有一個安靜的環境。因為，紛擾不寧的環境，使我們很難專心致志的。人們不妨隨時隨地去省察一下自身——這時，人們就會發現：任何感覺著的同時，我們腦子的注意力，都不能不瞬間地凝滯在感受上。很顯然，我們腦子的注意力，是不可能一邊感覺著什麼，又一邊思索著別的什麼的。

之所以人們會覺著：可以一邊感覺著，一邊思索著別的什麼。乃是因為，人們習以為常了熟識環境的騷擾，並且不經意地修正著自己的注意力；因而，也就並不覺著環境刺激有什麼影響性，覺著好像是在同時進行著兩種互不交叉、彼此並無干擾的活動。

從一般狀況來看，我們常常是對某些刺激無動於衷，對某些刺激興趣盎然。乍一覺來，這似乎顯示著感覺本身是有什麼截然不同的性質的，可其實不然（這一點，我以後會談到）。總之，不管是無動於衷也好，興趣盎然也罷，感覺就是感覺——只要它發生了，我們就會受到影響；只要感覺了，我們的腦子就不可能不參與其中；只要我們在感覺著，我們也就不可能再去關注或思考著別的什麼。

不消多言，哲學家們過去對感覺的認識，完全都是著重在它的認識性方面。因而，對感覺的關注，幾乎毫無例外地都是在感覺器官與刺激物的刺激屬性的關係方面。

在我看來，就外部感覺器官的活動而言，感覺，確實是外部刺激物作用於我們感覺器官的結果。即感覺，是由於外部刺激物對我們感覺器官的作用而引起——沒有外部刺激物的作用，就沒有相應感覺器官的相應感覺活動。但是，我們在此，也應該明白：外部刺激物對我們感覺器官的作用，並不一定就必然地會引起我們的感覺。即「感覺器官被作用著，並非就是在感覺著。」換句話說，單單是外部刺激物的作用，並不一定就必然地會引起我們感覺的發生。

關於這一點，美國心理學教授托馬斯 L 貝納特先生，在其所著的《感覺世界》一書中，有一段話，專門談到了這個問題。他是這樣說的：「在我們清醒的時間裡，大量的、廣泛的刺激像潮水一般地向我們湧來。很奇怪的是，我們的感覺器官並沒有因此而被淹沒。」[9]托馬斯 L 貝納特先生，也正是有感於事物的作用和感覺的關係不好表述，所以在《感覺世界》一書中，他也就乾脆迴避了對它們關係的表述。他當然不會否認事物作用的現實性，但卻並不把這種現實的作用性，當作感覺的充要條件，而是把它當作感覺的必要條件：既有之未必然，無之必不然。他這樣地說感覺——這在他，已經是對感覺的一個定義：「感覺是指將環境刺激的信息傳入腦的手段。」[10]這裡，需要提醒的是，托馬斯 L 貝納特先生所謂的「信息」，並不就只是指「刺激對象」或「刺激物」。就托馬斯 L 貝納特先生表述的意思而言，所謂的信息，既可以是環境刺激物所帶有的「信碼」，也可以是刺激物刺激感覺器官，而由感覺器官本身發出的「信號」，比如灰塵進入了眼睛的「劇痛」。然而，不管是信碼或是信號，按照托馬斯 L 貝納特先生的意思，這些，都只是被「感覺」傳入腦子的對象——也就是說，是否「感覺」，既不在於環境刺激物的作用，也不在於感覺器官的活動，更沒有腦子什麼事兒，而是在於「感覺」的本身。

由此，我們可以看出，托馬斯 L 貝納特先生之所以會這樣地認為，實際上是在否認「感覺主要是腦的機能」的觀點。也正因為如此，所以，他才把「感覺」作為「感覺到的原因」。很顯然，托馬斯 L 貝納特先生是因為無法理解感覺與作用物作用的關係，借助於把感覺歸入到「神秘的機能」，來試圖迴避感覺與作用物作用的關係的問題。

由以上的這些分析，我們也就可以見出，感覺和作用物作用的關係，是很微妙的——它們，並不像我們以往所認為的那樣，是直截了當、一目了然的。它們，不適用於直觀結論的直接推理。

三、感覺發生的一般性觀點

我們在前邊，已經引用過心理學對感覺發生的一般性描述——在這裡，我們不妨再來看一看，另一種相類似的描述：感覺的發生，在於事物作用於感官引起神經衝動，這種神經衝動沿著傳導神經，傳遞到大腦皮層的特定部位產生的——這個說法，僅僅就文字的描述來看，人們可能不會覺出有什麼不適，可能會覺著這是理所當然的。但若要思考一下，這種描述，就會令人感到大有問題。

不消言，這種描述，當然不會與所謂的經典性感覺定義相抵觸——它與那種定義，本來就是一脈相承的；令人感到奇怪的是，這種描述，竟然也並不與心理學家古德伊洛弗女士的感覺定義相違背——而心理學家古德伊洛弗女士的感覺定義，與經典性的感覺定義是互為否定的；尤為令人不解的是，這種對感覺發生的描述，甚至於與托馬斯 L 貝納特先生的那個感到「奇怪」之後的感覺定義，也毫無衝突。

這是怎麼回事？出現這樣的情況，在我看來，只能有兩種可能的原因：

一是，這種描述，的的確確地揭示出了感覺發生的原理。因而，它才相融於以上三種，雖然有所片面，但卻是基於事實的感覺定義。也就是說，問題並不在於心理學對感覺的描述，而是在於各自的感覺定義有問題。

二是，這樣的描述，與感覺發生的實際原理相去甚遠。因而，它才會與以上三種感覺的定義，並不發生任何的衝突。這也就是說，這種描述的本身，有一定的問題。

這樣的描述，是屬於哪一種呢？在我看來，它是由於第二種原因，才造成了這樣的情況。因為若是第一種原因，人們必然會在托馬斯 L 貝納特先生所說的「大量的、廣泛的刺激像潮水一般地向我們湧來」的現實刺激中，遭受到感覺的滅頂之災。可作為實際生活的人，我們並沒有在這種狂潮巨浪般的感覺刺激中，遭受到感覺的滅頂之災。

四、感覺發生的連帶問題

很顯然，這也就再一次說明，環境刺激作用於我們的適應感覺器官，並不就必然地會使得我們發生相應的感覺。即作用物對相應感覺器官的作用，並不一定就必然地會引起我們的感覺。亦即感覺器官被作用著，並非就是在感覺著。在這方面，心理學也說得很明白：「感覺不單純是感覺器官的機能，而是整個分析器，特別是腦的機能。」[11] 這也就是說，刺激物刺激於感覺器官，首先需要引起神經衝動，而且還必須「傳入腦」，才會引起感覺，才能被感覺到，才是感覺。

然而，神經衝動究竟是怎樣產生的？物質作用於感覺器官，是否必然地就會引起神經衝動？神經衝動又是怎樣傳入腦的？腦又是如何鑑別著各個感覺器官的刺激信息，並與之呼應的？之所以會有這最後的一問，是因為，我們在這裡，又碰到了一個躲不開的科學事實——科學事實這樣告訴我們：「一切神經衝動（包括各種感覺的和運動的）基本上都是一樣的。」[12]。

問題，顯然是複雜的。這已經由物質作用和感覺發生的關係問題，細化為：物質作用於感覺器官——神經衝動如何產生——腦如何應和——的問題。而如果人們在這裡，放下「外在感覺器官的活動是否由外部事物的作用所引起」的爭論，以「外在感覺器官的活動是由外部事物的作用所引起」為前提，那麼，這裡所剩下的問題，就是：感覺器官與神經衝動及與腦的感覺發生的關係？

這些問題，我想，絕不是靠哲學家及其心理學家想當然的三兩句話，就能輕易地辨別清楚的。要不然，托馬斯・赫胥黎也不會繼大衛・休謨之後，再一次地感到「永遠」的沮喪。在我看來，托馬斯・赫胥黎和大衛・休謨之所以會那樣認為，並不是因為，他們先已是「不可知論」者，他們才不顧事實地得出這個「不可知」的結論；而是因為，他們經過了深思熟慮的思考，確實理解不了舊有哲學的那種「感覺」發生的真正原因，並且，令人可敬地敢於承認這一點，所以，他們才敢於認為世界「不可知」。我們可以肯定地說，反對托馬斯·赫胥黎和大衛·休謨「不可知論」的那些理論家們，他們並不瞭解「引起我們的感覺的真正原因」，但這並不影響他們敢於認為「可知」的那一點兒勇氣——雖然，他們未必就真的「可知」什麼。

我們當然不會介入到「可知與否」的哲學爭辯之中去——如果我們不能瞭解感覺的真正實質，可知與否的爭論，將會永遠地進行下去；而且，永遠地也不會有一個結局——要消除這種可知與否的爭辯，我們首先就要真正地瞭解感覺的實質。

為此，我們就需要再借助於心理學的知識，對感覺的生物性實質，再做一番更深入的瞭解。

---

[1]《發展心理學》（上）古德伊洛弗著　符仁方譯　第90頁
[2]《認識論詞典》　章士嶸 盧婉清 蒙登進 陳荷清編　第44頁
[3]《感覺心理》　張耀翔著　第3頁
[4]《發展心理學》（上）古德伊洛弗著　第90頁
[5]《發展心理學》（上）古德伊洛弗著　第90頁
[6]《心理學趣談》　王樹茂編著　第21-22頁
[7]《簡明心理學辭典》　楊清主編　第352頁
[9]《感覺世界》　托馬斯 L. 貝納特著　第1頁
[10]同上第2頁
[11]《簡明心理學辭典》　楊清主編　第352頁
[12]同上第360頁

第四節　感覺的機理

一、感覺經典描述的缺漏

現代生理心理學告訴我們，任何感覺器官的感覺生理機制，都是基本相似的。都是由感受器、感覺傳導神經以及感覺中樞（大腦半球皮層）所組成。人們已經瞭解了感覺是如何發生的：「來自內外環境的刺激作用於人的感覺器官——眼睛、耳朵、鼻子、舌頭、皮膚等，就產生了一種神經衝動；這種神經衝動傳至大腦皮層的一定部位，便產生了感覺。」[1]我在前面，已經明確地表示過：這種描述，是大謬不然的——它並沒有揭示出導致感覺發生的真正原因——這不過是機械的「刺激——回應」的典型模式。

我前面的敘述，已經告訴了人們：感覺的發生，並非就是客觀事物對感覺器官的「一觸即發」。即感覺器官在客觀事物的作用下，是否發生感覺，是有一定的條件的。

而人們自然會知道，在我們清醒的時間裡，我們的大腦，並不是靜如處子般地靜候著刺激的來臨，它總是時時刻刻地處於思前想後的思想活動之中。仔細揣摩一下，感覺發生的事實，確實不能不令我們感到格外的驚奇：是什麼緣故？竟然能夠迫使我們的大腦，不顧一切地停止正在進行著的原有活動，而將注意力，轉移到這個感覺器官所受到的刺激上——我們的大腦，憑什麼分辨出：這個感覺器官當前所受到的刺激，是迫切地需要自己必須去關注的？

人只有一個大腦，而與大腦需要進行聯繫的感官，卻有二十多個——一和多的聯繫，不可避免地就會產生出一定的衝突和矛盾。有機體若要解決這些衝突和矛盾，它就必須具備一種：既不影響大腦和各個感覺器官的各自正常活動，在需要時，又能夠使得它們適時地建立起聯繫的機能來協調——這一點，應該是顯而易見的。可非常遺憾的是，我們在經典式感覺產生機理的描述中，卻看不到這種機能的存在。由此可知，經典式感覺產生機理的描述，存在著重大的缺陷。

說經典式感覺產生機理的描述有重大的缺陷，是因為，這種描述，將感覺過程中的一個十分重要的環節，不負責任地給割捨掉了——這一點，人們從有關「中樞神經系統」的敘述中，就可以見出：「丘腦是人體傳入衝動的轉換站，來自全身的各個感覺器官的傳入纖維，除嗅覺外均在丘腦交換神經原，然後再傳至大腦。丘腦對傳入的神經衝動進行粗糙的加工選擇，故又稱低級感覺中樞。」[2]

人們可以看到，我並非在吹毛求疵。經典式描述所割捨的內容，並非是無關緊要的內容，而是和腦的感覺活動有關的內容：低級感覺中樞——丘腦。如果外物、感覺器官和神經及其衝動的成分，都作為了感覺發生不可缺少的內容——那對它們，進行了加工處理，初顯它們作為一定意義的存在的「感覺中樞」成分，就更是必不可少的內容——即使它被冠之於「低級」的，但也不能否認，其在感覺過程中那不可或缺的作用。況且，它還是屬於中樞神經系統，和下丘腦與大腦皮層共屬心理活動的有機整體，「是感覺傳入通路最重要的換原中繼站，對環境信息進行一定程度的處理和加工。」[3]由此可見，在感覺產生機理的描述中，丘腦，實在是不該被遺漏的。

二、缺漏引起的悖謬

可過去的心理學家們，在就感覺產生機理的一般性敘述中，卻常常把丘腦，有意識地給割捨掉了。我真得有些不明白，在感覺產生的機理中，它，難道不比外物、感覺器官、神經及其衝動等的存在重要嗎？人是生物，不是機器——機器是無所謂生存、無所謂需要的，而人則不然。雖然，我並不否認，人有看上去與生存並沒有直接關係的理性、意志、願望、追求等等的理智性活動，但是，人首先是生物——是生物，就需要生命的維持，就需要能量的補充，就需要新陳代謝，就需要趨利避害，等等。而要實現這一切，首先就需要對刺激物的刺激性質，進行意義性的甄別——丘腦，正是甄別這種意義性的機能。

返回來說，如果我們不將丘腦的作用，有機地結合進對感覺產生機理的描述中。那我們，首先就要遭遇到，「神經衝動」在感覺發生中的悖謬。

我們已經知道，科學事實告訴我們：「一切神經衝動（包括各種感覺的和運動的）基本上都是一樣的。」既如此，那麼，我們勢必就要產生這樣的疑問：「神經衝動」，在感覺器官的發生情況是怎樣的？即它是如何產生的？

就一般事實而言，感覺器官在適宜刺激物的刺激下，產生神經衝動，無非有兩種可能：

一是，凡是被刺激著就產生神經衝動。

二是，並非凡是被刺激著就產生神經衝動。也就是說，神經衝動的產生，在感覺器官是有一定的條件的。

就第一種情況而言，我們已經知道，適宜刺激物，對感覺器官的適宜刺激，是極其廣泛的。它，並不獨鍾情於某一兩個感覺器官（有理由認為，所謂「主導感覺器官」或「輔助感覺器官」之分，是後天的因素所形成）。因而，我們也就可以想到，來源於各個感覺器官的各種各樣的適宜刺激——所轉變的神經衝動——會如山洪暴發般地一古腦兒沖入大腦之中——這對大腦，將是一種怎樣不堪忍受的重負（即使感覺的「適應」規律也幫不了它）。大腦的能力再強，也無法有條不紊地應付這狂潮巨浪般湧來的神經衝動——它什麼也做不了，當然也就不能感覺了。

而且，這還會帶來兩種意想不到的後果：或者是大腦，因為「應接不暇」的疲勞，而癱瘓；或者是神經衝動，因為頻繁運動，而失卻效用。幸而，這些，都不是事實。

就第二種情況而言，在適宜刺激物的刺激下，感覺器官發出「神經衝動」，是有所選擇的。

然而，不管這種選擇，會是怎樣地一種選擇。某些適宜的刺激物，我們永遠也感覺不到——這不是所謂「視而不見」、「聽而不聞」，而是對它們根本就沒有「視、聽」。因為它們，是在發出「神經衝動」的條件選擇之外，是被排除掉的一類——適宜變為「不適宜」。這是其一。其二，感覺器官對於機體而言，將失去它必不可少的重要性。因為它的條件選擇性，將一定的適宜刺激物，排除在了選擇之外，將自體束縛在了一定的範圍之內；因而，這也就使得它自體，失去了應有的敏感性。其三，感覺並不是腦的機能，而是感覺器官的機能。因為「一切神經衝動（包括各種感覺的和運動的）基本上都是一樣的」。腦只是被動地接受著「神經衝動」的刺激——即令它有先天地與感覺器官聯繫好的裝置，但導致「興奮、抑制」的機制，卻並不在於它，而在於感覺器官是否發出了「神經衝動」的刺激。因而，這也就帶來了第四個結論：兩個以上的感覺器官，如果同時發出了神經衝動，將使得腦，陷入混亂的狀態。

以上的這些分辨，只是粗略地隨手拈來，其中可能不乏尚欠周到（但並無大礙）之處。

總之，在感覺產生機理的描述中，如果缺少了丘腦的內容，將使得感覺，陷入機械被動的「刺激一回應」模式中。而這樣一來，大腦，在感覺的過程中，也就沒有什麼作為——感覺只是感覺器官的功能。如此下去的最終結果，就是：感覺從來沒有存在過，它不過是無稽之談。

導出這樣的結論，肯定是那些經典式描述的人，所沒有想到。坦率地說，也是我們所沒有想到的。

三、感覺發生的疑惑

人們知道，我們的各個感覺器官，每時每刻，都被大量而廣泛的各種各樣適宜刺激物刺激著。但是，我們卻也並非每時每刻，都感覺著各種各樣刺激物的刺激。這也就表明：我們感覺的發生，是有一定的條件的。

這是一種什麼樣的條件哪？

托馬斯 L 貝納特先生認為，是根據「需要」的選擇。他在《感覺世界》的那段表達出「困惑」的話之後，緊接著就又說道：「相反，我們在這樣的感覺世界中發育成長，我們和其它動物一樣，都特別善於根據自己的需要選取適當的信息。」[4]很顯然，托馬斯 L 貝納特先生所說的「選取適當的信息」，暗含著這樣一層意思：只要感官被作用著，那麼，它也就發出著神經衝動，即有信息。而按照托馬斯 L 貝納特先生的感覺定義，我們也就可以知道，他認為，感覺就是根據需要，選取「信息」中的適當信碼或信號傳入腦。

在這裡，看上去，托馬斯 L 貝納特先生，似乎注意到了丘腦在感覺中的作用，即注意到了丘腦的選擇功能；但他卻忽視了腦（大腦皮層）和感覺器官的機能，在感覺中的作用；而且還摒棄了外物作用的意義——這恐怕有點顧此失彼。腦和感覺器官的機能的意義，我們姑且不論。一道劃過長空的銀色閃電，一聲驚天動地的晴天霹靂，一片烏雲不期然地飄然而至，所導致的光線突然變暗的刺激，等等——這些，恐怕是感覺者，「無以選擇」的必然感覺。

不能不承認，托馬斯 L 貝納特的「需要」之說，的確很睿智機巧——這恐怕也是曾經有過的最精明的解釋。然而，不幸的是，他的這種解釋，正如他的感覺定義一樣，也是「倒果為因」。「需要」之說，固然機巧；但這「需要」，卻不是能夠解決問題的需要——這「需要」之說，依舊使得我們，對感覺的產生機理感到茫昧。

就感覺的意義而言，一切適宜刺激物的刺激，對感覺的主體來說，都是需要的；否則，它也就不會在感覺的閾限之內。可為什麼？我們的感覺，卻是「此起彼伏」的。「需要」，又是怎樣產生的？

四、對經典式感覺描述的修補

現在，讓我們先來看一下，我修改了的感覺產生機理的描述：感覺的產生，首先是感受器（感覺器官）在刺激物的作用下，發出相應的神經衝動；這種神經衝動，首先到達丘腦[5]；由丘腦甄別之後，將有意義性的刺激，傳之大腦皮層的特定部位，產生相應的感覺。

人們看到，我在經典式感覺產生機理的描述中，額外地加入了丘腦的成分。這有什麼意義嗎？這當然很有意義。對於正確地認識感覺的實質來說，丘腦，是不可或缺的重要組成部分。因為，丘腦不僅接受來自各感官（嗅覺除外）的神經衝動，而且還參與控制維持大腦皮層的興奮狀態。[6]丘腦和下丘腦是腦的原始部分，「哺乳類以下的動物，由於它們的大腦皮層尚不發達，丘腦和下丘腦即為其最高感覺中樞。」[7]「丘腦介入大腦皮層和下丘腦之間，對於情緒的發生機制起著重要的作用。」[8]

通過以上的這些摘引，人們應該已經可以覺察出：感覺，作為生物的一種機能，其最重要的職能，並不在於「識知」刺激物的屬性，而是在於為生物機體的現實生存服務。即「感受」刺激物，給予生物機體的刺激的性質。亦即，「感受」刺激物給予生物機體，現實生存的刺激意義性。

歷來的哲學的不幸，就在於：把感覺，僅僅只是作為「識知」事物屬性的通道。不管是唯心論，還是唯物論，或是不可知論，它們所看到的感覺，僅僅只是它在認識事物屬性上的階段性意義；而沒有看到它作為人類的機能，於人類現實生存活動的現實意義性。這樣為識知「事物屬性」，而被揭示出來的感覺，自然也就不是真正的感覺，自然就會顧此失彼——這樣的感覺，自然也就不具有現實的意義，也就不是我們在現實環境中，為我們現實生存而具有的那種感覺。

五、缺漏修補後的意義

依據於我以上修改了的感覺的產生機理，通過一定的分析，人們就可以看到，我已經消除了由「神經衝動」引起的感覺悖謬。

我前面已經說過，適宜刺激物刺激著的感覺器官，是否發出神經衝動，無非有兩種可能：

一是，凡是被刺激著就必然地發出神經衝動。

二是，並非凡是被刺激著就必然地發出神經衝動。也就是說，神經衝動的產生，是有一定的原因和條件的。

就第一種情況而言，存在著「有否感覺」的問題。

先說沒有感覺——之所以有神經衝動，而沒有感覺，乃是神經衝動到達丘腦後，被丘腦給處理掉了，即被丘腦所抑制，沒有傳送到大腦皮層；因而，人們也就沒有發生感覺。而發生感覺，則是丘腦，對傳入的神經衝動，進行了加工、處理；將有意義性的刺激，通過神經原的交換，傳之大腦皮層的特定部位，引起了相應的感覺。

——這裡，已經消除了「被刺激著就是在感覺著」的悖謬。

就第二種情況而言，感覺器官發出神經衝動，是有一定的原因和條件的。

這是一種什麼樣的原因和條件呢？從表面上看，這似乎是由感覺器官本身的生物特性所決定；但從根本上來說，這是由感官的生物機能，與環境的先天關係所導致——

人們知道，一般而言，凡刺激必然引起反應。反應是物體的普遍屬性：有生命物體和無生命物體，都具有反應性。不過，有生命物體的反應，與無生命物體的反應並不相同。有生命物體，會以一定的變化，來回應外界對自己的影響，藉以保持自體和外界環境的平衡，並實現自體和周圍環境的物質交換，以保障自身的生存——這就是感應性。感應性，雖然是生命物體的反應特性，不過，就人而言，它雖然客觀地存在於人體，但人卻感覺不到它。比如，瞳孔受光線刺激的脹大與縮小，血液在血管內的流動，等等。現代生理心理學認為，感應性只是生理現象：「處於生理刺激閾限之上而低於感受性閾限的刺激強度，只能產生主觀意識不到的生理反應，而不能引起感覺。它只是感應性，而不是感受性。」[9]

感受性是不同於感應性的。感受性，是感覺器官受到相應的刺激，而起反映的能力——感覺，是感受性的表現。

不過，人們由此，是不應該將感受性與感應性隔絕起來，人為地阻斷它們之間的那種天然的內在關係。感受性與感應性，是有自在淵源的——任何感受性的活動，都有感應性的源由和內容。感受性的活動，總是以感應性活動的內容為基礎，它並不就是獨立自由的活動，也並不能屏蔽感應性而自在。

曾經有過這樣的一個事例：監獄裡的一群囚犯，因故，挑起了一場騷亂；局面，一時變得難於控制。後來，獄方在某個心理學家的建議下，把這些囚犯，勉強轟進了一間內壁塗為粉紅色的屋子裡。結果，奇跡發生了：在粉紅色刺激的影響下，這些躁怒的囚犯，很快就變得順從、安命。顏色對人的心理具有一定的影響作用——這一點，一般的人們，也是早已就意會到了；但顏色，竟然能夠使得一群躁怒激動的囚犯變得順從、安命，即具有特殊的抑制、撫慰作用——這一點，卻是一般的人所始料不及的。心理學家認為，色彩影響人的原因，在於：當人眼看到顏色時，人眼後部的細胞，就向大腦發出某個信號（感應性），促使人體產生某種分泌物，使人獲得某種情緒性的感受（感應性轉化為感受性）。在人不知不覺中，悄悄地影響著人的感情和行為——此例，正是感受性與感應性有天然的內在關係的體現。

在我看來，從本源上來說，感受性，是在感應性的基礎上，衍生而來。感覺（感受性），可以被認為是感應性的揚棄。這種揚棄，一方面說來，就是表現在功能上的躍進；另一方面說來，也不過就是細緻化了的專門化的感應性。即感受性，只不過是一種揚棄了泛化感應性的專門化的感應性——這就是感官機能的本質特點。它的特殊表現，就是繆勒所發現的專門化現象 ：「一種感官只接受適應於一種專門化的刺激」[10]。如眼睛只對光線起反應，耳朵只對聲音起反應，等等。

我想，人們大概不會反對我的這樣一種觀點吧：感覺器官的機理，不管怎樣地不可思議——對感覺的對象不管具有怎樣特異的選擇——這一切，無非都是為了保障有機體的現實生存。

感覺器官，自是有機體的有機組織成分。因而，感覺器官保護自己的活動，就是保護著有機體；同理，保護著有機體的活動，也就是保護著自己——這是相輔相成的。感覺器官，作為有機體的生物器官，其保護自己的活動，毫無疑問地就是感應性的活動；而其保護有機體的活動，則就是感受性的活動——即發出神經衝動，引發腦的參與。

我前邊已經說過，感應性的基本職能，是調節生物體自體與環境的平衡——感覺器官自體的調節活動，就是感應性的活動。只是當這種感應性的調節活動，不足以維持自體（及機體）與環境刺激的平衡時，感覺器官，就會將調節交於更高一級的調節機能，即發出神經衝動於丘腦，由丘腦對其進行辨識和加工；之後，通過神經原的交換，到達大腦的相應部位——由大腦接管並做出相應的處理——就產生了相應的感受性，即感覺。

結合著刺激物，我們可以這樣設想：當適宜刺激物的刺激，超越了感覺器官自體具備的感應性調節閾限時（這種閾限，是有機體賦予的，並是可變的），感覺器官就會發出神經衝動，引起感受性的活動。

——這就是感覺器官產生神經衝動的根源。

顯而易見，沒有感應性的活動，就不會有感受性的活動。但沒有感受性的活動，卻並不一定也就沒有感應性的活動——感應性，是感覺器官的活動基礎。毋庸置疑，感覺器官，必是在首先保障自體與周圍環境平衡的感應性活動中，感受著刺激物的刺激性質。如果沒有體現著感覺器官自體與周圍環境關係的感應性活動，也就不會有感覺——感覺，不可能棄絕感應性而自在。

在這方面，我們每一個人，其實也都有切身的經驗。比如，你置身於黑暗的環境中，一定的時間之後，如果猛然地突然見到了正常的光亮，你就會感到眼睛刺疼、目眩神迷、頭暈噁心，等等——在這時，與其說你是在「感覺」著，倒不如說是在體驗著感覺器官的感應性反應。為了消除這種由光亮給你帶來的難受體驗，你就會不由自主似的迅速眯起眼睛或閉上眼睛，以阻擋光線的進入——不消多言，這是個極其普通而又普遍的事例。可以肯定地說，視力正常的人，都曾有過這種體驗。這種情況，若要依賴於理論家們過去的感覺「知識」來解釋，理論家們過去的感覺「知識」，就顯得特別無能為力。就一般的觀點而言，這是不符合理論家們過去所謂的那種感覺特性的。因為，這僅僅只是環境因素的變化所致。按照過去的一般觀點來說，這種變化，是有利於人們的「視性」的——按理論家們的「知識」說，人們在這時，只會感覺著「見得更好」才對。可事實，卻恰恰相反。人們的眼前，除了一片賊亮的光暈（類同於張耀翔先生所說的「一團光線和色彩」）之外，不僅看不到任何的物體對象，相反，卻體驗著目眩、頭暈、刺痛，及其它一系列的生理性反應。再比如，人們看書和注視某樣東西——乍一覺來，這裡邊，似乎也並不存在感應性的問題——但看書或注視某樣東西過久了，生理的感應性反應導致的感受性活動就會出現：眼睛先是澀痛，進而是目昏、噁心、頭暈，而如果稍事休息地閉一會兒眼睛，這種不舒服的狀況，就能夠得到緩解。這種情況，顯然與人們面對著的事物對象的本身，並沒有什麼關係，而純粹是視覺生理的活動問題：是感應性（視覺生理的活動）向感受性的轉化（視覺生理的活動疲勞被感覺到）。

顯而易見，感應性向感受性轉化的交匯點，就在於生理反應的強度：低於感受性刺激閾限的生理反應性活動，是感應性的活動；而達到或超越感受性閾限的生理反應性活動，就會引起感受性。有機體的任何感覺器官，都是生物器官，因而任何感覺器官的活動，說到底，都是感應性的生理活動。感受性的活動——感覺活動，不管怎麼說，也脫離不了它的生理基礎而自在。

我想，就感覺而言，感覺器官的感應性活動，反映著刺激物的刺激量的強度——這種量的強度，就決定著神經衝動的質的強度——這種說法，並不違背科學事實：基本上都是一樣的神經衝動，也會由於刺激的數量性不同（頻率），而使得人們，在感受的方面，產生質的差異。丘腦，正是依賴於這種質的強度，而對生物的機體，進行著最初級的調節，並適時地向大腦發出神經信號，引起感覺。

以上的分析，就是感覺器官發出神經衝動的原因和條件。

總之，不管感覺器官發出神經衝動，是第一種情況，還是第二種情況，要想說明物質作用下的感覺器官與大腦如何聯繫的問題，捨棄了丘腦在其中的作用，顯然不是一種明智的做法。

六、不應該的缺失

當然，心理學家們之所以會這樣做，也有他們這樣做的理由——這個理由，就是：嗅覺的感覺神經通路，就並不通過丘腦，而是直達嗅球，之後就到達大腦。

毋須否認，就認識的方法而言，欲認識事物對象（這裡的對象是感覺）的基本特點，我們當然是要認識它們的共有之處，而捨棄它們的個別的特殊性。

但是，這種捨棄，卻不能矯枉過正——心理學家們過去對感覺發生機理的描述，捨棄丘腦（和嗅球），就是一種不足取的矯枉過正的做法。因為，不管是嗅覺器官，還是其它的感覺器官，它們的神經衝動，在到達大腦而發生感覺之前，都是經過了一個中間的環節——這個中間的環節，既是神經衝動的必由之路，又是這必由之路上的一道屏障。離開或捨棄了對這個中間環節的描述，顯然是不恰當的。

以此而言，我們就可以知道，嗅球在感覺中的作用，應該是和丘腦的作用一樣的。就此而言，我們可以認為，嗅球，也不過就是感覺發生通路上的別一個「丘腦」。

由以上的分析，我想，已經可以使得人們明白：在通常的感覺產生機理的描述中，加入丘腦（和嗅球）的成分，是具有十分重要的意義的。顯而易見，將丘腦（和嗅球）的成分，昭示在感覺的過程中，就會使得被重重迷霧所籠罩著的感覺，與實際心理之間的曖昧關係豁然開朗；不消解釋，將丘腦（和嗅球）的成分，棄置不顧，將會使得感覺陷入機械被動的「刺激——回應」模式中。而對感覺產生機理的描述，如果離開了丘腦（和嗅球）的成分，將會使得人們，永遠不能確實地瞭解引起我們的感覺的真正原因。

---

[1]《心理學趣談》　王樹茂編著　第21-22頁

[2]《心理學》　華東師範大學心理學系 公共必修心理學教研室編　第29頁

[3]《心理學》　華東師範大學心理學系 公共必修心理學教研室編　第54頁

[4]《感覺世界》　托馬斯 L.貝納特著　第1頁

[5] 這裡還應有個：（嗅球）。但由於行文的關係，我們暫時不加上嗅球。嗅球，與丘腦在感覺中的功能類似。

[6] 參見《簡明心理學辭典》　楊清主編　第74頁

[7]《心理學詞典》　八所綜合性大學《心理學詞典》編寫組編　主編：宋書文 孫汝亭 任平安　第63頁

[8]《簡明心理學辭典》　楊清主編　第74頁

[9]《簡明心理學辭典》　楊清主編　第353頁

[10]《簡明心理學辭典》　楊清主編　第360頁

第五節　人與禽獸的感覺

一、對感覺的妄斷

人們知道，過去的哲學觀點，普遍地認為：人與動物，雖然都有感覺的機制和感覺的能力，但人的感覺，與動物的感覺不可同日而語。因為，人的感覺，與動物的感覺有本質區別[1]——以上的這個說法，見之於所謂的辯證唯物主義「哲學」的觀點。

很久之前，我也是曾經被迫而盲目地信奉過這種觀點。不過，自從我開始關注感覺的實質問題之後，我就開始感到有點兒不解和納悶：刺激人類感覺器官而起感覺的原因，與刺激動物感覺器官而起感覺的原因，真的會有本質的區別嗎？在人類的眼前和耳邊，所感覺到的東西，在人們身邊的那些雞、鴨、貓、狗等等動物的眼前和耳邊，會是個什麼玩意兒？難道自然界在孕育生命的結構時，真得會不惜周折地製造出相同的蛋白質形式（現在說是基因形式），而在為生物的生存所具備的感覺機能上，又製造出本質的差別嗎？我很懷疑。

認真地檢查一下辯證唯物主義經典作家及其信徒們的言論，人們就會發現：他們除了從先於他們的哲學家那裡，鸚鵡學舌地偷來了一點兒裝點門面的東西之外，他們其實並不比普通人，在這方面，有多那麼一點兒鑑別的能力。這就他們也並不能對人類與動物的感覺的異同，舉出什麼實實在在的證據，就可以看出——他們，並不真得就清楚些什麼。

過去哲學所謂「人與動物的感覺有本質的區別」的說法，說白了，也不過是用人類獨有的認識[2]能力——結果，反推人類與動物共有的感覺能力——原因。他們以為，人類和動物，與外界自然事物發生關係的基礎都是感覺，因而，感覺是共有的；但人類的感覺，使得人類具有了認識外界自然事物的能力——而動物的感覺，並沒有使得動物具有認識外界自然事物的能力，所以，作為人類能夠認識外界自然事物的能力的基礎——即人類的感覺，與作為動物不能夠認識外界自然事物的能力的基礎——即動物的感覺，其本質，必然是不同的。

瞭解一點邏輯知識的人，都會明白：這樣的推理，是多麼的荒謬不堪。若依照於這樣的推理來說，那「感覺」，哪裡還能有什麼共同性？豈非是各有各的不同本質？若感覺，各有各的不同本質，那怎麼還能夠統一地把它們，都叫做「感覺」呢？反過來說，若它們，因為有著一樣的生理機制，而能夠統一地被叫為「感覺」，那就是它們之間，具有著本質的共同性。而如果它們之間具有著本質的共同性，那它們之間，怎麼能夠就會有本質的區別呢？

作為人類，與動物比較，人類當然有值當自豪的理由。但這並不因此，就可以說明，人類為生存，而對陽光、空氣、水和食物的需要，會與動物有本質的區別。過去所謂的「人不會一味地追求吃喝滿足，會考慮社會影響」等等之類的誑語，並不能作為區別人類與動物本質不同的依據。能夠駁斥這種說法的事實，在我們的現實生活中，並不鮮見：一隻調教好的軍犬，在食物面前，所表現出的「自控力」，要比一個饑腸轆轆的流浪漢更強——但這絲毫也說明不了「犬比人強」。現實生活中，這樣的例子，比比皆是。這既不是個別的，也不是特殊的。相反，那所謂「考慮社會影響」的「君子不受嗟來之食」的所為，倒是在個別和特殊之列。

人類是在自然中生存——依賴於自然而生存，動物也是在自然中生存——也依賴於自然而生存。而人與動物，和自然發生這種生存「關係」的唯一基礎，就是感覺。由此，也就可知，感覺的首要目的和作用，就是維護和保障有機體在自然中的現實生存。如此，感覺怎麼就會有本質的區別呢？人類是依賴於自然而生存的有機體，動物也是依賴於自然而生存的有機體。而作為人類與動物和自然界保持著最初關係的感覺，顯然並不會因是人類和動物的不同，而就有什麼本質的區別。

二、認識論的感覺悖謬

那種認為「人與動物的感覺有本質區別」的荒唐看法，說到底，也就是「認識論」，意圖以自身之域，越俎代庖地代替哲學之域的使然。

應該承認，從「認識論」的角度，為強調感覺作為認識世界的基礎，把感覺僅僅看作單純反映客觀事物的個別屬性——僅僅侷限於「認識論」的認識方面來說，這也是可以理解的。但把這種僅僅侷限於認識論的認識方面而言的感覺，毫無節制地擴展為哲學的觀念，則會貽害無窮。

因為，如果感覺，在人類與外界自然關係上的作用和表現，真得如認識論者所言的那樣，僅僅是對客觀事物的個別屬性的反映，那麼，人類的其它心理能力（比如知覺、表象等等）的作用和表現，也就不過是對客觀事物的屬性，複雜了那麼一點兒的反映。這樣地一路兒下去，心裡能力的作用和表現，就是：反照物，再反照物。這不僅使得人們，不知道自己為了什麼有心理，甚至於連自己的基本的行為活動，都不知道為了什麼。自己行為活動的目的、動機、願望，難道僅僅是為了「反照」客觀事物自身的那些屬性嗎？如此，自己又有什麼理由非要「可知」？「不知」也罷。

怪不得阿芬那留斯把「反映論」指責為「嵌入說」[3]。當列寧指責他是「沒有頭腦的理論家」時，我真不知，「反映論者」列寧的頭腦，是不是就是一面毫無生機活力的冰冷鏡子？從與電腦的比較方面來看，如果按照「反映論者」的觀念推演下去，人類，也真不過就是有機體的機器──所以「在未來的世界裡，人類將會變成機器人的玩偶」之類的憂慮，也並非就是杞人憂天。當然，不管是從邏輯方面，還是就歷史以及現實來看，機器永遠不可能統治人類的。可如果人們依照著辯證唯物主義的觀點去推演，這種可怕的不幸，遲早會發生。

說到這裡，不知人們是否注意到這樣的一個事實：人們不想成為「玩偶」的根本性因素，並不在於人們的認識、意志、理性，而是源自於人們那個不甘被奴役的態度（感情）──「情覺」──如果剔除了「情覺」的成分，是玩偶，又何妨？

應該承認，他們的一些人，也早已發現了「反映論」這種邏輯的悖謬。但可悲的是，他們不是從造成這種邏輯悖謬的根源上找原因，而是用毫無緣由的「能動性、自主性」說法，來試圖掩飾這種悖謬。試想，在哲學於人的心理觀念中，只是一味地「反照著事物的屬性」，「能動性、自主性」，難道能夠游離於這種「反照著事物的屬性」之外生成嗎？

在對自然規律（人的感覺，從根本上來說，也必然符合著這個規律）認識時，必須要遵循著自然的規律去思考；而不能異想天開地在這規律上，隨意地增加或減少什麼。若不遵循自然的規律去認識、去思考，那就必然會遭到自然規律的嘲弄。正如一位半瓶子醋的遺傳學家，一直為狗戴著一頂紅帽子，而痴人說夢地以為，狗的下一代，會自然地帶著這頂紅帽子來到這個世界上，結果遭到自然的戲弄一樣。感覺是「事物的反映」之說，就是辯證唯物主義小丑們，試圖為人類戴上的一頂「紅帽子」。

我指責辯證唯物主義的反映觀點，不僅是因為，這種觀點本身，有諸多的荒謬；而且還在於，這種荒謬的觀點，已經在人們的現實生活中，給人們造成了極其嚴重的禍害。那些以此觀點為思想觀念的統治者們，已經把它當成解決人類社會現實問題的魔杖，當成那些「禽獸」一般的統治者，消滅反對者及其一切現實思想的尚方寶劍——這不僅體現在對人與動物的感覺認識上，也體現在對人與自然及社會關係的一切認識上。人們深知，這種鄙俗、淺薄的觀點，被其的崇拜者們，吹得神乎其神，恬不知恥地號稱，是統驛著一切知識的「最科學真理」。可人們在社會科學的領域裡，比如美學、心理學及其相關的學科裡，人們看到的情況是什麼呢？人們看到的情況，是：那些崇拜這種觀點的淺薄、鄙俗的理論家們，依仗於他們所學來的那些歪理邪說，彼此不斷地相互猜疑、相互攻訐，內訌不斷。

三、對「知識」反思

說實在的，說起來，還真是讓枉有著中華民族傳人頭銜的現代人，在當今的現實世界中，感到無地自容。曾經以敢於思想並善於思想，且產生了很多舉世聞名思想家的偉大中華民族，如今，被一些依仗於惡魔觀念而糾結成邪教惡黨的宵小之徒們，糟蹋成為了既無思想、也無建樹的「劣等」民族。君不見，把持著中華內地話語權的那些傢伙們，如今只是像虔誠的教徒那樣，自感卑賤地匍匐於強權者的腳下——把強權者惡毒、荒謬絕倫的言論，當成自己思想的宗教，甚或組成觀念的十字軍，不遺餘力地去討伐人類普世價值的偉大思想。

我當然對知識，並不抱有絲毫的偏見。不管它是哪個民族、哪個人、哪個理論的發現——知識是人類共有的思想財富。毫無疑問，是知識豐富了我們的頭腦。我們正是在繼承著人類知識的基礎上，變得更加聰明睿智起來。然而，也不能不看到，所謂的「知識」，也是良莠不齊的。我們被某些知識「灌輸」的同時，也被扼殺了我們的理性自由，也被遮蔽了「人類源自於自然」的這個根本的屬性。於是乎，便有了主宰萬事萬物的全能上帝，便有了游蕩於人世間的神鬼靈魂，便有了各種主義、思想的歪理邪說。反思一下，這一切，哪個不是由所謂的「知識」沃土，哺育出的怪胎？又有哪個根植於我們面前的自然本身？

我們應該清醒了：鄙視、否認人的自然屬性，實際上，就是鄙視、否認人類自身孕育出的人類的一切。而要想去除那些寄生於人類自身的蕈蘚野草，戳穿惑人假說的實質，我們首先就必須正視人類的自然屬性——而最能體現並且直接透示出這一點的本質屬性，就是：情覺。也就是說，只要人們真正確實地尋覓出人類情覺的本原，那麼，人類自身的一切疑難問題，都會迎刃而解——情覺，正是一把打開人類過去、現實和未來的所有問題的鑰匙。

不錯，我們總是生活於一定的社會關係之中。我們的情覺，大多帶有一定的社會關係的內容。但就情覺的本質而言，卻並不就是依賴於一定的社會關係才能具有。並不是有了社會，才有了情覺；沒有社會，就沒有情覺。相反，只因有情覺，才有了社會。因為，情覺是人類結成和維繫社會關係的基本內容。沒有情覺，再充足的物質基礎和生產能力，也不會有社會關係的形式。因為，缺少了情覺，也就缺少了結成和維繫社會關係的基本元素。情覺，從來而且永遠是自然的產物。正如瓜熟蒂落、水向低處流，所遵循的是自然的萬有引力規律一樣，情覺的發生以及成長，所遵循的也是自然的規律。

況且，我們也知道，情覺，並不就是我們人類獨有的專利品——動物也有情覺。即使它們的情覺內容，與人類的情覺內容相去甚遠，表現形式也大異其趣，但就其本原、就其發生機理而言，與人類的情覺，並沒有什麼根本的不同。

情覺，當然不是什麼神秘不可測知的東西。但它確也不是像石頭、山巒、河流等等，占有一定空間的自然界的現成東西。情覺，確有它不同於自然界的現成東西之處：它源自於生物體與外界自然的天然關係，是生物體先天的自然屬性。它的存在，既體現著生物體與外界自然的內在關係，又是為生物體自身的現實生存服務的。從根本上講，情覺，是高級生物適應外界環境的能力的表現，是生物體生存於自然中的一種綜合能力。

說到這裡，人們應該能夠明白，我以上這些話的那種提示：我們的情覺，就根源於我們的感覺——感覺是情覺的來源基礎。

人類與動物，都是生命的有機體，因而，就都有為生存需要，而適應環境的問題。我並不以為，人類與動物，在感覺的本質方面有什麼區別。固然，人類與動物，在感覺的對象和感覺的方式方面，確實存在著一定的差異；但是，應該看到，這種差異，正如蝙蝠與麻雀由於自身的生存需要，而造成了感覺對象和感覺方式的差異一樣。不管蝙蝠與麻雀，在感覺對象和感覺方式的方面，有著怎樣的不同，但卻絕不是它們的感覺本質有什麼不同。感覺就是感覺，在人類和動物，都是一樣的，絕對沒有什麼本質的差別。不管人類和動物的感覺對象和感覺方式，存在著怎樣的不同，但其作用和目的，都是為了保障和維持自身在現實環境中的現實生存。正如我們已知道的感覺產生機理，在人類如此，在動物亦如此。

四、感覺的生物學內容

言之於此，我們也應該瞭解一下，感覺作為生物的一種功能的存在，予生物的生存的現實意義：「感覺是生命物質的一般生物學特性——感受性——的最重要的表現。」[4]前蘇聯心理學家在《普通心理學》一書中，接下來這樣寫道：「它是有機體與環境賴以建立心理聯繫的初級形式。」[5]那麼，作為生命物質最重要特性的感覺，是如何地在有機體與環境之間，建立起初級的心理聯繫的呢？前蘇聯心理學家在《普通心理學》一書中，緊接著上文，又寫道：「心理現象的認識、情緒和調節三個方面，在感覺中被整合起來了（不可分割地聯繫起來了）。」[6]

由此，人們可以看到，感覺，是憑賴於認識、情緒和調節等三個方面的內容，在有機體與環境之間，建立起初級的心理聯繫的——而且，前蘇聯心理學家們還特意地告知人們：它們在感覺中，是「不可分割」的。也就是說，感覺中的「內容」，並不是被以往的認識論理論家們，稀哩糊塗地灌輸給人們的唯一「認識」的內容，而是「認識、情緒和調節」等三個方面的內容——三個方面的內容，缺一不可。

當然，也不必否認，前蘇聯心理學家們的認識，也不可避免地會被那種強制性灌輸的觀念所影響，這由他們那個對感覺的總結性定義就可看出——中華內地官方的心理學家們的感覺定義，就是跟著他們，亦步亦趨地學來的——前蘇聯心理學家們是這樣定義感覺的：「感覺是事物直接作用於感官時對事物的個別屬性的反映。」[7]人們可以看到，為了迎合

「辯證唯物主義」的政治需要，他們在這個定義中，不得不把他們認為和「認識」不可分割的「情緒和調節」，給分割了開來。然而可敬的是，他們在就具體事物的具體分析中，已然開始摒棄辯證唯物主義觀念的影響，已經敢於尊重事物本身的狀況，還事物以本來的面目。就感覺而言，他們已經開始領悟到：感覺最重要的現實意義，不是對事物的屬性去「認識」，而是「為生存」服務——這就是實事求是地看待感覺，而不是卑鄙地「為主義、為信仰」而生髮開去。

接下來，讓我們瞭解一下，感覺共有的一些基本特點。

按照前蘇聯心理學家在《普通心理學》一書中的說法，感覺共有的基本特點，主要是指感覺的基本規律和特徵。[8]

所謂感覺的基本規律，是指「感覺閾限、適應、相互作用、聯覺以及對比」[9]——這對於有一點兒心理學知識的人來說，是不算什麼的。在此，恕不贅述。

所謂感覺的特徵，按照前蘇聯《普通心理學》一書的說法，是指「感覺作為映像的特徵」。[10]

說到「映像」，我們必須要特別警惕辯證唯物主義的觀念，在這方面別有用心地灌輸的影響。我這樣地說，並非意在否認感覺在腦的結果是映像——而是借此提醒人們，這裡的「映像」，不只是辯證唯物主義觀念所說的「外物的個別、片面的屬性」的映像，也不只是張耀翔先生所說的那個「一團光線和色彩」的映像。即感覺的映像，在腦中所得到的內容，並不就只是客觀物本身的純粹屬性——這一點，是需要額外地特別指明的。

應該指出，前蘇聯心理學家在對感覺的映像進行分析時，雖然沒有完全掙脫得了辯證唯物主義無所不在的束縛，但在就具體問題作出具體分析時，他們確也已經有所突破了。這一點，人們可以通過他們的感覺定義，與他們對感覺映像的具體分析之間的差異以及矛盾，就可看出。

感覺映像有哪些特徵呢？他們首先從種系發育上，看到了感覺的單項性特點，即「在統一中反映一般東西的能力」[11]。換言之，某種感官，只適應於某種刺激物的刺激，只能引起一種感覺。其次，感覺，並不能對刺激物的空間配置成分，或引起機體覺的機體部分（色彩、光線、聲音與其發源物，觸覺、痛覺和溫度覺與其身體部分）進行區分，即感覺有其固有的定位。另外，感覺映像，還具有強度的性質，即人們生活中的鮮明和強烈的印象，根源於感覺——這是質和量緊密關聯的特徵。[12]「質在感覺中的反映」，在他們看來，乃是感覺映像的「一種重要的特徵」。[13]

那麼，何謂「感覺映像的質」呢？按照前蘇聯心理學家們的說法，「感覺映像的質」，是指「對象本身的質」，即「周圍世界的對象和現象本身以及它們的特性所具有的」。比如紅色不同於綠色、聲音不同於色彩等等的差別[14]——這些差別，在他們看來，就是感覺映像的「質」的差別[15]。

用不著我做什麼提示，人們自然就會想到，前蘇聯心理學家這種「質」的說法，是從列寧的《哲學筆記》中「費爾巴哈說，質和感覺(Empfindung)是同一個東西。最先的和我們最熟知的（在前蘇聯《普通心理學》一書中是『最初的』）東西就是感覺，而在感覺中不可避免地也會有質……」那句話轉來的[15]。不過，我由列寧轉述費爾巴哈的說法中，卻看不出有指什麼外在對象的意思，那似乎只是在說感覺的本身——是就感覺本身的特點而言的，而並不是在說什麼外在對象的質。

關於「質」的含義，人們可以看到辯證唯物主義剽竊於黑格爾說法的解釋：「質就是一事物區別於他事物的內部所固有的規定性。特定的質就是特定事物的自身，質和事物的存在是直接同一的。」[16]

由此，拿「感覺映像的質」而言，脫開了「感覺」，也就無所謂「映像的質」。外在客觀事物的本身，當然是有質的。拿紅色而言，紅色的「質」是「780毫微米電磁波長」。但「紅色」，在人們的感覺中，卻不是780毫微米電磁波長，而只是「紅色」——只有人類感覺器官的相應機能參與在了其中，才能使得人類看到「紅」的顏色。正如人長久地注視計算機的綠色螢幕，轉而會把白色的牆壁看成粉紅色一樣——在這裡，他只是看到了「粉紅色」，而不是看到了什麼780毫微米左右的電磁波長——在人們感覺中的映像，和現象物的本身，並不等質。映像並不就是現象。因而，映像並不就等於現象。映像只是映像，現象只是現象。正如紅綠色盲者的眼中，沒有紅綠色之分，並不就代表著自然界亦不存在兩種不同波長的電磁波一樣。人們是不能把映像，就等同於現象，把客觀現象本身的質，牽強附會於感覺的映像之上。聲音和色彩，在客觀存在的表現方面確實不同，但就腦的感覺而言，它們也只是感覺對象的不同，而不是「感覺」不同；只是感覺器官的活動方面有所不同，而沒有「質」的不同——因為，它們都是感覺。

就列寧轉述費爾巴哈的那個話本身來理解，「質」應是指感覺本身「內部所固有的規定性」，是感覺本身的特有特徵。比如感覺特有的基本規律，比如心理中的「最先的和最初的」東西等。而按照列寧「費爾巴哈說，質和感覺是同一個東西」的話來理解，這裡的「質」，就更沒有外在現象什麼事兒，而只是在說感覺的本身。

其實，就我前面對感覺相關問題的討論分析，就已經說明了：「現象的質」，原本就可以忽略不計的。因為，並不是凡適宜的刺激對象，就可以引起我們感覺；也不是對象的「質」，決定著我們「在感覺中」。

就客觀存在的對象與感覺的關係而言，與其說是「現象的質」，在感覺中起作用，倒不如說是「現象的量」，使得我們在感覺中——更為合適。萬綠叢中的一點兒紅色，能夠引起我們的感覺，是帶有很大的或然性的；而一片遮天蔽日的巨大紅色，則必然地會引起我們的感覺。決定著感覺映像強度性質的東西，不是外在現象的質，而是外在現象刺激的量。

——以上，就是感覺的基本規律和特徵。

除此之外，感覺，是否就再沒有什麼共有特點了？當然不是。

[1] 參見《認識論辭典》　章士嶸 盧婉清 蒙登進 陳荷清編　第45頁
[2] 認識是意識對事物本質和規律的探索。
[3] 《現代西方哲學概論》　王守昌 車銘洲著　第54頁
[4] 《普通心理學》　[蘇]B.B.波果斯洛夫斯基等主編　魏慶安等譯　第170頁
[5] 同上第170頁
[6] 同上第170頁
[7] 同上第172頁
[8] 同上第185頁
[9] 同上第187頁
[10] 同上第185－186頁
[11] 同上第185頁
[12] 同上第186頁
[13] 同上第186頁
[14] 同上第186頁
[15] 《列寧 哲學筆記》　第233頁，《普通心理學》　[蘇]B.B.波果斯洛夫斯基等主編 魏慶安等譯　第186頁
[16] 《哲學通論》　朱立言等編著

第六節　感覺與情緒

一、感覺的情緒內容

關於這方面的情況，為了使得人們能夠有深刻的印象，並取得充分的共識，我只好不厭其煩地把各個感覺器官發生感覺時，在這方面共有的特點，逐一地羅列出來：

一，首先說視覺：視覺是人類的第一感覺——主導感覺。視覺分為有色視覺和無色視覺。有色視覺極大地豐富了人類認識的可能性，它鮮明地表現出情緒的色調——顏色的情緒性，廣泛地影響著人們的生活。[1]

二，除視覺之外，就數著聽覺了：聽覺分為言語、樂音和噪音聽覺。音樂聽覺的社會性並不少於言語聽覺。音樂引起審美快感的可能性，有賴於同聲音相聯繫的某種情緒色彩。人類是經過了多少世紀，才從原始的情緒感受，發展到具有享受音樂作品的能力。[2]

三，與聽覺有關的是振動覺：長期猛烈的振動，使機體疲勞以至於引起病態現象。[3]

四，嗅味覺：氣味可以使人興奮愉悅，也可以使人憎惡反感。人進餐不單是充饑，食物還給人一定的情緒體驗。[4]

五，膚覺：痛覺具有一種鮮明地表現出來的消極情緒色調。[5]

六，靜覺：實驗表明，失重狀態時，前庭器官工作的改變會造成種種情緒的波動。[6]

七，機體覺：機體覺產生時，伴隨著明顯的消極情緒體驗；感覺滿足則與一種積極的情緒色調聯繫在一起。[7]

通過以上斷章取義式的摘引，聰明的讀者自會明白，我的目的，只是為了把「情緒」，從各種感覺器官的感覺中，烘托出來。

勿須贅言，「情緒」，也是感覺共有的一個現象。然而，絕大多數的理論家們，在談論感覺的實質問題時，卻幾乎都不關心這一點。即使偶然有些理論家有過這方面的提示，但也並沒有引起他自己和別的理論家們足夠的重視。比如，科林伍德在其的《藝術原理》一書中，就非常明確地指出：「感受物必然伴隨著情緒負荷（emotional charge——引者特注）。」[8]再比如，前蘇聯心理學家們，也曾經十分明確地說過：「在成人的感覺中，知識和體驗融合為一個統一的整體。由此，感覺映像又有一個特點，即它的情緒色調。」[9]正因為如此，所以，他們認為：「自然界在腦機制中複寫出信號時，不但給它一種認識方面的負荷，而且也給它一種情緒方面的負荷。」[10]換句話說，在他們看來，在人們腦中的感覺映像，不是只有刺激物的個別屬性，而且還有這些屬性的情緒性影響。可是，幾乎是所有的理論家們，在他們就感覺作出最終的裁決（定義）時，這一點，卻是普遍地被從感覺中，給裁剪掉了。

這也就可以看出，以往理論家們的思想，說來說去，就是不敢僭越亞里士多德在《第一哲學》一書中，予感覺的那種觀念——這種觀念的影響性，究竟達到了什麼樣的程度呢？科林伍德在《藝術原理》一書中，間接地對這一點，做了這樣的描述：「因為日常的生活目的，使我們都習慣於比注意情緒（emotion——引者特注）要細心得多的態度去注意我們的感覺……那種無情緒的感受物，那種流行哲學所講的『感受物』，並不是實際經驗到的感受物，而是某種純化過程的產物。」[11]由科林伍德的這種描述，我們就可以看出，亞里士多德的那種觀念，已經成為人們看待感覺的唯一觀念了。

也許，在某些人看來，我這是在吹毛求疵。因為，前蘇聯心理學家們所謂的「情緒負荷」的說法，耐人尋味地包含著這樣的一個前提：這就是「融合為一個統一」整體的「成人的」「知識和體驗」。這也就含蓄地給人們一個這樣的暗示：只有有了一定的「知識和體驗」、並且能夠把二者融合在一起的「成人的感覺」，才有情緒負荷——而嬰孩或者其它什麼東西的感覺，是沒有情緒負荷的——前蘇聯心理學家這種遮遮掩掩的說法，顯然是懼於政治迫害的一種無可奈何的考量。

實際上，在感覺中，「情緒負荷」，並不獨鍾情於「成人的」「知識和體驗」，也並不專屬成人所有。科林伍德先生在《藝術原理》一書第八章的第八節中，就極其明確地這樣寫道：「一個嬰孩看到一塊紅色幕布在陽光下閃亮刺目而害怕時，他的頭腦裡並不存在兩種不同的經驗：一個是紅色的感覺，而另一個是害怕的情緒——這裡只有一種紅的可怕的經驗。」[12]由科林伍德先生的這種說法可知，缺少把「知識和體驗」融合在一起的嬰孩感覺，並不缺少「情緒負荷」——「紅的可怕」，正是腦的感覺「映像」。

二、不得不留下的遺憾

關於過去的哲學及其心理學的感覺問題，討論到這裡，我們可以暫時告一段落了。不過，對感覺問題的探討，並沒有至此而結束——甚至可以說：剛剛開始。

站在百多年前的一位智慧老人的墓碑前，此時此刻的我們，不能不滿面愧疚地低下我們的頭顱。我們的願望，雖然是希望使得這位智者的「靈魂」，能夠獲得安息，但我們在此，卻並沒有確實找出「引起我們的感覺的真正原因」[13]——我們並沒有能夠使得這位智慧老人的沮喪和悲哀，獲得解脫。雖然借助於當代理論的知識，和我們自己的實際經驗，我們已經能夠突破亞里士多德為「感覺」設置的樊籠，在感覺的討論中，揭示出了情緒在其的存在問題；但卻並沒有詮釋情緒的意義，及與「引起我們的感覺的真正原因」的關係。

我們之所以會到這裡「欲言又止」，是因為，一涉及到「情緒」的問題，我們的腦袋立刻就大了起來[14]：剎那間，就好像有一團黑壓壓的烏雲，突然奔騰、翻滾著捲傾過來，使我們立時感到昏天黑地——原本在我們的討論中，好像已經曙光乍現的感覺的天地，頃刻間，又被那團厚厚的烏雲，籠罩住了……

[1]《普通心理學》　[蘇]B.B.波果斯洛夫斯基等主編　魏慶安等譯　第178頁

[2] 同上第180頁

[3] 同上第181頁

[4] 同上第181頁

[5] 同上第182頁

[6] 同上第183頁

[7] 同上第184頁

[8] 我這裡，在引用中所說的「情緒負荷」，和下面引用的「情緒」，在中譯本中是「情感負荷」和「情感」。（見《藝術原理》（英）喬治・科林伍德著　王至元 陳華中譯　第167頁）而在《情緒心理學》的中譯本中，卻是把這個英文詞彙，翻譯為「情緒」。（另見《情緒心理學》K.T. 斯托曼著　張燕雲譯　孟昭蘭審校「中英文對照表」）

[9]《普通心理學》　（蘇）B.B.波果斯洛夫斯基等主編　魏慶安等譯　第187頁

[10] 同上 第187頁

[11]《藝術原理》　（英）喬治・科林伍德著　王至元 陳華中譯　第166頁

[12]《藝術原理》　（英）喬治・科林伍德著　王至元 陳華中譯　第165頁

[13]《簡明哲學辭典》　羅森塔爾 尤金編　第662頁

[14]《情緒心理學》　K.T. 斯托曼著　張燕雲譯　孟昭蘭審校　第一章「導言」　第2頁

3 情緒解謎

第一節　迷惑的情緒

一、情緒的語義

在對「情緒」的問題，真正開始討論之前，我覺著，我們極有必要地先行舉出一些與「情緒」有關的事例，以讓人們對「情緒」這個對象，能夠有一個大致的印象。

人們知道，人是有喜怒哀樂的。我們在現實生活中，也總是會表現出這樣或那樣的習慣和嗜好。在社會活動中，我們對人和事物，也有各種各樣的態度，即表現出不同的認知感受。比如，對某些人的行為，表示贊成；對某些人的行為，表示反對，甚至厭惡。某些情況下，我們會因為興奮，而手舞足蹈；某些情況下，我們會因為憤怒，而怒髮衝冠；等等。這些，就是「愉悅、憎恨、快樂、厭惡、高興、害怕、幸福、喜歡」等等的具體表現——人們把這些，謂之為「情感」的表現。而在心理學上，達成共識的一個基本說法，是：情感來源於情緒[1]。也就是說，沒有情緒，就沒有情感。換句話說，就是：情緒是情感的基礎。

一次偶然地思考「情緒」的漢語語義時，我意外地發現了「情緒」一詞，在漢語語義裡，十分有趣的蘊意——

漢語語義學告訴我們，語言裡，最小的達意單位是詞語。詞語，由詞素[2]組成。詞素，包括詞根和詞綴。所謂詞根，是多音詞的基本元素，它占據著詞的主要成分——缺此，詞將失去本意；所謂詞綴，是對於詞根的限定和補充，是將詞根的一定意義，表達完整，並且使其明白無誤、有別於它個。很顯然，詞綴，限制著詞意的放任自流。

瞭解了詞語的語義特點之後，我們再來尋覓一下，「情緒」一詞的出處。在《辭源》一書中，我們可以看到，「情緒」一詞，最早見於「醒來情緒惡，簾外正黃昏」的五言詩句。按照《辭源》的詮釋，情緒是指連綿不斷的情意；心境。[3]

既然我們已經瞭解了詞語的語義特點，那麼，我們不妨從漢語語義學的角度，再來斟酌一下：「情緒」一詞，在漢語語義裡，可能具有的含義。很顯然，「情」，是情緒一詞的詞根，代表著詞的基本成分，也就是「情覺」；「緒」，無疑是「情緒」一詞的詞綴，具有補充或限制的輔助意義。也就是「緒」，補充或限制著「情」所指的對象和範疇。那麼，何謂「緒」呢？緒的本意是指絲線頭兒，比喻為「事物的開端」。就「情」與「緒」的結合意義而言，「情緒」一詞，似乎蘊涵著「情覺開端」的意思。

那些專家們對「情緒」的解釋，或許，有他們的一番道理：那是由「夢」中的情景，帶出來的一種惡劣心境，讓迷離變幻的黃昏景象，更加加重了這種心情。我當然無意去暗示那些專家們的注釋有錯誤，我只是想表明：通過語義的分析，我們在這裡，發現了「情緒是情覺的開端」的意思。我當然會想到，有人要指責我這是望文生義。不過，即便如此，我們也大可不必為了避嫌，或因為顧忌人們的挑剔，而就放棄去揭示「情緒」一詞，在漢語語義裡，可能具有的含義——這也不過只是一個十分有趣的巧合罷了——既然能有這樣的一種巧合，我們自然不應該輕易地就放棄，由此可能會給我們帶來的啟示。況且，心理學也已經明確地告訴過我們：情感來源於情緒——依照於心理學這樣的觀點，我們不妨順藤摸瓜地思索下去：情緒來源於哪裡呢？

我想，欲要弄明白這個問題，我們首先就要知道：什麼是情緒？

二、望而生畏的沼澤地

那麼，什麼是情緒呢？

由前蘇聯心理學家們半掩半露、閃爍其詞的暗示，以及科林伍德先生在《藝術原理》一書中的明確提示[4]，應該可以使得人們覺出：感覺的內容，包含著「情緒」[5]。

可我在上一篇的感覺論述中，卻並沒有特別地這樣強調。我之所以如此，是因為，對感覺問題的探索，使我覺著自己，就像進入了一片黃茫茫的沙漠——而情緒，就像沙漠當中的一片翠意盎然的綠洲。十多年的艱難跋涉，雖然已經使得我心力交瘁、形容枯槁，可眼望著沙漠當中那片越來越近的青翠欲滴的情緒樂園，我的心中，始終充滿著鳳凰涅槃的希望。然而，意想不到的是，當我步履維艱而疲憊不堪地跨越了黃茫茫的沙漠，跌跌撞撞地來到了那片綠洲的面前，滿懷著感天謝地的激動心情，不顧一切地投入了它的懷抱時，卻於驚覺中，不無惶恐地發現：自己已經立於一片危機四伏的沼澤地之上——情緒，對於任何一個欲探究其質的人來說，就是讓自己，進入了一片隨時都可能遭遇滅頂之災的綠色沼澤地。

也許，人們會以為，我這是在言過其實地譁眾取寵——我也十二萬分地希望如此。可天不遂願。難道人生，真是不如意十之八九？

翻開研究情緒問題的古今檔案，不管我們願意不願意，我們即刻就會被一種無所適從，而又茫然不知所措的困惑氛圍，所圍裹住。

具有哲學一定知識的人都知道，哲學家們對感覺的認識，雖然在感覺內容的來源方面，存在著不可調和的分歧；但就感覺有賴於感覺器官的參與——感覺發端於感覺器官——感覺的內容是「物」——感覺是心理和認識的基礎——這些問題上，他們的看法，卻並沒有什麼分歧。這也就是說，哲學家們在說到感覺時，他們是有明確的目標所指的——他們都知道：他們的對象，基本上是一致的。換個角度說，他們雖然在感覺內容的來源問題上，存在著不可調和的分歧，但在「什麼是感覺」、「感覺是什麼」、「感覺有什麼基本的特徵」的問題上，他們卻並沒有什麼分歧。雖然哲學家們所謂的感覺，歷來存在著「感知不分」的問題，但這並不影響他們指向的基本目標，是同一的對象。

可情緒的情況，說起來，就大不一樣了。別說分歧，直到今天，人們就連想要描述一下它的基本存在狀況，找出它自己的基本點，都被認為是一種不切實際的奢望。

我這絕不是在故弄玄虛。人們可以通過翻譯了K.T.斯托曼教授《情緒心理學》一書的中文翻譯張燕雲先生，在中文《情緒心理學》一書的「譯者自序」開篇話中，瞭解到這一點——他（她）是這樣說的：「情緒，是人人都熟識的一個詞，並且人人對它都有著切身的體驗。這就正如人們對於美這種現象的熟知和體驗一樣。然而，要準確地描述它、要知其所以然，即使是心理學家也是深感棘手的。」[6]

——這是不是顯得有點兒太過離譜兒了？以揭示人的心理實質為己任的心理學家們，對一個人人都熟知、並且人人對其都有切身體驗（當然也包括心理學家自己）的心理現象，竟然連個基本的狀況，都描述不出來；更就別說對其的實質，弄出個所以然來——這也未免太令人覺得荒誕不經了。

可不幸的是，這就是我們理論界目前的事實。

雖然是前蘇聯心理學家和科林伍德先生的陳述，把我們「誘入」了情緒之中。但他們，其實也並不真得就瞭解其質——他們，也不過只是依照一般的語言習慣，以「情緒」一詞，籠統地稱謂著某些狀態的體驗和表現。

這，說起來，是不是有點兒太過荒唐：當我們的「科學認識」，把浩瀚無際的宇宙空間，自以為是地坍縮為一個奇點，把不可分割的基本個體——量子——意猶未盡地崩展為一個宇宙（測不准）時，卻對於我們自己身上，發生的這點兒可感可知的現象，竟然不知其所以然；甚至於，都不能準確地描述出它的基本的存在狀況。這可真是有點兒滑天下之大稽：在那個「自然」的領域裡，我們的「科學認識」，可以指哪兒，說哪兒。看上去，好像頭頭是道，而且顯得游刃有餘。可一接觸到我們人類自身的一些問題，我們的「科學認識」，卻一下子就變得一竅不通：指哪兒——哪兒懵然，說哪兒——哪兒存疑。可知否，這可是來源於人類大腦的同一「智慧」呀。

由「科學認識」這種尷尬的「物我分明」狀況，使得我們，不能不對造成「科學認識」這種狀況的深層原因，去一探究竟——而探究的結果，使得我們，只能把造成這種情況的原因，歸結在「哲學」的觀念上：對「自然」的認識的昌明，來源於哲學的觀念；對我們自身的認識的晦昧，也來源於哲學的觀念。我想，這種情況，或許能給人們一個這樣的啟示：哲學已有的對我們人類自身的認識，存在著極其嚴重的重大缺陷。

三、情緒是個什麼玩意兒

情緒的描述困難，究竟在哪裡呢？為什麼竟然連心理學家們，都不能對它進行準確的描述？

按照《情緒心理學》「中譯本序言」的作者，心理學家孟昭蘭教授的話說：「這是由於情緒本身的特點所決定的。」[8]

那麼，情緒有哪些特點呢？孟昭蘭教授為我們總結道：「情緒是體驗，又是反應；是衝動，又是行為。它是有機體的一種複合的狀態，是以特殊的方式來表現的心理的東西。

情緒心理至少由情緒體驗、情緒表現和情緒生理這三種因素所組成。它的體驗和表現有和緩的和激動的、細微的和強烈的、輕鬆的和緊張的等等諸多的形式；它的生理因素也是細微多變的。同時它還存在著情緒與環境、情緒與認知、情緒與行為這三方面的聯繫和關係。它包括有機體的生理和心理許多水平上的整合，廣泛地同其它心理過程相聯繫。」[9]

鑒於「情緒的無限紛繁以及它與行為之間的複雜關係使人迷惑不解」，孟昭蘭教授，為我們開闢了一條「使我們這被迷霧籠罩的思想豁然開朗起來」的途徑——這條途徑，就是去認識「情緒的作用」[10]。

情緒有哪些作用呢？孟昭蘭教授再一次總結道：「1，情緒可以影響和調節認知過程。……情緒和情感像是一種偵察機構，監視著信息的流動。……情感體驗所構成的恒常心理背景或一時的心理狀態，都對當前的信息加工起組織與協調的作用。」[11]「2，情緒可以協調社會交往和人際關係。」[12]「3，情緒有更大的自發產生的可能性。……它有很大的幫助人類適應環境的價值。……它的先天預成的性質決定了它比語言出現的更早，以及更早地起作用。」[13]

我對於孟昭蘭教授所總結的「情緒的特點」以及「情緒的作用」——這種斷章取義式的摘引，肯定不會使人「豁然開朗起來」。孟昭蘭教授其實也沒有指望我們，由此而就真得「豁然開朗起來」。因為，她自己，似乎也並沒有因此，而真得就「豁然開朗起來」。應該承認，孟昭蘭教授對「情緒的特點」和「情緒的作用」的總結性敘述，對我們認識情緒，是有一定的啟發性的。

不過，也應該看到，在孟昭蘭教授所謂的「情緒的特點和情緒的作用」的敘述中，是摻雜有非情緒的成分的。

什麼是非情緒的成分呢？比如，她的這種說法：「情緒和情感像是一種偵察機構，監視著信息的流動。……情感體驗所構成的恒常心理背景或一時的心理狀態，都對當前的信息加工起組織與協調的作用。」[14]

——很顯然，孟昭蘭教授對情緒的敘述中的非情緒成分，就是「情感」。也就是說，孟昭蘭教授看上去關於情緒的敘述，實際上，摻雜著非情緒的「情感」成分。

說到情緒與情感，這在孟昭蘭教授說來，似乎也並不認為它們就是一回事兒。要不然，她也不會把它們，猛不丁地突然並列在一起來說——這顯然不是「杜鵑和子規」似的重複並列。也就是說，孟昭蘭教授也確實認為，情緒和情感是有區別的——即使她認為它們的相似遠大於差異——但說情緒，並不就是在說情感；說情感，也並不就是在說情緒。情緒並不能完全地包含著情感，情感也不能完全地包含著情緒——情緒與情感，並不完全就是一回事兒，則是確定無疑的。

只是非常遺憾的是，由孟昭蘭教授的敘述，人們也可以看出，雖然孟昭蘭教授也覺著情緒與情感，並不完全就是一回事兒；但她，似乎也搞不懂，它們真正的區別究竟在哪裡？我指出這些，並非意在指責孟昭蘭教授。而是借此，提示人們注意一下，理論界一種頗為奇怪的普遍現象：理論家們普遍地都知道，情緒與情感，並不完全就是一回事兒——這基本上，已經達成了共識。但理論家們，在自己的理論中，卻又不做這種區分。因而，它們在理論家們的理論中，往往是混揉在一起的。

為什麼會如此呢？這一點，《情緒心理學》一書的作者，K.T.斯托曼教授在《情緒心理學》一書中，說得很明白：「按照通常的理解，情緒和情感密切相關。假如我們要給情緒下個大致的定義，其含義一定會涉及到人的主觀情感。」[15]很顯然，在K.T.斯托曼教授看來，情緒和情感，並不是一碼事兒——可要去真正地區分它們，卻又是不可能的——這可是洋洋灑灑幾十萬言的《情緒心理學》一書作者的觀點呀。

看過《情緒心理學》一書的人都知道，《情緒心理學》一書，可說是彙集了西方古今理論界，所有研究情緒的理論的精粹（它由柏拉圖和亞里士多德，而至笛卡爾，再至詹姆士——蘭格情緒理論，直到曼德勒的著述）。我上面所引用的那句話，是K.T.斯托曼教授在《情緒心理學》一書的「導言」中，開宗明義的第一句話，也就是正文開門見山的開篇話。「導言」，顧名思義，是「導引性的言論」，人們也可以把它理解為文章內容的總結性指導。那麼，這個「導言」，是怎樣指導人們，認識「情緒」一詞的含義哪？「情緒一詞的含義在於，情緒是情感；是與身體各部位的變化有關的身體狀態；是明顯的或細微的行為，它發生在特定的情境之中。」[16]這就是我們通過《情緒心理學》一書，所能得到「情緒」一詞，作為概念的答案——它是西方理論界，研究情緒問題的古今理論精粹的總結。也就是說，西方理論界古今所有的情緒理論，基本上，都是圍繞著這個含義的範疇而展開的。只是，K.T.斯托曼教授緊接著上文，隨之，又頗為無奈地表述道：「當我們使用情緒一詞時，我們指的可能是其中的一種含義，也可能是它的全部含義，每種含義都有一個廣泛的差別範圍。」[17]

我想，在人類過往的認識歷史上，怕是很難再找出一個，能像「情緒」一詞一樣，含義既紛繁複雜，又含混不清，既自相矛盾，又似是而非，既難於梳理，又難於描述，更難於表示的概念對象了。K.T.斯托曼教授說得明白：「由於各種觀點互不統一，因而對情緒尚無法作出明確的定義。同時這些觀點往往大相逕庭，以致於人們難於對它進行最簡單的歸納和概括。」[18]

——天呵，我們面前的這個對象，究竟是一個什麼玩意兒？

四、荒唐的心理學結論

說情緒的問題，是一片令人望而生畏，隨時都可能使認識者遭遇滅頂之災的沼澤地，應該是一點兒也不過份吧。

而尤其不幸的是，我們現在，已經身陷於其中，而不能自拔了。因為，如果我們要想搞明白感覺的實質問題，要想真正地進入人類智慧溯源的征程，我們必須首先要征服它。

K.T.斯托曼教授，孟昭蘭教授，乃之於大多數心理學家們——他們，之所以既知情緒和情感不同，但卻又並沒有嚴格地區分它們，當然有他們的一定理由：「就腦的活動而言，情緒和情感是同一物質過程的心理形式，是同一件事物的兩個側面或兩個著眼點。」[19]

——以上這個說法，是心理學關於情緒和情感，在腦活動方面的關係的認識結論——我們似乎不應該懷疑，心理學這種認識結論的科學性。不過，就人類目前認識情緒和情感，所面臨著的這種茫然無緒的狀況，我們應該可以想到，這種腦活動方面的關係的結論，應該是依據於某種認識的前提而得出——它不可能是毫無依據的憑空臆測——這方面，追索起來，比較可能的是：P.T.楊關於情緒起源的描述。因為他的描述，「被大多數人認為是符合實際的」。P.T.楊是這樣說的：「情緒起源於心理狀況，並顯示出平滑肌、腺體及行為變化的感情過程和狀態，此種狀態是激烈的擾亂。」[20]很顯然，P.T.楊是以「激烈的擾亂」——非理智為視點，而得出情緒起源的結論的。我想，腦活動的心理學結論，也正是以此為基礎，而得出「同一件事物」的理智和非理智的「兩個側面或兩個著眼點」。

按說，P.T.楊、K.T.斯托曼教授、孟昭蘭教授，所面對的是同一個對象——情緒——他們理應是站在同一基準點上，看問題，理應相差無幾。但細一甄別，我們就發現，他們其實並不在同一基準點上。P.T.楊的觀點，並不包括K.T.斯托曼教授和孟昭蘭教授所說的「和緩的、細微的、輕鬆的」的身體狀態成分。因此而知，他們的觀念基礎，不僅大異其趣，甚至於不可調和。

我想，僅憑這點，我們就有理由認為：心理學關於情緒和情感，在腦活動方面的關係的認識結論，並不像以往人們所認為的那樣科學。

這，並非是我「愚人多疑」：一個連心理學家們都無法準確地描述出的心理現象，竟然在腦活動的方面，有了腦的活動狀況的心理學結論——這豈非荒唐？

[1]《普通心理學》　[蘇]B.B.波果斯洛夫斯基等主編　第302頁

[2] 有些語言學著述把「詞素」稱為「語素」。

[3]《辭源》　「情緒」條目

[4]《藝術原理》　（英）喬治·科林伍德著　第165頁

[5] 我這裡的這種說法，和過去人們把「痛苦、美味」（黑格爾）直接說成「感覺」，表達的不是一個意思。

[6]《情緒心理學》　K.T.斯托曼著　張燕雲譯　孟昭蘭審校　「譯者自序」第1頁

[7] 過去哲學的物質概念，其實都是指的「物體」。與物體並列的存在，是「能量」。由此可知，過去的唯物主義者，並沒有真正找到世界的本原。

[8]《情緒心理學》　K.T.斯托曼著 張燕雲譯　孟昭蘭審校　「中譯本序言」　第2－3頁

[9] 同上第4頁

[10] 同上第4頁

[11] 同上第4頁

[12] 同上第5頁

[13] 同上第6頁

[14] 同上第4頁

[15]《情緒心理學》　K.T.斯托曼著　張燕雲譯　孟昭蘭審校　第一章　「導言」　第1頁

[16] 同上第2頁

[17] 同上第2頁

[18] 同上第2頁

[19] 同上　附錄一　名詞解釋　第一章　（2）「情感」　第396頁

[20]《簡明心理學辭典》　楊青主編　第307頁

第二節　迷亂的根源

一、詹姆士—蘭格情緒學說

在這裡，我們需要重點說一說：「詹姆士——蘭格情緒學說」。

所謂「詹姆士——蘭格情緒學說」，是十九世紀末，美國著名心理學家威廉·詹姆士先生，和同一時期的丹麥著名生理學家卡爾·蘭格先生，分別在不同地域，發表了探討情緒問題的論述——由於他們不約而同地得出的觀點不謀而合，所以，被後人並稱為「詹姆士——蘭格情緒學說」。眾所周知，「這一學說在心理學史上曾起過巨大的作用。它幾乎是所有現代情緒學說的出發點，曾刺激了後來的大量的研究，為探討情緒的本質開創了一個開端。」[1]因而，即便是我們知道，這個學說，具有種種荒誕的不合情理之處，但要弄清目前這種糟糕透了的情緒研究狀況的原委，我們是不能不去瞭解，現代情緒學說的出發點：「詹姆士——蘭格情緒學說」。

詹姆士和蘭格認為：「情緒只是有機體變化所引起的知覺的總和。」[2]詹姆士認為「情緒只是對於身體狀態變化的感覺，情緒純粹是由生理原因引起的。」[3]而蘭格則說得更具體，他認為「情緒是一種內臟的反應」[4]。

毫無疑問，現代的心理學家們，之所以否認「詹姆士——蘭格情緒學說」，正是因為詹姆士和蘭格的這種「生理起因」觀點。現代的心理學家們認為，這是「倒果為因」，是錯誤地「把大腦對情緒反應的反饋說成情緒的原因」，即把大腦感覺到身體狀態的變化，說成情緒的原因，是「論據不足」，「遭到多數心理學家的反對」，而且「其結論早已被很多實驗成果所否定」[5]。

在那些否定「詹姆士——蘭格情緒學說」的「生理起因」觀點的實驗成果中，首推的實驗成果，就是沙赫特先生的實驗結論。不過，沙赫特先生在否定了詹姆士和蘭格的「生理起因」觀點的同時，同樣是在結論中，又勇氣可嘉地承認：「只有當我們在生理上被喚醒時，才能產生情緒表現。也就是說，情緒的出現必須具有生理的喚醒。」[6]

不消多言，人們自然就會想到，這種似是而非的否定，必然會遭到來自各個方面的抨擊。於是，一場場就事論事的爭辯，不可避免地就發生了——而最終的結局，自然像蘇格拉底和希庇阿斯對美的辯論一樣毫無結果。

也正是由於各種各樣的情緒觀念，最終，總也避免不了令人失望的結局。因而，就使得個別理論家，偏激地試圖否定情緒的存在——至少也是否認「情緒」一詞具有意義[7]。認為使用它，比不使用它更有害——這種情況，有點像人們遇到哲學和美學的疑難，而否認哲學的意義和美的存在一樣。這樣的一種觀點，無疑是一種不求甚解而自欺欺人的逃避。

二、對「詹姆士—蘭格情緒學說」的解剖

毋庸質疑的是，正是從詹姆士和蘭格起，現代的心理學家們，才開始真正地關心起情緒的問題——而現代的心理學

家們，之所以會否定詹姆士和蘭格的情緒觀點，是因為詹姆士的那個「因為我們哭，所以愁；因為動手打，所以生氣；因為發抖，所以怕。並不是我們愁了才哭，生氣了才打，怕了才發抖。」[8]——的說法，實在有違於一般的常理。這樣的說法，即使在一般的人聽來，都會覺著不符合心理活動與行為的習慣；而對於現代的心理學家們來說，則自然就會更覺著不倫不類。

但可惜的是，現代的心理學家們，也只是如常人一樣，僅僅只是看到了這一點的謬誤，並止於對這一點謬誤的識之，而並沒有真正地花費心思，去深究詹姆士得出這種結論的原委——正如他們在看到蘭格舉出飲用「酒精和藥物」的例子，而總結說：「情感，假如沒有身體的屬性就不存在了」[9]時，並沒有看出：蘭格所舉的事例對象，與他得出結論，所針對的對象，並不相同。現代的心理學家們並沒有能夠發現：詹姆士和蘭格所舉的事例對象，與他們做出結論時，所針對的對象，並不同一。

詹姆士所說的「愁、生氣、怕」，是需要「主觀活動」的參與，才能得到。而蘭格所舉的「酒精和藥物」的例子，恰又不屬於「主觀活動」的範疇；但他的結論對象，卻又是針對著「主觀活動」——情感[10]——而言的。

「詹姆士——蘭格情緒學說」的情緒觀點，這麼多年以來，之所以一直成為眾矢之的，其最大的不幸，就在於：把情緒和情感，攪和在了一起來說——把它們當成了一回事兒。也正因為如此，所以，才就有了詹姆士那個不倫不類的說法。當然，「詹姆士——蘭格情緒學說」，之所以會把情緒和情感，攪和在一起來說，也是有他們渾然不知的歷史原因。他們之前的所有「情緒」理論觀念，歷來都是對情緒和情感不做區分的。比如早於詹姆士和蘭格兩個世紀的笛卡兒，他所謂的六種基本情緒：「羨慕、愛、恨、欲望、愉快和悲哀」[11]，如果脫離了「主觀」[12]因素的參與，就不能夠產生和存在。而後來的理論家們，也正是比照著「詹姆士——蘭格情緒學說」：或用情緒的某些特點，去說明情感；或用情感的某些特點，去說明情緒。

毋須諱言，這種情況，是人類認識發展的歷史侷限性所造成——正如歷代哲學家們在自己的哲學理論中，曾經「感知不分」的情況一樣——這是不應該受到任何責難的歷史侷限性的必然。事實上，古今中外理論家們所謂的「情緒」，基本上，都是把情緒和情感攪和在一起來說的。比如，我們上邊已說過的笛卡爾的情緒對象；比如，普拉奇克著名的「情緒三維模式」中的「情緒」對象[13]；比如，孟昭蘭教授的情緒觀點中所舉出的那些對象——他們所說的這些「情緒」，就都是必須需要「主觀」的參與，才能產生，才能存在。在我看來，他們所舉出的這些對象，並不是情緒的對象。因為，這些對象，相對於情緒來說，已經有了本質的不同——它們是情感[14]的對象。

勿須否認，情感與情緒，是有著密切的關係的。情感是在情緒的基礎上形成：沒有情緒，就沒有情感——情感來源於情緒。不過，即使如此，這也並不就表明：情感就是情緒。或說，情感與情緒，只是表現形式上的區分，而沒有本質的不同——情感與情緒，是有本質的區別的。情感不是情緒。因為，有情緒的能力，未必也就必然地會有情感的能力。比如，大多數的禽類，它們就都有情緒的能力和表現，但它們，卻未必就都有情感的能力和表現——由禽類的能力表現，我們就可以想到，情感和情緒，並不就是一回事兒。

我們所追究的「情緒」，應該是導致情感的表現和體驗的本源——它既不是情感，也不是情感的體驗和表現，而是情感的體驗及其表現的初始基元。反過來說，只要我們找到了導致情感及其體驗和表現的初始基元，也就找到了令哲學家們及心理學家們百思不得其解的「情緒」。

三、站在「地獄」門口

理論家們對情緒的認識，之所以會出現莫衷一是的混亂狀況，在我看來，就在於理論家們自始至終，就一直也沒有弄明白，要想揭開情緒之謎——解決情緒的問題，首先就必須區分出：情緒與情感的本質的不同。

然而，糟糕透頂的是，對這一點的認知，理論家們，至今還處在不明就裡的懵懂狀態。不管是心理學家們，還是哲學家們，他們至今也沒有弄清楚，問題的癥結，實際上，就羈絆在這一點上。

為了使我們的探討，能夠直接切入正題，我願意斗膽站出來，敬告世人：情緒是近似生物本能的原始觀點[15]——實際上，並無大錯。如果說，其有所不足，那也只是過於地粗淺、含糊，以及錯誤地把情緒，歸為一種低下的現象。從歷史的角度講，這是不應受到任何的責難和輕蔑的。倒是那之後的理論家們，應該感到羞愧和內疚。他們，真得並不比古人強到那裡去，甚至於還不如古人——這從今天依舊糟糕透頂的情緒研究狀況，就可看出——正是他們，把古人開闢的、原本是通向情緒本身的正確道路，給截斷了。

尤為讓人難於理解的現實不幸，還在於：我們發現，舊有哲學及其心理學的那些已有觀念，並不能使得我們，用來區分情緒和情感的本質不同。如果我們非要用舊有哲學及其心理學的已有觀念，去區分情緒與情感的本質不同，那麼，我們就會像在莫比烏斯怪圈上，試圖去區分其的裡外面一樣地不可能——情緒和情感的關係，在理論界過去的已有觀念中，已經被理論家們，變成了莫比烏斯怪圈的裡外面。

而之所以會造成這樣的狀況，是因為，情緒和情感的本質不同，牽涉著人類認識歷史上，令哲學家們，感到玄之又玄的一大哲學疑難。

我說「情緒不是情感，情緒與情感有本質的區別」，當然不是像現代理論家們那樣，只是就表現形式上的區分，而是從根本上的區分，即「就腦的活動而言」——但這不是就「同一件事物的兩個側面或兩個著眼點」而言，也不是針對著它們是「同一物質過程的心理形式」而言——我所謂「就腦的活動而言」，是針對著它們彼此，與腦活動的關係而言。也就是說，情緒與情感，之所以有本質的區別，就在於：它們彼此，與腦活動的關係，有所不同。換一種方式來說，就是：情緒與情感，之所以會有本質的區別，就在於它們彼此，和「心理」的關係是不同的。

說到這裡，也許，人們還沒有意識到，像《神曲》中的但丁誤入了黑暗的森林一樣，我不意間，也已經站在了地獄的大門之外。如果說，情緒的問題，已經使我陷入了沼澤地；那不得不介入到「心理」的問題之中去，就是把我帶到了地獄的大門口。比但丁更加不幸的現實，是：環顧四周，我既沒有看到維其略來相伴呵護，也沒有看見貝亞德來導引庇佑。孤立無援的我，孑然一身，孤零零地站在了地獄的大門口……

---

[1]《簡明心理學辭典》　楊青主編　第377頁

[2]《心理學詞典》　八所綜合性大學《心理學詞典》編寫組編　主編：宋書文 孫汝亭 任平安　第276頁

[3] 同上第276頁

[4] 同上第276頁

[5]《簡明心理學辭典》　楊青主編　第377頁

[6]《情緒心理學》　K.T.斯托曼著　張燕雲譯　孟昭蘭審校　第132頁

[7] 同上第30頁

[8]《心理學詞典》　八所綜合性大學《心理學詞典》編寫組編　主編：宋書文 孫汝亭 任平安　第276頁，《簡明心理學辭典》　楊青主編　第276頁

[9] 同上第276頁

[10] 在這裡，為了避免干擾對情緒的認知，我暫時不對「情感」的問題細作辨別，只是按照K.T.斯托曼教授「主觀情感」的說法來使用它。

[11]《情緒心理學》　K.T.斯托曼著　張燕雲譯　孟昭蘭審校　第4頁

[12] 此節中的「主觀」說法，是比照著K.T.斯托曼在《情緒心理學》一書中的那個「主觀情感」的說法而言。

[13] 同上第64頁

[14] 在第三章和第四章所說的「情感」一詞，是依照於歷來的說法，賦予情感於「主觀」的色彩的。但實際上，這樣的說法，並不正確。在「情感」一章的討論中，我將會糾正這種說法。

[15]《情緒心理學》　K.T.斯托曼著　張燕雲譯　孟昭蘭審校　「中譯本序言」　第4頁

第三節　情緒、情感與心理

一、感覺的情緒色彩

人們知道，自哲學誕生以來，心理的問題，就像揮不去的夢魘一樣，一直折磨著哲學家們的智慧。無數的先哲和能人志士，曾為探究其的本質，而殫精竭慮——可不幸的是，由於心理本身所具有的種種能力，確實令人百思不解其妙；因而，直到今天，也沒有形成一個能夠使大多數人首肯的心理共識，更別遑論尋覓出其的本質了。也正因為如此，各種各樣不著邊際的假說、猜測，像暮春裡楊樹孳生的花絮一樣，遮天蔽日地漫天飛舞。若僅止於此，尚不足慮。可怕的情況，還在於：由這些假說和猜測，所形成的各種主義和宗教——正是這些主義和宗教的蠱惑性，扭曲了人類的本性，使得人類迷失了自己，變成了相互攻擊咬噬的禽獸——主義引發的迫害、殺戮，宗教引發的敵視、仇恨，足以說明：我面臨著怎樣險惡的危險處境。

尤為使我忐忑不安的情況，更在於：在此，我不得不把人類過去已有的「心理」觀念，皆棄之不顧——這當然誠非我所願。可不幸的是，我不得不如此。因為，如果我們要想揭開情緒之謎，我們首先就必須區分出情緒與情感的本質的不同；而要想區分出情緒與情感的本質的不同，我們只能借助於「心理」的概念——可我發現：過去哲學及其心理學的一切「心理」觀念，並不能使得我們，用來區分情緒與情感的本質的不同——這對於我，是一件何等不幸的糗事兒呀。

不消多言，人類智慧對「心理」，始終都自然地具有著一種敬畏——正是這種敬畏，使得「心理」，變得更加神秘詭譎、難以捉摸。公正地說，唯物論哲學的那個「心理」觀念，確實抹去了蒙在「心理」身上的一切神秘色彩，為其，找到了它自己的處所——大腦。然而，這也只是抹去了「心理」身上的神秘色彩，而並沒有真正地撩開它的面紗，使其露出廬山真面目——他們並沒有真正地洞徹其質。所以，也就很難使人完全徹底地相信：「心理」就植根於大腦之中，是大腦的機能。他們為其找到的處所——大腦，也不過就像一個「為觀點」的臨時處置。這也不僅因為，唯物論哲學的心理學家們，至今無法解釋「心理」在現實生活中的種種能力；而且更因為，他們自己在詮釋與「心理」有關的問題時，其言語間，就充滿著不倫不類、自相矛盾的悖謬。

這一點，我們可以通過那些辯證唯物主義的心理學家們，對「感覺的情緒色彩」的詞典性詮釋，來瞭解到。

何謂「感覺的情緒色彩」呢？他們說：「即在感覺、知覺過程中，同時發生而密不可分的情緒體驗。」[1]那這是什麼原因造成的哪？他們告訴我們：這「是說感覺除了有反映客觀事物的性質的一面外，還受過去的心理的影響，染上一些主觀的色彩。」[2]

即使我們不去追究他們的這個說法，與他們那個「心理」定義說法的相悖之處；以他們的這個說法，是來自於他們那個包含著情感的「總稱」[3]說法為據——即便如此，如果我們要對他們以上的說法進行分析，我們就會發現：其謬若大也。

他們所信奉的所謂經典作家之一的列寧，在其所謂的《哲學筆記》一書中，這樣寫到：「最先的和最初的東西就是感覺」[4]。人們應該還記著，他們對於「心理」的那個定義：「心理是人腦對外部客觀事物的反映。」作為辯證唯物主義的心理學家們，當然是極其推崇列寧的偉大和英明了。那列寧說的那個「最先的和最初的東西」，是否發生情緒體驗哪？這在他們說來，似乎並無什麼可疑問的。

可是，既然已經是「最先的和最初的東西」了，又怎麼還會受「過去的心理的影響」呢？這豈非是在說，「過去的心理」，先於那「最先的和最初的東西」，而先在腦中存在著？若果真如此，那這先於「最先的和最初的東西」的「過去的心理」，在腦中，是怎樣的一種存在狀況呢？除了那神秘詭譎、不可捉摸的「靈魂」之外，人們怕是想不出，還會有別的什麼東西了。

言及於此，使我感到花費太多功夫，去駁斥這種侮辱邏輯的譫言妄語，已經是對人類認識能力的褻瀆——按照他們的觀點，人們就可以得到：

要不然，「最先的和最初的東西」就不會「同時發生而密不可分的情緒體驗」。然而，這是不可詆毀的事實。炎炎的夏季裡，如果吹來一股清涼的風，就會讓人有一種愉悅感；強烈的聲響，會讓人不由自主地產生心驚肉跳的體驗；從黑暗處猛然進入光亮之地，會讓人有一種痛苦的目眩頭暈感；等等。這樣的一些感覺的事實，他們怕是無論如何，也是否認不了的。

要不然，感覺就不是「最先的和最初的東西」。因為，只有這樣，感覺才能受到「過去的心理的影響」——按照他們這樣的說法，分析一下，我們就會得到：感覺既不是心理的基礎，也不是心理的來源，更不是心理——那這「過去的心理」，是怎樣地影響著「感覺」呢？不管怎麼說，這肯定不會是「對外部客觀事物的反映」式的影響。因為，「對外部客觀事物的反映」式的心理，並不能顯示出任何情覺內容的存在——它的「情緒色彩」的來源，首先就是一個問題。如此，也就更別妄談，什麼影響不影響的問題了。

總之，依照於他們那個「是說感覺除了有反映客觀事物的性質的一面外，還受過去的心理的影響，染上一些主觀的色彩」的解釋，從邏輯上分析，若感覺是「最先的和最初的東西」，那就不會「同時發生而密不可分的情緒體驗」；若「同時發生而密不可分的情緒體驗」，那感覺就不是「最先的和最初的東西」。這樣一來，他們就需要被迫地在事實和列寧的話中，做出一個誰對誰錯的選擇。

我當然並不否認，感覺是「最先的和最初的東西」，即感覺是最先和最初的心理；也並不否認，「感覺過程中」，「同時發生而密不可分的情緒體驗」。但我並不以為，這「感覺過程中」，「同時發生而密不可分的情緒體驗」，是「受過去的心理的影響，染上一些主觀的色彩」。在我看來，「感覺過程中」，「同時發生而密不可分的情緒體驗」，是另有緣故的——這個緣故，說到底，所牽涉的問題，就是那個令托馬斯·赫胥黎，對人類智慧感到不無悲哀的預言：「我們永遠不能確實知道引起我們的感覺的真正原因。」即只要我們解決了「感覺過程中」，「同時發生而密不可分的情緒體驗」的問題，也就找到了「引起我們的感覺的真正原因」。

二、生理活動的重要意義

在大多數的理論家們看來，人的機體的一切內外活動，必然而且必須，要烙上心理作用的印跡。若沒有心理作用的參與，人的機體的任何內外活動，都是沒有價值的，至少也是可以忽略不計的。辯證唯物主義的信徒們，常常愛引用恩格斯的一句話，來炫耀心理參與作用的無處不在。恩格斯是這樣說的：「甚至於人吃飯喝水，也是受了反映在他頭腦中的飢渴感覺之影響而來；停止吃喝，則是因為飽的感覺反映在他的頭腦中。」[5]就這句欲遮掩，而沒有遮掩住的話來看，這並沒有能夠否認：「飢渴」和「飽」，是機體生理特質的反應活動。

沒有「飢渴」或「飽」的機體生理特質的反應活動發生在前，頭腦，又怎麼能夠知道機體需要吃喝？又怎麼能夠指導機體參與「吃喝」的發生及停止呢？所謂「飢渴」或「飽」的機體生理特質的反應活動，無疑是吃喝及其停止的原因——沒有這個原因，也就不會有東西「反映在他的頭腦中」，也就不會有吃喝及其停止的行為活動。所謂「飢渴」或「飽」的機體生理特質的反應活動，無疑發生於「反映在他的頭腦中」之前，也就是發生在他的「感覺發生」之前。這就正如肌體某處的癢癢——當然，感覺到某處癢癢了，確實有了心理的參與——但癢癢的引起，卻不是心理的作用，而純粹是機體生理特質本身的機能的一種反應活動。只有這種反應活動發生了，向大腦發出了信號，才有大腦的癢癢感覺。撓癢癢的舒服感受，也完全是在機體生理特質的反應活動發生之後，才被大腦感覺到——心理，並沒有參與它們的發生，也並沒有在其中起什麼作用。

顯而易見，非心理的生理特質的反應性活動，並非就是無意義的活動；而其所導致、引起心理，被迫、被動的參與（體驗和感覺到），正說明了它的特殊的重要意義。正如肌體「飢渴」特質的反應活動，導致了飢渴特質的體驗和感覺到——通過經驗，使我們產生了對食物和水的需要。若沒有它們，我真不知，我們會有什麼食物和水的「需要」。

生理特質的反應活動的影響性意義，也並不盡止於此。正是由於所謂「飢渴」或「飽」之類的機體覺的特質體驗，才使得人們有了「如飢似渴、滿足、愉快、憎惡、秀色可餐」等等一系列精神性的感受——在這裡，所謂卑陋的感官刺激性的特質體驗，和所謂高尚的精神性的感受，奇妙地融合在了一起。如果沒有機體覺的特質經驗，精神性之類的感受，是不可思議的一件事情。顯而易見，所謂卑陋的感官特質的刺激性體驗，和所謂高尚的精神性的感受，兩者的相同或相似之處，並不在於食物和水，而是在於「飢渴」特質，所引起的那個感受性體驗——而這個「飢渴」特質的感受性體驗，無疑是生理（「飢渴」）特質的反應活動，使得相應的感覺器官，受到了意義性的刺激——正是這種意義性的刺激，才使得人們有了「飢渴」特質的體驗；也正是這種生理特質的體驗，才使得人們有了「飢渴」特質的感覺——並由此，而激發出了相應的其他的心理活動。總之，人的機體的一切內外活動，並非都是心理參與的活動；也並非只有心理參與的活動，才是有價值、有意義的活動。

我指責「心理至上」的觀點，不僅是因為，這種觀點違背基本的事實，而且更是因為，這種觀點具有極其隱晦的誤導性——P.T.楊的「情緒起源於心理狀況」之說，正是這種謬誤觀點的犧牲品。正是「心理至上」的觀點，阻礙著人類自我認識的深化和進步。不客氣地說，正是「心理至上」的觀點，使得許多有關人的觀念，都成為托爾斯泰先生一針見血地指出的那種「似是而非的真理」。

看上去「貌似」真理的觀念，必然地要和我們現實生活中的心理活動和表現，產生出一定的衝突和矛盾。麻木不仁者，當然不會感到這一點，他們只會生吞活咽著別人的觀念，自以為雞味就是鴨味。令人深惡痛絕的一類人，是那些自私淺薄的衛道士們，他們無視於現實生活，對其所信奉的觀念的討伐和衝擊，而只是一門心思地虎視耽耽注視著那勇於追求真理而不懼火刑的布魯諾軀體，並不時面露猙獰地添上一兩把助燃邪惡的柴薪，惟恐真理之軀會從烈火中涅磐而出。

三、情緒不屬於心理

在此，我並不打算就「心理」概念本身的問題，進行細緻的辨析（這將是我下一章的主要任務）。關於「心理」這個概念，為文需要，在目前的這個階段，我覺著，我們可以比照於舊有哲學予「心理」那個說法的形式，把「心理」簡稱為「腦反映」；把「心理活動」簡單地叫做「腦的反映活動」——我的這個說法，所涵蓋的對象，不僅是指人類的心理，也是指動物心理，即動物的「心理活動」，也是「腦的反映活動」——我所謂「腦的反映活動」，是指大腦皮層的反映活動。即大腦皮層的反映活動，就是心理的活動——就形式的方面而言，這與基本的事實，也並無悖謬。總之，這之後，在我再用到「心理」這個詞語時，就是在表示著「腦反映」。

在我看來，心理，從來不是什麼「先天靈魂」那樣地存在著，它是腦機能的一種表現，即「腦反映」——我此說的前提，是以赫布「心理最初基本上是空白的」[6]那個結論，為依據的。

有了心理的基本觀念，我們也就可以借此，來區分情緒與情感的本質不同。

我想，說到這裡，聰明的讀者，自會悟到，我說「情緒和情感與心理的關係不同」，是指：情感起源於心理，是心理的產物；而情緒，並不起源於心理，它不是心理的產物——情緒，並不具有心理的屬性，它不屬於心理。也就是說，情緒不是「腦的反映活動」所導致的。

我知道，我的這種說法，已經超出了人們習慣上對「情緒」的認同範疇。不過，這並不由此就說明，我的說法，只能是一種妄言。相反，心理學的大腦皮層的切除實驗，對我的說法，就是一個有力的佐證。

大腦皮層切除之後，對被切除對象的情緒，有三種主要的作用：

一是，降低了情緒反應的閾限——器官變得過度活躍；

二是，情緒的反應毫無方向——它是極為泛化的；

三是，改變了情緒的時間效應——它反常地突然開始或突然結束。[7]

這些結果表明——K.T.斯托曼教授在《情緒心理學》一書中，總結道：「皮層對情緒起著抑止性影響。當皮層被切除後，這些影響自然就消失了。」[8]我們可以不必在意K.T.斯托曼教授說的影響不影響的問題。我們在此，需要關心的是：皮層切除之後，有無情緒的發生？

而皮層切除的實驗，已經十分明確地告訴了我們：皮層切除之後，並沒有阻止情緒的發生。由此，我想，這就已經可以證明：大腦皮層的活動，與情緒的起源和發生，並沒有必然的因果關係。

這也就告訴了我們一個事實：情緒，並不受制於心理。因而，我們也就可以知道：情緒，並沒有心理的屬性。故而，我們也就可以這樣認為：情緒不是心理的產物，即情緒不是「腦反映」所導致的——不必諱言，皮層切除的實驗，是科學家們通過動物（貓）來實現的。然而，我們也都知道，科學家這樣做的目的，是為了對人類的這方面機制有所認識——人類的機制，在這方面，極有可能是相似的。

在我看來，不管是在人，還是動物，情緒就是情緒——我並不以為，人類與動物的情緒，有什麼本質的區別。說人類與動物的情緒有本質的區別，就如同說，人類食物的快感，與動物食物的快感，有本質的區別一樣；也就如同說，引起人類肌體癢癢的原因，與引起貓肌體癢癢的原因，本質上是不同的一樣——老實說，我真琢磨不出：這「本質上的不同」，是如何被鑑別出來的？

通過上面的分析，我想，我們已經剔除了理論家們，在過去的情緒觀念中，所強加給情緒的那些心理方面的因素。

若比照 K.T.斯托曼教授和孟昭蘭教授，乃至於過去的所有理論家的情緒看法而言，情緒，在這裡，就只剩下生理方面的因素了——這自然就會使得人們想起，「詹姆士—蘭格情緒學說」的那個「生理起因」的觀點。

我無意表白，我的這種結論，與「詹姆士—蘭格情緒學說」的「生理起因」觀點，有一定的相似之處——那容易給人一種先入為主的錯誤暗示——實際上，我與「詹姆士—蘭格情緒學說」的「生理起因」觀點，只是在表面上看著有些相似之處，但在實質上，卻是有著根本的不同。

我否認情緒的心理屬性，並不因此，就像詹姆士和蘭格那樣認為：「情緒純粹是由生理原因引起的」[9]，「情緒只是對於身體狀態變化的感覺」[10]。在我看來，「詹姆士—蘭格情緒學說」的「生理起因」觀點，本身是膚淺、片面的，並是容易被人誤解，而引起認知上的混亂的。

不錯，就表面上看，情緒的起源和發生，的確和生理本身的活動，有一定的關係——這也就是過去的多數理論家們，在說到情緒的問題時，不得不讓自己的一大部分精力，都花在了生理因素方面的緣故——但實際上，導致情緒的真正緣故，並不在於生理的本身是否有活動，而是在於生理本身的活動，對機體的感覺器官，是否產生了刺激意義性的影響。也就是說，情緒的發生，要比生理本身的活動，更深刻、更重要、更有意義——這就是情緒和舊有哲學的那個「感覺」——剔除了其的知覺成分——即現代心理學所說的那個「感覺」的關係。

---

[1] 《簡明心理學辭典》　楊青主編　第359頁
[2] 《簡明心理學辭典》　楊青主編　第359頁
[3] 《心理學詞典》　八所綜合性大學《心理學詞典》編寫組編　主編 宋書文 孫汝亭 任平安　第38頁
[4] 《普通心理學》　[蘇]B.B.波果斯洛夫斯基等主編　第302頁
[5] 恩格斯《費爾巴哈與德國古典哲學的終結》　第31頁
[6] 《簡明心理學辭典》　楊青主編　第356頁
[7] 《情緒心理學》　K.T.斯托曼著　張燕雲譯　孟昭蘭審校　第111頁
[8] 同上第111頁
[9] 《心理學詞典》　八所綜合性大學《心理學詞典》編寫組編　主編 宋書文 孫汝亭 任平安　第276頁
[10] 同上

第四節　感覺的意義

一、對感覺的再分析

人們知道，感覺，主要是腦的機能。這也就是說，刺激物作用於感覺器官，而引起的神經衝動，只有導致腦的參與活動，才能發生感覺，才能被感覺到，才是感覺。這也就是說，感覺器官的活動，若沒有腦的參與，也就不成其為感覺——感覺是腦的介入性參與的結果。

我也已經說過，我並不否認，「感覺」是、而且一直是、從來都是心理「最先的和最初的東西」；我也並不否認，在感覺過程中，「同時發生而密不可分的情緒體驗」。在我看來，這些是不爭的事實。但是，這裡的情緒體驗，不是「受過去的心理的影響，染上一些主觀的色彩」，而是人們在感覺過程中的感覺現實，即感覺自身的體驗。

我們不妨就具體的感覺，看一看，這個「體驗」的實際情況——

1、機體覺

在這方面，比較容易被人理解，且明顯地體現出這一特質的感覺，就是被人們稱為「黑暗感覺」的機體覺，比如，疲勞感、緊張感或輕鬆感、滿足感，等等。

這些機體覺，當我們對它們感覺到時，與其說是通常意義的感覺（由對象引起而反映著對象，比如張耀翔先生那個「光線和色彩」），倒不如說是情緒狀態的體驗，更為合適。在這裡，人們難以、也根本不可能區分出：通常意義的感覺，與情緒的體驗有什麼不同——感覺與情緒體驗，在這裡，已經合二為一了。不消言，這些機體覺，和機體本身的生理活動（生理自體的調節），有著直接的關係。

然而，人們知道，機體本身的生理活動，一般是感應性的活動——它在人們的機體內部，是無時無刻地不在發生著。可人們，卻也並非每時每刻地都能感覺到它——只有在它發生異常狀況，而產生強烈的刺激，並突破外部感覺的掩蔽時，人們才能體驗到它，才有它的感覺。由此可知，機體覺，並不就是機體生理的感應性活動，也並不就表現為機體生理的感應性活動——機體生理的感應性活動，並不必然地就導致感覺的發生——導致感覺的發生，並不就是機體生理的感應性活動，而是「另外的東西」的特質所致——人們的機體感覺（腦介入性的參與活動），正是由這「另外的東西」的特質所引起；而人們體驗到的感覺，也正是這「另外的東西」的特質：或是疲勞、或是緊張、或是輕鬆、或是滿足，等等。

人們知道，機體覺，是人們對機體內在生理反應活動的感覺——它在人們是內部的存在。它的發生是比較遲鈍的，並且常常被外部的感覺所掩蔽。指望用它，來明晰情緒與人們過去所說的那種「感覺」發生了什麼關係，顯然不夠明智，也尚欠說服力。為此，我們思想的觸鬚，必須逐漸地由內向外伸展。

2、溫度感覺

在這裡，我們不妨再來關注一下，既與我們機體的活動有關，又和外部環境刺激的作用有關的「冷」和「熱」感覺。冷和熱，通常講，是溫度感覺——是環境的溫度，作用於人皮膚的感覺器官，而引起人的一種感覺。

不過，在我看來，這種感覺，似乎並不像人們看上去的那麼簡單。因為，人不僅會感到冷、感到熱，人還會感覺到不冷不熱——在這時，人似乎是沒有溫度感覺的。我不很清楚心理學家們是怎樣看待這個情況。在我看來，所謂的「冷和熱」，似乎是跨越了不冷不熱的溫度感覺閾限，才引起的。假如事實果真如此的話，那麼，溫度感覺，就不是人對現實環境的氣溫的感覺，而是人對自我機體感覺器官的感受「度」的一種體驗——這個「度」，就是所謂感覺器官的「冷點」或「熱點」的活動閾限。

我這樣說，可能使人不太容易理解。孩子們的語言，也許有助於表達成人內在感受的意思——氣溫高了，她不說「感到熱了」，而是一邊玩兒、一邊揮舞著嬌嫩的小手，抗議性地嚷道：「不涼快了、不涼快了。」作為成人，我們可以把環境溫度，作用於我們皮膚感覺器官的感受，叫做「熱和冷」。因為，我們可以根據經驗和知識，來鑑別它們的不同特質，對我們的不同影響——正如我們知道加減衣服，以改變我們的感受一樣。可這如果發生在嬰兒的身上，那就只有「舒服」或「不舒服」的特質感受，而沒有我們通常意義的氣溫感覺。

這當然只是就環境溫度的變化，對機體的作用而言。

事實上，非環境溫度作用的情況下，我們也會有所謂「熱和冷」的特質感受。比如，生病時的「發熱、發寒」等等，就完全只是機體內在的原因，引起的「熱和冷」體驗；而和外界的作用，基本上沒有什麼關係。

這裡，應該特別引起人們注意的方面，是：這種機體本身產生「熱和冷」特質感受的意義和目的。

顯而易見，「熱和冷」，從表面上看，好像只是感覺器官機能本身生理的一種變化活動——但這種變化活動的作用，卻是造成了一種令大腦覺察的「舒服」或「不舒服」的感受——其意義性，是為了引起大腦對作用於機體的環境（內外）狀況的利與害注意。由此，人們也就可以看到，對環境溫度的感覺，並不著意於環境溫度的變化，而是著意在：這種變化，對機體產生了什麼樣的意義性影響（利與害）——這種環境（內外）的意義性影響的特質（舒服或不舒服），就是感覺器官告知給大腦的內容。其目的，在於讓大腦採取維護機體的相應活動。

對環境溫度的感覺，也並不就止於感覺到而已，它還會對大腦的理性活動，產生積極的影響，迫使大腦融入到與它相適應的狀態中來。拉・梅特裡在其《人是機器》一書中，就舉出了一個與此有關的不幸例子[1]。亨利的個性，在他的宿敵德·琪司公爵看來，是和藹和懦弱的。因為，德·琪司公爵曾經幾次落在了亨利的手裡，但卻一次又一次地被亨利給放了回去。這使得德·琪司公爵頗為自負地以為：亨利是不敢殺自己的。正是抱著這個淺薄的自信，德·琪司公爵在一個陰霾落雨的季節，逕直又闖進亨利的地盤布洛窪，結果被亨利逮住，給殺掉了——因為，亨利有一個怪癖：天氣一冷時，人就變得非常暴躁。不瞭解亨利怪癖的德·琪司公爵，在落雨季節還自投羅網，能不被殺嗎？乍一看來，亨利的這種個性無常性，似乎還是主觀自身的活動的問題，與氣候的變化會影響人的主觀判斷，並無必然的因果關係。可拉·梅特裡並不這樣看。他認為，這不是因為主觀方面的認知變異所致，而是「天氣對人的影響」所致[2]。

追究起來，我想，這實際上，是感覺，對大腦勢相（我不知選擇什麼詞彙更合適）的影響，而迫使大腦，融入到與它共諧的狀態中來。因而，才造成了這種性情的變異。應該看到，這種造成性情變異的自我影響，是在不知不覺中發生的——主體，只是被動地迎合著它。由此，人們也就可以看出，感覺體驗對大腦的活動，是有很特殊的影響性作用的。

由以上的這些情況可知，對環境溫度的感覺，並不只是感覺著環境溫度的變化，而更是感覺著這種變化對感覺器官，產生了什麼樣的意義性影響——感覺，正是由感覺器官受到的這種意義性影響所引起。感覺器官，之所以會在受到意義性影響時，引起感覺性的活動，根本的原因在於，這種意義性影響與機體的生存狀況，發生著利害的關係——感覺器官的活動，正是針對著這種意義性影響的活動。

很顯然，環境的溫度，在這裡，並不是作為環境的狀況被感覺到，而是作為對機體（感覺器官），產生了意義性影響的刺激對象被感覺到——由此，也僅憑於此，外界環境的狀況（溫度），才和有機體發生了「關係」；而有機體，也正是憑賴於此，才和外界環境的狀況（溫度對象），建立了

「關係」。顯而易見，這種「關係」，是通過我們的感覺來實現的——而體現著這種「關係」的內容，就是感覺中所體驗到的那個意義性的影響。

溫度感覺的情況如此。那看上去，與機體的生理活動，並無直接關係的距離感覺——視覺（視感覺器官）的感覺，又是怎樣的一種情況呢？

3、距離感覺

毫無疑問，視覺是人類的主導感覺器官——人類在客觀環境中的絕大部分活動，都要依賴於它。除失明者之外，我們是不可能在沒有它們的情況下生活的。實際上，失明者也離不開視覺——只不過是，我們的感覺器官，被他們所借助，而代替了他們的視覺——完全沒有視覺的人類生活，很難想像，將會是怎樣地一塌糊塗的糟糕透頂。

那麼，視覺的感覺情況，又是怎樣的呢？

明亮與黑暗，應該是視覺的最基本的感覺：一切形狀、顏色、距離，等等，都是以光線為前提的顯現。對光線的感覺，是否就是繆勒「感官能力律」中，所謂的「感覺神經特殊能量」的因素所致呢？

安睡在黑暗的屋子裡的一個幼嬰，會因為父母不上心地拉亮電燈，而就像被意外的聲響，驚擾了一樣地啼哭起來。乍一看來，這似乎是光線屬性的刺激所引起。但實際上，這裡的光線屬性，並沒有意義，即並沒有光線本身作為屬性的存在的意義，亦即沒有客觀事物的個別屬性的意義。換句話說，任何一種刺激物，都可以成為這種刺激的媒介（比如：聲響）。也就是說，光線，在這裡，只具有刺激的意義——

只具有使得感覺器官進行感覺性活動的意義——這裡的感覺性活動，並不是感覺到光線，而是喚醒大腦。用巴甫洛夫的話說，就是使得大腦興奮起來——使得大腦從抑止的狀態（睡眠），變為興奮的狀態（覺醒）。顯然，這種刺激的結果，是對嬰兒睡眠需要的強迫性剝奪；故而，也就自然地引起了他抗議性的啼哭。

這種情況，在我們成人，也是會感到不適的。只不過，我們成人，不會以啼哭來表示抗議。

人們可以用心留意一下：從陽光地路過一片蔭涼處，或從背陰處走過一片陽光地——的情況。在這時，人們總會經意不經意地對透入眼睛的光線，有所警覺（感覺到），並且，也會引發一定程度的注意，而且，也是在意不在意地會被某種感受的體驗所騷擾——只不過，人們會因為當時正在進行著的行為和活動，而忽略這種感受的體驗。人們對遮沒了太陽的飄然而至的雲彩巨大陰影，不可能不去引起注意。這甚至於強過人們行進在人行道上，對人行道周圍環境的注意。

人們知道，對光線刺激的適應性調整，是視覺機能，通過收縮或放大瞳孔來完成的——這無疑是視覺生理機制的感應性活動——照過去的理論說，這種感應性活動，不會、也不應該引起人們的感覺。可事實，正好相反。這顯然不是繆勒的「感覺神經特殊能量」即「感官專門化現象」的觀點，所能解釋。光線的變化，並不影響我們感覺器官的感覺專門化，可為什麼？我們卻像羚羊瞥見了獵豹花斑似的，產生出不自覺的「震顫」；進而，像動物般警覺地關注起這一點。

很顯然，這不是光線變化，引起了我們對光線的變化的感覺，而是光線變化對感覺器官的影響性，引起了我們對光線的感覺——在這裡，我們所感受到的東西，正是光線變化對感覺器官的影響性。

明暗感覺的情況如此。那麼，作為同一感覺器官機能的色覺，其的發生情況又怎樣呢？

比如，我在上一章舉出過的粉紅色，對暴亂的囚犯，進行特殊「撫慰」的例子——這種現象，使得心理學家們這樣猜測：顏色（粉紅色），之所以能夠使得暴亂的囚犯轉趨順從，在於當人眼看到粉紅色的顏色時，人眼後部的細胞，就像大腦發出了某種相應的信號，產生了某種相應的分泌物，使得他們，在不知不覺中，改變了自己的行為趨向。

在這裡，值得人們特別關注的是，這種現象，所涉及的感覺對象，正是常讓哲學家們頗感困惑頭疼的「實踐感覺」的問題。勿須贅言，「實踐感覺」，正是哲學家及其心理學家們得出感覺唯「認知」的結論的依據。也正是「實踐感覺」，使得後輩的哲學家及其心理學家們，冥頑不化地不肯認同赫胥黎和康德所謂的「感覺有其另外的因素」的觀點。

我們不妨就這個「實踐感覺」的例子，再作一番分析——我們可以不考慮囚犯們被強迫轟入粉紅色的屋子，粉紅色，對他們最初的刺激影響。他們呆在這樣的屋子裡，即不是滿眼的粉紅色，也不是滿腦子的粉紅色。因為，按照感覺的「適應」規律而言，某種刺激的持續作用，會使得感覺器官對其的反映降低，乃之於最終消失。同時，他們也不是單個人被單獨地關在這個屋子裡，而是一個群體——他們彼此之間的言行活動，也會相互影響。即便是單個人，他自己也是有所思有所想，而並不總是沉浸在粉紅色的感覺刺激中。

由以上的這些分辨，人們也就可以知道，對於他或他們而言，每一次的粉紅色感覺，都是新鮮的刺激。即使是主觀指使下的所謂「實踐感覺」——主動去看，他們所經受的刺激，也首先是粉紅色的刺激——它永遠是「最先的和最初的東西」。而且，永遠是同一的刺激性質，永遠是使得感覺者感受著相同的體驗——永遠是使得人眼後部的細胞，向大腦發出某種相同的特定信號，產生著某種相同的特定分泌物，並不知不覺地影響著他們的感受，且悄悄地矯正著他們行為的趨向，最終，就使得他們平靜了下來。

不過，需要額外明確的是，囚犯們最終的轉變，是主觀的態度（感情）的轉變。也就是說，感覺的因素，影響了他們的態度（感情）。即感覺中的「另外的東西」，影響了他們大腦的勢相，使得他們主觀的活動傾向性，發生了轉變。因而，才使得他們從亢奮激動的暴躁，轉為安靜平和的等待——這也就顯示著：感覺中的「另外的東西」，和人們主觀活動中的態度（感情），具有著某種深層的內在的關係。而這感覺中的「另外的東西」，就是情覺的本源——導致人們情覺的體驗和表現的那個根源。

4、結語

由以上這些自內而外的感覺具體情況的分析，我想，應該已經可以使得人們明白：感覺過程中所發生的密不可分的情緒體驗，不是感覺「受過去的心理的影響，染上一些主觀的色彩」；而是感覺器官在刺激物的作用下，感覺器官本身的特質，受到了意義性的刺激——這種意義性的刺激，就導致了我們感覺的必然發生。

---

[1] 《人是機器》　拉・梅特裡著　顧壽觀譯　王太慶校　第24頁

[2] 同上第24頁

第五節　情緒的本質

一、感覺器官的生物特性

通過我們前面，對感覺具體情況的自內而外的分析，我想，已經可以使得人們明白，感覺過程中所發生的密不可分的情緒體驗，是感覺過程中的感覺現實，即感覺自身的體驗——感覺器官受到了意義性的刺激的體驗。

言之於此，這或許就會使得人們想起，心理學家古德伊洛弗女士關於感覺的那個原則：「在感覺中所感到的是感覺器官的反應，而不是引起感覺的那個事物的本身。」心理學家古德伊洛弗女士這個「原則」的說法，無疑是就事實得出的心理學結論。顯而易見，心理學家古德伊洛弗女士所說的「感覺器官的反應」，就是我說的「感覺器官受到了意義性影響的變化」。

那麼，何謂意義性影響？感覺器官為什麼會受到意義性影響？意義性影響，對感覺究竟有什麼樣的作用呢？

要想明白這些，我們首先就要瞭解一下，作為有機體的生物機能的感覺器官，其本身，所具有的生物性特點。所謂感覺器官本身的生物性特點，就是已被繆勒所揭示的「感覺器官的專門化現象」[1]的特點。

不過，在對此進一步瞭解之前，我們先得蕩滌繆勒說法中，所包裹著的不合理的荒謬成份——也就是他所謂的感覺

「神經特殊能量說」的說法。這個荒謬之說法，用他自己的話說，就是：「假如我們能把聽神經和視神經交叉地移接起來，我們可以看見雷而聽見閃。」[2]

在我看來，繆勒之所以會如此說，是因為過分地看重並片面地理解了腦，在感覺活動中的作用性——而在這同時，卻低估了感覺器官在感覺中的作用。因而，才會有這種有悖於科學事實的說法。這恐怕也是過去的一切「感覺論」者的感覺結論，之所以不盡人意的共同根源——即使是曾經特別地關注過「感覺器官的反應」的心理學家古德伊洛弗女士，也不例外。毫無疑義，繆勒的假設觀點，永遠不可能成為事實——即使人們真得能把聽神經和視神經交叉地移接起來。因為，視覺永不會發出聲音，聽覺也永不會產生光線。之所以是如此，乃是由感覺器官本身的生物性特質，及與腦的聯繫方式所決定的——也就是繆勒所發現的「感覺器官的專門化現象」。

就繆勒的實驗發現而言，我們也並不否認，其實驗本身的正確性：即不同的物質，刺激同一感覺器官，會得到相同的感覺映像——比如，用微電流刺激或微微著力地壓迫眼球，都會得到光斑的映像；或用相同的物質，刺激不同的感覺器官，會得到不同的感覺映像——比如，用微電流分別刺激視覺和聽覺，會得到不同的光斑和音鳴。這在我們看來，也是毫無疑問的。不過，我們並不以為，這是由什麼感覺的「神經特殊能量」所決定。而是認為，這是由後天和先天的兩種因素所致。

這第一種因素，就是：感覺器官與大腦，在成人，已建立了固性的關係。故而，任何一種物質，對感覺器官的適宜性刺激，在大腦，都會習慣性地得到原本正常刺激的印象。也就是說，這裡的印象，只是一種「腦幻覺」。

退一步說，即便這不是一種幻覺，那決定的因素，也不在什麼神經能量的特殊，而是在於感覺器官本身的先天的生物性特質。也就是說，映像，並不是由什麼神經能量所決定，而是由感覺器官本身的先天的生物性特質所決定。這就是第二種因素。

拿視覺為例說，視覺之所以能「看」能「見」，歸根結底，完全是因為視覺器官是由「視（感光）細胞」所組成，這是一種專門感受光線，而起反應的細胞體——是生物體先天具有的一種機能。毫無疑問，正是所謂蛋白質的存在形式，決定了視覺的感光特性——它的存在，就是為了感受光線的刺激——只有光線的刺激，對它才有作用，才有意義，它也惟有以光刺激的形式，與腦建立相應的聯繫。光，是它與腦發生關係的媒質。

視覺如此，聽覺也如此。推而廣之，所有的感覺器官，皆是如此。總之，不管怎麼說，這一切，歸根結底，都源自於生物體與環境根源物的本質關係。

二、感覺器官的機能

人們知道，按照生物進化的觀點而言，心理，是有機體在複雜多變的外界環境要求下，為更好地維護自身的生存，而衍生出把各種感覺器官和感覺能力聯繫起來，形成統一反映的大腦，才具有的。

這種觀點，一般說來，尚無大過——這也是人們已經普遍認可為「真理」的一種觀念。只是，如果我們要追尋，心理從無到有的歷史事件時，我們就會感到，這種觀點，彷彿遺失了某些重要的東西。

認真地思考一下，我們就會發現，這種觀點，正如我們以往所見的很多所謂的「飛躍」觀點一樣，也迴避了一個很重要的環節：有機體，在衍生出統一各感覺器官和感覺能力的大腦時，是如何維護著各個感覺器官，不被海嘯般洶湧而來的外界環境的刺激信息所淹沒？是如何選擇著各個感覺器官，予大腦的刺激信息？是如何保障著大腦，能夠獲得於機體自身生存的利害有關的意義性信息？有機體，又是如何使得大腦，選擇著刺激感覺器官的對象的重要性？即形成大腦的統一反映之時，有機體，為自體當前的現實生存，是如何使得大腦，甄別著刺激感覺器官的外界各種不同刺激物，予各個感覺器官的意義性的？

應該看到，如果不解決這個問題，那麼，對有機體及大腦機能的認識，就永遠不會完滿。這個問題，是十分重要的。它隱含著的真正內容，是：一切具有心理能力的生命體，在外界現實環境的作用中，是如何現實地生存著的？

貝納特在《感覺心理》一書中，是以「需要」，來代替了這個問題的答案的。即他認為，是根據「需要」來選擇的[3]。可人們知道，「需要」也不是無緣無故地就產生的，「需要」也總有其需要的因由——腦是憑什麼？依賴於什麼？而得知外界的某種刺激物，是當前的需要，並不失時機地去反映它。

換個角度講，有機體，在衍生出大腦機能（心理）的同時，也必（繼承性地）衍生出了一種：能夠使得大腦，在把各種感覺器官和感覺能力聯繫起來，形成統一反映，而又不至於被各個感覺器官的刺激信息所淹沒，並調節著各種刺激，頡頏於大腦的特殊機能——很顯然，這是一種保障有機體自身，更好地適應外界複雜多變的環境，並在外界環境的作用下，能夠保障有機體自身更好地現實生存的機能。可以看出，這是一種必先於大腦的反映活動，並控制著大腦與機體及與外界環境的關係的機能——因為，只有這樣，它才能使得機體，有選擇地保持著與外界環境的關係；並使得有機體，合理有效地調節著自身的行為。

這是一種什麼樣的機能呢？

三、應激性反應的生物學意義

人們知道，生物體最原始的基本機能，是應激性反應，即所謂「阿米巴效應」。這是生物體誕生之初（就自然的進化史而言），就具有的一種原初的機能。它是一種泛化性的反應：一個點的刺激，所引起的是全面震蕩的效應：或吞噬、或退避——這是感覺器官、神經和腦機能產生之前（即完全沒有感覺器官、神經和腦機能）的生物體，所具有的一種反應機能。

說到這裡，人們不能不感到奇怪：阿米巴，憑什麼對外界刺激物的刺激，選擇著截然相反的吞噬或退避行為呢？

毋庸置疑的是，阿米巴的這種行為，是為自體的生存所具備的。我們在這裡，不妨摘抄一段前蘇聯哲學家在《簡明哲學辭典》的「巴甫洛夫」條目中，總結生物學家巴甫洛夫，通過動物實驗得到的觀點：「外界刺激和……內部刺激向動物發出信號，告訴它各種在生物學意義上對它有利或不利的條件，從而引起動物在客觀上合理的動作。」[4]不必諱言地講，這裡所說的對象是動物，是具有感官和神經及腦機能的生物——它們是具有心理功能的。而心理功能的目的，歸根結底來講，其顯然也是為有機體自身的現實生存服務的。有心理功能的動物如此，沒有心理功能的阿米巴類生物，亦是如此。概而言之，一切生物（包括人類）均是如此——這應該是無可爭議的事實。因此，也就可知，為心理能力而產生的感官和神經及腦的機能，與「阿米巴效應」是相同的，即都是為有機體自身的現實生存服務的。因而，不管它們的行為能力，有怎樣的區別，但導致它們行為目的的根本原因，應該是來自於一個共同的淵源。這個共同的淵源，就是「生物學意義上」的「有利或不利」。即阿米巴的吞噬和退避行為，是根據「生物學意義上」的「有利或不利」而做出的——而對具有心理能力的生物來說，導致其行為能力的根源中，也必然包含有這樣的因素。

那麼，何謂「生物學意義上」的「有利或不利」呢？在我看來，所謂「生物學意義上」的「有利或不利」，就是指外界刺激物的刺激，對生物體當前的現實生存，在「生物學意義上」，給生物體帶來了一定的利或害——而鑑別外界這種利或害的能力，顯然是生物體本身的生物特性，先天所具備的——這種先天所具備的生物特性，就是應激性反應能力。顯而易見，所謂「應激性反應」，就是生物體甄別刺激於自體的刺激意義性的反應——也就是生物體甄別外界刺激物，予自體現實生存的利或害的能力。很顯然，這是生物體的生物特性，先天所具有的一種能力。生物體，就是憑賴於自體的這種能力，對外界的刺激物，採取著吞噬和退避行為：即有利性的刺激，引起吞噬；而不利性（有害性）的刺激，則引起退避。由此可知，外界刺激物的利或害，是由生物體自身的生存機能來決定的。而引起生物體行為的根源，是生物體本身的生存需要。

雖然以人類今天的能力來看，應激性反應，實在是一種太過簡單的機能。然而，我們也不能不看到，它對於生物體的現實生存，卻是十分重要的。因為，它是「對刺激起反應的能力，即反應環境中的變化的能力。」[5]生物體，就是憑賴於自體的這種能力，與外界的現實環境保持著一定的關係——並依賴於這種關係，而在現實環境中現實地生存著。

四、應激性反應與感覺質

那感覺器官、神經和腦的機能產生之後，生物體的這種應激性反應機能，又怎麼樣了？它是否因為簡單、直接和原始，而被淘汰呢？在我看來，感覺器官、神經和腦產生之後，有機體，並未丟棄這種機能，而是把它熔融在感覺器官、神經和腦的機能之中，成為感覺器官、神經和腦的機能的一種特性——這種特性，在各個感覺器官中，就是各個感覺器官的生物性。它就表現在生物體的各個感覺器官中，並通過感覺器官的活動，而參與在感覺中：視覺只會對光線起反應，卻不會對聲波起反應；聽覺只會對聲波起反應，但卻不會對光線起反應。感覺器官，之所以只會對相應的刺激起反應，而不會對別的刺激起反應，顯然是由各個感覺器官的生物特性的先天特質所決定著。這種先天的特質，應該是類似於「阿米巴效應」的一種特質。即這種特質，不只是只能感覺到對象，而且還能夠鑑別對象於自己「生物學意義上」的「有利或不利」。

貝納特是很看重生物的應激性反應機能的，他把它作為了知覺形成的基礎。而赫布在證明了「心理最初基本上是空白的」之後，緊接著就又說：「中樞神經系統有一種形成細胞結集的能力，從這裡可以發展出注意的機能和知覺的習慣。」[6]如果貝納特和赫布的觀點，尚無什麼大的出入，那麼，我們就可以說，正是應激性反應的機能，使得中樞神經系統形成了細胞的結集。

由此，我們也就可以這樣認為，一切高級複雜的機能，都是在應激性反應機能的基礎上形成的——它是一切機能（感覺器官、神經、腦）形成的基礎。我們可以這樣設想：生物體，正是在應激性反應機能的基礎上，衍生出感覺器官、神經和腦的機能。故而，應激性反應機能，也就自然地熔融在生物體的這些機能之中——其中的最重要特徵，就是：感官的專門化現象，以及與腦合理地建立起一定的關係。

人們知道，應激性反應機能，既具有專門化的特點，又具有泛化性的特性。

在我看來，所謂專門化，是指各個感覺器官與腦的聯繫中，應激性反應機能，成為各個感覺器官自身特性的一部分。所謂泛化性，是針對於各個感覺器官與腦的關係而言：

它廣泛地存在於腦與各個感覺器官之中——腦，就是憑賴於它，和各個感覺器官保持著最初的基本的聯繫；並借助於它，而獲知外部刺激物於各個感覺器官的刺激意義性信息。人類新生兒之初，所表現出的對一點兒刺激就手拋腳蹬的現象，就是這種泛化性的反應。而這種泛化性反應的消退，則是隨著刺激物對感覺器官和腦的影響性的加強，而使得它們，逐漸地建立起了後來的單一的聯繫，並固化為感覺器官和腦聯繫的一種專門化的機能。

在我看來，正是應激性反應的機能，實現著外界現實環境與感覺器官及與腦的聯繫。也就是說，外界現實環境的刺激物，對感覺器官的刺激，只有在導致應激性反應發生的情況下，才能使腦獲知「需要」的信息，並由此而發生相應的感覺。

顯而易見，應激性反應，並不是一種簡單低級的機能，而是對於生物體十分重要的機能：是生物體甄別外部現實刺激物於機體的刺激意義性（生物學意義的利或害），所不可或缺的機能——腦，正是憑賴於它，甄別著外界環境的現實刺激於機體的利或害；並憑賴於它，對機體的行為，作出適時的調整。而有機體，也正是憑賴於它，與外界的現實環境建立起了心理關係。

毫無疑問，應激性反應是機體（準確說是感覺器官與腦）先天內在的稟質，它在人的感覺過程中，是必不可少的——正是它，在外部現實刺激物對感覺器官的作用中，甄別著外部現實刺激物的刺激意義性，並不失時機地喚醒大腦，引發大腦對外部現實刺激物的注意，即發生感覺。它就是在大腦與外界環境建立心理關係時，在感覺中的「質」——感覺質——它就是引起我們感覺的內在根源，是引起我們感覺的真正原因，是感覺之所以為感覺的根本。

五、感覺的刺激意義性

人們知道，有機體，是憑賴於感覺器官，與現實環境進行著最直接的接觸，並發生感覺——感覺器官，自是有機體的有機組成部分。作為生物機體的有機成分的感覺器官，不管其後來的活動會是怎樣的，其首要的活動，就是調節自體與現實環境平衡的感應性活動——感覺器官的活動，是以感應性為基礎的。當然，感覺器官的活動，也並不盡止於感應性——當感應性的調節，不足以維持感覺器官自身與現實環境的平衡時，感覺器官就會將調節，交於更高一級的腦的機能，即發出神經衝動，引起感受性的活動，亦即發生感覺。

人們也知道，有機體，是在與周圍現實環境的交互作用中生存著——而感覺，正是有機體與現實環境，發生這種交互作用的基礎。因此而知，不管感覺器官的活動狀況會是怎樣，在感覺中，應有有機體與周圍現實環境交互作用的成分——這種成分，顯然就是維持和保障有機體自身現實生存的成分——因為，只有這樣，感覺，才能作為有機體與現實環境發生心理關係的基礎而存在；也只有這樣，感覺，才能顯現出它對於機體現實生存的特殊重要性，才能顯現出它存在的意義，才不是可有可無的。顯而易見，感覺的作用和目的，就在於保障和維持有機體在現實環境中的現實生存——這就是感覺的最現實的意義。

由此，我想，人們應該已經可以明白：感覺，不只是反映著現實環境客觀事物的一定的現實刺激，而更是反映著這種現實刺激於有機體（感覺器官）的刺激意義性（利與害）。也就是說，感覺中，並不存在客觀事物的個別屬性的單純映像——客觀事物的個別屬性的單純映像，對感覺來說，甚至於都沒有感覺到的必要。因為，客觀事物本身的個別屬性的映像如何，對於有機體的本身，沒有任何的現實意義。客觀事物的個別屬性的映像，在感覺中，只有同時包含著其對有機體（感覺器官）的相應的刺激意義性（利與害），才能顯現出其對機體的現實生存的現實意義來；才能使得感覺，對有機體的現實生存，具有現實的意義。

我雖然並不否認，感覺中，包含著客觀事物的個別屬性的成分——但在我看來，這裡的客觀事物的個別屬性，並不是作為物本身的自然屬性而存在著——即不是作為被認識者認識的自然現象而存在，而是作為對有機體，產生了一定的刺激意義的刺激對象而存在著。換句話說，感覺中顯現出的客觀事物的個別屬性，並不是為了彰顯客觀事物本身的個別屬性，而是為了它所包含的刺激意義性——即客觀事物本身的個別屬性，在感覺中，不過是刺激意義的代碼。這就正如言語——人們發出聲音，並不是為了讓它能引起空氣的震顫，而是借助於它來表達一定的意義。

就感覺，作為有機體與現實環境客觀事物，發生心理關係的基礎而言，如果感覺，僅僅只是對客觀事物的個別屬性反映著，那麼，感覺，就不能顯現出有機體與現實環境的客觀事物，建立了「心理」關係——也就不成其為「心理」關係的基礎；只有同時反映著現實環境客觀事物的個別屬性，及其對有機體（感覺器官）作用的刺激意義性，才能顯現出：有機體與環境的客觀事物具有了心理的「關係」。

六、主動性感覺

顯而易見，感覺的目的，並不在於使大腦獲知刺激對象的個別屬性，而是在於使得大腦，獲知刺激對象的那些刺激意義性（反映對象的刺激意義性）——只是這種刺激意義性，是通過各個感覺器官的特性所得到，而各個感覺器官的特性，又總是針對著一定的具體對象（即感覺的單項性），所以，各個感覺器官的刺激對象的那個屬性，也就一併地被感覺反映了出來（這種說法，實際上是有所偏廢的——這一點，我會在接下來的一章予以矯正）——這就是感覺的那個「定位」。在這裡，刺激意義性，是反映的主要內容；而客觀事物的個別屬性，則是摟草打兔子——捎帶著的內容。

也許，人們通過我在這裡的探討分析，會這樣認為，即使我的說法符合實際，但也只適應於被動性的感覺——而被動性的感覺，並不是生物的感覺能力的唯一表現，生物還有主動行為活動下的主動感覺。比如，飢餓動物搜尋食物時，對食物的感覺。我所探討分析的這些，未必就適合於主動性的感覺。

人們當然應該有此疑問。不過，在澄清這個疑問之前，我們首先必須使得人們在思想上，澄清另一點：即感覺不同於知覺——人們不能把過去哲學及其心理學，對知覺的那些看法和理解，用到對感覺的認識上來。

應該指出的是，千百年來，人類，之所以一直沒有搞清感覺的實質，很不幸的一點，就是：把知覺的對象，當成了感覺的對象來認識。也正因為如此，所以，才就有了費爾巴哈的貓眼前的老鼠形象；才就有了科林伍德所謂純化過程（剔除情覺）之後的感受物。我前邊已經說過，哲學家們過去所言的感覺，是「感知不分」的。即過去的哲學家們所言的感覺對象，不是感覺自身的對象，而是雜糅著感覺和知覺兩種能力的對象[7]——有很多當代的所謂哲學家，在說到感覺時，亦依舊是「感知不分」的——即使到了今天，這種情況，也沒有多大的改善。

這顯然不是哲學家應有的態度。我想，哲學，這些年來，之所以一直裹足不前，或許這也是其中的不幸原因之一。秉承於此而形成的哲學觀念，在「感知不分」中，自然就是只看到知覺物的特點——只看到老鼠的形象，而看不到貓的需要，以及老鼠對貓生存的意義。貓吃老鼠，並非因為它是老鼠，而是因為它是食物。作為我們的食物，可以是蔬菜、美酒、烤肉，等等，而貓的食物之一，則是老鼠。如果貓的視覺特別敏銳，那麼，飢餓時，它所要追索的感覺對象，就是鼠色之物——只有這種對象的刺激，才更易成為它感覺的對象；如果貓的嗅覺特別靈敏，那麼，它所首先要追尋的是老鼠之味——只有鼠味，才更易成為它的感覺對象。然而，不管怎麼說，「色」與「味」，都會對它產生刺激性意義性的影響，正如我們在飢餓時，所視、所嗅的色味，會豐富起來的情況一樣。

總之，任何相應的客觀事物，在成為感覺的對象時，都會對有機體產生作用性的影響。主動性的感覺與被動性的感覺，儘管在行為表現的形式上不盡相同，但在感覺的「質」上，卻並沒有本質的差異。事實上，就感覺而言，原就沒有這種區分的必要。主動也好，被動也罷，人們是無法選擇感覺的——人們只能選擇知覺，而那是在感覺後的。

七、所謂的實踐感覺問題

接下來，我覺著，有必要再額外地說說，人類所唯一具備的「實踐感覺」的問題。

說到實踐感覺，這足以使得冥頑不化地堅持「感覺只是反映物」的哲學家們，像被打了興奮劑似的亢奮起來。因為，在他們看來，我以上所探討分析的這些，只是心理學範疇的問題——這自然也就不會使得自以為高高在上的哲學家們，對這些個分析產生興趣；而「實踐感覺」則不同——「實踐感覺」，一向就是哲學的感覺對象。哲學的感覺觀念，也一向只是指向「實踐感覺」的——哲學家們的感覺觀念，也正是以實踐感覺為對象得到的。

其實，他們真是用不著表現的那麼特別激動、興奮。因為，不管怎麼說，實踐感覺，不管是一種怎樣的感覺，總也超不出感覺本身的「質」的規定性。雖然，「實踐感覺」，看上去，似乎並沒有什麼刺激意義性的內容。然而，這也不過只是「看上去」的錯覺而已——實踐感覺，不管怎樣，也不會是什麼感覺之外的另一種存在，或是另類的感覺。其作為認識對象的最大不幸，就是在人們的觀念中，它始終是被知覺所代替著——而這正是堅持哲學認識論的那些人，欲罷不能的原因。之所以會有「看上去」的錯覺，除了「感知不分」這一點之外，還有的原因，就是科林伍德先生所指出的那個「日常生活的目的」的習慣，即「因為日常的生活目的，使我們都習慣於比注意情緒（emotion——引者特注）要細心得多的態度去注意我們的感覺……那種無情緒的感受物，那種流行哲學所講的『感受物』，並不是實際經驗到的感受物，而是某種純化過程的產物。」[8]

心理學家們，當然能夠鑑別出：實踐感覺，根本離不開刺激意義性的內容——這由前蘇聯心理學家特別提示的「在成人的感覺中」，就可見出。成人的感覺，該是「實踐」的吧？起碼來說，這包含著那個「實踐感覺」——而如果按照前蘇聯心理學家的本意去理解，這「成人的感覺」，原本指的就是「實踐感覺」。不過，也勿須隱諱，前蘇聯心理學家關於「刺激意義性」與感覺的關係的看法，與我的看法不盡相同。他們認為，「刺激意義性」，是被「知識和體驗」衍生的「情緒」，額外地增加在感覺映像原已就有的意義性上面的，是「大大地增加了」的。他們是這樣認為的：「在成人的感覺中，知識和體驗融合為一個統一的整體。由此，感覺映像又有一個特點，即它的情緒色調。自然界在腦機制中複寫出信號時，不僅給它一種認識方面的負荷，而且也給它一種情緒的負荷。這就大大地增加了刺激物對於機體的意義性。」[9]

很顯然，我所說的「刺激意義性」，在他們看來，是由「知識和體驗」衍化的「情緒」，額外地增加在感覺映像之上的。然而，不管前蘇聯心理學家與我的觀點，存在著哪些區別和差異，但有一點，是肯定相同的，這就是：實踐感覺包含著刺激意義性的內容——這一點，是確定無疑的。

八、情緒的本質

那麼，何謂刺激意義性呢？我們可以這樣認為，所謂「刺激意義性」，就是指刺激物對有機體（感覺器官）的刺激，使得有機體，感受到了利或害的意義性影響。也就是前蘇聯哲學家在《簡明哲學辭典》的「巴甫洛夫」條目中，呈示的「在生物學意義上」的「有利或不利」之說[10]。

顯而易見，決定著這種利或害的因素，是有機體的感覺器官本身的生物特質，而不是內外的刺激物。很顯然，這是有機體感覺器官本身，為機體的現實生存，而先天具備的一種功能——這種功能的目的，就在於監察內外刺激物的利或害——而當這種利或害影響了感覺器官時，感覺器官，就會把這種利或害的信息，傳導給相應的機制（丘腦或嗅球），從而引起大腦的關注——產生感覺。

至此，我想，我已經澄清了這樣的事實：感覺，並不是腦（不是感覺器官）對客觀事物的個別屬性的反映。腦的感覺映像所得，並不單純就只是客觀事物的個別屬性，它還有這個屬性對機體（感覺器官）的刺激意義性。換個角度說，感覺，並不是為了感覺到客觀事物的個別屬性，而是為了感覺到它對機體（感覺器官）的刺激意義性。

我在這裡探討、分析感覺的問題，並不僅僅只是為了指正它在心理上的實際內容，而更是為了在哲學認識上以正視聽。我這裡說到的感覺，當然是哲學觀念的感覺：它是心理發生及其成長的原始基礎和原則規律——它不僅適用於人類，也適用於動物。總之，它適用於一切具有感覺能力的生物。感覺，惟有如此，才是哲學層面上的真正感覺。

人們已經知道，沒有感覺，就沒有心理——感覺是心理的基礎。人們也知道，心理的目的，在於維持和保障有機體更好地適應外界複雜多變的環境，並使得有機體，能夠在這種環境中更好地生存。

心理的目的，既然是如此。那麼，也就可知，心理，為了實現這一點，它就必然而且必須具有判斷外界環境的價值的能力。何謂判斷外界環境的價值的能力呢？所謂判斷外界環境的價值的能力，說白了，也就是甄別外部刺激物於機體的利或害（刺激意義性）的能力——這種能力的表現，在我們心理活動中的內容，就是：伴隨著被反映物，而顯現為心理傾向性的「情覺」。人們亦已經知道，感覺，是有機體與外部世界發生心理關係的基礎——心理的發生與成長，必然而且必須要依賴於感覺。

如此，這就令人不僅要問：作為心理判斷外界環境的價值的「情覺」原型，在感覺器官中，又是什麼呢？在我看來，心理判斷外界環境的價值的「情覺」原型，就是感覺器官受到的意義性影響的內容——正是它，代表著外部刺激物於機體（感覺器官）的利或害；也正是它，體現著外部世界與機體的「關係」。心理，正是依賴於它，判斷著外界環境的刺激的價值，即甄別著外部刺激物於機體的利或害。沒有刺激物的刺激，就沒有感覺器官受到了意義性影響的活動；沒有感覺器官受到了意義性影響的活動，就沒有感覺；沒有感覺，就沒有心理。

由此，我想，人們應該已經可以明白，感覺的目的，並不就在於獲知外部客觀事物的個別屬性。換個說法，就是：感覺並不在於反映外部客觀事物的個別屬性，而是在於反映這種屬性，對自體產生了什麼樣的意義性影響。顯而易見，意義性影響，就是感覺所反映的內容——其所代表著的東西，就是：外部客觀事物的個別屬性對機體（感覺器官）的利害性——我把這種利害性，稱之為：刺激意義性——刺激意義性，在人們感覺中的內容，就是：情緒。

綜上所述，我想，我們完全有理由這樣說：情緒起源於感覺器官的應激性反應——應激性反應，是感覺器官鑑別刺激物的利害性（「生物學意義上」的「有利或不利」），而引起感覺的內在機制——這種內在機制，不僅可以使得有機體的大腦，獲知刺激了相應感覺器官的刺激物的屬性，更可以使得有機體的大腦，獲知刺激物於機體的利害性信息。由此可知，感覺器官，不僅是獲知刺激物的屬性的基礎器官，更是有機體得到刺激物的刺激意義性，從而引起有機體相應的傾向性表現——情緒——的基礎器官。

退一步說，如果感覺，就只是對外物的個別屬性的反映。那麼，且不說心理情覺的來源，首先就成了一個懸案，單就感覺作為心理的基礎——這一點而言，心理，就只能是外部客觀事物的屬性的映像。如果心理，就只是外部客觀事物的屬性的映像，而沒有判斷環境的價值的情覺，那麼，心理——腦反映，也就不過只是一面鏡子的反照，它既顯現不出任何生命的跡像，也沒有任何的生機和活力——心理若如此，其還是心理嗎？

由以上的這些分析可知：情緒，就是感覺器官受到刺激物作用而導致感覺的刺激意義性——它，就是引起生物體感覺的根本原因，是生物體判斷外界和內部刺激價值的情覺的來源、基礎。

我想，我的探討分析，已經充分地說明了情緒的本質所在：**情緒是感覺的刺激意義性**。

---

[1]《簡明心理學辭典》 楊青主編 第360頁

[2] 同上第360頁

[3]《感覺世界》 托馬斯 L. 貝納特著 第1頁

[4]《簡明哲學辭典》 羅森塔爾 尤金編 第48頁

[5]《感覺世界》 托馬斯 L. 貝納特著 第6頁

[6]《簡明心理學辭典》 楊青主編 第356頁

[7]《簡明心理學辭典》 楊清主編 第205頁、第352頁

[8]《藝術原理》 （英）喬治・科林伍德著 王至元 陳華中譯 第166頁

[9]《普通心理學》 [蘇]B.B.波果斯洛夫斯基等主編 魏慶安等譯 第187頁

[10]《簡明哲學辭典》 羅森塔爾 尤金編 第48頁

第六節　情緒與「感覺」

一、「感覺」起源於情緒

就人們認知的一般習慣而言，人們所以為的情緒，總是有生理的感受相伴隨著。說情緒，在人們，總是覺著是在說一種感受；說情緒，如果棄絕了感受方面的內容，在人們，總會感到像是有所缺憾似的。這在某些人，甚至於會覺著，這是在說一種別的什麼東西，而不是在說情緒。如果我們依照於人們的習慣看法，說情緒，我們當然也可以說「情緒是腦對感覺的刺激意義性的感受。」——這樣的一種說法，就習慣的看法來說，當然也不能說是錯的。但如果從情緒的本質屬性方面來說，這樣的一種說法，卻是畫蛇添足的。

不消說，我們所謂的「刺激意義性」，當然會導致生物機體的感受。但這個感受，既不是生物為了讓自己有感受，也不是為了讓自己有體驗，而是因為：這個刺激意義性的出現，必然會引起生物自體的一系列自然而然的生理調節活動——正是這種生理的自然而然的調節活動，才讓生物機體有了所謂的感受。人們所言的情緒體驗，也不過就是對這種調節活動的一種感受。而腦的參與活動，歸根結底來說，也不過是這調節活動的內容之一。況且，我們知道，說感受，並不就只是情緒有感受，來源於情緒而又不是情緒的情感，也是有感受的。

就對事物的認識而言，如果我們要認識某一事物，我們所要認識的方面，應該是此一事物自己的特殊性，即認識此一事物，與他物的不同之處。如果我們糾纏於此一事物，與他物的相同之處，那麼，我們不僅不能得到此一事物的認識，我們甚至於不能區分出此一事物，與他物的基本的不同。這也就是說，如果我們要認識此一事物，有別於彼一事物的特殊性，它們之間的相同之處，我們在認識中，是可以略去不論的。

鑒於人們過去對「感覺」——即當代心理學家們所謂的那種「感覺」——已形成了根深蒂固的觀念，有一點，在這裡，是需要額外地交待清楚的，這就是：情緒並不起源於「感覺」，倒是「感覺」起源於情緒。導致情緒的原因，並不在於「感覺」，而是在於刺激物對感覺器官的刺激，是否具有利害性。內外刺激物，對感覺器官的刺激，是無時不在的。而能夠引起感覺的刺激物，是其對有機體（感覺器官）的刺激，具有了利害性。當然，情緒並不同於客觀物的刺激——它就在於引起腦，對這個客觀物的關注。即通過顯示出這個客觀物對有機體（感覺器官）的利害性，而引起腦對這個客觀物去關注。

說到這裡，或許會使人想起，托馬斯 L 貝納特先生那個有關於感覺的定義：「感覺是指將環境刺激的信息傳入腦的手段」。貝納特先生，無疑是敏銳地看到了，感覺中，有不同於環境刺激的東西的存在。只是他並沒有想到，這個東西，就是形成生物情覺的基礎——情緒。腦的感覺發生機制，就在於對情緒性刺激的響應。也就是說，如果沒有情緒性刺激的存在，也就不會有腦對現實環境刺激物刺激的響應。情緒之存在目的，就是為了使得腦，與現實環境的刺激物建立起心理關係；以便於使得有機體，能夠更好地在現實環境中現實生存著——正是這一點，使它，從根本上有別於刺激物。

至此，人們應該可以看出，情緒的發生與否，和心理無關。也就是說，它不是心理的產物——情緒並不起源於「腦反映」，即不是「腦反映」所導致的——腦只是反映了情緒，正如同腦反映了客觀物一樣（「腦反映」，當然也可以得到類似般的感受，但那是另一回事兒——這一點，我會在以後的章節，作詳細的討論）。

這說起來，似乎頗費理解，但用心思考一下，也並非就那麼深奧：情緒，固然是心理內容的要素，參與在腦反映的活動中，但卻並不就是心理的產物——就人們習慣的認識而言，情緒與心理的關係，有點類似於唯物認識論的心理定義中的那個被反映物，與他們的那個心理[1]的關係。只不過，這個被反映的東西，並不在外，而是在內——是有機體感覺器官本身的生物性特質。

總之，情緒的起源、發生，和心理無關。它先於心理而存在，並且影響著心理——是心理及其情覺的根源和基礎——也可以說，是人類的一切行為和活動的根源和基礎。

二、感覺的定義

我知道，我這樣地剖析、定義情緒，會使得人們，感到很彆扭和難於接受——這並不奇怪。因為，人們通常所謂的

「情緒」，其實是指知覺階段的情覺體驗和表現——那體驗和表現，是一個可感受到的完整的狀態。而我的這種剖析，不僅破壞了它在人們印象中的那個完整性，而且，還把它降低為只是感覺的一部分——如果我們把感覺比做一個胚胎，那麼，被我剖析出的這個情緒，就像胚胎在沒有形成之前的精子或卵子之一一樣。即情緒（刺激意義性）和相應的刺激物，對於感覺來說，就像胚胎之前的精子與卵子；只有當情緒（刺激意義性）和相應的刺激物結合在了一起，它們才成為了感覺——感覺，就是心理的胚胎。

人們之所以會以知覺階段的情覺體驗和表現，來看待情緒，不僅有哲學上的「感知不分」原因，更重要的原因，還在於：人就是知覺地生活著。「人有了知覺以後，感覺就被包括在知覺之中，成為知覺的成分。」[2]「感覺信息一經通過感覺器官傳達到腦，知覺就隨之產生。」[3]客觀事物，呈於人們的平常形象，是知覺的完整形象。人們所感受到的「情緒」，即引起哲學家及其心理學家所注意的所謂「情緒」，也常常是伴隨著一個完整對象的體驗。也正因為如此，人們才會以知覺階段的情覺體驗和表現，來看待情緒，才會把知覺階段的情覺體驗和表現，叫做情緒。

既如此，那我們，何不乾脆就以知覺階段的情覺體驗和表現，來定義情緒呢？以知覺階段的情覺體驗和表現定義情緒，容易引起認知上的兩點兒混亂：

其一，以知覺階段的情覺體驗和表現定義情緒，就會使得生物的感覺發生，變得沒有緣由；而情覺的存在，也就會成為沒有由頭的東西——這極易為不可知論和神秘論，找到其存在的藉口。

其二，心理學告訴人們，不借助於表象，人就無法進行任何的知覺活動——如此一來，也就使得人們，無法從根本上，區分情緒與情感的本質不同（關於這一點所存在的嚴重問題，我會在以後敘述）。

通過我的探討分析，我想，我已經找到了「引起我們的感覺的真正原因」（托馬斯·赫胥黎語——願其能夠由此，而得到安息）。很顯然，引起我們感覺的真正原因，就在於：刺激物對我們感覺器官的刺激，存在著利害性（即意義性影響）——這種刺激的利害性，是依賴於我們感覺器官的應激性反應機制，來甄別出的——正是這種利害性的刺激，迫使我們的大腦，停止原有正在進行著的一切活動；而將注意力，轉移到這個感覺器官的刺激之上。大腦正是憑賴於感覺器官的應激性反應機制，分辨著加諸在廿個感覺器官上的刺激，是否需要自己去關注。正是應激性反應機制，解決了一個大腦與多個感覺器官之間，不可避免地「一和多」的衝突和矛盾，並協調著大腦與各個感覺器官的各自正常活動——在需要時，又能夠不失時機地建立起聯繫——正是所有感覺器官都具有的這種應激性反應機制，監察著內外刺激物的利或害，並（通過丘腦或嗅球）適時地引起大腦，對導致這種利害性的刺激物去感覺。刺激物刺激感覺器官所導致的利害性（即意義性）影響，就是感覺發生的真正原因——即感覺的目的，就在於監察內（機體）外（客觀事物）刺激物刺激的利或害。也就是說，感覺就在於反映內外刺激物作用的利或害。

顯而易見，利或害的刺激意義性影響，就是感覺發生的根源。這也就是說，是否感覺，並不在於客觀事物的作用；而是在於這種作用，對我們的機體（感覺器官），是否產生了刺激意義性的影響——所謂刺激意義性的影響，表現在人們心理活動中的內容，就是：情緒——其所代表著的內容，就是刺激物作用的利或害。

由以上這些分析，我想，我們已經找到了感覺的本質屬性。由此，我們也就可以對感覺，做出一個符合實際的定義：感覺是腦對刺激物於個別感覺器官的利害的反映。也可以說，感覺是腦對刺激物予個別感覺器官的利害性的反映。準確地說，**感覺是腦對刺激物予個別感覺器官的刺激意義性的反映**。

人們分析、認識心理，不應該只是看到它「物」的一面，而看不到或忽略它「情」的一面。若人類與禽獸的心理，真像過去的哲學家們所以為的那樣，只是對物的反映——見到的內容，只能是物。那麼，被砸了一下的我們，和我們身邊被敲了一下的石頭，又有什麼分別呢？人們之所以會「感時花濺淚，恨別鳥驚心」，歸根結底，就是情覺在其中的作用。

由以上的分析、認識，我想，我們已經得到了情緒與感覺的關係：情緒，是感覺器官對內（機體）外（環境）刺激物的利害性刺激的應激性反應（這種應激性反應，使得機體內部究竟發生了怎樣的變化，不在我們所要討論的範疇，那是需要生理學家們解決的）；而感覺，則是腦對刺激物引起感覺器官這種應激性反應的反映——在這裡，刺激物的個別屬性和其的刺激意義性，共為感覺的內容。

毫無疑問，情緒是心理感覺的原動力，是心理的本質性表現——情覺——的原型。

我們既然已經知道了情緒是什麼。而通過我前邊對心理學觀念的引用，我們亦已知道：情緒是情感的基礎，情感來源於情緒。

接下來，人們自然就會問道：既如此，那情緒，是怎樣地升華為情感？情感，又是怎樣地對有機體進行著作用？即情感，是怎樣地對有機體也產生著刺激意義性的影響？亦即情感，怎樣地使得有機體得到了感受？情感，又是怎樣地升華為我們的七情六欲（感情一態度）？又是怎樣地使得我們，在某種情況下會熱血沸騰？使得我們，為某種對象而神魂顛倒？使得我們，有時不得不在理性和感情之間，有所選擇、有所放棄？總之，一句話：情感又是什麼？

要想明白這些，我們就需要對心理，有一個全新的認識。

---

[1] 此心理，是指「心理是人腦對客觀事物的反映」。

[2] 《簡明心理學辭典》　楊青主編　第205頁

[3] 《感覺世界》　托馬斯 L. 貝納特著　第1頁

4 心理的範疇

第一節　心理概念的含義

一、哲學對文明的貢獻

我承認，並且十分肯定，哲學家們，對人類文明的發展，曾經做出過十分偉大的貢獻。不管是古希臘民族的智者，還是中華民族的古先賢，或者其他民族的先哲們——他們，在人類文明的進程中，都曾起過十分重要而關鍵的作用。真不敢想像，在人類文明的進程中，如果沒有哲學家們的貢獻，人類的今天，將會是一種怎樣令人沮喪的不堪狀況。可以想見的是，如果沒有他們的貢獻，人類，雖不至於依舊處於刀耕火種的蠻荒時代，但文明的進程，當會以紀元的千年為落差。

瞭解哲學歷史的人們都知道，宗教、數學、邏輯學、物理學、化學、語言學、美學、心理學，等等——所謂自然科學和社會科學以及人文科學方面的內容，原本都是哲學本身的認識對象。它們，之所以在今天，看上去與哲學毫無關涉；乃是由於哲學家們對它們的揭示，迎合了人類社會文明發展的特殊性需要。所以，才使得它們，能夠各自自成體系；才使得它們，能夠從哲學中脫繭化蝶——成為了與「現代哲學」毫不相關的獨立學科。

即使它們，今天已經如此。但如果人們有心發現，人們就會看到：自然科學和社會科學以及人文科學的核心內容，至今，依舊還是被從來的哲學觀念束縛著、管制著、統馭著——欲知這一事實的最簡單方法，就是去尋覓一下各個學科的名稱由來——這時，人們就會知道，那些獨立學科的名稱，都來源於哲學。

事實上，人類今天有關自然和社會的一切認識，無不烙有哲學的印記。縱觀人類文明的發展，哲學在其中，所具有的關鍵作用——那種承前啟後而不可替代的作用，使得我們這些後繼者們，不能不為其贊嘆不已。

二、哲學的致命缺陷

但在贊嘆的同時，我們也不能不遺憾地看到，哲學家們以往對人類的認識，自始至終，都有一個致命的缺陷，貫穿於其中——這個致命的缺陷，就是：哲學家們在對人類的能力進行認識時，從來也沒有能夠真正地分辨出，人類在與周圍世界的關係中，是同時具有著兩種完全不同的能力：一種是心理能力，一種是意識能力——這兩種能力，在本質上，是完全不同的，是絕對不可同日而語的。因為，對這兩種能力的認知取捨，昭示出的是：退一步，我們就與禽獸無異；進一步，我們就會與「神」齊名。

以往的一切哲學家們，他們從來也沒有能夠在人類的身上，真正地揭示出有這樣的兩種完全不同的能力同時存在著[1]——更別遑論區分出它們的本質不同了。過去的哲學家們，在他們浩瀚的哲學著作中，毫無例外地只是把這兩種完全不同的能力，不分青紅皂白地混為一談——並最終將認知，偏向於心理能力和意識能力中的「某一個」——且自以為是地把這「某一個」，當成了人類能力的全部。

因而，他們常常也就會以這「某一個」為憑據，與一切反對他們觀念的主張，理直氣壯地進行著不屈不撓的爭吵——這個爭吵，在哲學史上，最典型的表現，就是：唯物論和唯心論或不可知論的世界本原之爭——這個爭吵，甚至於貫穿著哲學兩千年的整個哲學發展史。按照以往哲學的基本看法來說，哲學家們之所以會有這種爭吵，是源於他們認知世界的角度不同，所以，才引起了他們的這種爭吵[2]。

殊不知，這其實，並不是問題的實質所在。問題的實質所在，不客氣地說，就在於哲學家們，在對人類能力的認識中，始終無法解脫他們自己對人類能力的認識蒙昧。他們之所以會有這種爭吵——並歷經幾千年而不能休止，根本的原因，就在於：主張它們的哲學家們，在反觀人類自身的能力時，並不清楚心理和意識——這兩種能力，在人類，是兩種完全不同且並行不悖的能力。

正是這種認識上的蒙昧，使得他們，在內省它們時，不能不在認知上有所取捨、有所偏廢，擷取其一。

也正因為如此，才導致了他們，在認知上的各自必然：唯物論者，只是部分地看到了人類的心理能力[3]——並以此為基礎，而得出了他們對世界本原的認知；唯心論者，只是部分地看到了人類意識的能力——他們對世界本原的認知，也正是以此為基礎而得出的。而不可知論者，則是沉浸在對感知和認識能力的不解之中，並以此為基礎，而得出了他們的世界本原的不可知論。

雖然，當代的一些「哲學家」，因為厭惡了這種爭吵，意圖在不直接面對世界本身問題的情況下，另闢蹊徑地去建樹新的哲學理論。但由於他們對人類能力的認知，並沒有脫離過去哲學觀念的窠臼。所以，在他們理論的字裡行間，他們卻又不能不透露出，他們自己的一種非此即彼的傾向——並自覺不自覺地加入到這個爭吵的行列中。

可以肯定地預見，只要對人類的意識和心理——這兩種並行不悖的能力，繼續分辨不清，或在認知上存有偏廢，那麼，世界本原的孰是孰非爭吵，就會像一個揮不去的夢魘一樣糾纏著哲學家們。

有意思的情況是，不管是唯心論者，還是唯物論者，或是不可知論者，他們在認識活動中，對他們自己主張的基本觀點，並不能一以貫之，而是時不時地會滑向自己的對立面。他們，為什麼會這樣呢？在我看來，就是因為他們在認識活動中，他們的思想，總會受到人類另一個能力的騷擾——因而，使得他們，不由自主地會被思想牽引著，去觸碰人類的另一個能力；並不自覺地得到了一些，與他們自己原有的基本觀點相反的思想。

這一點的極端，就表現在前蘇聯作家拉什先生頗具諷刺意味的寓言中：一個無神論的頭領，帶領著一群信徒路過教堂門口時，與剛做完禮拜從教堂出來，且同樣地帶領著一群信徒的有神論頭領，在教堂門口的空地上，不期相遇——信仰之爭，自然使得他們不共戴天。於是，兩個頭領為了證明自己的主張，就在教堂門口的空地上，在各自信徒的吶喊助威聲中，唇槍舌劍地進行了三天三夜的不間歇辯論——可最終的結果，看上去，好像還是誰也沒有能夠說服誰。只是，自此辯論結束之後，兩人的信徒們，都迷惑不解地發現：他們各自的頭領，都神秘地失踪了。待兩人的信徒，好不容易在不同的地點，分別找到他們各自的頭領時。令兩人的信徒們，不由得大為惶惑：那個無神論的頭領，已經變成了虔誠的教徒；而那個有神論的頭領，此時，卻成為了徹底的無神論者。

之所以會發生這種看上去的滑稽改變，在我看來，原因就在於：人類，既有可以和外部世界發生「親密」關係的心理能力，也有能夠不完全受外部世界的現實束縛而天馬行空般地自由活動的意識能力——正是這兩種能力，交叉顫傎在人類的一切活動中——使得以它們（心理、意識）之一，而得出世界本原觀點的人，其認識，總存在著難於自圓其說的缺憾。這也就使得持有相反世界本原觀點的攻擊者，總是有機可乘，並屢屢一擊而中。

品性正直的哲學家，在這種攻擊下，會不得不承認對方認識的合理性。為求真理，他們，或者：退而結網——由於他們歷來的思想，一直囚囿於人類的「獸」與「神」的能力上，所以，他們也就沒能把人類，放在自然世界的大環境中去思考（比如，把人類與禽獸去比較），而只能讓自己的思想，在人類的「神」或「獸」的能力上飄移、游蕩，並試圖在其中，找到解決問題的答案。因而，他們也就始終難於擺脫，在心理或意識——這兩種能力之間，擷一取捨的困局。最終，總不免會陷入不能自拔的苦惱中。或者：經過痛苦的反思，而改換門庭，投入到另一個主張的觀點之中——從一個極端，變為另一個極端。

至於那些品性邪惡，而盜取了哲學家名譽的人，他們在這種攻擊下，不僅不去反思自己所盜用的觀念的存廢，反而動用政治的卑鄙手段，以達成他們不可告人的欺世盜名目的。他們慣常的做法是：塞入哲學本身，一些與哲學認識無關的淺薄觀念（比如人生觀、社會觀），並借此，許願給人們一種永不能實現的「庸俗理想」，借以轉移人們質疑他們觀念的視線。這之後，他們便無恥地以真理化身的自我標榜，唆使愚不可及的追隨者，向質疑他們觀念的真理追求者，舉起屠刀。

歷史上，不乏這樣的「所謂的哲學家」。而表現最為惡毒的欺世盜名者，是辯證唯物主義的經典作家及其所謂的領袖們。他們把攫取來的「階級鬥爭」觀點，狗尾續貂在辯證法之上，並妄稱這是自然和人類社會存在和進化的本質，藉以挑起人類群體之間的自相殘殺——這種觀念，邪惡之極。它的邪惡之處，在於：把原本天然地存在於人類與外部自然之間的利害關係，移花接木地變換成了人類自身的群體之間的利益衝突。他們巧舌如簧地美化著他們的邪惡思想，不僅無所不用其極地逼迫著人們，讓出個性意識的思考權利，並且還極盡能事地蠱惑著人們，泯滅由意識生髮出的人性——

以虛幻的假像，逗引著人們，將類同於禽獸的心理能力，極度地擴張開來；用無中生有的假想敵，挑唆著人們，將屠刀直接伸向自己的同胞——使得人們以同類相殘為樂事。歷史將證明，他們冒用哲學家名譽，在哲學史上書寫出的這一頁，是哲學歷史上，最恐怖、最黑暗的一頁。是「哲學」成功地阻礙人類文明發展，使得人類文明發展倒行逆施的唯有一次。

三、心理能力表現

說人類，在與周圍世界發生關係的活動中，是仰賴於兩種完全不同的能力：一種是心理能力；一種是意識能力。那麼，什麼是心理能力？什麼意識能力呢？

鑒於本章的目的所在，我們在這裡，所要探討的問題，是「心理能力」的問題。

我們在前邊，通過對感覺和情緒的分析，已經揭示了心理的源泉所在、心理的基本形式和內容。在區分情緒和情感的本質不同時，我們曾借用了「心理」概念，並將其簡化為「腦反映」——且明示出，這與基本的事實並無悖謬。換個角度說，凡是屬於「腦反映」能力的活動，就都是心理能力的活動。

有點心理學知識的人都知道，心理能力，並不僅僅就只有感覺的一種能力，它還有其他的能力。而就心理學以往的觀念而言，這其他的能力，就是知覺、表象等的能力。在這裡，為了讓人們，對心理中的其他能力有個概貌，我們先行地給人們展示出心理能力的一些例子，以便於讓人們，對心理中的感覺和其它能力，有個大致的印象。

說起心理能力的例子，在我們的現實生活中，當然是不勝枚舉、比比皆是的。比如，我們前邊引用的科林伍德先生舉出的那個紅色幕布在陽光下閃亮刺目，讓孩子感到紅的可怕，因而，嚇得哇哇大哭的例子。比如，你見到遠處的天邊電閃雷鳴、黑雲滾滾，你就知道，那裡正在下著大暴雨。比如，你忽然嗅到一股臭味——經驗使你知道，那和你的腳和鞋子，有時候發出的不好味道一樣，那是腳和鞋子的臭味。你在尋覓間發現，那味道，是由某人露出腳趾的一雙髒球鞋發出的。你不滿地瞪了他一眼，厭惡地遠遠躲開。說起臭味兒，似乎人人都應該感到厭惡。但偏偏中國古代《呂氏春秋·遇合》中，就描述有「逐臭之夫」。這是怎麼回事呢？這僅僅只是一個傳言嗎？其實不然。假如你正在青春期，開始有了對異性，說不清道不明的朦朧嚮往。而就在這個時期裡，你意外地看到一個使你的精神和肉體都感到強烈震撼，使你不由自主地驚為天人的漂亮姑娘。那一時間，你一下子就變得精神恍惚、魂不守舍，心醉神迷地沉入到想入非非的境遇之中——那是一個衣著樸素而穿著一雙舊球鞋的漂亮姑娘——就在你神魂顛倒而不能自拔地醉迷於自己說不清道不明的奢望的當時，那個穿著一雙髒球鞋而露著腳趾的傢伙，正好讓你不覺地從你的身後走過，及時地讓你的鼻子聞到一股腳和球鞋的臭味兒——那漂亮的姑娘，就穿著一雙會發出那種味道兒的舊球鞋。與說不清道不明的奢望，同時間結合在一起的這個感知，在你，就此形成了一種與漂亮姑娘那球鞋有關的複雜印象。此之後，如果你再次聞到自己腳和鞋子的那種臭味兒——那味兒，竟然使你想起了那漂亮的姑娘，喚出了你見到那漂亮姑娘的震撼感受……。在這之後，怕你就會說不清、道不明是厭惡它，還是喜歡它了。有「逐臭」之人，也必有「趨香」之人。而這些，無疑和人的過往生活中的某種特殊經歷有關係。

作者本人，就有一個至今不能釋懷的怪癖：年輕時，曾在油漆廠做過臨時工。那時候，常常會被油漆味兒環繞著，也未覺著油漆味兒怎麼樣。只是成年之後，也不知為什麼，對油漆味兒，好像天生就不喜歡似的。每每聞到那種味兒，就會感到一種不可名狀的不安，幾乎是逃跑似的遠遠地躲開。很長一段時間，我自己，都感到莫名其妙，不知自己為什麼會如此地「矯情」？後來，終於想起了造成這種心態的事件：大概是二三歲時，同大院的一個熟悉的老人死了。他的家人，把老人安放在了一副新油漆過的黑棺材裡。我出生以來，頭一次聞到的油漆味兒，就是那個棺材發出的強烈的油漆味兒——也就是在那個時候，我頭一次曉得了死亡的恐怖事情。正是那種情景和著油漆味兒，給了我異常強烈的印象，使得我把油漆味兒，和死亡的事情聯繫在了一起了。把油漆味兒，當成了裝死人的棺材味兒。也就是在我的印象中，油漆味兒，已經不是油漆味兒，而是死亡之味兒。成此印象之後，如果不意間聞到那股味兒，自然地就會生出一種不安來。這種情況，大概和巴甫洛夫實驗中的那個狗，把食物和鈴聲、燈光連在一起的情況相類似。在那個實驗中，狗在聽到鈴聲或看到燈光時，就會以為是食物來了——就會在口中，分泌出準備消化食物的唾液。同樣是對這個油漆味兒，我的一個朋友，卻就非常地喜愛聞它。每每在街上走過，聞到那種味兒，她就會駐足留戀，感覺著是一種額外的享受。這種情況，也應該是和她過去的某種特殊經歷有關係。再比如，你去朋友家吃飯。你從來沒有吃過苦瓜，朋友在沒有告訴你的情況下，把它給你端了上來。待你一吃進嘴裡，你怕就會不由自主地在表情上有所表示，幾乎是本能地要把它吐出來。再有，悶熱的炎炎夏季裡，一股微風吹到你的身上，你就會感覺到它，並同時體驗到一種近於讓你快樂起來的舒服感，等等。

以上所舉的這些事例，基本上，就都屬於心理能力的範疇。

我在舉證人類心理能力的例子時，順帶著，把動物心理能力和人類心理能力放在一起，暗暗地做了一個比較。我之所以這樣做，是因為，在我看來，動物心理與人類的心理，並沒有本質的區別。誠然，各物種間，由於自體生存及與環境關係的束縛，使得它們的反映方式和反映對象，固化在某種特殊的領域。但這並不由此，就可以使得我們認為，物種間的心理能力，因此，也就會發生本質的變異。在我看來，心理就是心理——不管是在人類，還是在動物，它們都是一樣的。

人類與動物的真正區別，並不在於心理的能力方面，而是在於有沒有意識的能力。動物能力低於人類能力的所在，並不是它們的心理能力和人類的心理能力，有什麼本質的區別，而是它們沒有意識能力。

人類與動物的心理，從本質上說來，都是一樣的。

[1] 黑格爾雖然認知到人有兩種「性能」，但黑格爾卻沒有能夠明確地指出，這兩種「性能」的各自實質，只是以「個別性」和「普遍性」的不同來區分著它們。

這裡所說的「同時」，是就類屬的能力方面而言的。

[2] 辯證唯物主義者們，把這種認識角度不同所造成的分歧，居心邪惡地說為是源自於階級鬥爭的立場的需要。

[3] 過去的唯物主義者對「心理能力」的認識，其實也是片面的，他們只是擷取了心理能力的「物」方面的內容；唯心主義者對意識能力的認識，也存在著這樣的片面性問題。

第二節　心理的範疇

一、感性事物

我已經表露出，我所探討的「心理」，是針對於廣大的生物圈兒而言的。我們探討心理的問題，是不能僅僅只侷限於「人類」，而不顧及其它的生物——除非人類的心理能力，與其它生物的心理能力，並不可比——即它們之間，確確實實地存在著本質的差別。若真是這樣的一種情況，那探討人類的心理，和探討其他生物的心理，就不是在探討著同一個對象、同一個問題。若果真如此，那就的確有必要做出分門別類的區分。

只是，人類的心理，與其它生物的心理，是不是真的就是不一樣呢？

動物有心理——這種說法，在今天說來，應該不是什麼問題。就人們所接觸的動物而言，它們顯然都是具有著感知覺能力的。比如，突然出現的一個強烈的聲響，不僅會讓人在不知所以時受到驚嚇，也會引起動物的雞飛狗跳。動物這種對聲響刺激的行為表現，首先就是因為它們感知到了這個強烈的聲響；之後，它們才會因為受到驚嚇，而表現出「雞飛狗跳」的行為。如果這個強烈的聲響，發生在失聰者的身邊——那發生不發生，對他（它）都是一樣的。也就是他（它）不會有這方面的感知，也就不會有這方面的心理行為表現。

在動物有心理能力方面，哲學家們，基本上並沒有什麼分歧。他們的分歧，在於：動物與人類的心理能力，是否相同？是否相等？是否有本質的差別？

作為唯心主義理論集大成者的黑格爾，在其「哲學全書」的《邏輯學》一書中，曾經這樣地表示過：「感覺的本身一般是一切感性事物的形式，這是人類與禽獸所共有的。」[1]

黑格爾這樣地說「感覺」，表面看起來，令人覺著好像有些晦澀難懂。其實，黑格爾這裡所說的意思，和剽竊了他的觀點的辯證唯物主義所說：「感覺是客觀事物的某個片面或個別屬性等外部現象在人腦中的直接反映」[2]及「知覺是人腦對客觀事物的表面現象和外部聯繫的綜合的整體反映」[3]——除了辯證唯物主義的說法是侷限於「人腦」之外——基本上，是一個意思。

在這裡，在說感覺時，我之所以把辯證唯物主義的知覺觀念，一並地列舉了出來，是因為，我前面已經說過，黑格爾關於「感覺」的說法，像辯證唯物主義信徒說他們的鼻祖那樣，也是存在著「感知不分」的問題的。

黑格爾所說的「感覺的本身一般是一切感性事物的形式」的話，關鍵在於「感性事物」一詞——而「感性事物」之說，不管黑格爾在其中，還想表達別的什麼額外的成分，他這裡所說的「感性事物」，總歸脫不出是：已經成為感知者的對象的那些事物。即只有被感知者感知到的事物，有感知者的感知參與過的事物，才是「感性事物」。當然，黑格爾這裡的「一切感性事物」說法中的「一切」，或許，也暗含著指那些將會成為感知者感知的事物。

顯而易見，黑格爾這裡所說的「感性事物」，是類似於辯證唯物主義那個被反映者反映的「客觀事物」的[4]。勿須贅言，黑格爾的「感覺」觀念，也是無法突破亞里士多德在《第一哲學》一書中，給「感覺」的那種限制的。即認識感覺，只能從它「識知事物」的角度去把握。黑格爾這裡的「感性事物」，無疑也是從認識事物的角度而言的。

二、感覺認識的反差

我在這裡引用黑格爾的那句話，是為了關注他此話末尾的那種說法：「這是人與禽獸所共有的」——即感覺，是人與禽獸所共有的一種能力。

這樣的一種觀點，當然會讓辯證唯物主義經典作家及其信徒們嗤之以鼻——秉性邪惡的人從來不憚於欺師滅祖——我們之所以會有這樣的看法，是因為，除了我們上邊引用的他們那個說法——可以看出，他們的觀點是侷限於「人腦」之外——辯證唯物主義的經典作家及其信徒們，還明確地說過：人與動物雖然都有感覺的機制和感覺的能力，但人的感覺與動物的感覺不可同日而語，因為人的感覺與動物的感覺有本質區別[5]。按照辯證唯物主義的這個說法，用邏輯推下去，結論必然會是：人與禽獸的心理，也有本質的區別。

出現這樣針鋒相對的對立觀點，說起來，真是一個很有意思的反差。這種反差，正是我前邊指出過的一種現象——以人類的心理能力或意識能力之一為觀念基礎的認識者，常常會走向自己的反面——這就是最好的例證。

黑格爾無疑是唯心主義者。我們前邊說過，唯心主義對人的認知，是以人的意識能力為目標——以此對象為觀念的哲學家，看人和世界，是傾向於人的「神」性方面的。黑格爾之所以會把世界的本原，送給了絕對理念或上帝，應該不是一個毫無端由的巧合。黑格爾是絕對看到了人類與禽獸有本質的區別的。他是這樣表達的：「如果說『人之所以異於禽獸在於他能思維』這話是對的（這話當然是對的），則人之所以為人，全憑他的思維在其作用。」[6]「說人之所以異於禽獸由於人有思想，已經是一個古老的成見，一句無關輕重的舊話。」[7]「……只有人才能夠有宗教，禽獸沒有宗教，也說不上有法律和道德。」[8]「須知只有人有宗教、法律和道德。」[9]

由此，人們可以看到，黑格爾認為，人類與禽獸是有本質能力的區別的。由以上的這些說法來判斷，按說，黑格爾是不應該認為禽獸的能力基礎，有達到人類能力的可能性。即他應該認為，人類與禽獸的本質區別，是從根上就開始的——從感覺就開始。但恰恰就是他說：「感覺的形式是達到精神內容的最低級形式。」[10]結合著他「感覺的本身一般是一切感性事物的形式，這是人與禽獸所共有的。」——的那句話，可以看出，他把人類與禽獸的感覺能力，已經相提並論了。換個角度說，即他認為，人類與禽獸的基本能力是相同的。人類與禽獸的不同能力，在於另外的階段——在於「思維、思想」及其「宗教、法律和道德」的階段。

而所謂的辯證唯物主義，對人類的認知，是以人類的心理能力為出發點的——以此對象為觀念者，看人類的能力，是傾向於人類的「獸」性方面的——憑賴於此，他們區分人類與禽獸的能力的不同，應該是在人類超越了禽獸能力的高級階段，即「宗教、法律和道德」的階段。按說，在他們看來，作為心理基礎的感覺，不管在人，還是在禽獸，都應該是一樣的。可偏偏就是他們，在不得不承認禽獸是有心理能力的同時，卻又如我們上邊引用過的那樣認為：人的感覺與動物的感覺有本質區別。也就是說，他們也看到了「須知只有人有宗教、法律和道德。」但他們不知道，這個「宗教、法律和道德」，與作為人類心理基礎的感覺，是有本質的差別的。因而，他們試圖把人類和禽獸的能力的不同，從與周圍世界發生關係的根上，就區分開來——「從感覺開始」[11]區分。因為，這樣一來，他們就可以把「認識、意志、憧憬、內省」等等，歸之為人的心理範疇了——他們，也確實是這樣做的。

之所以辯證唯物主義者們和其的心理學家們，把「認識、意志、憧憬、內省」等等，歸之為人類的心理範疇，顯然是為了給人類的「理性」，找出「特殊性」的注釋。

然而，問題，卻並不像他們以為的那樣簡單。首先是「心理」的本身，在他們那裡，產生了曖昧不明的分化：一方面是「人類的」心理，另一方面是「禽獸的」心理——這兩種對象不同的心理，在他們那裡，是有本質的區別的——問題，也並不就此嘎然而止。由此問題，衍生出來的新問題，是：認識了「人類心理」，並不就等於已經認識了「心理」。因為，「心理」，還包括著與人類心理有本質區別的

「禽獸心理」。既然禽獸心理與人類心理有本質的區別，那麼，禽獸心理與人類心理就是不一樣的。既如此，也就可知，認識了人類的心理，並不就等於也認識了禽獸的心理——這無意間，就為禽獸的心理，塗上了一層「不可知」的神秘色彩。於是乎，對人類心理的認識，即便可能是正確的，但就「心理」而言，也是不全面，並不無缺憾的。這也就顯示出，以此為觀念前提的認識結論，不管正確與否，都是具有很大的不確定的或然性。

這就是把「認識、意志、憧憬、內省」等等能力表現，歸之為人類心理的能力表現，並揚言人類心理與禽獸心理，有本質區別的辯證唯物主義者們和其的心理學家們，在人類與禽獸的「心理」認識上，給他們自己帶來的悖謬。

我當然不會讓自己得出這樣的荒謬結論。我在上一節的末尾之處，已經明確地表示出：人類心理與禽獸心理，並沒有什麼本質的區別。在我看來，心理作為生物的一種功能，在人類和禽獸，都是一樣的——這種一樣性，我在前面，是通過對感覺和情緒的分析而得到。我前面已經說過，感覺就是心理。感覺，在人類或在禽獸的不同，只是感覺對象和感覺方式的不同，而不是感覺的本質有什麼不同。

既然作為心理基礎的感覺，在人類和在禽獸都是一樣的，並不存在什麼本質的差別，那麼，就沒有理由認為，同樣是心理能力的其他心理功能——比如，知覺、表象，等等——在人類與禽獸之間，會有什麼本質的差異。因此，我們對「心理」的認識，就不存在著什麼人類與禽獸的差別：認識了人類的心理，也就是認識了禽獸的心理，也就是認識了一切生物的心理。

三、心理概念的範疇

在我前面已經解決了感覺和情緒的問題以後，心理的問題，說起來，好像就不應該再有什麼疑難，好像就應該隨之迎刃而解了——我當然也希望，情況能夠如此。

但不幸的是，真實的情況，卻並不能使我有這樣的樂觀態度。這不僅因為，心理並不是只有感覺的一種能力，它還有知覺、表象，等等[12]的能力——更麻煩的問題，還在於：過去哲學的心理觀念，因為沒有能夠區分出心理能力和意識能力的不同，已經把心理概念的範疇，搞得面目全非了。辯證唯物主義這方面的悖謬「認識」，只是這些個問題的其中一部分。

就「心理」作為一個詞語而言，人們應該是再熟悉不過了；但就「心理」作為對生物的一種能力的指稱而言，卻又不能不使人感到茫昧。雖然是，從來的哲學家們，從來也沒有停止過談論「心理」的問題。但也似乎是，從來也沒有什麼人，能夠明確具體地把它，說的與對象的實際狀況相吻合。我這當然不是說，理論界從來就沒有關於心理的系統理論——理論界，在這方面的系統理論，可謂說是汗牛充棟、浩如煙海。這汗牛充棟、浩如煙海的系統理論，有一個統一起來的稱謂——這個稱謂，就是「心理學」。稍有點這方面知識的人都知道，除了《普通心理學》是作為研究人類心理基本能力的基礎理論之外，具體分來，還有五花八門的《教育心理學》、《情緒心理學》、《職業心理學》、《犯罪心理學》、《實驗心理學》、《交際心理學》、《行為心理學》、《發展心理學》，等等，不一而足——看到這些幾乎囊括了人類所有的行為能力，並予以分門別類地探討人類能力的系統理論，自然會使人覺得：心理學家們對人類能力的瞭解，已經達到了非常透徹和非常全面的地步——但是，實際的情況，卻並非如此。

我在前邊就已經說過，哲學家們，從來就沒有能夠真正地區分出：人類心理和人類意識，是兩種完全不同的能力。哲學家們都如此，那些心理學家們，就更是如此了。他們那個所謂的「心理學」，其根脈，還是哲學——十九世紀中葉，「心理學」才從哲學中脫離出來[13]。就過去的「心理學」，我們可以這樣給它們一個定義：「心理學」是一門脫胎於哲學而專門研究人類能力的學科[14]——這當然也是心理學家們的願望。但不幸的是，一個把人類的心理能力和意識能力混為一談，並以此種觀念為基礎而建立起來的學科，其對人類能力的一切認識，必然是一個大雜燴。

由我前面的分析，人們就應該已經可以看出：心理學，要想保有自己的這個名稱，從今以後，它就不僅要研究人類心理的問題，也應該研究禽獸的心理的問題——沒有任何人有權力，把禽獸心理，從心理學領域開除出去。當然，研究禽獸心理的目的，也是為人類服務的。可以讓人為此感到自豪的是：這種研究，只有人類可以辦到——只有人類意識，才有看到人類和禽獸心理，並研究它們的能力。

我在前面探討感覺與情緒的關係時，為了區分情緒與情感的本質不同，曾經把心理看作是「腦反映」——這個反映，首先是通過感覺器官來實現的。

人們已經知道，感覺，首先有賴於個別感覺器官的活動。但感覺，並不僅僅就只是憑賴於個別感覺器官的活動，就可以得到，它還有賴於腦的參與——腦的參與，就是腦獲知刺激物對個別感覺器官的利與害（刺激意義性）——這就是「腦反映」。毫無疑問，感覺器官，就是機體偵測外部環境利與害的偵察器；並是機體與周圍環境建立關係的基礎。毋須贅言，「腦反映」，是人類及禽獸天生就具有的一種能力——這種能力，就是心理。

腦反映——心理，當然不僅僅只有感覺這一種能力，它還有知覺和表象等等[15]的能力。即知覺和表象，也是腦反映的能力。

所謂知覺，我在前面，已經把辯證唯物主義束縛於認知對象的這方面觀念，先行呈示了出來。其實，這並不是辯證唯物主義的所有——所謂的辯證唯物主義，在哲學上，並沒有自己的任何觀點和觀念；它們的一切觀點和觀念，都是竊自於早於他們的哲學觀點和觀念。由此，也就可知，它們的感知觀念，並不是它們自己的認識，而是從過去的哲學理論那裡，比貓畫虎地剽竊來的。

由此事實，我們就可以說，過去哲學的所有「知覺」觀念，基本上，都是與此相類似的。因為，在過去哲學的「感知不分」時期，哲學家們一般所說的感覺，其實，就是今天心理學所說的知覺。

何謂心理學觀念的知覺呢？中華內地官方的心理學家們，是這樣說的：「知覺是人腦對直接作用於它的客觀事物的整體反映。」[16]——這是我們從中華內地出版的《心理學詞典》上，摘錄到的一句話——在這裡，我們沒有必要為這個敢於號稱「詞典」的說法較真。因為，如果我們一較真，我們就得把他們的這個說法，直接扔進垃圾堆裡。

我之所以會這樣說，是因為，他們這個說法中的那個「它」，會使人誤入歧途。這裡的這個「它」，所代指的對象，顯然就是「人腦」。即從他們的表述中可以看出，他們認為，客觀事物是可以直接作用於人腦的。把他們的說法，變換一下，就是：「知覺是人腦對直接作用於人腦的客觀事物的整體反映。」

若依照於他們這樣的說法來看，那人類的感覺器官，就只是一個擺設，就沒有任何的用處。或許，有人會以為，我這個對他們說法的「變換」，是一種吹毛求疵的故意曲解。

事實，並非如此。人們可以通過他們接下來的那些解釋性的說法，看看他們要表達的意思，是不是就是我給他們變換了一下的那個意思。他們接著上文的話，是這樣說的：「知覺是在感覺的基礎上形成的……雖然客觀事物通常只有部分直接作用於感官……」[17]。我們為了不扭曲他們要表達出的意思，只好把他們對「感覺」的說法，再做一下引用。他們說感覺是：「客觀事物的個別屬性在人腦中的直接反映。客觀事物直接作用於人的感覺器官……」[18]

依照於他們在三個不同之處，所說到的「直接作用於」的「對象」來看，人們應該可以看出，他們的「知覺」定義中的那個「它」，所指的對象，就是原句中的「人腦」。那句話，告訴人們的是：客觀事物是可以直接作用於人腦的。

這也就是說，在他們看來，知覺者，是不需要通過感覺器官，就能夠知覺的。接下來，就可以推出，人有沒有感覺器官，是無所謂的——這顯然不是我對他們說法的故意曲解，而是他們在信口雌黃中，連基本事實都不顧的一種胡說。當然，由他們補充的那些話，我們亦可以看出，他們並不否認，感覺和知覺首先是需要通過感覺器官的。但可悲的是，當他們為知覺做結論時，他們卻出現了「口不應心」的思想錯亂。

如果我們，把他們真實要表達的意思總結一下，他們要表達的意思，其實是：「知覺是人腦對直接作用於感官的客觀事物的整體性的反映。」——這種說法，才應該是過去哲學和心理學所要表達的意思。

何謂「整體性的反映」呢？用我前面引用過的臺灣心理學家張耀翔先生所舉的蘋果例子來說，這裡所見到的內容，已經不是「一團光線和色彩」，而是一個完整的蘋果形象。即能夠見到一個完整的蘋果，就是知覺的能力——這是過去哲學一直流行著的知覺觀念。

知覺如此。那麼，表象在過去的觀念中，又是如何地被認知的呢？

所謂表象，按照過去哲學的從來觀念說，表象就是腦對感知過的對象的記憶重現，即印象。亦即蘋果沒有在眼前，不管被什麼人給吃掉了，還是怎麼不見了，只要當時呈現出蘋果的那個背景還在，腦就會映現出那個背景中曾經有過的那個蘋果——這個在腦中映現出的蘋果形象，就是表象。

很顯然，按照過去哲學的從來觀念來說，不管是感覺，還是知覺，或是表象，它們統統都只是腦反映著刺激了我們感覺器官的刺激物——都只是腦把刺激物的原有樣貌，在腦中，給顯現了出來。視覺的對象如此，聽覺的對象亦如此，觸覺、味覺、嗅覺等等的對象，都是如此。推而廣之，我們就可以知道，他們認為：一切感官的對象，都是如此。

過去觀念所說的這些對象，基本上，都只是對人的能力而言。動物，有沒有這樣的能力呢？

感覺、知覺和表象的能力，事實上，不僅只是人有，動物也有。巴甫洛夫的狗實驗，應該就是一個證明。在那裡，狗首先需要對燈光和鈴聲有感知；也只有首先感知了燈光和鈴聲，狗才能對它們有記憶，才能把這種記憶，和隨之而來的另一感知的對象——食物的記憶，聯繫在一起，形成一種燈光、鈴聲和食物渾然一體的表象（印象）。這種表象（印象）能力的表現，就是：在食物沒有出現的情況下，聽到鈴聲或看到燈光，就分泌出了準備消化食物的唾液。

狗如此，人亦如此。刀子在玻璃上劃過的聲音，會讓人有一種心臟被凍住似的森冷如冰感受——甚至於會讓某些人，禁不住地打出個冷顫。如果你看到，有人正欲做刀子在玻璃上劃過的蠢事兒，你就會有一種先期預知般的森冷如冰感受，從心臟處冒出來，令你逃也似的遠遠地避開。這種先期的預知，就是腦對感知的表象。也就是你過去，曾經聽到過那種令你「齒冷心寒」的聲音。那個蠢小子的行為，勾起了你那「痛苦」的記憶。為了避免再一次經受這種無端的痛苦的折磨，你只好逃也似的避開，不讓自己再次聽到那個聲音——此時此刻，當作者在說到這個事例時，已經感到了一種不舒服。希望讀者可以原諒我舉出的這個例子。因為，我知道，當讀者讀到這段文字時，敏感的人，恐怕也會和我一樣，有一種別樣的不舒服，從心臟輕輕地滑過。

---

1 《小邏輯》　黑格爾著　導言　邏輯學概念的初步規定　§19　附釋二

2 《認識論詞典》　章士嶸 盧婉清 蒙登進 陳荷清編　第44頁

3 《認識論詞典》　章士嶸 盧婉清 蒙登進 陳荷清編　第45頁

4 黑格爾的話——如果不是翻譯的問題——是晦澀難懂的。他的「感覺的本身一般是一切感性事物的形式，這是人類與禽獸所共有的。」這句話，或許另是這樣的意思，即「一切感性事物都具有感覺的形式」，亦即「人類與禽獸」都是「感性事物」。也就是「人類與禽獸」都具有「感覺的形式」。然而，不管他這句話是什麼意思，與我們接下來分析的問題並不抵牾。

5 參見《認識論詞典》　章士嶸 盧婉清 蒙登進 陳荷清編　第45頁

6 《小邏輯》　黑格爾著　導言　§2

7 《小邏輯》　黑格爾著　導言　§2〔說明〕

8 《小邏輯》　黑格爾著　導言　§2〔說明〕

9 《小邏輯》　黑格爾著　導言　§2〔說明〕

10 《小邏輯》　黑格爾著　導言　邏輯學概念的初步規定　§19　附釋二

11 《天涯》1998年第三期「從感覺開始」

12 還應該補充上「思維」。但鑒於思維在過去認識中的地位，也是為了避免先期就給人們思想上造成困惑，我們只好暫時對其避而不談。

13 14 心理學脫胎於哲學，這已是不爭的事實。見《簡明哲學辭典》　羅森塔爾 尤金編　第52頁 。

15 同上12

16 《心理學詞典》　八所綜合性大學《心理學詞典》編寫組編　主編：宋書文 孫汝亭 任平安　第157頁

17 同上第157頁

18 同上第267頁

第三節　心理的內容

一、心理的生物基礎

就人類所在的這個星球上的生物能力而言，心理是從無到有的。籠統地講，我們可以認為，心理是生物所特有的一種功能——但也並不是所有的生物，都具有心理的功能，只有具備了腦機能的生物，才具有心理的功能。

勿需贅言，現實環境對生物的現實生存，是利與害並存著的。因而，生物要在現實環境中現實地生存著，其就不僅要有趨利的能力，也要有避害的能力。而生物若要實現這一點，其就首先必須要具有獲知這一切的能力——**這就是感覺器官最原始的基本職能**。腦，無疑是生物機能中的一種高級的機能——這種機能，顯然是為了協調生物自體與環境的關係，以保障生物自體，在現實環境中能夠更好地生存。腦，要實現這一點，其就必然要具有能夠獲知現實環境於自體利與害（即刺激意義性）的途徑。只有這樣，腦才能指揮機體，採取相應的行為活動（即機體的趨利避害），以實現維護自體生存的目的。而這一點，**惟有通過感覺器官，才能夠得到**。

人們知道，心理，主要是腦的機能的活動：「動物心理活動的產生……不僅需要已經分化出的各種不同的感官和神經系統，而且需要有指揮神經系統的中心——大腦。」[1]以上的這段引文，基本上，把心理活動的內在機制，給描述了出來。由這種描述，我們就可以知道，心理活動，是以大腦為主的、各感覺器官和神經系統相協作的結果。

眾所周知，心理，是以保障和維持有機體，在現實環境中的現實生存為目的的——這是無可辯駁的事實，也散見於已有的各種理論中。人類的心理活動，也無不顯見著為生存的特徵——生存，作為一切生物的目的，是最崇高並且也是無可非議的。

心理，既然是以保障和維持機體的生存為目的，那麼，它的一切活動，也就必然地要圍繞著這一點而展開。而要實現這一點，它就必然地要依賴於感覺器官、神經系統，特別是腦——心理，在這三個方面，缺一不可，它必是這三個方面協作的結果。也就是說，這三個方面，控制著心理的能力和活動。

何謂感覺器官？感覺器官亦稱感官，是指人和動物，專司感受各種刺激的感受器及其輔助結構。其目的，在於接受來自外界環境及機體內部的刺激——感覺器官，是以發生感覺為主的。何謂神經系統？神經系統，是人和多細胞動物體內調節各器官活動，和適應外界環境的全部神經裝置，它也是心理現象的主要基質。何謂腦哪？在這裡，我們之所以特別地把它，從神經系統中提了出來，是因為，我們不僅要注意那位於顱腔的物質生理性，而更要在意它的機能的功用，特別是大腦：「大腦具有極為豐富而精細結構的神經細胞（大腦大約有幾百億個神經細胞，每個神經細胞有大概有幾千個胞突接觸）和神經纖維，它與外界形成反射活動，有接受信息、儲備信息、加工處理信息和輸出信息的功能或機能。」[2]「大腦皮質是神經活動的高級中樞，為機體調節和控制全身一切生理機能以及對外界產生反應的最重要器官。」[3]

——在我以上對感覺器官、神經系統和大腦的摘引性敘述中，不知人們是否注意了它們的基本的共同之處：即「內部」與「外界」的聯繫之處。

二、感應性和感受性

由此，人們也就可以知道，心理，是有腦生物趨利避害的行為能力的根源——是生物由腦（借助於感覺器官）所實現的、反映現實環境作用物與機體關係的一種能力。或按照我們習慣的觀念說法來講，心理是生物腦（借助於感覺器官）對刺激物的感覺、知覺和表象的能力。

感覺是感受性的表現，是心理現象——**是生物腦對刺激物予個別感覺器官的刺激意義性的反映**，也是生物（由腦所實現的）與環境建立的初級的心理關係。

勿須否認，感覺包含著「反應」，但也不僅僅只是「反應」。

有一句被當代辯證唯物主義者們，特別捧為哲學名言的話，我覺著，我們很有必要，在這裡認真地批駁一下。什麼話呢？這就是列寧說的「假定一切物質都具有在本質上跟感覺相近的特性、反映的特性，這是合乎邏輯的。」[4]——這句話，如果我們把他故意地故弄玄虛的裝潢性修飾語，比如「假定、相近」之類含糊其辭的詞語剔除掉，那意思，就清晰了許多——列寧這句「假定」的話，關鍵要說的是：「一切物質都具有」「反映的特性」，而「反映的特性」也就是「感覺的本質特性」——明明白白地說，就是：一切物質都具有感覺的特性。

這不是我喜歡閹割或曲解別人的原話，而是我在中華內地的大學本科的哲學教科書中，就看到了與此「相近」的問答題。再有，在中華內地的《大百科全書·哲學》的「感覺」條目中，也有與此極其相類似的表述。只不過，他們在那裡，把先決條件或說因果關係，做了逆轉。即他們不是讓「一切物質」都有「感覺」，而是用一切物質的特性，來說明「感覺」的特性。大意是這樣的：一切物質的本質屬性都是反映，感覺，歸根結底也是隸屬於物質的，因而，感覺的特性，也就是反映。

人們勿須花費心血、也沒有必要去斟酌這字裡行間，所透露出的什麼邏輯。讓我們還是從他們那裡，摘抄幾段文字，來說明點什麼吧：「從無生命物質的反應到低等生物的刺激感應性的產生，是地球物質發展過程中的一個質的飛躍，在地球進化史中揭開了新的一頁。」[5]以上這段文字，是從中華內地的「中國人民大學」出版的《辯證唯物主義和歷史唯物主義原理》一書中，逐字逐句、一字未動地抄寫下來的。那麼，何謂「感應性」？「有生命的物質才具有感應性。它的最根本的表現是生物體以一定的變化來回答外界的影響、實現它和周圍環境的物質交換以保存自身，並實現它和周圍環境的平衡的這一基本生活機能。」[6]另外，「『反映』與『反應』是不同的。反應是物質的普遍屬性，無生命與有生命的物質都具有反應的特性；而反映卻是有生物質發展到一定階段時才獲得的一種屬性，這種屬性就是感受性或感覺性，是對事物的個別特性發生不同的反應能力，即產生感覺的能力。」[7]說反映的屬性是感受性或感覺性，那感受性或感覺性的特點是什麼哪？「感受性是心理現象，人在主觀上能意識到它；感應性是生理現象，它雖客觀存在，但人意識不到它」[8]。此上的這些說法，都來自他們的同一本心理學詞典，即《簡明心理學辭典》。

讀過了以上這些文字，再回想一下列寧的話，及他們《大百科全書·哲學》的感覺條目的話，相信一般的人，也能看出這裡的自相矛盾和荒誕無稽來。我們已經分析過感覺的發生原理——僅就感覺的傳導過程來說，我們就知道，感覺不只是感覺器官的功能，它還需要傳導神經——更重要的方面，在於：它「特別是腦的機能」。如此，我們就不禁要問，如果列寧的話是正確的，那麼，他所言的「相近的特性」，是指哪裡？是指與感覺器官的功能相近呢？還是與傳導神經的功能相近？或是與腦的機能相近？擬或是指與整個分析器的機能（感覺器官——傳導神經——腦）相近？不管列寧的「一切物質」，所指的是與感覺發生的「哪裡」相近，人們輕易地就能見出，被他極盡能事地嘲諷過的那個「物活論」的觀點來。用不著唯心論和宗教觀念幫忙，僅憑他的這個說法，稍有心智的人，就可將其發揮成為「一切物質都是有靈魂」的觀念。如果說，有中華內地的所謂當代學者顛狂地預言，宇宙在未來的進化中，將會在宇宙的某一隅，產生出像靈魂一樣，無形無體且又巨大無比的宇宙超級智慧生物——那列寧的那句故弄玄虛的話，倒不啻為一個依據。在我看來，他的那些披著科學外衣的中華內地信徒們，之所以會有這樣的一種顛狂預言，一點兒也不奇怪。因為，他們的那個結論，早就寫在他們信奉的那句話中。認真地想一想，人們就會明白，這只不過是把他們過去的觀點，從地球搬上了宇宙而已。

我真的有些不明白，列寧竟然會不知道：「有生命物體的能力，有別於無生命物體的反應」——這個再普通不過的基本常識。不錯，有生命的物體，當然也只是物質表現的一種形態；但並不是物質表現的一切形態，都是有生命的。一隻家貓和一隻貓形玩具，就是兩種本質不同的存在：貓形玩具，固然有家貓的樣狀，但卻沒有家貓的生命——這個顯而易見的內在本質性的區別，在列寧及其信徒那裡，竟然都能夠混為一談？

我真不知：區分這樣簡單的事實，究竟需要多大的心智？

我真的有些不明白，當他們自以為是地說出「人的感覺與動物的感覺有本質區別」的話時，他們又怎麼能夠說出「一切物質都具有感覺的特性」的話來？是他們自己，太過愚不可及而不自知？還是他們認為，我們的思想，也會如同他們那樣的邏輯混亂？

我真得難以置信，中華內地的那些理論家們的心智，竟然會喪失到一種無以復加的地步——明明白白的事實是：列寧「假定」的話，和所謂「質的飛躍」之類話，都出自於內地「中國人民大學」出版的教科書《辯證唯物主義和歷史唯物主義原理》一書中，而且都在「意識的起源、本質和作用」一章。就在這篇大談「反應」與「感應性」及與「心理」本質不同的篇幅中，竟然還把那個「假定」，作為經典式的導言，逐字逐句地昭示在那裡。我真不知道，如果這些教授們被人搧了一耳光，和他身邊的教案被拍了一下，在他們，是怎樣地區分出不同來的？也不知道，他們怎樣教導學生，來區分這一點？

感覺與反應，是有本質的區別的——如果有人連這一點，都不能分辨，那他就不配思考。

人們已知道，心理——腦反映的目的，是為了保障和維持有機體自身的生存；而有機體是依賴於環境，即在環境中的生存；因而，環境會在有機體的心理——腦反映中，留下一定的痕跡（刺激物映像）——這固然不錯。但是，僅僅有環境的映像，並不就能使得心理，達成其為機體生存的目的。因為，現實環境，對有機體來說，並不僅僅只是一種對象的存在，它還會給有機體的現實生存，帶來利害性的影響；因而，心理，要想達成其為機體生存的目的，其就只有同時反映著現實環境對機體作用的利害性的影響（即與機體發生的利害關係）——只有這樣，心理，才能達到其為機體生存的目的。由此而知，心理，不管會有環境的什麼映像——這種映像，必是對有機體，產生了一定的利害性的影響——這種利害性的影響，也必然會是心理的內容——而且，它必然會在有機體與環境的心理關係中，成為心理最重要的內容。

在這裡，需要提醒人們注意的是，上一節，我說到的巴甫洛夫實驗中的狗感覺，已經不是過去哲學及其心理學的那種純認識意義的「感覺」，而是我在前面的感覺和情緒的章節中，所揭示出的那種感覺，即具有著情緒（刺激意義性）內容的感覺。就巴甫洛夫的實驗而言，對象——燈光和鈴聲——作為客觀存在事物的那個屬性，是附加在情緒（刺激意義性）內容上面的。這裡，對狗而言，它感覺中，所突出的是情緒（刺激意義性）的內容，而不是客觀存在的事物的那個屬性。即燈光和鈴聲，在它這裡，並沒有燈光和鈴聲作為客觀存在的那個特性。燈光明一點暗一點，鈴聲響一點弱一點，對狗而言，是沒有什麼差別的，都是一樣的刺激。再有，狗在這裡感受到的燈光和鈴聲，並不僅僅只有燈光和鈴聲自己本身的情緒（刺激意義性）內容，而是和以往所食用食物時的情緒（刺激意義性）內容，結合在了一起——在狗，是形成了一種新的刺激意義性的內容。也正是因此，所以，它才會看到燈光或聽到鈴聲，而不由自主地分泌出準備消化食物的唾液。

這個新的刺激意義性的內容，就已經不是感覺的問題，而是知覺和表象的問題。

---

[1]《辯證唯物主義和歷史唯物主義原理》　李秀林、王於、李淮春主編　第68頁

[2]《認識論辭典》　章士嶸 盧婉清 蒙登進 陳荷清編　第318頁

[3] 同上第317頁

[4]《辯證唯物主義和歷史唯物主義原理》　李秀林、王於、李淮春主編　第65頁

[5] 同上第66頁

[6]《簡明心理學辭典》　楊青主編　第353頁

[7] 同上第43頁

[8] 同上第353頁

第四節　心理的本質

一、心理中的感覺

在此，我覺著，有必要對環境刺激物，究竟怎樣地引起了有機體的腦反映，即有機體是如何將廣泛普遍的環境刺激，變為自我的刺激——並適時地引起腦參與的情況，再略作陳述。

心理學業已告訴人們，心理的基礎是感受性——感受性，是有機體對刺激物的刺激起反映的能力，即感覺的能力。感受性，具有「絕對」和「差別」閾限。在各物種間，還表現為不同的感覺對象（指外在的），等等。

不過，不管感受性活動本身具有怎樣的特性，它總是以感覺器官、神經通路和腦為生理基礎的。

人們已經知道，有機體是在現實環境中，現實地生存著。腦，是控制有機體，並實現著有機體現實生存的內在總樞機能——其為了達到保障和維持有機體，在現實環境中現實生存的目的，其就必然地要依賴於感覺器官。因為，只有感覺器官，才和現實環境保持著直接的接觸——並最切近地顯現著現實環境的刺激性。人們也知道，感覺器官，總是無時無刻地不被現實環境中的廣泛適宜刺激物作用著。然而，令人蹊蹺的是，感覺器官，並不就是對現實環境中的任何適宜刺激物，都發生導致感覺的活動；它總是能夠適時地選取最需要的刺激物，來引起腦的注意（即發生感覺）——而且，人們也知道，感覺器官，在生物體，也並不是只有單純的一種，而是多種感覺器官，同時地並存著。言之於此，這就不能不令人發出這樣的疑問：腦是如何獲知？某種感覺器官當前受到的刺激，是需要自己去關注的，是需要自己「不失時機」地去參與其中（反映）的。顯而易見，有機體，要實現這一點，那就需要在其的內在機制中，有一種非感覺器官本身特性的東西（非感覺器官專門化現象的東西），在感覺器官引起腦反映的活動中，發揮著關鍵而特殊的作用——這種關鍵而特殊的作用，就是能夠顯示出現實環境刺激物對機體的刺激意義性來，即刺激物的利或害的特性來，以引起腦對這種刺激物的注意。

以上的這個說法，是依照於舊有哲學的感覺觀念所說。其實，感覺的對象，並不僅僅只是存在於有機體的外部環境中，有機體的內部環境（自我生理環境）中，同樣也有感覺的對象，同樣也是可以讓我們發生感覺的（機體覺）——而其的發生原理，與外部環境刺激外部感覺器官而發生感覺的原理，本質上，應該是一樣的。

說到這裡，有一點，我覺著，應該提醒一下醫療專家們注意：植物人的不幸，其所缺失的能力，不是像人們以往所認為的意識能力，而是感覺的能力——這裡說到的感覺，不是過去哲學所說的那個「感覺」，而是我這裡包含有刺激意義性內容的感覺。植物人，之所以不能夠醒過來，就在於外部事物對他的刺激，在他，是缺失了刺激意義性的內容的——即他的感官受到刺激時，並不能使得他，感受到刺激意義性的影響。因而，他的大腦，就不會興奮起來。所以，才使得他長睡不醒。只要能夠恢復他的感覺功能，就能夠使得他，從無知無覺中清醒過來。就植物人而言，不能說他沒有反應，但卻可以說他沒有感覺。在我看來，植物人的不幸，其根源就在於：他不能夠感覺。即他的中樞神經系統，不能夠響應感覺器官的意義性刺激。因而，使得他，完全不能夠感知到外部世界和自身的刺激意義性。這可能是特異和非特異傳導神經通路，受到了損傷；也可能就是丘腦或下丘腦——這有待於神經生理學家們去揭示。總之，如果要使得他清醒過來，一般性的情緒性刺激，對他不會起作用，而必須是使他受到強烈、特殊、直接的情緒性刺激，讓他的刺激意義性——情緒的能力，整體被激活。

我自從關注心理的問題，並深入地研究了感覺在生物界的意義之後，就已經確定地認為，植物人正是因為感覺能力的缺失，而使得他，不能對內外界的刺激產生響應。因而，也就影響了他感覺之後的、為生存所具有的知覺和表象等等心理能力，直至影響了他的意識功能。如果此猜測符合事實，那麼，也就更證明了感覺，在生物界有著不可或缺的特別重要性。

以上的分析，再一次地說明，**感覺是腦對刺激物予個別感覺器官的刺激意義性的反映**。

二、心理中的知覺

接下來，我們瞭解一下知覺的情況。

我們對舊有的知覺觀念，暫時不提出什麼異議——我們這裡所探討的知覺概念，就是過去心理學所謂的那個「知覺是人腦對直接作用於感覺器官的當前客觀事物的整體性的反映。」[1]在這個基礎之上，我們對知覺，所要追究的問題，是：在知覺中，是不是也有情緒參與其中？即由感覺所得到的刺激意義性，是如何參與在知覺之中的？與知覺的關係？

黑格爾的「感性事物」，無疑是針對於事物的整體性而言（即這裡的事物對象，是作為一個整體而存在），而不是針對著事物對象各個方面的零碎的個別屬性而言。按照人們對知覺的一般性觀念來說，知覺最主要的功能，就是能夠見出客觀事物的整體性來。所謂見出客觀事物的整體性，就是指腦把某一感覺器官或各個感覺器官，對同一客觀事物的各種感覺，在腦中，給綜合了起來。使得對象，在腦中，成為一個完整一體的形象。即人們看到蘋果時，蘋果在人們的知覺中，就並不僅僅只是「一團光線和彩色」，還有光滑的表面、圓圓的形狀——如果你吃過它，那就知道它有水分，並且，有一種甜甜的沁人心脾的味道，等等。因而可知，所謂「知覺是人腦對直接作用於感覺器官的當前客觀事物的整體性的反映」，就是指腦把某一感覺器官或各個感覺器官的感覺，綜合了起來——這種綜合，就是在腦中，形成了一個包含著對象各種屬性的完整形象。

人們知道，心理學告訴我們說：「人有了知覺以後，感覺就被包括在知覺之中，成為知覺的成分」[2]。托馬斯 L 貝納特告訴我們說：「感覺信息一經通過感覺器官傳達到腦，知覺就隨之產生。」[3]這也就是說，人是知覺地活動著。很顯然，知覺對於我們，也是十分重要的。阿恩海姆是很看重知覺的，他把知覺理解為：是感覺器官的一種近似於概念性概括的能力。阿恩海姆所謂的知覺，是基於生物進化中，對對象的認知方面而考慮的。他是這樣說的：「有機體的知覺能力，是隨著能夠逐漸把握外部事物的突出結構特徵而發展起來的。」[4]而托馬斯 L 貝納特所謂的知覺，所注重的是生物的適應性。他認為，知覺的機能，是從應激性進化出的、一種適應日益複雜的環境刺激的能力——為生存的目的，而具備反映環境複雜刺激的能力。內地的那些心理學家們，他們所謂的知覺，所看到的是：知覺是腦的一種機能——這種機能的功用，就是對客觀事物的整體性反映。

顯然，不管是內地心理學家們的知覺，還是阿恩海姆或托馬斯 L 貝納特的知覺，他們所屬意的知覺能力，都是得到客觀事物屬性的特徵的能力。因而，他們的知覺概念，所突出的是：對客觀事物方面的整體性、恒常性、可觀察性的識知。

說「知覺是腦的一種機能」，當然是毋庸置疑的。但是，這種機能，並不是先天就已經完善了的，它也要受後天因素的一定影響和挾持。赫布的「細胞結集」之說，以及內地心理學所謂「人一旦有了知覺」的說法，也都說明了這一點。

有一個常常令理論家們困惑不已，而又特別有意思的例子，在這裡，不能不引起我們特別的關注：

先天白內障的患者，成年以後，經過手術，部分地恢復了視力。說起來，這似乎應是一件好事。然而，令人不解的是，他們在知覺時，常常會發生困難。尤為令人納悶的是，他們知覺的困難，並不在於區分對象與背景的關係，即「統一性」的方面沒有困難；而是在於不能辨別物體的形態及其差異，即「同一性」的方面會發生困難。正因為對對象本身的辨認，給他們的某些患者，帶來了難以忍受的痛苦折磨，使得這些患者，寧願再回到盲人的行列而不悔。這就讓人們難以理解了：給他一片美麗鮮艷的世界他不要？他竟然寧肯讓眼前繼續維持著一片白茫茫的景象？這也太有悖於那個之乎者也的「人的本質力量」[5]的說法了：他竟然不願意讓眼睛，去觸及本來世界的真實面貌，而寧願讓本來世界，依舊隱藏在霧靄濛濛之後。

這又是為什麼呢？在我看來，對患者而言，知覺對象的困難，並不是在認知的方面，而是在於感受的方面。即他並非不能夠去認知物的形狀，也並非不願意去認知它，而是在這種知覺認知的過程中，所體驗到的那種情緒感受，使他難以容忍。也正因為如此，才使得他，寧肯放棄視覺的世界，也不願意因為視物，而遭受痛苦的折磨。我想，這也正說明了：知覺，不僅僅只有事物的原因，而且也包含有情緒方面的因素。知覺，也不僅僅只是依賴於事物的特徵而形成——知覺反映的形成，也有賴於情緒在其中的作用。實際上，人們對對象的知覺，在很大程度上，是有賴於情緒的參與作用的。

在我看來，正是情緒在知覺中的因素，才形成了知覺的理解性和選擇性。沒有情緒在其中，人們是無所謂知覺的理解性和選擇性的。人們當然已經習慣於從客觀事物屬性的特徵方面，來看待知覺了——公正地說，這也並非就完全地謬悖於事實：在知覺中，的確是具有客觀事物的屬性的成分。但人們，不該只見刺激的客體，而不見客體的刺激意義性。

而由我對感覺的分析，人們已經知道，感覺，是包含著刺激意義性的內容的。因而，我們這裡，說到知覺的綜合問題時，就存在著刺激意義性的內容，是否也被綜合的問題？在我看來，腦，在綜合某一感覺器官的對象，或各個感覺器官的對象時，必然會對引起感覺，並成為感覺主要內容的刺激意義性，也有個綜合。而這種被綜合了的刺激意義性，就是引起以往哲學家們及其心理學家們所注意到的情覺的內容——情緒，即哲學家們及其心理學家們以往所說的「情緒」，就是指腦把某一感覺器官或各個感覺器官引起感覺的刺激意義性，進行綜合起來的感受和體驗。也就是說，知覺，不僅僅只是綜合著刺激物的各個方面的個別屬性，而也綜合著引起感覺的各個方面的刺激意義性。

按照人們過去對知覺的看法，知覺綜合的目的，是為了知曉客觀刺激物的各種屬性。即是為了知曉客觀刺激物本身，與我們的感覺器官相適應的各種表面特徵，亦即客觀刺激物的顏色、形狀、位置、氣味、軟硬等等的特性。毋須贅言，不只是只有人有知覺的能力，動物也是有知覺能力的。知覺，作為人與動物的一種能力，其對人與動物的意義，是否僅僅就是如此呢？

我相信，已由本書分析，而瞭解了感覺實質的人，是會大不以為然的。因為，若知覺僅止於此，那麼，一隻狗，見了一隻老虎，就不應該嚇得瑟瑟而抖；一隻雞，見到一隻狗向自己衝過來，也就沒有必要「嘎嘎」地叫著，飛翅而逃。

動物，之所以會有這種反映，顯然不是因為它，見到了對象的顏色、形狀、位置、氣味、軟硬，等等就會如此，而是這其中，所具有的那個刺激意義性的內容，給予了它生存被威脅的知覺；所以，才使得它感到了害怕，才使得它欲逃離開來。若知覺，真像人們過去所認為的那樣。且不說，人們吃任何東西，皆「味同嚼蠟」。更大的問題，還在於：除了處於動物類頂尖的動物，別的一切動物，都將無法生存下來。因為，若真是那樣，山中的老虎，對於其他動物來說，不過就是一個以不動的山為背景，而會動的有顏色的形狀。虎嘯山林，也不過就是一種聲音——聲音大了或小了，不過是聲音高了或低了。狗，既不應該為虎的形狀或氣味，而心驚肉跳，也用不著去遁逃。故而，它，也就很容易會成為老虎的口中餐。一隻向雞沖過來的狗，對於雞，也不過就是一團別樣顏色的雲彩飄了過來而已。因而，即使是一直瞎狗，一直沒有嗅覺能力的狗，也不會被餓死，也會時時地吃到雞味。

事實，顯然不是這樣。很顯然，之所以會引起雞飛狗跳，是因為，雞和狗，知覺到了刺激對象對自體的生存具有威脅性。就人而言，突然出現的一聲莫名其妙的巨大聲響，會在人聽到的那一瞬間，就讓人驚覺起來；並會伴隨著一種生理上的感應性活動，且大多會突破感應性的生理閾限，而讓人感知著心驚肉跳。按照過去哲學及其心理學給予人們的知覺觀念，聲音不過是聲音，他聽到了，不過就是聽到了——這也不過就是聽知覺活動了而已。若真是如此，哪有什麼理由，能夠讓人們心驚肉跳呢？有什麼理由，會引起被刺激者這種驚心動魄的反映呢？這害怕，這心驚肉跳，從哪裡來的？又是因為什麼呢？很顯然，這就是伴隨著對刺激物的知覺的那個刺激意義性，才會使得其們，感受到了一種危險——感受到了生存正在遭受著威脅。也就是說，之所以會引起這些，看上去，與過去的知覺觀念毫無關係的額外感受，是因為，這種對感覺綜合的知覺，也是具有刺激意義性內容的——正是這種內容，使得禽獸，獲知了利益或危險；也正是這種獲知，才能夠使得它們，及時地採取行動，及時地趨利避害，以有效地維護著自體作為生物的生命的存在。

由此，我覺著，完全可以這樣認為：獲知刺激物的刺激意義性內容，才是知覺綜合的真正目的；而獲知刺激物的各個屬性，只是為獲知刺激意義性服務的。即知覺，不是為了獲知刺激對象，具有什麼樣的形狀、顏色、味道，等等，而是為了獲知刺激對象，具有什麼樣的利害性，即刺激意義性。

不管過去的理論家們怎樣地看待知覺，有一點，在他們，也是毫無疑問的，這就是：知覺，總是產生和形成於感覺的基礎之上。從根本上來說，知覺來源於感覺。不僅如此。任何知覺——不管是已形成的習慣定式，還是新的知覺，總是由感覺為先導的：感覺不管是被動的，還是主動的（包括人的「實踐感覺」）——它，永遠在知覺之前而發生。即我們知覺時，總是有感覺的發生在前，總是有感覺的原因。而感覺，我已經分析過，它是具有刺激意義性內容的。知覺，如果僅僅只是對客觀事物的反映，那麼，感覺中的那個刺激意義性，就沒有了歸宿，就好像被知覺給拋棄了似的——這顯然毫無道理。換個角度講，既然人們已經知道，知覺總是有感覺的發生在前——那這個引起知覺的感覺，理應是被知覺的內容之一。而此感覺，毫無疑問，它是具有刺激意義性內容的——僅憑這一點——即使不去考慮知覺是腦對某一感覺器官或各種感覺器官的感覺的綜合反映——我們也可以認為，知覺中，是有刺激意義性內容的。而如果我們把「知覺是腦對某一感覺器官或各種感覺器官的感覺的綜合反映」考慮進去，那就更沒有理由，把感覺的刺激意義性——情緒，從知覺中給剔除掉。

貝納特的「知覺」概念，就與我說的這一點近似，他說：「知覺是一種適應過程。」[6]這裡的「適應」，不是不反應，而是為了更好地生存，與生存環境建立起適當的關係的意思。所謂適當的關係，即是能從刺激彙集的世界中，抽繹出需要的信息；而所謂需要的信息，無疑是與機體生存有關的利害性信息，即意義性的信息。

很顯然，即使按照認識論，那種把事物作為知覺的主要對象的觀點來說，知覺，也並不單純就是腦對刺激物本身屬性的綜合，而是腦對刺激物的刺激意義性的綜合——正是這裡的刺激意義性，使得生物，對刺激物的知覺，具有了真正的理解性。

由此，我們也就得到了知覺的定義：**知覺是腦對刺激物予感覺器官的刺激意義性的反映**。

三、心理的定義

接下來，我們說一說表象。何謂表象呢？認識論是這樣說它的：「表象是曾經作用於人的感覺器官的客觀事物的形象在大腦的再現。」[7]

表象，是否也有情緒的問題呢？我想，這是毫無疑問的。即使表象之中的情緒問題，比較特殊（我將在下一章專門討論這個問題）——但表象，作為腦對感知記憶的再現，其所具有的內容，也無非就是感知的內容。所以，感知的內容，被表象以再現的方式表現出來，應該並不會使人感到訝然——這也就是說，表象之中，也是有刺激意義性的內容的。

在這裡，我之所以會按照人們過去劃分心理不同階段的感覺、知覺和表象，來分析心理的問題，不僅是因為，我們已經習慣了這樣地看待心理的問題；而且也在於：這種分法，也確實有它一定的道理。

針對於廣大的生物圈而言，我們知道，生物物種間的能力，也確實參差不齊，也確實表現出一定的孤立性。比如，具備了感覺能力的物種，未必就具備著知覺的能力；具備了感覺、知覺能力的物種，卻也未必就必然地具有著表象的能力。更重要的方面，還在於：感覺——知覺——表象的能力之間，是具有著階梯性的因果關係的。沒有感覺能力的物種，就不可能有知覺的能力；沒有知覺能力的物種，也就不可能有表象的能力。反過來說，有表象能力的物種，必然有知覺的能力；有知覺能力的物種，必然是有感覺的能力的。因而，我們在探討心理的問題時，缺少了對它們任何一個環節的認識，都會造成認識的斷裂。

人們已經知道，現實環境對有機體的刺激，是包含著利與害的——這種利與害的刺激，在有機體，首先須經過感覺器官，並通過感覺器官的相應活動而表現出來。這也就是說，覺察現實環境對機體利與害的能力，首先就表現在感覺器官上——這種表現在感覺器官上，並通過感覺器官的活動而顯現出來的能力，就是監測環境刺激物予機體利與害的應激性反應能力。正是憑賴於它在感覺器官中的存在，有機體，才能與環境的刺激物，保持著一定的關係——這種一定的關係，就是感覺的發生——感覺器官，就是發生感覺的器官。因而可知，感覺，就是由現實環境刺激物對感覺器官的刺激的利與害所引起——這種刺激的利與害，就是人與動物感覺的依據。

心理學已經告訴過我們，感覺「特別是腦的機能」。這也就是說，感覺，必須要有腦的參與，才是感覺。人們也知道，腦的根本目的，是為了保障有機體自身的生存——而有機體，是在現實環境中的現實生存。因而可知，現實環境的內容，會在有機體的腦中得到反映。但是，腦，如果僅僅只是有現實環境的內容，並不就能使得腦，實現其保障有機體現實生存的目的——因為，現實環境的內容，對有機體來說，並不僅僅只是存在著的存在對象，它還會對有機體，造成與其生存有關的利與害。故而又知，腦在反映現實環境的內容的同時，也必須要反映出現實環境的內容對機體的利害性——我把這種利害性，叫做「刺激意義性」——只有這樣，腦，才能實現其保障有機體現實生存的目的。由此可知，腦反映的內容中，必然要包含著現實環境的內容對機體的刺激意義性——這種刺激意義性，必然會伴隨在有機體的心理活動中，成為有機體對環境的內容的一種感受——這種感受，就是情覺。

當然，應該在這裡明確的是：情覺，在主體的心理活動中，並不為主體所自知。即主體在心理的階段，並不知道有這個情覺的存在，也不能把心理的對象和情覺區分開來。

人與動物，在心理的階段，都是一樣的。人與動物在心理階段的活動中，喜歡這個，而厭惡那個，是不知道為什麼的。人與動物喜歡和厭惡某些個對象——那些個對象，對人與動物，其實是沒有什麼分別的。也就是說，人與動物的這種喜歡和厭惡，只是自然而然的天然反射。人與動物，當然是有感受的（這裡的感受其實就是感覺）。但人與動物，卻並不知道這種感受的真正緣故；而只是知道，這種感受，使其知覺到需要某種對象和行為——這就是知覺產生的原因。正如人們在緊張不安時，會感到口乾舌燥，而覺著是需要喝水一樣。在心理的階段，水，對人與動物而言，並沒有水本身的那些性質，而只是一個能夠給予其們消除感受，或變換感受的對象。也就是說，在心理的階段，人與動物去喝水，並不是因為知道那是水，而是因為「水」，是可以變換人與動物機體感受的對象。也就是說，在這時，人與動物，並不能把對象與感受區分開來。對象與感受，在人與動物這裡，是渾然一體的。

因為，其一，情覺本身就是活動的內容——它就是內容的本身。其二，情覺固然是需要和動機的根源，但它，也只是由於刺激物的刺激，並惟有伴隨著刺激物，而顯現為現實。所以，腦反映的內容，必然是刺激物及其刺激意義性——在心理的階段中，主體，並不能把刺激物及其影響意義區分開來。即心理，並不能使主體知道，什麼「非禮勿視，非禮勿聽」。

由以上這些的種種分析，我們已經能夠揭示出心理本質的定義：**心理是腦對刺激物的刺激意義性的反映**。

---

[1]《心理學》　華東師範大學心理學系 公共必修心理學教研室編　第51頁
[2]《簡明心理學辭典》　楊清主編　第205頁
[3]《感覺世界》　托馬斯 L 貝納特著　第一章　緒論　第1頁
[4]《藝術與視知覺》阿恩海姆著
[5] 這是馬克思故弄玄虛的用語。
[6]《感覺世界》　托馬斯 L 貝納特著　第一章　緒論　第2頁
[7]《認識論辭典》　章士嶸 盧婉清 蒙登進 陳荷清編　第46頁

5 情感問題

第一節 心理中的表象

一、刺激物與刺激意義性

人們應該記著，我在前面的「情緒解謎」一章中，為了區分情緒與情感的本質不同，不得不涉及到了心理的概念——在涉及到這個概念時，為了有別於舊有的「心理」觀念，我曾把心理的概念，簡化為「腦反映」。而在上一章的「心理範疇」的分析中，我們已經揭示出了心理概念的實質。並由此，而得到了心理概念的定義：**心理是腦對刺激物的刺激意義性的反映。**

有了心理概念的定義，也就可以使得我們，更容易、更準確地認知到：情緒和情感的本質不同。

我在「情緒解謎」一章的論述中，已經表示過，情緒和情感的本質不同，就在於它們彼此，和心理的關係不同。在分辨情緒與情感和心理的關係時，我也已經表明了：「情感起源於心理，是心理的產物；而情緒並不起源於心理，它不是心理的產物——情緒並不具有心理的屬性，它不屬於心理。也就是說，情緒不是『腦反映』的活動所導致。」

或許有些人，就我對情緒的這一種說法，還是會有些困惑不解。在他們看來，既然情緒是心理的內容，表現在心理的活動中，怎麼就會不是心理的產物呢？

欲讓這些人，明白這個道理，應該也不是一件困難的事情。因為，能夠讓這些人，明白這個道理的對象，我們不用去別處尋找——在我的那個關於心理的定義中，就有與情緒的情況，基本相同的對象——這個對象，就是我予心理定義中的那個「刺激物」。說情緒，不是起源於心理，不是心理的產物，正如同說心理定義中的那個「刺激物」（刺激物包含著內、外刺激物——我們這裡以外部的刺激物為例），不是起源於心理，不是心理的產物一樣。「刺激物」成為了「腦反映」中的對象，無疑已經是心理的內容，表現在心理的活動中；但這個「刺激物」的原本所在，卻並不就是腦的本身原就有的內容，而是經由感覺器官，而被腦所反映的外部存在物。這個外部存在物，顯然並不起源於「腦反映」，不是「腦反映」的產物——腦，只是反映了它，猶如鏡子反映了某個人的臉——這某個人的臉，雖然被鏡子所反映；但這某個人的臉，只是屬於某個人，而不屬於鏡子。當然，也就不是鏡子的產物。

情緒，在心理中的情況，也是如此。我們已經知道，**情緒是感覺的刺激意義性**。說情緒不是起源於心理，不是心理的產物，也就是說，「刺激意義性」，不是起源於感覺，不是感覺的產物。「刺激意義性」與「刺激物」，在感覺的存在狀況，基本上是一樣的，都是被腦所反映的對象。所不同的方面，在於：這個「刺激意義性」的所在，並不像「刺激物」（內外）中的「外部存在物」那樣，存在於有機體的外部，而是存在於有機體的感覺器官中——是有機體感覺器官本身生物特性的一種特質。

我這樣說，很有可能會使得某些人，產生出一種錯覺，即認為「刺激意義性」與「刺激物」，在心理中，是各自獨立的成分——是可以各自為營地獨立存在著。事實，並非如此。「刺激意義性」與「刺激物」，在心理是融合在一起的。「刺激意義性」與「刺激物」，在心理的關係，有點兒類似於現代科技信息論所說的載體和信息的關係。人們知道，在信息論中，信息都是靠載體所傳送。載體只有在傳達一定的信息時，才可稱為「信息的載體」；信息如果不通過載體來傳送，信息也就不成其為信息。因為，信息離開了載體，信息就無法傳送，就失去了其的意義——信息也就不為信息。就「刺激意義性」與「刺激物」，在心理的關係而言：「刺激物」，就是載有「刺激意義性」的載體；而「刺激意義性」，就是「刺激物」所包含、傳達的信息。總之，對心理而言，「刺激意義性」和「刺激物」是互為依存、相輔相成，缺一不可的。

二、過去觀念的表象

在前面，為了認識心理，我也曾就心理的一些具體能力，做過具體的分析。並在分析的基礎上，得出了相關的定義：**感覺是腦對刺激物予個別感覺器官的刺激意義性的反**

映。感覺是心理能力基本的初級的能力。在感覺的基礎上，還有比感覺高一級的心理能力，這個能力，就是知覺：**知覺是腦對刺激物予感覺器官的刺激意義性的反映**。感覺和知覺，無疑都是「腦反映」的能力。而我們已經知道，按照過去的心理學的說法——我們在上一章中也曾經敘述過——在「腦反映」的能力中，還有一種既不同於感覺和知覺，卻又依賴於感覺和知覺的能力——這個能力，就是表象。

而表象，我在前面的章節及「心理範疇」的一章中，只是簡單地提及了一下，卻並沒有對它進行詳細、具體的分析。我之所以如此，是因為表象，並不像感覺和知覺那樣是直接面對著刺激對象物，而是不需要直接面對著刺激對象物，由腦自體的主動性活動，就可以得到類似於感知那樣的反映。

這是一種什麼樣的反映呢？

為了使我們的探討有的放矢，我們首先就有必要瞭解一下，過去的哲學，是怎樣看待表象問題的——在這裡，我覺著，我們已經沒有必要，再特意地去關注心理學方面，是怎樣說它的。因為，心理學有關表象的基本認識，都是來源於哲學的認知。哲學的方面，是怎樣認知表象的呢？竊自於舊有哲學觀念的辯證唯物主義認識論，是這樣說它的：「表象是曾經作用於人的感覺器官的客觀事物的形象在大腦中的再現。」[1]。

在以上這個認識論的表象認知中，人們看到，認識論所謂的表象，是以「人」為對象的。即它們對「表象」的認知，是從人類的角度、以人類的能力為目標，而得出的。人類有表象的能力，是無可爭議的事實。正如人類有感覺、知覺的能力，是無可爭議的事實一樣。既如此，那麼，我們關於表象的探討，是否就應該以人類的表象為出發點，站在人類的角度，從人類的表象能力開始呢？

在我看來，這並不是一個明智的選擇。之所以說，這並不是一個明智的選擇，不僅是因為，我們在上一章已經提示過：「人類不僅有心理能力，人類還有意識能力。」而且更是因為，人類的意識能力和心理能力，在人類的能力活動和表現中，並不就是涇渭分明地各自為政，而是常常會互為參與地糾纏在一起。因而，這也就會使得我們，在探討兩種能力之一的相關問題時，總是會由於另一個能力的干擾性介入，而使得我們的認識，處於一種無所適從，而難於抉擇的「剪不斷、理還亂」的境地。

明智的選擇，在我看來，對表象的認知，應該是從表象能力，就是其最高能力的動物角度，來探討這個問題。因為，只有這樣，對表象的認知，才能避免被人類的意識能力所干擾，才能對表象得到純粹的認識。

動物有沒有表象能力呢？這在辯證唯物主義者們說來，也是無可置辯的。因為關於動物這方面的能力，我在前邊，曾經引用過他們的話——他們是這樣說的：「動物心理不僅包括感覺和簡單的動機，而且包括知覺、表象和情緒。」[2]他們的這句話，已經很清楚地告訴我們：動物也是有表象能力的。

既然動物也有表象能力，那他們，給表象以定義（我們可以認為他們上面的那個說法就是一個定義）時，幹嘛要丟棄，在他們看來，與人類相比是屬於多數的動物[3]，而侷限於與動物相比，是屬於少數的「人類」來說呢？瞭解他們的一貫觀念的人，是可以理解，他們之所以這樣做的理由。依照於他們那個把人類與「動物」[4]，從感覺上就區分開了的「本質區別」的觀念來說，他們自然認為，人類和「動物」的表象，也是有本質的區別的。按照他們的這個邏輯，推演下去：「人」的表象，既然是「人的大腦對曾經作用於人的感覺器官的客觀事物的形象的再現」，那麼，「動物」的表象，就應該不是「動物的大腦對曾經作用於動物的感覺器官的客觀事物的形象的再現」。若「動物」的表象和人類的表象，只是因為表象前的定語對象不同，而就認為他們有本質的區別，那就如同說到生物的生命特徵時，而認為人類與「動物」的生命特徵，有本質區別一樣地荒謬。若「動物」的表象和人類的表象，都是「大腦對曾經作用於感覺器官的客觀事物的形象的再現」，那就不能說，「表象」，在人類和在「動物」，是有本質的區別的。既然他們已經承認了「動物」也有表象的能力，而按照他們那個「人類與動物心理是有本質差別」的一貫觀念說來，「動物」的表象和人類的表象，就應該是不一樣的。那麼，「動物」的表象，又是什麼呢？他們沒有說——說，也說不出來。

其實，真要嚴格認真地說起來，人類的表象，並不純粹就是他們所說的那個「曾經作用於人的感覺器官的客觀事物的形象在大腦中的再現。」[5]因為，人類的表象內容中，不僅能夠再現，他們所說的那個「曾經作用於人的感覺器官的客觀事物的形象」，人類的表象內容中，還有「對表象的記憶的再現」——即表象的表象。人類不僅可以記憶「客觀事物的形象」，讓它在自己的腦中再現，人類還可以記憶自己的表象，讓自己的表象，在腦中再現。當然，這也不僅只是人類能夠如此，有些動物，也能夠如此——有些動物，之所以能夠被馴化，與它們具有「表象的表象」的能力，不無關係。更特殊的是，人類的表象之中，還有「夢境」[6]的內容。人類的表象內容中，還有「夢境」的記憶的再現——即夢境的表象。人類還可以記憶自己的「夢境」，並在清醒的時候，讓「夢境」，在腦中重現。說到「夢境」的內容，那就顯然更不是「曾經作用於人的感覺器官的客觀事物的形象在大腦的再現」——即便是它的原始映像物，來源於感知的內容；但它的支離破碎、它的變幻莫測、它的奇絕怪異，卻不是對感知的內容的記憶，而是對感知的內容的一種重新組合。對這種「夢境」的形象的記憶，並在清醒的時候，讓它在腦中重現。顯然，也應該屬於表象——它，也不過是腦「再現」了記憶的內容。

需要在這裡，特別地交待一下的是：我們不能因為人類的表象內容中，有「夢境」的內容，而就認為人類的表象，發生了本質的變化。正如不能因為人類的知覺，有表象的參與，而就認為知覺，在人類發生了本質的變化一樣。就生物自身能力的關係而言，高一級的能力，總是自然而然地會參與到低一級的能力活動中去。具體地說來，就是：有知覺能力的動物，其知覺，會參與到它們的感覺活動中；有表象能力的動物，其表象，會參與到它們的感知活動中；有意識能力的人類，其意識，當然也會參與到了人類的感知和表象的活動中。這也就是說，人類的感知和表象之中，是有人類意識的內容的——認識的不幸，就根源於此；認識的幸運，當然亦根源於此。

由此可見，辯證唯物主義所謂的那個「表象」，不止是把「動物」的表象內容神秘化了，更是把人類的表象內容庸俗化了。

三、變換了的表象說法

在這裡，我把辯證唯物主義那個侷限於人類能力的「表象」說法，給它變換一下，把其中侷限於「人類」的成分，給它去除掉，變換為：「表象是大腦對曾經作用於感覺器官的客觀事物的形象的再現。」

這個對他們的那個說法的變換，已經去除了其中的「人」的限制，甚至於也剔除了被作用對象（感覺器官）的主體——感覺器官的擁有者：「人」及其它主體（比如人類和禽獸）——我的這個比照於他們那個說法，而又去除了「主體」的表達，應該並沒有違背，他們那個關於表象的本質特性說法的意蘊，即「在大腦中的再現」。

當然，按照一般的做法，為了擴大被作用對象（感覺器官）的「主體」（在他們的那個定義中是「人」）的範疇，應該是把這個被作用對象的「主體」，變換成為「人類和禽獸」；或者換為，在他們看來，包含著人類與禽獸的「動物」。然而，當我們去分析他們這句「定義」的話時，就會發現，他們所謂的那個「主體」，在這句話中，其實是多餘的。在我看來，在對表象做出「定義」時，是完全用不著特意加上「人類與禽獸」或者「動物」等主體的。加上它們，不僅無助於對表象的「定義」，反而是沒用的贅言。因為，這個「人」或「禽獸」的屬性，在他們那個說法中的「大腦」概念裡，就已經被包含了進去。在「定義」中，再把它們顯示出來，那顯然是畫蛇添足了。

是否如此？我們在這裡，可以分析一下——

人們知道，大腦是生物的一種機能。這種機能，並不是所有的生物都具有，而是只有脊椎生物才具有——這種生物，都是有感覺器官的。人們看到，在對表象的「定義」裡，一個「大腦」的概念，就把脊椎生物的全部對象，都包攬了進去，並把非脊椎生物和非生物的對象，全部都排除了出去。至於人類和禽獸，那是自然地被包含了進去——人類和禽獸，就是脊椎生物的類。如此，還有什麼必要，再在「定義」中，把人類或禽獸，再呈示出來呢？顯然，他們這樣的呈示，是一種概念認知上的邏輯混亂所致。

當然，在對表象做出「定義」時，單獨一個「大腦」的概念，並不就能把表象的目標，直接指向相關的脊椎生物。這就很有可能，會使得某些人，產生一種錯覺，認為：所有的脊椎生物，都具有表象的能力。那麼，是不是凡是脊椎生物，就都具有表象的能力呢？由對表象的那個「定義」，我們看出，是已經顯明地回答了這個問題：不是。因為，在對表象做出「定義」時，不僅有「大腦」的限制，還有那個「客觀事物的形象的再現」的限制——這個限制，首先就排除了大腦僅僅只是具有感知能力的那些脊椎生物，而把一些大腦既具有感知能力，也具有「客觀事物的形象的再現」能力的脊椎生物，凸顯了出來。這就又一次，把是否具有表象能力的脊椎生物的範圍，做出了劃分。也就是說，這個「定義」，明確了：只有具備了「大腦」能夠「再現客觀事物形象」的那些脊椎生物，才有表象的能力——這就進一步，對什麼樣的脊椎生物才具有表象的能力，做了恰當的說明。這個說明，就是：只有具備了能把客觀事物的形象在大腦「再現」的脊椎生物，才是有表象能力的——表象能力，就是指：能夠在大腦「再現」客觀事物形象的脊椎生物的能力。而那些沒有完全具備以上機能和能力的脊椎生物，就沒有表象的能力，也就沒有表象。

至於非生物，即使能夠「再現客觀事物的形象」，那也不是表象——說這些，並不就是毫無意義的吹毛求疵。就人類的能力而言，人類，已經創造了很多近似於表象的事物。比如相片，比如電影，比如電腦剪切、複製、粘貼的顯現，等等，這些，就是把客觀事物的形象，「再現」了出來。但這些，就不能說是表象。之所以說，它們不是表象，依照於過去的表象觀念，我們也可以知道，蓋就在於：它們不是大腦本身活動的映現——它們沒有「大腦」。

由以上的分析可知，辯證唯物主義那個表象的「定義」，是狹隘、膚淺的。真正地說來，它其實也是錯謬的。

[1]《認識論辭典》　章士嶸 盧婉清 蒙登進 陳荷清編　第46頁

[2]《馬克思主義哲學基本原理》　第46頁

[3] 這是他們的一個自悖的邏輯表述。如果你指責他們的這種說法，他們就會辯解地告訴你：「人是高級動物。」——這就是他們奇怪的回答——好像高級動物，就不是動物似的。我相信，用不著怎樣特意地去解釋，一般的人，也都明白：再高級的動物，也還是動物。

我們在行文中，有時候，為了避免歧義，不得不順延著他們的說法去說。相信讀者朋友，自會鑑別的出來。

[4] 這裡的「動物」，指的是禽獸，是我們不得不沿用著它們說法的一種無奈。為了區別於正常的動物概念，我們特意在這裡，對它加了引號。可以在這裡明確的一點是：人不是動物，人是智物，因為只有才人有動物所沒有的智慧。

[5]《認識論辭典》　章士嶸 盧婉清 蒙登進 陳荷清編　第46頁

我們在這裡，暫時不對他們的表象內容，做出分析。

[6] 現代的科技已經證明：禽獸也是有夢的。但禽獸的不幸是：它並不能對夢境，能夠有所記憶，即不能使得夢境，成為自己的表象。再有，可以肯定地說，動物的夢，分不清自己和外物。也就是它的夢，沒有自己。它不可能在夢中，看到自己——要想明白為什麼會這樣，那就需要在瞭解了意識的實質之後，才能明白為什麼。

第二節　表象的實質

一、表象的作用

由以上的分析，人們應該可以理解，我為什麼說，在表象的「定義」中，是不需要加上「人類」或「人類與禽獸」或「動物」等主體概念的。因為，「人類」或「人類與禽獸」或「動物」等主體概念，已經呈示在了那個對表象的「定義」中，已經被那個對表象的「定義」的內容，包含了進去。即已如此，那顯然就沒有必要，在「定義」中，再把它們顯現出來——再把它們顯現在對表象的「定義」中，那顯然就是畫蛇添足。

由我對辯證唯物主義那個表象說法，做了變換的這個表象的說法——「表象是大腦對曾經作用於感覺器官的客觀事物的形象的再現」——可見，這裡所指的對象，是不分人類與禽獸的。亦即，不管是人類或禽獸，只要其們能夠在大腦中，重現曾經作用於感覺器官的客觀事物的形象，那麼，其們就是具有表象的能力。反過來說，不管是人類或禽獸或一切生物，如果其們不能在大腦中，重現曾經作用於感覺器官的客觀事物的形象，那麼，其們就是沒有表象的能力。

表象，無疑地，首先要仰賴於腦有記憶的功能——而腦所記憶的對象，首先就是感知的對象。應該注意的是，腦的表象，不僅僅只是記住了某些東西，而更是把這些記憶的東西，在腦中，重新映現了出來。通俗一點說，就是在腦中，再次「見」到了感知過的對象。即腦把記憶的感知內容，在腦中，又重新給顯現了出來。比如，日常語言中所說的「我想起她長得什麼樣了」——那個顯現在腦中的她的「什麼樣」，就是表象。

表象與感知相比，表象，顯然純粹是腦的一種能力——這種能力的顯著特點，就是喚起記憶。而腦要能夠喚起記憶，腦首先就要有記憶的能力；只有腦有記憶的能力，腦才能夠有記憶——才能夠有記憶被喚起。

就生物的腦能力而言，與僅有感知能力的生物腦比較，有表象能力的生物腦，顯然是生物腦能力的一種躍進。這種躍進，就表現在：它不僅能夠感知，而且還能夠把感知的信息，儲存起來。這種能夠儲存感知的優異之處，在於：在需要時，隨時隨地都可以把刺激對象，從腦中調出來。有了這樣的功能，生物，就可以在不直接面對感知對象的情況下，而獲得感知對象的利害信息。由此而知，表象作為腦的一種能力，顯然高於感知——這無疑，就會增加生物在現實環境中的生存幾率。就生物界而言，有沒有表象的能力，直接決定著生物在生物界的地位，直接決定著它生存的能力。生物界所謂的弱肉強食，細細地分辨一下，和這些能力是否具有，應該是不無關係的。

二、對表象認識的驚人一致

瞭解哲學歷史的人們知道，哲學家們，對表象是傾注了很大的熱情的。這無疑是因為，表象具有不同於感知的那種特殊性——這種特殊性，就在於：它不需要哲學家直接面對著刺激對象，而僅憑腦子的記憶再現功能，就可以喚出它，就可以觀察它。哲學家們在反思或省察自己的內心時，其所得到的對象，首先就是在大腦中映現出的表象。也正因為有這表象的存在，才可以使得哲學家們，去思考它的來源、它的去處。而正是對這一點的思考，才衍生出了：認為它來源於外部的唯物觀；或認為它在內部原就有的唯心觀。

由唯物觀或唯心觀的分歧，我們可以想到，他們彼此，所認為的表象，並不是完全一樣的。我們以上引用的那個說法，是一種唯物觀的觀點。這種觀點中的表象，是腦對外部客觀事物的記憶再現。唯心觀的人們，是不會這樣認為的。他們認為，表象是人類先天原本就有的。至於它，是發端於感覺器官？還是發端於腦本身？對唯心觀者來說，並沒有什麼大的分別——那不過是「內部就原有」的一種不同表述。值得人們注意的是，唯心觀認為內部就原有的理由之一，是：如果表象物不是內部就原有的，它為什麼會使得人們，對它有情覺的感受呢？過去的一切唯物觀者，就這個問題的回答，顯然是無法得出令人信服的答案。

有意思的是，唯心觀和唯物觀，對表象的來源和去處，不管有著怎樣不可調和的分歧，但它們，所認知的表象，卻都是從其僅是「物的形象」方面來考慮。即表象，只是作為具有物方面的內容來考慮。雖然唯心觀者，注意到了表象的感受方面的內容——但這種內容，在他們看來，也只是表象者額外附加給表象物的。即表象，在他們看來，也依舊只是顯現著「物的形象」。由此可見，唯心觀和唯物觀，雖然在表象的來源和去處方面的認知，有絕對的分歧；但在表象只是顯現著「物的形象」方面的認知，卻是驚人地一致。

由過去哲學關於表象的認識可知，表象，是腦對感知「形象」的記憶再現。而所謂「記憶再現」，也不過就是腦把所記憶的「形象」，又重新在腦中給映現了出來。感知與表象，作為腦反映的不同能力，表現在：感知是腦的即時性反映；表象是腦的再現性反映。而不管感知與表象，作為腦反映能力的表現，有著怎樣的不同，但它們，總歸都還是「腦反映」。既然它們都還是「腦反映」，那麼，它們也就都屬於心理能力的範疇。即表象，不管記住的對象是什麼，不管在腦中，是怎樣的一種情況——它的那些內容，依舊還是由感知得到的那些內容。亦即，表象與感覺和知覺相比，不管有怎樣的特殊性，它也不會超出「**腦對刺激物的刺激意義性的反映**」——這個範疇。

應該提醒人們的是，我們以上關於表象的那些說法，是沿襲著自亞里士多德以來的、以往舊哲學的那種「尤重視覺」，並以視覺「見物」為觀念內容的說法。

就哲學家們過去對表象的關注，人們可以看到，凡說表象，從來的哲學觀念，莫不是以「見物」為始終。哲學家們之所以這樣，當然也是有他們的一定道理。心理學已經告訴我們，感覺器官正常的人，與世界發生關係的主導感覺器官，就是視覺。哲學家們也是人，他們在考慮表象的問題時，以人為本、以人的主導感覺器官——視覺感知為對象，也是理所當然的。哲學家們當然也會說到禽獸的能力的問題，有時候，也會以禽獸的能力為目標而進行探討。但這個探討，歸根結底的目的，也是為人類服務的。應該客觀地說，哲學家們過去把表象關注在視感知覺上，並以視感知覺為對象，而得出表象的觀念認識，亦是在情理之中的。

——我這樣說，並不就是表示，我贊成對表象的認識，應該侷限於視感知覺的對象上。在我看來，舊哲學那樣的觀念認識，是有很大的缺憾的——這個缺憾，就是：由於只關注在「人」的視感覺器官的視感知覺對象上，也就不可避免地忽略、甚至摒棄了人與禽獸，其他感覺器官的感知覺及表象的問題。比如聽感知覺的對象，比如觸感知覺的對象，比如嗅感知覺的對象——等等的表象問題。這就造成了在認識上有所偏廢，在觀念上不無偏頗。這一點，已經很明顯地表現在過去哲學的那種表象唯有「見物」的認知上。過去哲學的認識，是否如此呢？人們由我上邊所舉的舊哲學關於表象的一般性觀念和定義，應該是可以看得出來的。在我看來，舊哲學認識所得到的那種觀念，即使我們不說是顧此失彼，至少我們可以說，那是以偏概全的。

說到這裡，經過舊哲學千百年觀念薰陶，而已經不自覺地被潛移默化影響的人們，或許已經理解不了：非視感知覺的表象的問題了。在他們看來，表象除了「有形之像」，是很難理解，還會有其它的存在形式和內容的。對他們來說，除了視覺的感知之外，別的感知覺，比如聽感知覺，比如觸感知覺，比如嗅感知覺，等等——說這些感知覺，也會有表象的存在問題，怕是難以想像的。對他們，如果我們不對非視感知覺的表象問題，做一下具體的分析，他們不僅不會理解——還會慣性地沿襲著他們被舊哲學潛移默化的那個觀念，不假思索地對我的這個說法，表示出不以為然來。

三、表象的定義

為了讓這些人，對我所說的這個問題，能夠有所瞭解，更是為了清除舊哲學在這方面的影響，我覺著，我們很有必要，就非視感知覺的表象問題，在這裡，具體地探討一下。

首先一點，視感知覺之外的感知覺的內容，是否會被人和禽獸的大腦記憶呢？我想，哲學家們，怕是找不出任何根據和理由來確定：大腦只能記憶視感知覺的內容，而不能夠記憶其它的感覺器官的感知覺內容。

即使就人的感知能力而言，視覺，雖然是人的主導感覺器官——相應的大腦記憶，也會是以視感知覺的內容為主，但這並不就是排斥：其它感覺器官的感知覺內容，也會被記憶。所謂的主導感覺，不過是在幾種感覺器官，同時受到了感覺性的刺激——即感覺器官之間產生刺激的矛盾、衝突時，大腦依據於利害性的需要，而傾向於選擇某種感覺器官的感覺。這既不能排除，有對其他的感覺的記憶——也從另一面說明：有其他的感覺的記憶。因為，如果沒有其他「從屬」感覺的存在，視感知覺，就無所謂什麼「主導」。況且，我們也知道，既是所謂視覺的形象性知覺，其中，也參雜著非形象知覺的成分。比如，張耀翔先生說到的那個「蘋果」。人們在對其知覺時，如果吃過它，那麼，所知覺到的對象的內容，就不止只是它的形象，還會有它的味道。既然人們對蘋果的知覺，不僅僅只是形象，還有味道，那麼，就沒有理由認為，記憶只會記憶蘋果的形象，而不會或不能記憶蘋果的味道。

大腦既然並不只會記憶視感知覺的內容，也會記憶視感知覺之外的其他感覺器官的感知內容，比如聽感知覺的內容，比如觸感知覺的內容，比如嗅感知覺的內容，等等，那麼，被記憶的其他感知覺的內容，是否會在大腦中重現出來呢？在我看來，只要大腦能夠有這方面的能力，那就必然地會把它們重現出來。

我想，這應該是沒有什麼可懷疑的。記憶的目的，並不是為了記憶而記憶；而是因為，記憶能夠有助於生物對刺激的利害性有所預知。由此，也就可知，大腦記憶的目的，就是為了再現——只有再現刺激對象所具有的利害性，才能對刺激對象的利害性有所預知。如果不能再現記憶，那麼，記憶不記憶，就沒有什麼意義，也就不會有什麼記憶。只要生物有再現的能力，那麼，這些被記憶的內容，自然也就應該能夠會在大腦中重現。

這樣的例子，在我們的生活中，在我們周圍環境具有表象能力的生物中，並不缺乏。比如，巴甫洛夫那個實驗中的狗，它聽到鈴聲而分泌唾液的反映，應該就是鈴聲與嗅味覺結合在一起的表象所致。這個事例，與典出於《世說新語·假譎》一節，所描述的曹操在他的大軍失汲道而缺水，行軍變得緩慢時，曹操用馬鞭向遠方一指，欺騙他的大軍士兵說：「『前有大梅林，饒子，甘酸可以解渴。』士卒聞之，口皆出水，乘此得及前源。」[1]而變為現代成語「望梅止渴」之例是相通的。這裡的「口皆生水」，無疑是「梅酸」的味覺表象所致。科學家的大腦定位學說，就是來源於患者大腦特定的部位被刺激，使得患者，或者聽到了交響樂，或者看到了草原景象——而得到的。再比如，被虐狂那種對被虐的渴望。雖然不能否認，這種渴望，和他的某些意識因素有關係，但也不可否認的是，這種渴望，也與他觸覺體驗的表象有關係。生物學家指出，食辣椒，給人的是一種疼痛感。對待辣椒，有些人是淺嘗輒止，有些人卻極其嗜好。嗜好吃辣椒的人，無疑是喜歡體驗，那種可以開胃的熱辣辣的輕微疼痛感。正因為他的大腦有了那種表象，所以，才使得他對辣椒，產生了一種欲罷不能的嗜好。

說明非視覺表象存在著的最明顯不過的例子，應該就是先天性盲人。我相信，哲學家們，沒有一個人會認為，先天性盲人沒有表象能力或沒有表象。至於先天性盲人的表象是什麼？只要我們知道，他的表象，肯定不是視感知覺的表象，就已經可以證明我們追究非視感知覺的表象問題，並非是無事生非的吹毛求疵。顯而易見，對任何感覺器官的感知覺記憶，都會在大腦中再現出來，即大腦，也是會有它們的表象的。

瞭解了以上的這些內容，我們也就得到了表象的定義：**表象是腦對感知記憶的再現**。

這裡，應該強調的是，表象的定義中，是必須要把「感知」昭示出來的。因為，表象是受感知束縛的，是對感知的記憶——沒有感知，就沒有表象。換個角度講，就是：有怎樣的感知對象，就會有怎樣的表象。

我在這裡，之所以把感知的內容，特別地強調了一下。是因為，若按照人類的表象來說，感知的記憶問題，似乎就可以被淡化了。原因在於，人類的表象之中，不僅有外部刺激物的感知對象，還有表象的表象，還有夢境的內容[2]，等等。如此，若按照人類的表象能力來說，很有可能會有人為此，而把表象定義為：表象是腦對記憶的複映——這樣的定義，顯然是矯枉過正了。即使我們不說禽獸的表象，說人類的表象，那也是受感知的能力所束縛的。沒有視覺功能的先天盲人，顯然是沒有視覺對象的表象的，但我們不能說他沒有表象。他當然是有表象的，只是這表象，卻不會是來源於視覺的——這也就說明了：表象是受制於感知能力的。先天性盲人，因為沒有視感知覺的記憶，所以，他也就沒有視感知覺的表象；先天性失聰者，顯然是沒有音樂的記憶的，所以，他也就沒有音樂的表象。

表象，無疑是受感知的能力影響的。但表象，並不就是感知。顯而易見的是，表象與感知的實際不同，在於：它不是在刺激物的直接刺激下得到感知，而完全是腦自體的活動，重現了過去的感知。

---

[1] 典出於《世說新語·假譎》

[2] 這些，也都有感知的內容。我們接下來，會對這一點做出分析。

第三節　情感的本質

一、表象中的感知內容

說到這裡，我覺著，有一個問題，我們需要在這裡，特別地明確一下。

我前邊的分析，已經指出了：原始的刺激意義性，是由感覺器官所生發的——這由感覺器官生發出的刺激意義性，其目的，就在於引起腦，對刺激此感覺器官的刺激對象物的關注。因而，刺激意義性和刺激對象物，共為腦所反映的內容。過去，我們有一個問題，始終沒有把它具體地直接呈示出來——這個問題，就是：刺激意義性的影響性，是否就止於腦？

由心理學家古德伊洛弗先生給我們舉出的那個「劇疼」例子，和現代生理心理學及醫學的知識，可以使得我們知道，刺激意義性的影響，並不就是發端於感覺器官而止於腦，它同時也會影響著有機體與此有關的生理機能和結構。也就是說，這個刺激意義性的出現，必然會引起生物自體一系列的生理調節活動——正是這種生理的自然而然的調節活動，才讓生物體，有了所謂情緒性的感受。人們所言的情緒性感受，也不過就是對這種調節活動的一種體驗。比如，古德伊洛弗女士舉出的那個「劇疼」，就會導致腎上腺的分泌和腦產生內啡肽，等等。

在前幾章的分析中，我們已經糾正了過去哲學，那種認知感知的內容惟「物」的嗜好。通過探討分析，我們已經知道，感知的內容，並不僅僅只是限於舊哲學惟「物」方面的內容，它還有刺激物於我們機體的利害性方面的「刺激意義性」內容。

感知，亦然如此。那麼，腦在表象活動中，重映感知的刺激物時，是否也重映此刺激物的「刺激意義性」內容呢？就我們前邊，對「刺激意義性」的重要作用和深遠意義的分析——「刺激意義性」是有機體生存中不可或缺的內容——來說，這應該是毫無疑問的。就刺激意義性內容的作用而言，它之所以也會在「表象物」中存在著，顯然是因為，它代表著原有「刺激物」，與生物機體發生的那種利與害的關係——就這一點而言，我們可以認為，它理應是可以使得生物機體，獲得生理方面的相應感受。按照心理學家過去所關心的方面而言，它也可以使得生物機體，得到類似於感知那樣的感受。

至於它，會不會對生物的行為活動產生影響，那是自不待言的。這種影響，究竟會引起那些相應的生理機構，產生相應的活動？由感覺器官產生的刺激意義性，和由表象產生的刺激意義性，會有什麼樣的差異？不是我們這裡所要關心的問題。我們只要知道，有機體是一個極其複雜而又配合完美的巨系統，足矣。

二、表象的刺激意義性

我們認為，表象的反映活動，也有刺激意義性的內容

——這是可以肯定的。可隨著這個肯定，我們發現，我們面前的問題，突然就變得複雜了起來。

因為，如此一來，首先是「刺激物」的情況，發生了本質的變化——這「刺激物」，已經不是那個刺激了感覺器官，而被腦所反映的「對象物」（最明顯地說明「對象物」這方面差異的，是那個「外部存在物」）；而是變為了由腦自體的活動，從腦自身（記憶）喚出的「表象物」——表象的刺激物。再者，更大的問題，還在於：這從腦自身喚出的「表象物」——表象的刺激物，也會像感知的發生那樣，有利害性方面的刺激意義性內容，作用於生物的機體。由「感知物」的刺激，引起感覺器官產生刺激意義性而引起腦反映，並使得感知的主體，產生一定的感受；與由腦自體的活動，喚出「表象物」，而導致機體產生刺激意義性，並也使得主體，產生相應的感受——顯然，是來源於兩種完全不同的源點；所路經的途徑，也是不盡相同。

具體說，由「感知物」的刺激導致的刺激意義性，和由「表象物」的刺激導致的刺激意義性——在有機體，是兩種截然不同的發源地：一種是發端於機體之外，需經由感覺器官，才能和感受主體發生相應關係的外部存在「物」；一種是發端於腦自體的本身，直接就和主體發生著關係的內部存在「物」（記憶物）。這樣地發源於兩種不同之處的「物」作用，卻奇妙地殊途同歸——都導致了機體的刺激意義性感受。

更加奇妙的地方，還在於：在這裡，我們還發現，它們，雖然發端於截然不同之處，但在機體，得到對象與感受的順序方面，卻又有著令人嘆為驚奇的相同順序：由「物」，而致刺激意義性。尤其令人不可思議的方面，是：這「物」，已經在根本上，就是性質完全不同的兩種存在——

一個是自然環境中的存在對象；

一個是腦自體中的記憶對象。

然而，這樣的性質截然不同的兩種存在，卻對有機體，竟然就導致了一樣的結果：刺激意義性（生理方面的差異，我們可以忽略不計）。

既然我們已經把由感覺器官受到刺激物的刺激，而引起感覺的刺激意義性，叫做「情緒」，那麼，我們就把這種由腦自體的表象活動，所喚起的刺激意義性，叫做「情感」。

由此可知，心理的內容中，不僅包含著情緒的內容，也包含著情感的內容。即心理的內容中，既有伴隨著感知物的情緒內容，也有伴隨著表象物的情感內容——這情感的內容，顯然不同於情緒的內容。它不是由外物對感覺器官的刺激，而引起感覺器官產生刺激意義性，並致腦的反映活動所得到，而是直接由腦自體的活動所得到——這裡的腦自體活動，就是表象的活動，即腦把記憶的感知對象的內容，給再現了出來——而情感，就是由這腦自體的再現活動所得到。

三、腦反映的產物

由此，人們可以看到，情感雖然是來源於情緒，但與情緒的發生和存在狀況，卻是截然不同的。它已經把由根源於內外部刺激物，作用於感覺器官而產生感知的刺激意義性，變為了根源於腦自體活動，對自我機能（調節）刺激的表象的刺激意義性。這也就顯示出，情感，是腦的後天性自生的——它起源於腦的再現活動，是腦的再現活動的產物。

人們已經知道，表象再現的對象，就是記憶的內容——這記憶的內容，是由內外部刺激物，刺激感覺器官，而引起刺激意義性所導致的腦反映活動得到的，即「記憶的內容」，既依賴於內外的刺激物，也依賴於感覺器官，是腦在反映刺激物予感覺器官的刺激意義性的同時，腦，又把這些個內容，複印了下來。

由此，可以想到，機體內部的感覺，因為沒有明顯的具體的對象物，有時就會伴隨著外物的感覺，而變為好像是外物的刺激意義性。比如，《圓滿的性生活》中舉得那個兒童看著窗外的藍天白雲，而玩弄著自己的性器官，結果就會把由性器官帶給他（她）的愉悅，和藍天白雲結合在一起（知覺）。作者首次的遺精，是年幼無知時，騎在近兩米高的牆垛上玩耍發生的。記得當時是身體欲向前行，便用雙手支撐著身體，用襠部與牆垛摩擦著，一點一點地向前移動。由於襠部中的生殖器，在這種前行中，無意間被刺激著。忽然間，有一種無法言說的特別愉悅的感受，也不知何故地突然就在身體上猛地爆炸開來。讓我，憑空地感受到一種從來沒有過的別樣的舒泰享受。那種舒泰、那種享受，痛快淋漓地突然注滿了我身體上的每一個汗毛孔——使我完全不由自主地趴伏在牆垛之上，雙手摟抱著牆垛，一動不動——我當時，並不知道自己發生了遺精，也不知道自己的生殖器射出了精液——只是事過之後，回家的路上，覺著自己的內褲，不知何故地有些濕乎乎的。直到成年之後，回想起來這事兒，才明白當時發生了什麼——感受產生的那一時間，一切彷彿變得靜止不動了——那正是一個黃昏的時刻。從那之後，一種特殊的天地玄黃景象，便進入了我的大腦記憶裡。這就說明了，腦的記憶，往往是有感覺器官的一定感知覺對象相伴隨著。

而再現的情況，則不同——腦的再現，是既不依賴於感覺器官，也不依賴於外部存在物，它所依賴的對象，僅僅是記憶的內容。比如，我的那次遺精經歷之後，天地玄黃的景象，遂成為一種特殊的記憶——每每憶起，每每處於那種天地玄黃的情境中，便有一種別樣的說不清、道不明的情覺，縈繞在心頭，令我一時間，會有一種若有所失的片刻怔忪——這就是再現——再現，是腦把這種記憶的內容，再次在腦中顯現（反映）了出來。在這個顯現中，毋容置疑的是，對象還是那個對象，刺激還是那個刺激。即所顯現的內容，並沒有發生什麼變化，依舊還是腦曾經反映過的那些內容。因而，也就可知，這個顯現的東西，依舊還是在反映的範疇之內。

當然，這裡的反映，與感知的即時性直接反映，並不相同。這裡的不同是，這個反映，是腦對內外刺激物記憶後的間接反映——這種間接的反映，就是記憶的再現。由此，我們可以這樣認為，所謂「再現」，亦不過就是腦的一種延遲反映。或者說，是腦反映的反映。不管這種「再現」，是腦的一種延遲的反映，還是腦反映的反映，它總歸還是「腦反映」。既然它還是「腦反映」，那麼，它也就在心理的範疇之內。亦即，它還是心理。

表象既然是心理。而情感，是由表象所得到（其實就是表象，是表象本身的兩大部分內容之一），所以，情感也屬於心理。故而，我們也就可以知道：情感起源於心理，是心理的產物。由此，也就證明了我們在前面的情緒篇，所強調的那個說法：情感起源於腦反映，是腦反映的產物。

四、情感的定義

值得欣慰的是，我們這種與眾不同的認知，並沒有違背過去哲學及其心理學，關於「情緒是情感的基礎，情感來源於情緒；沒有情緒，就沒有情感」的「情緒與情感關係」的觀點。我們不僅沒有違背這個觀點，而且，通過對腦的主動性活動介入的分析，我們還證明了：情緒和情感的那種關係——並同時揭示出了，它們的那種關係，不是理論家們一時心血來潮的猜測，而是情緒和情感之間的一種天然關係。

說到這裡，我們又發現了一個非常有意思的巧合。這個巧合，就是：我們這裡對情緒和情感的「相應」關係的揭示，與哲學及其心理學，過去所說的感知與表象的那種關係，相對應著。通過過去哲學及其心理學關於表象和感知的關係可知，感知是表象的基礎，表象是建立在感知的基礎上的；這同時，它們還認為，表象雖然是仰賴於感知，反映的也是感知的內容，但表象並不就是感知。表象不是感知的關鍵之處，在於：表象是腦對感知內容（客觀事物形象）的記憶再現。而通過我的揭示，人們可以看到，情緒是情感的基礎，情感是建立在情緒的基礎上的。情感雖然仰賴於情緒，得到的也是情緒的內容——都是刺激物予機體的刺激意義性。但情感也並不就是情緒。情感不是情緒的關鍵之處，在於：它也是腦對記憶的再現所得到。

就我對「表象與感知」或「情感與情緒」的關係的揭示，兩相比較，在這裡，又再出現了一個很有意思的巧合：「情感與情緒」或「表象與感知」的不同，都指向了一個目標：是否是腦自體的主動性活動。就腦的活動方面來說，「感知」與情緒，都是腦的被動性活動所得到；而「表象」和情感，則都是腦的主動性活動所得到。

說起這一個個巧合來，好像是一種機巧。但這透示出來的內容，卻是：有機體自身機能的一種先天本性。即這一個個巧合，並不是人為安排的巧合，而是生物機體為了自身生存的需要使然。亦即生物機體為了保障自己的生存，不僅要獲知刺激對象物的一定屬性（即通過適應於一定的感覺器官而顯現），而且也要獲知這種屬性對自體具有的利害性。顯而易見，刺激的對象物及其利害性，都是生物機體生存需要的內容要素。它們在生物的心理中，是相輔相成、缺一不可的。因而，也就可知，正如「情緒」和感知本身就是一體的——「情緒」不是感知之外的功能和表現一樣；「情感」和表象，也是有機地結合在一起的：情感也不是表象之外的功能和表現，而也是與表象是一體的。正如剔除了「情緒」的感知，不是真正的感知一樣——剔除了「情感」的表象，也不是真正的表象。科林伍德先生，在這方面，是看得很清楚的。他說，那種沒有情緒負荷的所謂感受物，不是真正的感受對象，而是為了認識目的的「純化過程的產物」。

言之於此，我們在這裡，也就得到了情感的本質定義：**情感是表象化的情緒**——或者說，情感是表象的刺激意義性。

由此，人們可以看到，不管是情緒，還是情感，其實，都不是什麼神秘的機能，也並不是什麼特殊的存在。說起來，它們，也不過就是生物機體，甄別刺激物予自體利與害的刺激意義性。這種刺激意義性，是生物先天所具備的一種生存的機能——這種機能，正是引起生物行為活動的內在的動力根源。至於它的體驗，表現在身體外部的表現，就是表情和行為；體現在身體內部的活動，就是生理調節引起的相應變化的感受。

應該在這裡強調的一點是，這種體驗，在生物是真實的、沒有任何虛飾的成分。因為，這種體驗，在主體是不由自主的——它並不知道，自己何以會有這樣的體驗。

第四節　情感與主觀

一、歷來的情感觀點

我知道，我這種對情感的看法，會引起當代理論家們激烈的反對。繼承了歷來哲學觀念的當代理論家們，他們幾乎已經是達成了一種定論性的共識——這種共識，就是：情感是主觀活動的結果。

何謂主觀活動的結果呢？我們知道，主觀是相對於客觀而言的。按照人們對主觀的一般性看法來說，所謂主觀就是指「思想意識」，即由思想意識活動所獲得的機體體驗，就是情感。

這一點，我們可以通過中華內地官方的心理學家們對情感的看法瞭解到。他們是這樣說的：情感是「一個人當前面臨的事物，常常與自己已形成的思想意識（包括：需要、態度、觀念、信念、習慣等）之間發生關係，對這種關係的切身體驗或反映就是情感。」[1]或者換一種說法：情感就是「人在活動中對事物所持的態度的體驗。」[2]這裡，中華內地官方的心理學家們，給情感定義中的那個「思想意識」和「所持的態度」的說法，就是「主觀」說法的一種具體表達。結合著他們關於情感的說法可知，由「思想意識」活動或「態度」得到的體驗，就是情感。

不僅僅是中華內地官方心理學家們這樣看，西方的心理學家們，也是持有與此說法近似的觀點。而在這些人中，明顯地把情感叫做「主觀情感」的人，就是K.T.斯特曼教授。我們在前邊，曾經引用過他的那個話——他是這樣說的：「按照通常的理解，情緒和情感密切相關。假如我們要給情緒下個大致的定義，其含義一定會涉及到人的主觀情感。」[3]在這裡，K.T.斯托曼教授，是很明確地表示出情緒和情感都是主觀的。因為，他隨即，在後面就說到：「情緒一詞的含義在於：情緒是情感；是與身體各部位的變化有關的身體狀態；是明顯的或細微的行為，它發生在特定的情境之中。」[4]由K.T.斯特曼教授的話，人們可以看出，K.T.斯特曼教授認為：情緒和情感，都是屬於主觀的。

我們在前面的「情緒解謎」一章的分析中，已經剔除了情緒的主觀屬性。那麼，就K.T.斯托曼教授說法保留下來的情感，是否必然就會具有主觀的屬性呢？

我們當然注意到了，K.T.斯托曼教授以及中華內地官方心理學家們——乃至於幾乎所有心理學家們，他們得出「主觀情感」那種說法的對象，都是針對著「人類」而言。人類有情感，是無可爭議的事實。如果以人類為對象，說情感來源於主觀，是主觀活動的表現，好像並不會讓人，感到有什麼不合理的悖謬之處。

二、情感歸屬問題

但這樣的說法，也並不就是沒有問題。這問題，就在於：如果我們以人類為對象來說，認為情感是主觀的。而按照過去的認識來說，主觀是指人類的思想意識——思想意識，顯然不是我們這裡的「表象」所能替代。如此，我們首先就要否認，由表象所導致的刺激意義性感受，是情感的感受。既然由表象所導致的刺激意義性感受，不是「情感」的感受，那麼，「由表象所導致的刺激意義性感受」，屬於什麼呢？

它的歸屬問題，首先就成了一個懸案。

在某些自以為是且認知只能看到對象物的人覺來，這根本就不是一個懸案。在他們，原本就不認為，感知和表象中，會有刺激意義性的內容相伴隨；在他們，雖然並不能否認人類有情緒和情感，但他們卻也不承認，情緒和情感就來源於感知和表象。至於情緒和情感，各自來源於哪裡？情緒和情感各是什麼？他們當然不會知道，甚至於也不屑於知道。但這並不影響他們，固步自封地堅持：感知和表象只是「惟物」的觀點——這幾乎就是所有贊成哲學認識論的人們，一種抱殘守缺的普遍的看法。

對於這些「不究其理」之人，我們當然沒有必要與他們討論什麼。

當然，還會有一些不善思考的人，也會認為，這並不算一個什麼懸案。在他們以為，只要把由表象所導致的刺激意義性，亦歸為情緒——此懸案，就會迎刃而解。我們可以看出，他們的推理邏輯，是這樣的：由表象所導致的刺激意義性，與由感知所導致的刺激意義性，都是對應著同一對象，而且，都是對應著同一對象的感受；所以，由表象導致的刺激意義性感受，也就是情緒的感受；故而，由表象所導致的刺激意義性，就也應該叫做「情緒」——這樣的一種看法，乍一聽起來，好像有一定的道理。但不意的是，這樣的看法，是經不起，哪怕最簡單的推敲的。

若依照於上邊這種看法的邏輯，繼續推下去。我們就可以得到：因為由表象所得到的刺激意義性感受，與由感知所得到的刺激意義性感受，都是對應著同一對象，都是對應著同一對象的感受，所以，就可以把它們的感受，都叫做「情緒」感受；那麼，人們知道，表象與感知的對象，也是對應著同一對象。如此，是不是就可以不要表象的說法，統統把它們都歸為「感知」的說法呢？是不是也就可以，把表象叫做感知呢？再以此類推，感覺和知覺的對象，也是對應著同一對象。如此，是不是也就不用區分感知，統統把他們都叫做「感覺」——這樣的一種說法，會讓人們有一種似曾相識之感。不錯，這樣的一種說法，正是歷來哲學的「感知不分」的認知。而正是這樣一種不幸的認知，讓哲學，在原地徘徊了二千年而不進。

毫無疑問，表象是不同於感知的。表象就是表象，並不就是感知，也不能叫做感知。既然表象，並不就是感知，亦不能把表象叫做感知——而我們已經揭示出，感知的刺激意義性是「情緒」。那麼，由表象導致的刺激意義性，也就不同於由感知得到的刺激意義性，亦就不能再叫做情緒。如此，它應該叫做什麼呢？

依照於「情感是主觀的」看法，我們還是無法解答，「由表象所導致的刺激意義性感受」，該怎樣歸屬？

或許為此，有些理論家，為了堅持「「情感是主觀的」看法，會認為，由表象所得到的刺激意義性感受，才能叫做「情緒」感受；而感知的刺激意義性感受，不能叫做「情緒」感受。因為，這樣一來，他們也就可以，把由思想意識活動所得到的刺激意義性感受，叫做「情感」感受。這樣的一種變換，表面看上去，似乎解決了「情感是主觀的」問題。但卻留下了很大的缺憾。這個缺憾，就是：既然只是由表象，所得到的刺激意義性感受，才能叫做「情緒」感受。那由感知，所得到的刺激意義性感受，該叫什麼感受呢？為了堅持他們「主觀情感」的說法，他們或許會把這種由感知得到的刺激意義性感受，叫做「生理反應的感受」，或者叫做「感官活動的感受」，或者……。然而，不管他們把由感知，得到的刺激意義性感受叫什麼，但他們所謂的「情緒」和「情感」，都是來源於感知的刺激意義性——這對於他們來說，也是無可爭議的事實。既然感知的刺激意義性，是他們所謂「情緒」和「情感」的源頭——而情緒和情感，可以統稱為「情覺」。那麼，我們也就可以認為，感知的刺激意義性，是「情覺」的來源、基礎，是「情覺」的源頭、起始。而我們已經從語義學的角度分析過，「情緒」之「緒」是絲線的頭兒——情緒，就是情覺的始端。

說到這裡，這就不能不使得我們產生出一種不解：若情覺的來源、基礎，即由感知得到的刺激意義性感受，不能叫做「情緒」感受。那憑什麼，由表象得到的刺激意義性感受，就可以叫做情緒感受呢？它的「頭兒」在哪裡？這也就可以看出，把表象的刺激意義性，叫做「情緒」——情緒就不會是情覺的來源、基礎。情覺的存在，就會變成無本之木，無源之水。更重要的問題，還在於：這樣一來，感知的刺激意義性，便成為一種於有機體的生存，可有可無的存在——它存在的意義性，只在於它，能夠給予生物於表象的刺激意義性。這就告訴我們，「刺激意義性」，對有機體而言，在感知的原生階段，沒有意義；只有到了表象再現的階段，才有意義。可荒謬的是，這種有意義的刺激意義性，卻是從感知那裡，複製過來。這就猶如說鄭板橋的畫作原品，沒有價值；而複製了鄭板橋原作的贗品，才有價值。我相信，凡能夠正常思想的人，都不會這樣認為。很顯然，由表象所獲得的刺激意義性，不是「情緒」——因為，它承擔不了「心理」源頭的責任。

如此，表象的刺激意義性的歸屬問題，還是沒有得到著落。

換一種角度講，如果我們既承認，情感是主觀的產物；同時也承認，情感是表象的產物。那麼，情況又會如何呢？

如果我們這樣認為，首先帶來的一個結論，就是：人類的「主觀」，也就只是表象的活動——這樣的認識，與過去的主觀觀念，無疑是相悖的。退一步說，若我們既承認過去的主觀看法，即主觀是「思想意識」，也認可「情感源自於主觀」的那個結論。那麼，這樣一來，我們就要否認，情感是表象的產物。

只是若如此，表象的產物——表象的刺激意義性的歸屬問題，還是會令人茫然。

再換一種角度講，若我們既不否認，「情感源自於主觀」，也不否認，情感是表象的產物，同時也認可，主觀就是思想意識。那麼，如此一來，也就可以得到：表象就是主觀的，即表象就是思想意識。說表象就是思想意識，這怕很難讓人接受。因為，就表象的能力而言，不僅人類有，禽獸亦有。這顯然就不符合，歷來哲學及其心理學的觀點——歷來的理論家們都認為，人類與禽獸，有本質區別的——這種本質的區別，就在於：禽獸沒有「思想意識」。

由我們前邊引用黑格爾在「哲學全書」的《邏輯學》中的說法可知，禽獸所遜於人類的能力，就在於它們沒有「思想意識」——而不是它們沒有情感。黑格爾在「哲學全書」的《邏輯學》中，很明確地肯定道：「〔說明〕說人之所以異於禽獸由於人有思想，已經是一個古老的成見，一句無關輕重的舊話。這話雖說是無關輕重，但在特殊情形下，似乎也有記起這個老信念的需要。」[5]黑格爾的這些話，雖然是為了駁斥那種把情緒和思維分開，藉以否認宗教觀點的說法而說。但我們由黑格爾的話，也可以看出，他並不認為，那句話本身是錯誤的，或說人類是沒有思想的。相反，他也是認為，人類有思想，而禽獸是沒有思想的。而人們通過他的話，可以看出，說禽獸沒有思想，「是一個古老的成見」。也就是說，人們很早很早就持有了禽獸沒有思想的觀點——思想是人類的專利。

而由哲學及其認識論的觀念，人們也可以知道，人類是有表象能力的。不僅人類有表象能力，禽獸，同樣也有表象能力。說到這裡，即使我們不去追究，禽獸的表象與人類表象的異同，單就人類表象和思想的關係而言，我們也知道，它們並不就是一回事兒。按照黑格爾所說，表象和思想，是有很大區別的。「表象和思想的區別，還具有更大的重要性，因為一般講來，哲學除了把表象轉變成思想——當然，更進一步，哲學還要把單純抽象的思想轉變成概念——之外，沒有別的工作。」[6]這也就是說，「表象」[7]要成為思想，是需要哲學的直接介入和參與。沒有哲學的直接介入和參與，「表象」是不會變成思想的。僅憑這一點，也就說明了「表象」與思想是有區別的。況且，我們知道，這其中，還摻和著禽獸的表象問題。當然，黑格爾在這裡，只是說到了「思想」，而沒有提到意識，但這其實是沒有差別的。因為，他在他處說過：「就人是有思想的來說，他是一個有普遍性者，但只有當他意識到他自身的普遍性時，他才是有思想的。」[8]而我們也曾引用過他「只有人才具有雙重的性能，是一個能意識到普遍性的普遍者」的話——這些話就直接表明，黑格爾認為，人與禽獸的區別，就在於思想意識。

說表象與思想意識是有區別的，也不是因為哲學認識論的觀念這樣說。我們生活事實和禽獸生活事實的不同，也說明了這種本質區別的存在。

為了說明這個本質區別的存在，我們就有必要，首先撇清表象中的情覺，相同於思想意識的情覺。而要想撇清，表象與思想意識的情覺是相同的，有兩種看法，可供我們選擇：

一是，情感不是主觀的，即情感不是思想意識的產物；二是，否認由表象所產生的刺激意義性是情感。

這雖然看上去好像有兩種選擇，但我們的選擇，其實，只有一種。那就是：承認「情感不是主觀的」。即承認由表象所產生的刺激意義性，是情感。因為，如果要否認由表象所產生的刺激意義性是情感，不僅延續了我們前邊，力圖要解決而沒有解決的情感的歸屬問題，而且還衍生了另外兩個問題：

一是，否認有表象能力的禽獸有情感；二是，對表象的刺激意義性與感知的刺激意義性，不作區分。

這樣的兩個問題，怕是難於獲得滿意解決的。因為，就我們生活環境所見的事實，我們知道，並不是只有人類才有情感；有表象能力的禽獸，也有情感。能夠明確認知到這一點的人，是家中餵養了某些禽獸的人。比如，餵養了寵物狗的人。就這些人，如果你要讓他們去認為禽獸沒有情感，怕是會激起他們，那種像狗見到陌生人一樣的攻擊。

當然，也需要在這裡明確的是，不是所有的禽獸，都是有情感的。一個禽獸，有沒有情感，是基於它是不是有表象的能力——而表象的能力，又決定著禽獸的情感能力。狗與貓比較，狗的情感能力，顯然是高於貓的情感能力。之所以有這種差別，就在於狗的表象能力，高於貓的表象能力。即狗記憶對象內容的能力，大於貓記憶對象內容的能力。因而，狗的表象範疇，就大於貓的表象範疇。故而，狗的情感對象和內容，就大於貓的情感對象和內容。

至於第二個問題，我們在前面的分析中，已經駁斥了這種說法的淺薄和非理性。既然情感不是只有人類才有，禽獸也有情感。那那種認為「情感是主觀的」說法，聽起來，就有些荒誕。我們可以說禽獸的行為表現，如何如何，但我們不會說它的「主觀」，要怎樣怎樣。因為，就我們一般的看法認識而言，我們不會說，一個禽獸的主觀方面，會是如何。

由以上的這些分析可見，為了撇清表象相同於思想意識的觀點，在承認「表象所產生的刺激意義性是情感」的前提下，只有否認：「表象是主觀」的觀點。

如果人們意圖繞過以上這些事實的分辨，繼續像歷來理論家們一樣，堅持「情感是主觀的」觀念。這就有可能，又會產生這樣的兩個結論：人類與禽獸的情感，是不一樣的；人類的情感，是主觀的。

這就回到了我們這個討論的原點，即以「人類」為對象地看待情感的問題。我們姑且不去追究，禽獸的情感是什麼？源自於哪裡？為什麼說「人類和禽獸的情感不一樣」等等的問題，假定此言不虛。我們把目標，關注在人類的情感問題上——把人類的情感，看做是主觀的。

經過了我們以上的種種分析，依舊堅持「情感是主觀的」者，其之所以會依舊堅持的理由，應該是：人類的情感，是人類腦自體的主動性活動所得到，所以，它是主觀的。也就是說，說人類表象的刺激意義性，是主觀的，是因為，表象是人類腦自體的主動性活動——人類可以自主地去回憶過去的一些經歷，並得到相應的感受。

我們前邊已經說過，過去的哲學認為，所謂的主觀，就是指思想意識。但繼續堅持「情感是主觀的」者，已經不完全地這樣認為了。他們的看法，已經變為，凡是人類腦自體的主動性活動，就是主觀的。他們的這種退步，帶來的結論，就是：因為人類的表象和人類的思想意識，都是腦自體的主動性活動，所以，它們就都是主觀的。這樣的一種認知，對他們來說，無疑是一種很不情願的退步。而這種退步的不幸，是：把表象和思想意識，無可奈何地並列在了一起——讓表象，承擔了主觀的責任；讓思想意識，降格為心理能力。

更大的問題還在於，這樣認知的最終結果，就是：人類不為人類，禽獸不為禽獸。人類與禽獸的區別，僅僅在於，人類叫做人類；禽獸叫做禽獸。或者，就像柏拉圖那樣，從「兩條腿走路不長毛」的形體上，來區分人類或禽獸。

三、人類的表象

說起來，這好像僅僅就是堅持「情感是主觀的」觀念者的一種無奈。但其實，這也是以往哲學的一種普遍做法。

看上去，以往的哲學觀念，好像是確定無疑地認為：人類與禽獸有本質的區別，是不可同日而語的。但認真地檢查一下他們的觀點，就會發現，他們為了讓「人類與禽獸有本質的區別，是不可同日而語」的說法具有合理性，為了讓改造了這個世界的自然形態的人類，與禽獸區別開來，他們常常是，在人類與禽獸共有的心理能力上，殘忍地砍上一刀——硬生生地將人類心理，和禽獸心理分離開來。生硬地強調，人類與禽獸的心理能力，有本質的區別。以此類推，那麼，所有與人類和禽獸心理有關的能力和表現，在他們看來，也都是有本質區別的——這當然也包括情感了。

我們當然也認為，人類與禽獸，是有本質的區別。但我們並不以為，這種本質的區別，必然包括「人類與禽獸的情感不一樣，人類情感是主觀的」等的內容。相反，我們認為，人類與禽獸的情感本質，都是：**表象化的情緒**，即**表象的刺激意義性**——人類與禽獸的情感，並沒有本質的差異。當然，這並不就是說，人類與禽獸的情感內容，也都一樣。人類與禽獸的情感內容，當然會有一定的差異——這種差異，說到底，是由於人類與禽獸感知對象的範疇，及其表象化它們的能力所決定。

我們已經知道了表象的本質屬性——表象是腦對感知記憶的再現。而我們前邊，也已經說過，人類的表象內容中，不僅僅只是感知的內容；人類的表象內容中，還有表象的內容，還有夢境的內容——在這裡，我們還可以明確地再揭示出一點，那就是：人類表象的內容中，還有「思想意識」的內容。

看到這裡，善於思考的人，應該是可以恍然大悟了：過去的理論家們，為什麼會說情感是主觀的。蓋就因為，人類的表象之中，是有思想意識的內容的。而得出情感是主觀的理論家們，他們所看到的事實，正是人類表象之中的思想意識的內容。所以，他們才會堅持那個「情感是主觀所得到」的觀點。

由此，可以看出，過去的理論家們，認為人類情感是主觀的觀點，並不就是一種毫無依據的憑空臆測，而也是以一定的認知為基礎的。這個認知的基礎，就是：在人類的表象中，確實有可以使得理論家們認為「情感是主觀的」內容——這種內容，顯然不同於禽獸的表象內容。這個不同的內容，就是：人類表象之中的思想意識的內容。而過去的理論家們，之所以把情感稱之為「主觀」的，就是因為，他們在認知情感時，他們所看到的情感內容，只是人類表象活動中的思想意識的內容。

他們當然不會承認，他們對情感的認知，是束縛於「人類表象」上的；也不會認為，他們是在「人類表象」中，看到了人類思想意識的內容。故而，他們也就並不以為，情感是源自於表象，是表象的產物。他們的情感對象，看上去，好像純粹是思想意識的內容。可他們不知道，他們所看到的那個「情感」，依舊是他們對思想意識內容的記憶所得到——他們認知到的思想意識，也不過還是回憶的對象。即讓記憶中的思想意識內容，在大腦中顯現出來——並以此為據，而找到了他們的情感對象。

顯而易見，他們在情感對象的認知上，無疑也是以表象為對象的。而他們所謂的「主觀情感」，不過就是看到了「人類表象」之中的思想意識。由此可知，他們的表象對象，並不純粹就是所謂的「曾經作用於人的感覺器官的客觀事物的形象」，而是包含有思想意識內容的對象。他們也正是在人類的表象中，只是看到了思想意識的內容及其感受，所以，他們才把情感稱之為「主觀」的。

這也就是說，過去的理論家們和我們一樣，在情感對象的認識上，也是以表象為對象的。但我們，與他們不一樣的是：我們的「表象」，是純粹的表象，是一切具有表象能力的生物，都具有的那種感知再現；而他們的「表象」，並不就是純粹的表象，是以人類為對象，包含著思想意識內容的表象。而在情感問題的認識上，他們所看到的內容，也只是人類表象中的思想意識的內容。

說到這裡，我想，人們也就可以明白：理論家們過去所謂的「情緒」，其實就是看到了，人類表象中的感知的刺激意義性內容——他們正是把在表象中的感知的刺激意義性內容，叫做「情緒」；而他們過去所謂的「情感」，則是在人類的表象中，以人類思想意識得到的刺激意義性內容為對象——他們亦正是在表象中，把思想意識活動內容所得到的刺激意義性感受，叫做「情感」。所以，他們才會認為，情感是主觀的。

我們當然也認為，思想意識，是可以得到刺激意義性的內容的。但我們認為，那種內容，不是情感，而是感情（或說態度）——這是一種高於情緒和情感的能力。是人類唯有的一種能力——這種能力，不是動物所能事。

由以上的這些分析，我想，人們應該已經明白，過去的理論家們，正是把思想意識的感情（態度）感受，當成了表象的情感感受來認識。所以，他們才會認為情感是主觀的。

不消言，人類的主觀活動，的確是可以得到情覺感受的。但那不是情感，而是感情（態度）。感情（態度），才是思想意識的產物：「前不見古人，後不見來者；念天地之悠悠，獨愴然而涕下。」【出自唐·陳子昂《登幽州台歌》】這是只有人類，才能夠具有的一種情覺——這種情覺，無疑是一種懷古傷今而悲天憐地的感觸。它既是一種思想意識，也是一種感情（態度）。這種情覺，顯然不是表象之能事，就可以達到。而是需要思想意識的積極參與——它是感情（態度），不是情感。

---

1 《簡明心理學辭典》 楊清主編 第307頁

2 《心理學詞典》 八所綜合性大學《心理學詞典》編寫組編 宋書文 孫汝亭 任平安 主編 第240頁

3 《情緒心理學》 K.T. 斯托曼著 張燕雲譯 孟昭蘭審校 第一章「導言」 第1頁

4 《情緒心理學》 K.T. 斯托曼著 張燕雲譯 孟昭蘭審校 第一章「導言」 第2頁

5 《小邏輯》 黑格爾著 導言 §2 〔說明〕

6 《小邏輯》 黑格爾著 邏輯學概念的初步規定 §20 〔說明〕

7 我們並不追究，這裡所說表象的惟「物」性問題。在這裡，我們只是順延著黑格爾的那個說法來說。但為了與實際的表象有所區別，我們給這裡的表象，帶上了引號。

8 《小邏輯》 黑格爾著 邏輯學概念的初步規定 §24 附釋一

第五節　人類的表象內容

一、情感與感情

我在上一節說過，人類的表象內容中，不僅僅只是感知（外部刺激物的刺激所引起）的內容，還有表象的內容，還有夢境的內容，更有思想意識的內容——而過去的理論家們，之所以把情感看作是主觀的，就是因為，他們在人類的表象中——也僅僅只是在「人類的表象」中，看到了思想意識的內容；並以此內容中的刺激意義性為對象，而得到了他們的「情感」認知。所以，他們才會認為，情感是主觀活動所得到的。

我們前邊已經指出，他們所謂的主觀活動的感受，即思想意識活動的刺激意義性感受，不是表象化情緒的感受——不是情感的感受，而是與情感有一定的關係，但卻又高於情感的感情（態度）的感受。

在這裡，我們可以根據「思想意識活動的刺激意義性內容」，是否是通過表象所得到，來分辨一下：它們的不同。

如果是以表象，映現的思想意識內容為對象，那麼，這個感受，就還是情感的感受。因為，它是通過表象所得到，是表象活動中的感受——不管這個感受，是來自於表象中的感知內容，還是表象內容，或是夢境內容，或是思想意識的內容——這依舊還是表象化情緒的感受，即表象的刺激意義性的感受，亦即情感的感受——但這個感受，卻不能說是主觀的。如果這種感受，不是通過表象所得到，即不是以表象映現的思想意識內容為對象，而是以思想意識內容的活動本身為對象，亦即，對象是剝離了遮蔽在思想意識內容前面的表象，直達了思想意識內容的活動本身（比如以信仰、意志、毅力，等等的內容為對象）——是以思想意識內容的活動本身，所得到的即時感受為對象，那麼，這個感受，就不是情感感受，而是高於情感的感情（態度）的感受——這個感受，才是主觀所得到的。

過去的理論家們，之所以會得出情感是主觀的觀念，就在於，他們把這樣兩種不同的情況，皂白不分地混淆在了一起。他們對情感的認知，時而以表象為對象；時而以思想意識為對象。他們「情感是主觀的」認識，正是在這種搖擺不定的認知中得出。即他們對情感的認知，是從表象中的思想意識內容所得到——他們這裡的對象，還是表象——是表象中的思想意識；但他們賦予情感的結論，卻又是以思想意識內容的活動本身為對象。所以，他們才會認為，情感是主觀的。

我們在前邊的分析中，在涉及到人類的表象的問題時，曾經說過：人類的表象中，不僅僅只是感知（外部刺激物的刺激所引起）的內容，也有表象的內容，也有夢境的內容，也有思想意識的內容。即不僅僅只是感知的內容，還有表象的內容、還有夢境的內容、還有思想意識的內容，也都會被人類的大腦所記憶；也都會映現在人類的大腦中，成為人類的表象的內容之一。

而表象，我們在前面，已經得到了它的本質定義：**表象是腦對感知記憶的再現**——我們的這個定義，針對於一般禽獸的表象來說，應該不會引起人們什麼質疑。但如果把這個定義，運用到人類的表象上，有些人，或許就會有所困惑不解。因為，我們才將表示過，人類的表象中，不僅僅只是感知的內容；人類的表象中，也有表象的內容，也有夢境的內容，也有思想意識的內容。

二、解答慣性思維者的疑惑

肯於思考的人，由此，可能就會產生一個疑問：既然**表象是腦對感知記憶的再現**。那人類的表象中，怎麼就會有並不是「感知」的表象的內容？怎麼就會有並不是「感知」的夢境的內容？怎麼就會有並不是「感知」的思想意識的內容？這些非「感知」的內容，怎麼就會存在於人類的表象中？這豈不是與「腦對感知記憶的再現」——這個定義相悖謬？豈非與這個定義並不符合？如果人類的表象，包含著這些非「感知」的內容。那麼，這個關於表象的定義，豈非與人類的實際表象，形成了牛頭不對馬嘴的狀況？

能夠產生這種疑問的人，無疑是個喜歡思考的人。但不幸的是，這種疑問的前提，是以從來的哲學的「感知」觀念為指導。即他的思想，依舊是被過去哲學的「感知」觀念潛移默化地影響著。亦即，在他的「感知」識知中，依舊是把「感知」，僅僅只是當成了對「物」的反映；依舊是把「感知」的內容，限制在「對象物」的身上——對「感知」的認識，亦依舊沒有從那種「感知的對象僅僅是物」的迷霧中，穿越過來。

有鑒於此，我覺著，我們有必要，再來溫習一下，我前面揭示出的感覺和知覺的定義：

感覺是腦對刺激物予個別感覺器官的刺激意義性的反映；知覺是腦對刺激物予感覺器官的刺激意義性的反映。

由我對感知的這些個定義，人們應該可以看出，我這裡所揭示的感知，與過去的哲學和心理學，那種束縛於認識論的「感知」，主要差異之處，在於：我這裡揭示的這個感知，包含著刺激意義性（情緒）的內容。即我們的感覺和知覺，並不僅僅只是「惟物」的內容，而是包含著刺激物和刺激意義性在一起的內容。亦即，「刺激意義性」的內容，是融合進感知之中的。這也就是說，刺激意義性的內容，並不在感知之外，而是就在感知之中，就是感知的本身。

對於熟悉邏輯學的人來說，應該能夠理解，這裡的刺激意義性和刺激物，如果把它們分開來說，它們與感知的關係，就不是屬種的關係，而是部分與整體的關係。亦即，如果感知的內容，僅僅只是對刺激物本身的反映，或僅僅只是對刺激意義性內容的反映，那就都不是腦的感知——腦的感知中的內容，是既有刺激意義性，也有刺激物。二者，缺一不可。

就感知而言，在感知者來說，刺激意義性，才是它們感知的主要內容。而刺激的對象物，相較於刺激意義性而言，則是捎帶著的內容。之所以這樣說，人們知道，心理的目的，在於維持和保障有機體的現實生存。而人們也知道，有機體，是在現實環境中的現實生存。因而可知，心理要實現其維持和保障有機體，在現實環境中的現實生存，其就必須具備有使得有機體，在現實環境中趨利避害的能力——因為，只有這樣，心理才能達成其維持和保障有機體，在現實環境中現實生存的目的。顯而易見，趨利避害，是心理的基本功能；而趨利避害的行為——機體的活動，就是心理行為或說心理作用的行為表現。毫無疑問，心理行為，是有機體的一種天然行為，它是心理活動的必然結果——這也就是人們常說的本能。

說趨利避害是心理的基本功能。那這趨利避害的「利害」，以何為據呢？用巴甫洛夫的話說，就是指外界刺激物，對生物機體的刺激，「在生物學意義上」的「有利或不利」[1]。換一種說法，趨利避害的「利害」依據，就是：刺激物對生物機體感覺器官的刺激，是否具有「刺激意義性」。也就是說，刺激物對生物機體感覺器官的「刺激意義性」，就是腦反映的依據。

然而，感覺器官，何以監察刺激物的「刺激意義性」呢？在我看來，這就是由應激性進化出的、引起腦反映活動的「感覺質」——腦，就是憑賴於感覺器官的感覺質的內容，來鑑別環境作用物的「利害」的特性。毫無疑問，感覺質，是生物感覺器官本身的一種先天功能——是由應激性進化出的、一種反映外界環境刺激於機體利或害的功能。「感覺質」，既然是「刺激意義性」的內容，它自然就會存在並突出於感知之中，成為感知最重要的指向和最終目的。這也就是說，對感知者來說，感知，並不是為了感知刺激物的存在，而是為了感知「感覺質」。

換一種從認識論的角度，容易讓人理解的話，就是：感知者，並不會理緒客觀事物對象本身的屬性是什麼，也並不知道客觀事物對象本身的屬性是什麼。對於感知者來說，對象的存在，並不是客觀事物本身的屬性的存在，而是與自體具有著利害性的關係的存在——如果沒有這種利害性的關係，那客觀事物，對於感知者，就不存在。再換個角度而言，客觀事物的對象，對於感知者來說，與自體是一體的。這也就是說，客觀事物的對象，對於感知者而言，只不過是自體的一種延伸。這種延伸，就表現在：感知者，並不能辨別來自機體內部（比如機體覺）或來自機體外部（比如視覺刺激物）的刺激，有什麼不同。相信很多人都見過，貓和狗，會把自己的嘔吐物或別個的嘔吐物，重新吃掉的噁心現象。它們之所以會這樣，就在於，它們並不能區別嘔吐物，和新進食物的不同。在它們，這樣的東西，並不是來源於兩種不同途徑的東西，而是一樣的。

從某種角度講，對於它們而言，客觀事物的存在，是為「我」的存在。換句話說，它們才真正是以「自我」為中心的。這個「自我」，就體現在它們與周圍環境關係的情覺中。即周圍環境的存在，都是情覺的存在，都是引起情覺的對象。沒有引起情覺的周圍環境的客觀事物，對於它們而言，是沒有意義的，也是不存在的。這就猶如城市裡那些會令「人」嘆為觀止的高樓大厦，對於城市裡的貓和狗來說，是不存在的情況是一樣的。有誰見過一條狗，會對眼前的高樓大厦，駐足觀覽？不管高樓大厦，在人看來，是怎樣一處壯麗的景觀。但對於禽獸來說，那也不過就是一個「不大不小」的障礙物而已。

由此，也就可知，感知的內容，並不就是惟「物」的內容，而是「物」與刺激意義性，融合在一起的內容。而且，我們甚至還可以說，感知中的最重要的內容，並不是「物」，而是刺激意義性。而刺激意義性，我在前面已經強調過，它並不就是發端於感覺器官而止於腦，它也會讓生物機體的生理機能和結構，發生相應的變化。使感知者，得到相應的感受。

而表象，我們知道**是腦對感知記憶的再現**。而感知，我們才將說過，其內容，不僅包含著刺激物，也包含著刺激意義性。即感知的內容，是刺激意義性和刺激物結合在一起的內容。表象，作為腦的再現，既然是對感知的記憶的再現。那這種再現，就必然會是所能記憶的感知的全部內容。這也就表示，表象是包含著刺激意義性內容的——而我們知道，這個在表象中的刺激意義性內容，表現在我們心理活動中的內容，就是情感。

而情感，它總是使得我們，可以得到機體方面的一定的特殊感受。而這特殊的感受，無疑也是因為觸動了我們機體的感覺器官，才使得我們感知到它。這也就是說，我們在表象的同時，也同時就是在感知著（機體覺的體驗）。而表象的表象，不過是記憶並重複地再現了，對「這個」表象的這種感知。即當我們的表象發生時，我們的腦，在映現著表象物，並感受著其刺激意義性的同時，我們的腦，會再次記憶這一切，並會適時地再次顯現在我們的大腦中——這再次顯現的對象，就是表象的表象（我們不必考慮它是否還會疊加上外部的新刺激：心理學告訴我們，表象總是有一定的外部的刺激所引起）。

當然，腦對表象的記憶，與腦對外部刺激物的記憶，是有所不同的。它是對內在刺激物（可以認為就是「表象物」），引起感知的記憶。然而，不管怎麼說，腦對表象的記憶，顯然並沒有違背那個「**腦對感知記憶的再現**」——表象的本質屬性。

需要在這裡說明一點的是：就腦與感覺器官發生感覺的順序而言，表象的感知過程順序，與外部感覺器官所引起感知過程的順序，是不一樣的。事實上，這種順序，恰恰是相反的。外部刺激物的刺激，所引起感知的過程，是：首先是外部刺激物刺激相應的外部感覺器官，而使得相應的外部感覺器官產生刺激意義性，之後到達腦，產生相應的感知；而表象中的刺激物的刺激，則是腦的記憶中的對象物被腦喚出之後，伴隨著刺激意義性並使得我們得到表象的感知。對外部刺激物的感知，是由外到內（腦）；而對表象刺激物的感知，則是由內（腦）到外。

表象導致的感知記憶，在記憶者來說，已經與記憶外部刺激物的感知，發生了質的變化。在這裡，對象物（這裡的物，不僅僅只是指視覺之「物」），已經變為顯性的存在；而刺激意義性，則變為隱性的存在——也正是這些特性，使得過去的哲學家及其心理學家們，在認知我們的表象時，所看到的僅僅只是顯性的「物」，而看不到伴隨著這個「物」的隱性的刺激意義性。

在這裡，應該指出的是，在這種腦對表象的記憶中，腦，未必就是像我們學習某些知識一樣，是積極主動的活動，而是一種自然而然的不自覺活動。即腦，並非特意地要去記憶這些表象，或腦知道這是些表象，要刻意地去記憶它。腦，並不知道它是什麼，也並非要有意地去記憶它。腦對表象的記憶，是腦先天所具有的能力——正是這種能力，使得腦，在表象活動中，不自覺地重複記憶著表象。這就正如表象——**腦對感知記憶的再現**——並不就是腦特意的活動，而是具備此種功能的生物腦，先天自在的活動一樣。

說人類的表象之中，也有夢境的內容。是不是就會有悖於表象的定義呢？

我們可以再來分析一下。人們應該都有這樣的經驗：在火車上或者在商場內、或者在會議室內、或者……忽然感到了內急。於是，就到處尋找方便之處。可令人尷尬而焦慮的是，這方便之處，就是找不到。越是找不到，越是需要找到。憋得實在受不了啦，一急，睜開了眼睛——原來是個夢。而從夢中清醒過來的你，此時，也感到自己膀胱中蓄集著的液體，讓你已經幾乎難於忍受。你只好趕緊起來，去衛生間方便一下。這裡的這個夢，顯然就是機體內在感覺器官，發出了刺激意義性的信息。因而，引起腦反映——被腦所感覺到。但由於另外器官引起的刺激意義性需要，即睡眠的需要——這也應該是某種器官發出的信息，或許就是丘腦或下丘腦——強過這種感覺器官（排泄）的情緒需要。所以，就並不能讓人，從夢中醒來。而感知的刺激意義性的存在，尤其是知覺的綜合性，總是伴隨著某種對象物而來，因而，就會在腦中，以景象的形式出現——我甚至於懷疑，這是一種形成後天定式的慣性的存在。睡眠的需要，自然會使得腦，去抑制這種影響睡眠的刺激；但排泄的生理刺激的存在，必然會使得腦，被持續不斷地攪擾著。而腦的調節功能，必然會相應地去抑制排泄的刺激，以滿足機體和腦睡眠休息的需要。但隨著內在生理的調節活動，導致的刺激不斷地增強；膀胱中的尿液，不斷堆積。就會使得腦，處於一種欲罷不能的狀態。兩種狀態疊加在一起，刺激和抑制的反覆較量，再加上他處的機體生理活動的影響，比如身體某一部位被晾著，等等，便使得映現在夢中的景象，變得離亂不堪；並向著有利於使得人清醒的狀態發展著——最終，就使人不得不醒過來（人們是沒有必要把「夢」的實質，和弗洛伊德那個「夢是願望的達成」或「潛意識」之說聯繫起來——他那是一種謬說）。

這當然只是夢之一。但由此，也就可以看出一點，夢與機體的感知活動，是聯繫在一起的。如果認真檢查一下我們的夢，我們就會發現，所有的夢，都或多或少地有外在現實環境（睡夢中外部環境）和內在生理方面，導致感覺的原因參與其中。一個人擔心某種事情（思想意識活動）所引起的機體生理的活動，會由於此種機體生理的活動被記憶，而讓伴隨著此種機體生理活動的對象，和與此有關的事物，映現在夢中。這也就是為什麼，有時候，會是「日有所思，夜有所夢」；有時候，卻與「日有所思，夜有所夢」相去甚遠。

這也就看出，夢也是受制於感知的。對夢的記憶，其實，就是對夢的感知的記憶。故而，夢就會在人類的表象中出現——人類的表象中，就會有夢的內容。這顯然，也是沒有違背「**表象是腦對感知記憶的再現**」。

我們已經分析了，在人類表象中的表象內容和夢內容，並沒有違背我們關於表象的那個定義。那麼，那個在人類的表象中，被過去哲學家們和心理學家們，得出「主觀情感」認知的思想意識的內容，是否也是符合我們關於表象的那個定義呢？

我前面已經表示過，思想意識的內容的刺激意義性，不是情感，而是感情（態度）。思想意識及其感情，是否會被腦所記憶並被腦複映呢？就道理上而言，這一點，也是可以肯定的。因為，思想意識活動得到的情覺，雖然是感情（態度），但其的基礎來源，卻是情緒和情感，其也是有感受的——其也會觸動我們的感覺器官，讓我們得到相應的感知。腦對這種思想意識引起的感知記憶並複映，依舊是表象。所以，表象中有思想意識的內容，也並沒有違背我們那個對於表象的本質屬性的定義：**表象是腦對感知記憶的再現**。

感情，與情緒和情感相比，是特殊的——這種特殊，就表現在：它雖然是依賴於情緒和情感，即以情緒和情感為基礎；但它，卻不像情緒和情感那樣是腦反映的產物，而是既依賴於腦反映，且又超越於腦反映，是腦的另一種能力的產物——這種能力，就是意識。意識能力，在我們目前生活的這個星球上來說，是只有人類，才有的一種能力。

---

[1] 見前蘇聯《簡明哲學辭典》巴甫洛夫條目

第六節　思維的本質屬性

一、宗教與思維

我在前面的「心理的範疇」一章中，曾經明確地指出：人類在與周圍世界的關係中，是同時具有兩種完全不同的能力，即心理能力和意識能力——這兩種能力，在本質上，是完全不同的，是絕對不可同日而語的。因為，對這兩種能力的認知取捨，昭示的是：退一步，我們就與禽獸無異；進一步，我們就會與神齊名。

我這裡，所說的「退一步」，就是指對人類能力的認知，僅僅只是看到人類心理能力的方面，只是從人類心理能力的方面去認識人類，而看不到人類意識能力的存在。由此認知，而得到的「人類」觀念，必然是與禽獸無異（馬克思）。這一點，我們前面，通過對心理——感覺、知覺和表象——能力的分析，是已經充分地說明了人類與禽獸的心理本質，是一般無二的——言之於此，順便說一句，由我前面的分析，我想，應該可以使得人們明白，我已經解決了人類自有認識以來，就一直困惑著人類智慧的一大疑難：人類和禽獸的行為活動的根源——這個根源，就是伴隨著刺激物的刺激意義性，也就是情覺。[1]

我這裡，所謂的「進一步」，就是指對人類能力的認知，只是看到人類意識能力的存在，把意識能力，當成人類的唯一能力，而看不到人類心理能力的存在。依據於此種認知，而得出的「人類」觀念，就會是與無所不知、無所不能的「神」齊名（黑格爾）。

為什麼把意識能力，當成人類唯一的能力，人類就會是與神齊名的呢？這個說法，讓人乍一聽起來，尤其是讓那些，僅僅只是看到人類的心理能力方面的人聽起來，好像是必須要經過多麼複雜的論證和說明，然後，才能夠讓他們打消疑惑、有所相信。

但，其實不然。因為，說到底，這「神」，原本就是人類意識能力，在一定時期的必然產物——能夠生產出「神」的意識能力，自然不會低於「神」的能力。更何況，只是「與神齊名」。可以說明這一點的依據，是：人類歷史上，長著不同膚色、說著不同語言、有著不同文化、生活在不同地域，且並沒有彼此往來的各個民族，都有著自己的圖騰「神」崇拜。而與人類共有著心理能力，卻沒有意識能力的禽獸（它們也有生活在不同地域、長著不同毛色的問題），卻沒有對圖騰「神」的崇拜，也不知道有「神」的存在。

在這方面，哲學家黑格爾，在兩個世紀之前，就已經看得很清楚了。他在「哲學全書」的《邏輯學》一書中，曾經明確地指出過：「……只有人才能夠有宗教，禽獸沒有宗教，也說不上有法律和道德。」[2]而宗教，人們已經清楚地知道，總是要有某些「神」或某個「神」，是被信徒們頂禮膜拜的。黑格爾的話，至少是向我們透露出這樣的一種意思：人類的能力，高於禽獸的能力——人類與禽獸，是有本質的區別的。由黑格爾的話，我們還可以看出這樣的一個暗示：

正因為人類的能力高於禽獸的能力，所以，人類才能夠有對「神」的信仰。依據於黑格爾的意思，我們可以想見，有「神」無「神」，和人類所異於禽獸的能力不無關係。

人類，所異於禽獸的能力是什麼呢？過去的哲學家們，在說到這個問題時，都有自己確定無疑的說法。這一點，我們可以從黑格爾那裡，得到有關於此的明確表示。他在「哲學全書」的《邏輯學》上，是這樣說的：「如果說『人之所以異於禽獸在於他能思維』這話是對的（這話當然是對的），則人之所以為人，全憑他的思維在其作用。」在這句話之後，他隨之又說道：「〔說明〕說人之所以異於禽獸由於人有思想，已經是一個古老的成見，一句無關輕重的舊話。這話雖說是無關輕重，但在特殊情形下，似乎也有記起這個老信念的需要。」[3]

特別有意思的情況，是這樣的一種巧合：黑格爾這些說「思維」和「思想」的話，表面看上去，似乎是在區分人類與禽獸的能力的不同；但實際上，黑格爾說這些話的意向，和我們一樣，也是為了說明「神」和人類能力的關係。即黑格爾說這些話的目的，是為了要論證「神」——上帝的存在，並藉以駁斥那種把思維和宗教情緒[4]分離開來的觀點。亦即黑格爾的實際目的，不是為了區分人類與禽獸，有哪方面的不同，而是借助於人類所異於禽獸的「思維」和「思想」，來證明「神」——上帝的存在。

我們不必去追究黑格爾的這些話，是否達到了他的目的。我們在意的是，黑格爾在區分人類與禽獸的能力如何不同的話中，究竟包含著哪些具體的內容？為著這個意向，我們可以把黑格爾上面的那些話，簡化為這樣的兩句話：「人之所以異於禽獸在於他能思維……人之所以異於禽獸由於人有思想」。

這也就可以看出，在黑格爾看來，人類之所以能夠有宗教信仰，就在於人類能思維、有思想——能思維、有思想，是人類區別於禽獸的根本的標誌。換個說法，就是：人類與禽獸的本質區別，就在於人類能思維，而禽獸不能思維；人類有思想，而禽獸沒有思想[5]。也就是說，「能思維」「有思想」，是人類區別於禽獸的本質的標誌。

值得引起人們關注的是，黑格爾從「能思維」到「有思想」的說法中，對「思維」和「思想」的表達前綴的不同。我想，人們應該可以看出，在黑格爾這裡，思維與思想，作為對人類的能力的表述，是有一定的差別的。「思維」，在他這裡是動詞，是指產生思想的過程，所以，才是「能」思維。正如我們說「能跑」「能跳」「能運動」的「跑」「跳」「運動」，是動詞一樣。而「思想」，是名詞，是指思維的結果，因而，才是「有」思想。亦如我們說「有胳膊」「有腿」「有肢體」的「胳膊」「腿」「肢體」，是名詞一樣。

由黑格爾「哲學全書」的《邏輯學》中的話，我們可以知道，在黑格爾看來，思維是人腦能力的一種活動。這種能力活動的結果，是得到思想——思維是人腦得到思想的活動過程。思維的結果，就是思想。我們這樣說，並不是望文生義地對黑格爾表述的杜撰。因為，黑格爾在它處，還說過這樣的一句話：「而思維並不是沒有內容的活動，因為思維能產生思想，而且能產生它所需要的特定思想」[6]。

黑格爾這樣地看待思維，無疑是秉承了始自於亞里士多德的那種惟「物」思維觀而來。即思維之「能」，只是就事物間存在的關係來思維。依照於這種思維觀來說，說只有人類能夠思維事物間的存在關係，並得到與此相關的思想，自然也不算是什麼奇談怪論。

但問題在於，思維之「能」，是不是就只是或只能就「事物間的存在關係」去思維？思維，是不是就沒有其他的形式和內容？思維的結果，是不是就一定是思想？

二、思維的一般性觀念

說「只有人才能夠有宗教，禽獸沒有宗教」，自然是不錯的。但若說，這是因為「人之所以異於禽獸在於他能思維」——只有人類有思維的能力，禽獸沒有思維的能力；只有人類能夠思維，而禽獸不能夠思維；思維的結果就是思想。在我看來，怕就不那麼確切。

說到這裡，我們首先就要瞭解一下，所謂的思維，是指什麼？

關於思維，過去的一般觀念認為，思維是「一種人類特有的精神活動。將外在所得的表象、概念經由分析、綜合、判斷、推理等步驟的認識活動的過程。」[7]

這是一種什麼樣的精神活動呢？以上這些，看上去像是堆砌詞語的囉裡囉嗦話，其實，完全可以簡化為這樣的一句話，就是：思維是人腦的判斷活動。因為，不管是分析、還是綜合，其實都是一種推理——而推理，不過是判斷的判斷。所以，也就可以見出，人腦的判斷活動，就是思維。

那麼，何謂判斷呢？所謂判斷，就是「判別、斷定」[8]，即對事物的實際情形，進行辨別、區分或認定。在哲學上，在過去的認識中，「判斷」作為思維的基本形式之一，是「斷定客觀事物具有或不具有某種屬性或特徵」[9]。亦即，腦肯定或否定客觀事物是否具有某種屬性或特徵的活動，就是判斷活動，亦就是思維。

不屑置辯的是，以上引用的這些說法，都是沿襲著亞里士多德和黑格爾有關思維的觀念而來。即是以對外部事物屬性的辨別為目標，以人類的思維能力為對象，而得到的看法。

人類有思維能力，是不爭的事實。但是，是否只有人類有思維能力，而禽獸，就沒有思維能力呢？換個方式來說，就是：禽獸，是不是就沒有腦判斷的活動呢？在這裡，為了真正地瞭解思維的實質，我們有必要，先把思維，從屬於人類能力的桎梏中解脫出來。讓它回歸到它的原始出處，即腦——這裡的這個腦，是不分人類與禽獸的。

既然思維是腦的判斷活動。那麼，說到這裡，人們應該可以想到，腦的判斷活動，總是要以一定的對象為內容。亦即，它總是要針對著一定的對象來思維。思維的對象內容，是什麼呢？由過去關於「思維」的詮釋，我們可以知道，按照過去的一般觀念來說，這內容的對象，就是「表象或概念」。即思維是腦，針對於「表象或概念」的一種判斷活動。

三、對思維內容的分析

概念的問題，我們在此，暫時放下不議。

我們來看一看，思維的另一個對象——表象——我們在前邊，曾經對它有過詳細的分析。人們應該還記著：表象之中不僅有刺激物的內容，表象之中還有刺激意義性的內容——即表象化的情緒，亦即情感。表象的內容中，既然並不僅僅就只有刺激物一個方面的內容，還有「情感」方面的內容；那麼，由此，也就可以知道，腦在對表象進行「判斷」（思維）時，它所針對的對象內容，就不應該只有刺激物，而也應該還有「情感」。

奇怪的是，哲學家們過去說到思維對象的表象內容時，所普遍看到的內容，只是刺激物，而看不到讓他「亦悲亦喜」的「情感」。我真有些不明白，哲學家們憑什麼能夠認為，腦在表象思維中，就只能以刺激物的內容為目標，而不能以「情感」的內容為對象？顯而易見的是，如果腦在表象思維中，能夠判斷刺激物與刺激物之間的關係；那麼，腦在表象思維中，也就必然地能夠判斷「情感」與「情感」之間的關係。

「情感」，是否可以作為判斷的對象呢？

在這裡，我們不妨舉例說明一下：比如，一個人行進在一條鄉間小道上。行進中，不知從哪裡，突然竄出來一條黑狗，站在道邊，向這個人作勢欲撲地狂吠。見此情勢，這個人不慌不忙地做了一個彎腰手伸向地面的動作——再看那條氣勢洶洶的黑狗，夾著尾巴，就跑走了。這就是中國民間俗語所說的「狗怕彎腰，狼怕蹲」。原本氣勢洶洶的狗，為什麼會怕人彎腰呢？有人以為，這是狗的先天本能。但城市裡的狗，多就不怕人彎腰——這事實，也就說明，這不是狗的先天本能；而是它的後天所得，即記憶後的再現——表象所得。我們可以設想一下：當人彎腰之時，狗的氣勢洶洶變為「怕」，是因為，已經知道了人要從地上撿起石頭來砸它——而這就會引起它機體受傷的疼痛。它怎麼會知道的呢？顯然是它頭腦中，預知地出現了這樣的情景。在這裡，我們可以把這種情景，圖景化地簡述一下：人彎腰的圖景——撿起石頭扔過來的表象圖景——石頭砸到身上引起疼痛的表象圖景——避免身體疼痛的表象圖景：逃跑。為避免身體真的發生疼痛，狗因「怕」，就只好逃之夭夭了。與狗類似的情況，在我們人類交往活動中，也是經常會發生的。比如，當一個人，遠遠看到一個好無事生非地欺負人的壞小子站在自己要經過的路上時，這個人為了免受欺負，自然就會繞道，躲著那個壞小子走。人這種躲事行為的根源，和狗「怕」受傷而逃之夭夭的行為根源，應該是相同的。

這裡，人們應該可以看出，這是由表象情景，到表象情景的腦判斷活動。但由此，得到的結論，卻並不是表象情景中的刺激物之間的關係結論；而是表象情景與自體「情感」（利與害）的關係方面的結論——這是由表象情景到表象情景，而得到情感（利與害）的腦判斷活動。如果我們說，這是腦針對著情感的思維活動，簡稱為「情感思維」。應該不會被人認為是「信口雌黃」吧。而不管是「情感思維」，還是針對於刺激物——這裡的刺激物，應該是首先變為表象的對象——之間關係的思維，說它們都是「思維」，應該不會引起人們什麼異議。

由此，也就可以看出，並不是只有人類才能夠思維，禽獸也能夠思維。

四、表象與思維

既然是，並不僅僅只有人類能夠思維，禽獸也能夠思維。亦即，不僅只是人類有思維能力，禽獸也具有思維的能力。那麼，黑格爾那種「人之所以異於禽獸在於他能思維」的看法，顯然，就並不符合事實。

這也就是說，思維的能力，並不就是人類的特性——思維，並不僅僅就只能是以刺激物之間的存在關係為對象；而也能夠就「刺激物」與自體的「情感」（利與害）關係的內容為對象。這種對「刺激物」與自體的「情感」（利與害）關係的思維，顯然是以表象為基礎來實現的。以此，推而廣之，就可以知道，凡有表象能力的生物，便都具有思維的能力。

我這裡所揭示的這種能力，是人類與禽獸共有的一種腦能力。這也就是說，不管是人類的思維，還是禽獸的思維，它們在思維上，並沒有本質的差別——在本質上，都是一樣的，都是腦揭示表象與表象之間的關係的判斷活動——這種表象與表象之間的關係，不僅僅只是存在於過去的哲學所說的那種刺激物與刺激物之間，也存在於我們所指出的情感與情感之間。而由表象情景間的關係判斷，所得到的結果是「情感」。也可以使得我們看出，並不是所有的思維結果，就一定可以稱之為是「思想」。因此，也就可知，思維的結果，未必就是思想。

由以上的這些分析，我們也就得到了思維的本質：**思維是腦判斷表象關係的活動**——此就揭示出了人類和禽獸的思維，與所謂的電腦思維，不是一回事兒。正如人類的（視感知）表象和（照相機）照片，不是一回事兒一樣。

我這裡，所揭示的這個思維，正如我前面揭示的感覺、知覺、表象等心理能力一樣，是真正的純粹的思維——是就思維的本質而言的。正如我對感覺、知覺、表象的揭示，是就它們的本質而言的一樣。我這裡，對思維的這個揭示，與過去人們認識的那個「思維」比較，不同於我前面對感知和表象的揭示。我前面對感覺、知覺、表象的揭示，與過去觀念中的那個感知和表象比較，在分析認識時，我是不得不增加了一些它們的內容——只有增加上，感知和表象原本就有的內容，才能恢復感知和表象的本來面目。而在這裡，在對過去認為的那個「思維」觀念，進行分析認識時，我做的工作，卻是要消減一些內容。剔除掉人們在對它的認識中，人為地強加給它的一些內容。只有這樣，才能使得它恢復本相；才能使得人們，看到思維的本來面目——不如此，我們就不能解釋：禽獸所具有的「判斷」能力，屬於什麼？非如此，人類所異於禽獸的真正的能力，就不能被揭示出來——人類所異於禽獸的能力，就必然地會繼續被蒙著一層神秘的色彩；否如此，我們也就不能區分，人類與禽獸真正的本質的區別在哪裡？也就不能對人類的本質能力，有一個真正的認識。

1 在後邊的「哲學和真理」一節中，我們會揭示出這種根源的具體內容。

2 《小邏輯》 黑格爾著 導言 §2 〔說明〕

3 《小邏輯》 黑格爾著 導言 §2

4 《小邏輯》 黑格爾著 導言 §2 〔說明〕

5 黑格爾在《小邏輯》的他處，還說過這樣的話：「何以我們單將思維列為一種特殊科學的對象，而不另外成立一些專門科學來研究意志、想像等活動呢？思維之所以作為特殊科學研究的對象的權利，其理由也許是基於這一件事實，即我們承認思維有某種權威，承認思維可以表示人的真實本性，為劃分人與禽獸的區別的關鍵。」《小邏輯》 §20 附釋

6 黑格爾《小邏輯》 §19 附釋二

7 【教育部國語辭典簡編本】

8 【教育部國語辭典簡編本】

9 《認識論辭典》 「判斷」條目 第49頁

6 思維、概念與詞語

第一節　概念與詞語

一、過去的觀念

當然，有人會提醒我們說，過去的哲學所言的「思維」，是指人得到「思想」的思維——以事物的存在關係為對象——這種思維，是人腦在概念的基礎上，對概念間的關係，進行的判斷、推理。這種提醒，當然很有必要——這種提醒，告訴我們：人們得到「思想」的思維，是以概念為基礎的。

勿須否認的事實是，在過去的哲學和邏輯學上[1]來說，概念，是思維的一個至關重要而不可或缺的基本對象。在哲學家和邏輯學家們看來，概念之於思維，就像磚頭對於磚房一樣地必不可少。

稍有一點邏輯學知識的人都知道，由亞里士多德所創立的、以思維為研究對象的「邏輯學」，其最基本的元素，就是概念——概念，是「邏輯學」以思維為研究對象的基礎。沒有概念，就不能有對概念的判斷和推理；沒有對概念的判斷和推理，就沒有概念的思維活動，也就產生不了思想。反過來說，只有有了概念，才能進行概念的判斷、推理，才能由思維得到思想——概念，是人腦思維產生思想的基礎。而思想，不管具有怎樣出類拔萃或驚世駭俗的內容，它的最基本單元，還是概念。概念，在得到思想的思維中，是必不可少的基本元素。

那麼，概念是什麼呢？在前邊討論思維的問題時，我們曾經表示過：對概念的問題，暫時放下不議——我們之所以會如此，是因為，概念與思維的關係，遠比表象與思維的關係，來得複雜和晦澀——這種複雜和晦澀，不只是概念與思維的關係如何，而且還牽涉著概念與詞語、詞語與思維等的關係的問題。

在這裡，我們先來探討一下，概念與詞語的關係的問題。

按照以往的一般觀念而言，概念的表現形式，是詞語（有聲之言語和無聲之文字——我們這裡，暫時不討論聾啞人的手勢語和盲人的盲文以及肢體語言），詞語表現的內容，就是概念。而由此觀念推論下去，我們也就可以得到這樣的結論：詞語與概念，是相輔相成的，彼此互為依存、缺一不可。即有什麼樣的詞語，就表達著什麼樣的概念。換一種說法，就是：沒有概念，就沒有詞語。反過來說，沒有詞語，也就沒有概念——說起來，這好像應該是相得益彰、相映成趣、順理成章的必然結論。

可如果檢查一下人類語言，我們就會發現，事實上發生的奇妙情況，卻是與此結論相違背的。

二、語言知多少

很多人或許並不知道，就我們這一個星球上生存著的人類來說，就目前的所知，人類，至少是有幾千種不同的語言——根據互聯網上《維基百科》的「語言」條目所說，地球上，目前已知的語言，有六千九百零九種之多[2]。這也就是說，我們在地球上的這些人類，曾經使用過或正在使用著，近七千種不同的語言。

由聯合國實行的六種語言的同聲轉譯，可以使得我們推斷出，不同語言之間，是可以互相交流的。再推而廣之，也就可知，這近七千種語言，也是可以實現相互交流的。而它們，之所以可以實現交流，是因為，它們的發音和字體雖然不同，但卻指向的是共同的目標——概念。這也就是說，至少就有七千多個詞語[3]，表達著同一個概念，即不管某一對象——比如「太陽」——在人們使用的語言中叫什麼（指幾千種語言約定俗成的不同叫法——漢語的「太陽」，在英語叫「sun」），但它，呈現在人們大腦中的概念，就是漢語所說的那個「太陽」的概念。

這也就可以看出，語言中的詞語與概念，並不像人們以往想當然地認為的那樣，是相輔相成的，而是彼此既割裂卻又相關的。

可以設想的出來：只要假以時間和精力，任何一個人，都可以憑賴於大腦能力，掌握這幾千種語言。

三、語言與概念不同

說到這裡，人們必須清醒地認識到，我們這裡所說的掌握幾千種語言，只是掌握幾千種語言的不同詞語（發聲和文字），而不是掌握幾千種不同的概念——概念，只有「一種」。即不管不同民族的人，交流時，發出什麼樣的話語音調；不管勾勒出的是什麼樣的文字和筆劃，也不管這音調和筆劃的不同，是如何地千差萬別，但它，指向的概念，則是「唯一」的。

也正因為概念是「唯一」的，所以，不同種族間的人，才可以通過概念，來實現交流。即把不同的詞語，指向同一個「概念」。反過來說，若概念不是「唯一」的，而是和詞語本身一樣千差萬別。即每一個「詞語」，都是對應著自己獨一無二的「概念」。那人類不同種族之間的語言交流，就不可能實現；也就永遠不可能有人類不同種族間的語言交流——因為，那樣一來，它們的詞語，就沒有任何的交匯點。因而，也就不能實現任何的「同一」。

顯而易見，人類不同種族之間的不同語言，之所以能夠實現交流，就在於有著共同的概念——概念，是這不同詞語的交匯點。不僅是不同種族之間的交流如此。即使同一民族、說著相同語言的人之間，語言的交流，也是如此——某個人的書信和話語，在另一個人，是需要理解的。如何理解呢？那就是他們詞語的對象，必須是指向相同的概念。如果詞語不是指向相同的概念，那就會出現理解的偏差或產生誤會。這理解，仰賴於什麼呢？在今天，我們已經知道，這理解，仰賴於人類的大腦能力。

這也就表示出，概念存在於人類的大腦之中。也就是說，不同語言之間的交匯點——概念——是存在於人類的大腦之中的。很顯然，不管不同種族之間和同種族之間言語的表達——語音、語序、語調、語色，和字體書寫——字體規整、端莊、秀麗或潦草、輕浮、醜陋——如何地不同，但它們，顯現在人類大腦中的對象，就是那「唯一」的概念。

這也就是說，在人類大腦的能力中，有一種能力，是可以把這幾千種不同言語和文字統一起來，成為「一個」概念的。反過來說，在人類大腦的能力中，有一種能力，是可以把同一個對象（比如漢語所指的「太陽」），用不同的詞語表達出來。換個角度，就會讓我們為人類的這個大腦能力，驚嘆不已：一個「太陽」，竟然就可以讓人類大腦，整出幾千個叫法——僅此一例，怕就會讓那些所謂的神仙鬼怪，自愧弗如。

奇妙就奇妙在，在人類，為什麼一個概念，竟然會衍生出七千多個詞語？而且，可以設想的出來，如果有一個群體，為著某種目的，自己創造了一種，只有自己群體才能聽得懂的語言，那也不算什麼稀罕事兒（土匪、海盜都有自己的黑話）。

四、詞語與概念

不過，由我上面的分析，人們在這裡，應該明白一件事兒，那就是：不管他們創造出的是一種什麼樣的語言，他們所創造的東西，也只是詞語，而不是概念。比如，我們漢語所說的「金錢」這個詞語，其概念的含義，是：「人類社會生活的物體[4]代換券」。而這個「人類社會生活的物體代換券」，在各國、各民族和各種集團的語言中，都有自己的各自不同的稱謂；但他們最終指向的目標，就是「人類社會生活的物體代換券」。這就可以看出，創造了自己群體語言的人們，也不過就是以詞語的形式，來表達著那個原本隱藏在事物對象[5]內部的類屬本質的「存在」。也就是說，他們所創造的詞語，是為了表達他們自己頭腦中的那個概念。這也就可以看出，語言，是為了交流的需要而產生——這種交流的目的，就是為了表達我們大腦中的概念——而交流需要的實現，就是借助於某個詞語，把我們頭腦中的那個概念，表達出來。

一個人，生下來就單獨地生活在一個孤島上[6]，那就不需要語言；但卻不能說，他頭腦中就沒有概念。之所以這個人是不需要語言的，是因為，他沒有可交流的對象（很多為了逃避惡人迫害，而被迫遠離人群而獨自生活著的人，原有的語言功能，也因為沒有交流的對象，而逐漸地遺失掉）；只要有了交流的對象，這個人，就會設法表達大腦中的概念（白毛仙姑、日本叢林野人後來回歸社會之後，他們的語言功能，很快就都恢復了）——甚至於為了這種表達，而去創造出詞語。換個角度來思考，我們就可以知道，即使沒有語言的存在，概念，亦依舊會在我們的大腦中存在著。由此，也就可知，概念在我們大腦中的存在，是先於詞語的。

至此，我想，人們應該可以理解：地球上，為什麼會有幾千種不同的語言——是因為人類種族間的生存境遇不同，而導致了交流方式的不同；因而，才產生了對「概念」的表達方式的不同。經年累月之後，就變成了約定俗成的言語和文字，即語言。而這幾千種不同的語言，為什麼又可以實現相互的交流呢？這顯然是因為，使用它們的，都是人類；都是生存在地球這樣的生存環境中，大腦都具有相同的機能——大腦產生的「概念」，就具有相同性，即有著共同的概念——若以此而論，那麼，概念，就又具有先天的一致性。即概念，具有著先天的機制[7]——正因為這種先天機制的相同性，才導致人類具有著一樣的概念。這種先天性，就像我們感覺器官，感覺一定刺激物的刺激，是先天的一樣。正因為有著這樣的先天一致性，所以，人類才可以實現，不同語言之間的「同一」交流。

言之於此，我想，人們應該對「概念是什麼」有個大致的印象了。而如果我們，把它總結出來，那就是：**概念是人類大腦對事物類屬的本質的概括**。由這個概念的定義，我想，人們應該會理解：概念所指的對象，是隱藏在腦反映——心理對象物背後的內部「存在」。即，是人們感知和表象中，所「見」不到的內容。

很顯然，不管是概念，還是詞語——它們，並不就是自然界或人類先天的現成存在；而是由人類的大腦能力，創造出來的東西——由此，也就可知，詞語和概念，都是人類大腦能力後天的產物。

1 邏輯學與哲學的關係，也如同心理學與哲學的關係一樣，是屬種關係，是不能並列的。而在目前，在人們的觀念中，它們也正如心理學與哲學一樣，是各自為政的學科。因而，我們依照於目前的觀念，在這裡，把它們並列在一起來說。

2 此說法，應該是可信的。根據上世紀（二十世紀）八十年代的《語言學基礎》所說，那時候的科學資料，就已經查明：人類在使用著五千六百五十一種語言。見《語言學基礎》第21頁 王振昆 謝文慶 劉振鐸 1983年9月第一版

3 有些概念，會有一義多詞的表述：比如漢語的「鷤搗」「杜鵑」「杜宇」「謝豹」「子規」，就是對一種鳥的幾種不同的稱謂。

4 在哲學及其其它學科，或生活中，人們對它的稱謂，習慣上叫做「物質」。這種叫法，顯然是錯誤的。因為，物質相較於物體而言，是整體與部分的關係。

5 這裡的事物對象，不能理解為只是刺激物屬性內容的對象，而也有情覺內容的對象。

6 這是人們為了說明某種問題，而常常會舉出的一個例子。但實際上，這個例子本身，就是一個謬誤——因為，它已經預先設立了一個不存在的前提，即人是從石頭縫裡蹦出來的。而事實上，人皆有父母。所以，這樣的單獨，並不純粹。我們在此借用此例，是希望能夠通過極端狀況，來說明我們的問題。

7 為文需要，我們尚不能在這裡直接告訴人們，這種先天的機制，就是大腦的想像功能。亦即，想像在人類是相同的、想通的。也正因為有這種相通性，所以，我們在思想上，才能彼此理解，以及理解彼此（不同種族）對事物的認識和知識。

第二節　思維能力的範疇

一、思維的內容不是概念

那麼，人類大腦的這個能力，是什麼呢？有人或許會說，就是思維。

而由我們前面對思維能力的分析，人們應該可以看出，大腦的思維能力——不管是人類的思維能力，還是禽獸的思維能力——事實上，並不能創造出什麼東西來。它只是利用著已有的現成表象，即把不同的現成表象的已有內容聯繫起來；而所得，並不能超出這些表象，所具有的內容範疇。即，超不出腦反映的範疇。亦即，超不出心理的範疇——這一點，與「演繹推理」，那種利用「大前提」，進行判斷、推理；而結論，超不出「大前提」的情況相類似。

表象，我們在前面的分析中，已經揭示了它的本質：**表象是腦對感知記憶的再現**——即表象也是一種反映——表象是屬於心理能力範疇的，即是屬於**「腦對刺激物的刺激意義性的反映」**的範疇。

由表象的定義，我們就可以知道，表象，不管映現出的對象物是如何地複雜，它也總是來源於那些曾經感知過的個別、具體的對象物——而這些個別、具體的對象物，總是帶著刺激意義性的內容的。表象既然是腦對這種記憶的映現，那麼，也就可知，腦要有這些個別、具體的對象物的表象，腦就要首先記憶住這些來源於感知的個別、具體的對象物——腦在記憶這些來源於感知的個別、具體的對象物時，理應會記憶著它，對機體所具有的那種刺激意義性；並適時地以表象的形式，在腦中，再映現出來——所謂再映現出來，就是在腦中，再一次地聽到、看到、聞到、嗅到、觸到感知過的對象物。也就是在腦中，再一次地感知到曾經感知過的對象物。這再一次的感知，雖然有別於刺激物刺激感覺器官的那種感知；但卻依舊還可以說是「感知」。因為，感知，就是在腦中映現出對象物及其刺激意義性來——而在表象中，所感知到的對象物和刺激意義性，對主體而言，並沒有發生什麼本質的變化。因而，也就可以知道，表象，不過就是主體仰賴於腦的記憶和複映功能，而在腦中，實現了「感知的感知」——再感知。既然表象不過是「感知的感知」——再感知，那麼，感知的一切內容，也就必然會再次在腦中顯現出來。故而，表象在映現出被記憶的對象物時，亦必然是連帶著它的刺激意義性內容，一並映現出來。

我們前邊已經分析過，**思維是腦判斷表象關係的活動**。由思維的這種特性，我們就可以知道，思維所面對的對象物，就是這些個別、具體且帶有一定情覺的對象物。由此，也就可知，思維中的對象，並不是純粹的物，還有情覺在其中。刺激物與情覺，在思維中，並沒有被分離開來——也不能分離開來。因為，若刺激物與情覺分離了開來，那麼，表象就不為表象——思維的對象，也就不是表象了。以視覺的感知記憶為例，若刺激物與情覺分離了開來，這裡的刺激物對象，就變為是不具有刺激意義性內容的對象物，就成為了照片的映像——照片不是表象。若思維的對象，不是表象，而是照片，那作為人類和禽獸大腦能力的思維——其判斷，所得出的結論，就與人類和禽獸的生存意義，不發生任何的關係。若思維如此，那麼，思維的判斷活動，亦便成為了與主體自己的生存，沒有關係的活動——這也就對作為思維主體的人類和禽獸，沒有了現實的意義。思維若如此，思維還有什麼必要存在呢？如此，人類或禽獸，也就不會去思維。即使人類與禽獸有所謂的思維能力，也會由於永久地沒有必要使用，而僵化起來。

由此而知，思維，如果要對人類或禽獸這些個主體有意義，那麼，在思維中的刺激物，就不能從情覺中獨立出來，也並不能獨自成為思維的對象。同理，情覺，也不能離開刺激物而獨在思維中。也就是：思維中，既沒有獨立的刺激物，也沒有獨立的情覺。

這一點，人們可以由我們前邊，對「情感思維」的舉例看到：「情感思維」，不過是以情感為側重點的「表象」思維——這裡，並不就是沒有「刺激物」——這裡的「刺激物」，就是為情覺服務的。這裡的情覺，代表著主體與刺激物的利與害關係。離開了刺激物，就沒有了利與害的對象——而沒有了利與害的對象，作為主體的人類或禽獸，與刺激物也就沒有了關係，也就不會對其有感知；而如果對其沒有感知，也就不會有其的表象。這也就可以看出，刺激物與情覺，在表象中，是相輔相成地存在著的。而思維，正是對這些表象間關係的判斷活動。

由我們以上的分析，也就可以看出，思維的活動——得出的結論，並沒有、也不可能超出表象所映現的範疇，即沒有超出反映的範疇。這也就是說，不管人們過去和現在，對思維如何地推崇；思維的能力，並沒有超出腦反映的範疇——它，還是一種心理的能力[1]。

以上這樣的說法，很有可能就會引起某些人的異議，特別是一些邏輯學家們的抗議。

他們會說，人類的思維中，不僅僅只是表象，還有概念——而概念，已經不是對某個個別的直接的對象（比如前面例子中的狗面前的「那個人」；一個人面前的「那個壞小子」）而言，而是**對事物對象類屬的本質的概括**——這種概括的本身，就已經不是反映，而是一種「揭示性的創造」。

這樣地說概念，當然是不錯的。但把這種對概念的說法，直接就歸為是思維的能力，在我看來，其荒謬，就好比說：「吃熟食的狗，一定是它自己把食物弄熟」——一樣地不合理。

二、思維的對象

有理由認為，語言中的概念，在思維的階段，實際上，並不就是思維本身的對象。即語言中的概念，在思維的階段，並不就是以概念存在著；而是以詞語——概念的表現形式存在著；並且，必然是有一定的情覺成分。亦即，「概念」，在我們思維階段的思維活動中，是以詞語表象的形式存在著。

也就是說，在腦活動的能力，只能達到思維階段的時期，是沒有概念的；只有概念的表現形式——詞語——表象。正如禽獸聽到一個女人撕心裂肺的嚎哭，對它，並不具有概念的意義，而只是具有驚心動魄的聲音刺激（感知和表象）效果一樣。亦即，作為思維階段的詞語，在腦中，還不能成為概念。它，只是一些聲音和文字的表象顯現。

詞語成為腦思維的對象，正如刺激物，成為具有情覺內容的感知對象——進而成為表象——並成為思維的對象的情況一樣[2]。也就是說，詞語對於人而言，其首先是感知的刺激對象。這就正如刺激外部感覺器官的其它外在刺激物一樣，記憶之後，就會成為表象；進而，成為思維的對象。

詞語，在思維中，是以表象的面目存在著——在一定的時期，它並不具有概念那種「**對事物類屬的本質的概括**」的意義。正如瑪雅文，對於不識其義的現代人，就只是一些符號或一些莫名其妙的文字（圖畫）刺激，而不具有概念的意義一樣。我們當然可以記憶瑪雅文，找出它們的相似符號，並判斷出它們的「相似性」來——這就是思維的活動[3]。但相似符號所代表的含義，即它們所代表的概念的含義，卻不是這思維，就可以讓我們明白的。比如，在瑪雅文的文字中，肯定也有代表著我們這個太陽系的主宰星球——「太陽」的符號。我們也完全可以把這個符號記住，讓它成為我們的表象（符號表象）。但讓這個符號表象，成為表達「太陽」的概念，即揭示出它意圖所代表的那個含義，則不是思維之能事。具體到我們的漢語來說，作為「思維對象」的太陽，並不就是指太陽這個概念；而是指太陽這個「詞語」——它呈現在腦的思維階段中的內容，只是聲音和筆劃及其情緒的影響性——這裡的「太陽」，只具有聲音和筆劃及其情緒影響性的意義；而不具有概念內容的意義。

可以說明這一點的是，我們會覺著，某個人的說話聲音好聽，具有一種攝人心魄的磁性魅力；或者說，某個人的字寫得好看，遒勁有力、入木三分，等等——這些，就是捨棄了詞語代指的那個概念的含義，而只是表示著語詞，給予我們的感知和表象。這就猶如一個只能聽懂漢語的中國人，面對著一個德國人用德語問路的情況一樣：在這個中國人的腦中，並不知道德國人「之乎者也」了個什麼；而知道的，只有一連串的「音容笑貌」。這個德國人的問路所說，對於這個中國人來說，就只是接受了一些言語的聲音刺激，而不是概念。這也猶如一個不識英文的中國人，穿著一件寫著自取其辱的英文襯衫，洋洋得意地招搖過市，結果卻讓認識英文的人，看見之後捧腹大笑的故事一樣。這個不識英文的中國人，襯衫上的那些英文，對於他，就是一些文字的符號表象，而不是概念；而這對於那些捧腹大笑的人來說，這裡的文字，就變為了概念。

這也就說明，詞語與概念，並不就是一回事兒。像上面所說的那種失趣的情況，也表現在不識本民族文字的人，面對著文字的尷尬狀況一樣。比如，一個說漢語而不識漢字的中國人。漢字，對於他，就只有感知和表象的意義，而沒有概念的意義。即使他看到一段，對他是一種極盡能事的侮辱文字。但在他，因為不識字，也可以表現的像個修養達到至高境界的達人那樣，談笑風生地誇耀那字寫得是如何地漂亮。但如果某個人，把這段文字，給他念出來（讓文字通過聲音，變為他能理解的概念）；那他的「風度」，立刻就會喪失殆盡，就會由愉悅轉為尷尬；再而，又變成惱羞成怒。概念，在任何時候，都是它自身。而詞語，只有在能和概念發生關係時，才是在表達著概念。

詞語是在哪裡？和概念發生了關係。在今天，我們已經知道，它是在人類的大腦中——這也就說明，概念，是存在於人類的大腦之中的。詞語是如何和概念發生關係的呢？詞語，首先須通過視、聽、觸等感覺器官的感知，即被人類的大腦所反映；之後，人類的大腦，才能把看到、聽到或觸到的詞語，在人類的大腦中，轉換為概念[4]。很顯然，詞語，要在人類的大腦中成為概念，即由文字和聲音（表象符號），化為與文字和聲音毫不相關的意義性內容——概念，它就需要人類大腦的其它能力來幫忙。

說思維能力面對著詞語（言語和文字），只是面對著具有刺激意義性內容的詞語的表象，而不是概念。最明顯不過地說明這一點的例子，就是那些具有思維能力的禽獸。禽獸，是可以聽到人類的話語的。但它，卻無法聽懂（理解）人類的話語。它們之所以不能夠聽懂（理解）人類的話語，就在於，它們不能把話語（聲音），轉變成概念。有人或許會對這種說法不以為然，他們會以禽獸（家中寵物）的行為來斷定，具有思維能力的禽獸，可以聽得懂人話，也就是懂得人所說話（言語）的意思。即使得言語，成為了具有意義內容的概念。這其實是一種誤解。對於禽獸而言，它在這裡聽到的話語，不是包含著概念含義的內容，而是聲音刺激帶有的刺激意義性內容。之所以它們，看上去，也會按照人的命令去行事，是因為人說話聲音的本身，對它是有情覺成分的。它在這裡，所理解的是情覺的內容，而不是語詞所表達的概念的內容。

能夠說明思維的對象，不是概念，而是詞語（符號），最明顯而最有說服力的對象，就是研究思維的形式邏輯。也正因為詞語，在思維的階段不是概念，不具有概念的意義，所以，才就有了可以以任何一種符號，來代替任何「概念」（其實是詞語）判斷的「形式邏輯」。

---

[1] 我總是覺著，從某種角度講，表象與思維的內在邏輯關係，類同於（或等同於）感覺和知覺的那種關係。知覺相對於感覺，思維相對於表象，它們都是一種綜合——這在生物機能的方面來說，表象與思維的能力，是比感覺與知覺的能力，高出了一個層次。

[2] 我懷疑，從某種角度講，表象與思維的關係，類同於（等同於）感覺和知覺的關係——這在生物機能方面來說，是高了一個層次的。思維是刺激意義性的揚棄。即是把直接、簡單的刺激意義性，轉變為間接、複雜的刺激意義性。情緒是感知的刺激意義性判斷；而情感是表象和思維的刺激意義性判斷。

[3] 能夠識之那些是符號，或注意到那些符號是瑪雅文，本身也並不就是思維之能，而是仰賴於意識能力的參與。再高級的禽獸，也是不會、也不能看到並注意那些符號。即使我們人類自己，如果沒有意識能力的參與，我們也不能、也不會去注意到那些瑪雅文符號。

[4] 這裡的這種說法，是針對著人類有了語言之後，以及語言是如何成為概念的情況而言的。更深刻的問題，在於：人類是如何創造了語言的——因為，語言是人類的創造。

第三節　再論概念與詞語

一、概念不是心理對象

我們已經知道，我們這個星球上的人類，是有近七千多種不同的語言的。也就是人類，用近七千多種不同的詞語，表達著「同一個」概念。

既然「同一個」概念，可以有近七千多種不同的詞語來表達。除了可以證明詞語不是概念之外，也同時就證明了，詞語並不就是自然界的現成存在，即不是人類的先天存在，亦即不是像人類的感覺功能、知覺功能、表象功能那樣，是自然而然的存在——這裡所說的「不是自然界的現成存在」，是指詞語作為表達概念的表現形式而言。而不是指它，物理性能的音調和筆劃。詞語的物理性能，是聲帶和手指以及物體的媒介——人類的大腦，正是利用著這種先天的存在，而創造出了詞語。

詞語不是先天的存在。那麼概念呢？概念也是如此[1]。正如人們知道的那樣，**概念是人類大腦對事物類屬的本質的概括**。這也就是說，如果沒有人類大腦的存在在先，也就沒有這種概括——這種概括，無疑超越了那個由感知記憶而得到表象的能力範疇。

人們已經普遍地知道，感知的對象物，不管怎麼說，總是以一種現象的面目所出現；而複映感知記憶的表象，其的對象物，也自然就是這現象[2]。

可概念，卻不是對現象的一種反映，而**是對事物類屬的本質的一種概括**——這就已經不是感知和表象，所能顯示的。比如「樹」這個概念，就不是指我們面前的某一棵桃樹、某一棵柳樹、某一棵白楊，等等呈現給我們的現象，而是指「木本植物」。亦即，所有的樹對象，都在我們這個概念所包含的範圍之內。即使我們縮小一下範圍，說「桃樹」這個概念——桃樹，也不是單指我們面前的某一棵桃樹的現象，而是指所有「結桃子」的樹，即「結桃子的木本植物」。這裡的這個「桃樹」的概念，就是一種概括。因為，它已經不管這些個「結桃子木本植物」的樹齡大小、有無結過果實，即不管桃樹是不是已經長了幾十年或是才栽上不久，是否已經結過了桃子，等等的現象。

由此，人們看到，概念揭示的內容，是感知和表象對象「含而不露」的內在的內容——這既不是刺激了我們感覺器官，引起我們腦的感知和表象活動的事物表面現象；也不是伴隨著我們感知和表象對象物，而引起我們機體體驗的情覺。而是那種隱藏在被反映對象內部，深藏不露的本質內容——即人類腦自體的能力，以感知和表象及其情覺為基礎，而創造性地揭示出的一種內容——這種內容，在人類大腦中的存在，就是概念。

我們前面已經說過，一個概念，是可以用幾千種不同的詞語來表達——否則，人類就不會有幾千種不同的語言。反過來，也可以說，幾千種不同的語言，也可以被「一個」概念所囊括。比如，我們一再所說的「幾千種不同的語言」[3]——這個概念，就是對人類所有各式各樣語言的總體表達。再簡化一下，就可以用「語言」這一個概念，把它們「盡入吾彀中」。再比如，這裡的「詞語」這個概念，就是對幾千種不同言語和文字的一個表達。即這個「詞語」的概念所指，囊括了幾千種語言的不同言語和文字。亦即，不管它們發出的聲音，是什麼調調，也不管它們的筆劃，是怎樣地勾圈點劃——它們，都不過是漢語「詞語」——這個概念，所指的對象。

由此可見，概念，是絕對不同於感知和表象的。就說那個「晝行夜伏」的太陽，在感知和表象中，它每次都是新的；但在概念中，它卻是不新也不舊的。對於「太陽」這個「概念」而言，「晝行夜伏」的那個太陽，是否普照著萬物，是否被雲靄遮住了，它是不在乎的。因為，那對它來說，是沒有什麼意義的——它在乎的內容，是對象「本身是什麼」，即「晝行夜伏」的那個太陽的本質屬性。

二、概念的屬性

說到這裡，有人或許就會提出異議說，「晝行夜伏」的那個太陽的本質屬性，到今天，也不能敢說就完全地被揭示了出來。而一個太陽的「概念」，怎麼就能說，是表達出了「晝行夜伏」的那個太陽的本質屬性呢？

這個反詰，表面看上去，好像應該是有一定的道理。因為，人類對事物對象的認識，的確不是一蹴而就的，是漸進式的。有很多概念，我們到今天，也沒有能夠揭示出其的準確含義。

但人們應該知道，概念是否表達著對象的本質屬性，和我們認識到或認識不到這個概念的含義，那是兩碼事兒。概念，在我們大腦中，總是直指對象的本質屬性的。至於概念，是不是能夠以概念的表現形式（詞語），被完全地呈示出來；是不是在交流中，能夠被表達出來——那又是另一回事兒。比如，「人」這個概念，截至到目前，在世界上，也沒能有一個被世人普遍承認的定義。但即便如此，有誰敢於說，「人」這個概念，並沒有表達著我們人的本質屬性呢？不屑爭辯的是，人的一切特性，我們都可以用「人」這個概念來表達。但如果這種表達，稍有差池，我們也能立刻就發現其的錯謬之處。這錯謬之處，我們是如何發現的呢？概就因為，它與概念表達的本質屬性，所應該呈現出來的內容，在我們覺著，不相符合。

或許，有人會認為，概念，只是由事物的表面現象所得到。因而，在他們看來，概念，也只是表達著事物的表面現象——只是事物的表面現象，在我們大腦中的一種複製——也就是反映。

這種看法，如果我們不說是一種淺薄，那至少是一種誤解。不說人的相貌千差萬別，單就一些身體上有缺陷（缺胳膊少腿）的殘疾人——他們，在表面現象上，與我們的巨大差別，並沒有使得我們會認為，他們不是人；而是認為，他們和我們一樣，都無愧於「人」這個稱謂。我們為什麼會這樣地認為他們呢？顯然，這不是他們呈現於我們的表面現象，所能決定的；我們也不是通過這呈現的表面現象，而給予他們「人」的稱謂——我們所說的「人」概念，當然是包括「他們」在內的。再比如「真理」這個概念——自從哲學誕生之始，「真理」的本質屬性之所在，就是哲學家們殫精竭慮，而苦尋不得的一個對象。對它的認知、定義，更是難於勝數地多如繁星；然而，對這種認知、定義的否定，也與對它的認知、定義一樣，比肩而立地相映成趣。雖然，我過去對它的定義：「真理是人們符合事物規律的認識。」[4]目前，尚沒有遇到有價值的否定性爭辯；但也難說，這必定就是「一錘定音」。而在我的這個定義沒有做出之前，難道說，「真理」這個概念，就不是在表達著「人們符合事物規律的認識」？而是在表達著別的什麼東西不成？

顯然，不管是「人」的概念，還是「真理」的概念，它們自打誕生起，就一直在表達著它們的本質屬性。因為，概念自打產生之時起，就是穿透了感知和表象所擁有的事物表面現象，而直指著事物類屬的內在本質——是我們的大腦，對事物類屬的內在本質屬性的一種概括。

由此，也就可以看出，能不能認識到概念的本質屬性、能不能給予概念以準確的定義，是一回事兒；而概念有沒有、是不是表達著事物的本質屬性，則是另一回事兒。

由我上邊所做的分析，我想，如果我說，詞語與概念不是一回事兒——應該是已經可以讓人理解的。而通過我此前對概念和詞語的分析，如果我接下來說：不管是詞語，還是概念，它們都不是自然界的現成存在；而是由人類大腦的能力，所創造出來的東西——也應該不會引起什麼訾議。

需要強調的是，這由人類大腦能力創造出來的東西，是以感知和表象（這裡的感知和表象，一定要包含著情覺）為基礎的。離開了感知和表象，這種創造，就不可能發生。這就猶如先天失明者，沒有光線和色彩的感知和表象，而創造不出光線和色彩的概念一樣；也就猶如先天失聰者，沒有聲音和音樂的感知和表象，而創造不出聲音和音樂的感知和表象的概念一樣。

由此，也就可知，人類的大腦，是以心理的內容為對象，才創造出詞語和概念的。如此，我們又回到了我們前邊所問的問題，創造出這種東西的人類大腦的能力，是什麼呢？

---

[1] 概念也有一定的先天性，即人類的概念都有著一樣性。或者說，都是那樣地形成著概念——這是大腦的一種先天的特性。所以說，概念有其先天性——這方面，應該是和感知的那種特性相類似。這種先天性，也就是想像的功能——人類的想像功能，就是人類的天性。

[2] 我希望，這樣的說法，不會引起人們的異議。若果有此等吹毛求疵的人，那就可以讓他們去想想，禽獸的感知和表象的對象。當然，這樣說，首先就要斷定，他們承認禽獸是有和人一樣的感知和表象能力——如果他們連這一點，也搞不明白，那只好讓他們，去求助於神祇了。

[3] 這個表達，在漢語中是有限制的。即這個「幾千種」，是指萬種以下，二千種以上。

[4] 見《學術精帖》一書中的拙作「真理的定義」一文。最近思考這個問題，覺著如果把其中的「規律」加上「本質」，把「認識」變為「知識」，即「真理是人們符合事物本質和規律的知識」——這樣的說法，才更具有哲學的味道。因為，這種說法，才把人類社會（包括精神領域）的內容，也涵蓋了進去。而先前的那個說法，給人的印象，似乎僅僅只是針對著自然科學領域的內容而言。

第四節　認識面對的對象

一、「剝奪感覺」的實驗

我們已經知道，**概念是人類大腦對事物類屬的本質的概括**。這就是說，概念的對象，已經不是我們心理中的那個帶有情覺的單個刺激物，而是這個刺激物的類屬。這也就是說，如果我們要想達成對刺激物有概念，我們，就不僅要把我們給予刺激物身上的情覺內容，從刺激物的身上給剝離下來，以便於看到刺激物本身的原貌；我們，還要能夠把握刺激物的類屬，即把與刺激物相同的類屬，給它們合併在一起；更大的問題，還在於：我們，還需要將刺激物類屬的表面現象，從刺激物類屬的身上剝離下來，直達刺激物類屬的本質——讓刺激物的類屬本質，直接呈現在我們的大腦之中。

而要想實現這一切，我們首先就需要，使得我們自己的心理內容，成為我們自己的對象。

說到這裡，我們不能不指出一個令人扼腕惋惜的事實：過去的哲學家們，從來也沒有真正完全地認識到，我們所認知到的世界及其具體事物，實際上，不是直接地對世界及其具體事物的認知，而是對我們自己的心理內容——「腦反映」內容的認知。換個方式來說，就是：過去的哲學家們，從來也沒有真正完全地認識到，我們，是通過對我們自己心理內容的認識，才獲知了世界及其具體事物的存在。或者說，我們對世界及其具體事物的認識，是通過對我們自己心理內容的認識，來實現的。

這說起來，好像是一件很難於讓人理解的事情。但欲要證明這一點的方法，說起來，其實也很簡單，但卻也很殘忍——這個方法，就是：讓人們的感覺器官，完全地失效。即剝奪人們心理來源的最基本能力：感覺的能力。感覺的能力沒有了。那建築在其上的知覺和表象，乃至於思維的能力，還能不能發生作用呢？還能不能看到、知覺到，那新建的奇形怪狀的大樓呢？顯然是不能的。

過去的心理學家們，似乎也已經猜到了這一點。他們正是為了驗證他們自己的這種猜測，而設立了那個著名的「剝奪感覺」實驗——這就是對這種猜測性認識的一種實踐。只是令心理學家們頗感意外的是，在實驗中，作為被實驗對象的那些人，幾乎全部都是在沒有實驗多長時間，就都主動地放棄了這個實驗。心理學家們，雖然為是這樣的一個失敗的結局，頗感意外，並產生了諸多的想法。但他們，卻也並不知道失敗的真正原因，究竟在哪裡？

在我看來，之所以會出現這樣的情況，並沒有什麼神秘不可測知的原因，而是這種實驗方法本身的必然結局。因為，這個實驗的名目，雖然是「剝奪感覺」；但感覺，在這個實驗裡，其實，並沒有被真正地剝奪，而是被扭曲性地強化了。這種實驗的情況，實際上，是在剝奪了某些感覺器官的感覺時，同時，卻又強化了另外一些感覺器官的感覺。也就是說，感覺，事實上，並沒有被真正地剝奪，而是被強制性地刻意扭曲了。在實驗中，正是這種被扭曲的感覺，不斷地刺激著實驗者的大腦，使得實驗者大腦面前的這些心理對象，由於刺激的單調和持續，而被強迫性地放大開來；並也由於感覺的情緒內容，受到了強制性的抑制，與其調節的自然功能產生了衝突。因而，就自然地使得實驗者的大腦，產生出了祈望的幻覺——這在成人是個必然的結局——因為，我們大腦中的一切景象，在我們的大腦中，已經伴隨著心理對象，而留下了有序的刻痕（這就是錯覺的根源）。正如我們要抓取某些東西，首先要運動臂膀、活動肘關節和腕關節，而後指關節彎曲抓取東西，變成了一種近乎本能的有序動作一樣。而「剝奪感覺」的實驗，則是把這些有序的內在邏輯活動和景象，給打亂、拆散了。這就必然地會在他們的大腦中，造成了一種混亂；這就必然會使得他們，產生出了一種焦慮——正如我們面對著屋子裡淩亂不堪的景象，會不由自主地感到一種焦慮一樣——這種焦慮，如果一直縈繞在我們的大腦之中，且沒有恰當的地方被釋放出來，其自然就會被強化……待其達到難於忍受的程度時，就會出現精神（幻覺）的問題。被實驗的對象，之所以不能堅持下去，就是因為這樣的緣故。

我們前面所說的讓感覺器官完全地失效，不是這種所謂的被「剝奪」，也不是對成人而言，而是從嬰幼起——從母腹降生出來的那一刻起。那樣一個沒有了一點兒感覺能力的孩子，你就是多給他十個「靈魂」，世界對於他，也是一片沒有任何生機和活力的漆黑而死寂。他既然沒有了任何的心理，也就不可能有對世界的任何認知。

二、海倫·亞當斯·凱勒的啟示

說到這裡，有人或許會想到，偉大的盲人作家：海倫·亞當斯·凱勒（Helen Adams Keller，1880年6月27日－1968年6月1日）。在這裡，我們更應該想起，比海倫更偉大的、給了海倫世界景象的教師——全世界所有有良知的人們，更應該記住這個人類典範的名字——安妮·莎利文(Annie Sullivan)。因為，是她用人類人性才有的博大無比的情愛，讓一個不幸地跌落在黑暗死寂中的孩子，獲得了心靈的重生和世界的光明。海倫·亞當斯·凱勒的幸運，當然不僅僅是遇到了這個——具有母性般博愛胸襟的偉大導師；也在於：她不是一出生，就喪失了視聽的功能。若是她一出生，就沒有視聽的功能。再偉大的教師，也教不出一個文學家的海倫。因為，若沒有過色彩和事物及聲音的起碼印記（表象）。她的大腦，就不可能對此，有所能為。她也就不可能憑賴於觸覺，而重新地感知出來世界（那會是另一番情況）。這也就再一次地證明，我們的認識，是以心理內容（海倫的觸覺也是心理範疇）為對象的。

但是，我們在這裡這樣說，並不就是表示，我們認為，我們對於我們面前的世界，只是機械地反映著。我們的心理——腦反映的內容，對於我們，就像顏料之於畫家那樣。沒有這個顏料，再有天賦的畫家，也不可能畫出賞心悅目的圖畫；而只要有了這個顏料（心理內容），那麼，任何一個人，都是自己心靈的杰出畫家。

人類比禽獸的幸運，在於：我們的能力，使得我們並不止於得到心理內容；而是使得我們，可以借助於心理內容，而達到對世界及其具體事物的概念性認識。當然，從得到心理內容，到達到對世界及其具體事物的概念性認識，不是一蹴而就的；而是需要經歷很多的過程，並依賴於人類唯有的一種特殊能力，才能實現。

那麼，這是經歷了什麼樣的過程，並依賴於什麼樣的能力，才實現的呢？

三、黑格爾的概念觀點

我們通過前邊的分析，已經知道，概念與詞語，並不就是相輔相成的關係，而是各自獨立的存在著——人類的詞語，是為了表達頭腦中的概念。由此，也就可知，概念，在人類的大腦中，是先於詞語而存在著。這也就是說，沒有詞語，並不就是沒有概念；但如果沒有概念，肯定就沒有表達概念的詞語——它們的關係，是既割裂又相關的。

在前面的分析中，我們已經探討了概念的實質問題。接下來，我們就要探討一下：人類的大腦，是怎樣才有的概念？即概念，在人類的大腦中，是怎樣產生出來的？亦即，概念在人類的大腦中，是怎樣的一種狀況？

說到這裡，那些贊成黑格爾「哲學全書」的《邏輯學》一書上「概念」觀點的人，可能就會表現出不以為然來。因為，在「哲學全書」的《邏輯學》一書上的「概念論」中，黑格爾是不贊成概念有形成和來源的觀點的；當然，也就更不贊成有「怎樣產生出來」的問題存在。

黑格爾在「哲學全書」的《邏輯學》一書上的「概念

論」中，極其明確地這樣說道：「我們並不形成概念，並且一般說來，概念決不可認作有什麼來源的東西。」[1]黑格爾持有這樣的觀點，與他那為上帝張目和演繹「絕對理念」的哲學體系，不無關係。在概念與自己哲學體系的關係上，黑格爾是有清醒的認識的。他知道，如果概念有形成和來源的問題。那麼，概念的實質不管怎樣，概念就都是有界緣的，即可以分出邊界來，亦即是有限的。而這樣一來，作為其哲學體系支柱的上帝或說絕對理念，就會因為是後天的概念性對象的問題，而受到「思維」的限制——這在黑格爾，是絕對不能容忍的。

在黑格爾看來，上帝或說絕對理念，是沒有界緣、是不受限制的。當然，也就不可限制。而如果承認概念是有來源、有形成的過程，那概念，就是由後天認識得到的對象。而這對他那為上帝張目和演繹絕對理念的哲學體系來說，無疑就是個致命的打擊——因為，上帝或絕對理念，作為人們的對象，不管是怎麼樣地特殊，但卻也總不能脫離在人的面前，是個被認知的對象。而人們要和這個對象發生關係，要認知這個對象，那它作為人類認識對象的身份，首先就是個「概念」。所以，黑格爾為了迎合上帝或絕對理念——只可以由人們發現它的存在，只可以部分地獲知（或說「部分地認知」）它的內容，而絕對不可能去認識它的本身，亦即不可能被發現其如何形成，和被發現其來源——他就需要，讓上帝或絕對理念，與概念合併在一起，成為不受人類認識能力所限制的對象，即把概念（或上帝或絕對理念）變成一切存在的內核。這樣一來，概念，作為一切存在的內核，就是先天的自在自為之物。由此而知，黑格爾所認為的「概念」，並不來源於人們的認識，不是人們認識的產物，而是上帝或絕對理念的化身。

——荒謬的是，這個上帝或絕對理念或概念，不管被黑格爾認為是怎樣特殊地存在著，但在黑格爾這裡，卻首先就是被黑格爾所認識、所「思維」的對象。而既然是被認識、被「思維」的對象，那麼，它們的本身不管怎樣，在他這裡，就都是有界緣並被限制的對象。因為，這上帝，並不是被他所發現的，只是被他所獲知。而他的獲知，首先就是通過對「上帝」詞語的認知，進而轉化為他的絕對理念的概念。因而，也就可以看出，不管上帝或「絕對理念」是什麼，在他這裡，就存在著識之及轉化的問題，也就是來源和形成的問題。上帝或「絕對理念」作為概念，在他這裡，都存在著來源和形成的問題；而他，卻硬要我們認為，概念是不存在來源和形成的問題——這顯然就有點痴人說夢了。

四、「知性邏輯」的概念觀點

被黑格爾所批判、比黑格爾稍早的「知性邏輯」，與黑格爾在這方面的觀念，恰恰相反。

「知性邏輯」是怎麼看待概念的來源和形成呢？通過黑格爾的代述，我們知道，「知性邏輯」是這樣認為的：「我們以為構成我們表象內容的那些對象首先存在，然後我們主觀的活動方隨之而起，通過前面所提及的抽象手續，並概括各種對象的共同之點而形成概念」[2]。——在我看來，「知性邏輯」的這種認識，與黑格爾關於概念的那種玄虛且自悖的觀念相比，應該是更接近於概念的實質。也就是說，我並不以為，概念是沒有來源和形成、是不存在怎樣產生的問題的。相反，在我看來，概念是人腦能力的一種產物。

說到這裡，已經不用我們再去論證什麼了：由黑格爾代述「知性邏輯」關於概念的認識，我們就可以知道，我們對世界及其具體事物的認識，其實，就是對我們自己心理內容的認識——對「知性邏輯」和黑格爾所謂「表象內容的那些對象」的認識——這裡的這個「表象內容的那些對象」，不管是個什麼樣相，它總歸還是屬於心理的。

由此事實，我們就得到了一個驚天地泣鬼神的啟示——由黑格爾代述「知性邏輯」關於概念的說法可知，作為概念擁有者的人類，起碼存在著兩種能力：

一種是得到「表象內容的那些對象」的能力。

一種是探索「表象內容的那些對象」的來源的「以為」能力。

——這顯然是兩種不同的能力。也就是說，黑格爾代述「知性邏輯」的那種說法，提示我們：人是有兩種不同的能力的：一種就是心理的能力——感覺、知覺、表象等等的能力——在這裡，是「知性邏輯」和黑格爾所謂「表象內容的那些對象」的能力；一種就是以這種心理內容（「知性邏輯」和黑格爾所謂「表象內容的那些對象」）為對象的「以為」的能力。換一種表達方式說，就是：

一種能力，就是得到「表象內容的那些對象」的能力。

一種能力，就是把這些「表象內容的那些對象」作為對象，通過「以為」，而去認識其「來源」的能力。

說人，是有這樣的兩種能力存在著。即使我們用黑格爾本人做例，也不例外。不管上帝或絕對理念或概念，在黑格爾的看法中是什麼，它們首先就是黑格爾後天所識知的對象——不管是通過言語，還是通過文字所識知——這種識知，就是首先要把它們作為他的「表象內容」（記憶的顯現）；只有有了這個「表象內容」，他才能夠有對這些個「表象內容」，進行主觀「以為」的思想。

不過，由黑格爾代述的那個「知性邏輯」的認識，也有其侷限性——這種侷限性，就是：倒果為因，囫圇吞棗，不究其裡。之所以這樣說，是因為，他們雖然認知到得出概念的認識，是以「表象內容的那些對象」為對象。但他們的這個「表象內容的那些對象」，卻不是心理中的實際的表象內容，而是被科林伍德先生在《藝術原理》一書中，所指出過的那個「純化過程的產物」[3]。也就是說，他們的這個「表象內容的那些對象」，雖然保留了表象那個「再現」的形式，但在內容的方面，卻進行了閹割。這種閹割，就是把表象包含著的情感內容，給丟棄了；而讓「表象內容的那些對象」，只是保留了純粹的物像——我們通過前邊的分析，已經知道，「表象內容的那些對象」，在我們大腦中，並不就是純粹的物像，而也是具有情感的內容的。

五、「知性邏輯」的啟示

我們怎麼能夠「以為構成我們表象內容的那些對象首先存在」呢？換個角度來問，就是：是「誰」或「什麼」，在對我們「表象內容的那些對象」「以為」呢？

很顯然，這裡的這個「以為」者，不是我們感知「那些對象」而再現它們的能力（表象），也不是我們的思維——思維是腦判斷表象關係的活動——能夠「以為」「那些對象」是「首先存在」的，就已經超出了以「表象關係」為判斷內容的思維能力的範疇。即被「以為」的「那些對象」的那個「首先存在」，已經超越了思維能力的範疇。亦即，這已經不是對這個表象，與那個表象的關係的斷定，而是讓全部的表象——原話中的「表象內容」，與表象中原本沒有的「東西」[4]——原話中的那個「首先存在」——發生了關係。這也就是說，全部的表象，在這裡，只是這個關係的一面；其的另一面，就是「首先存在」——這「首先存在」，就不是感知或「感知記憶的再現」，所能得到的對象。因而，這個被「以為」的「那些對象」的那個「首先存在」，就不是思維之所能為，而是另有他者的所為——這個他者，就是「**想像**」——由它已經能夠「以為構成我們表象內容的那些對象首先存在」，我們就可以明白，它已經超越了我們心理——腦反映能力本身，所能為的範疇。

比照「知性邏輯」關於概念形成的所說，我們就可以知道，當我們能夠「以為」表象作為「對象」，而「首先存在」之時，我們不僅是把我們的腦反映——心理中的「表象內容」，從腦中，剝離了出去——還給了「首先存在」；我們還把這個「對象」身上的情感（刺激意義性），亦給剝離了下來。「對象」，在這裡，已經成為了與我無關的純粹存在物。因為，若「對象」，不是與我無關的純粹存在物。那它，就不可能是那個與我無關的「首先存在」。反過來說，在心理能力的階段，它若要對我們存在著，它就必然地只能是我們心理的存在——只能是與我們發生關係，且具有我們的情感（刺激意義性）內容的心理對象。也就是必須和我們發生「心理關係」，它才能夠存在於我們的心理中。若我們能夠「以為」其「首先存在」，那就是表示，它已經不再是需要和我們發生「心理關係」之後，才能存在。也就是說，它，不管刺激不刺激我們，不管能不能夠成為我們的「刺激物」，它都「首先存在」著。

僅僅就是這種「以為」結論的本身，就已經不是心理能力，所能得到的對象了。也就是這個「以為」，已經使得我們知道：不管它是不是和我們發生心理關係，不管它是不是會成為我們的「表象」——它，都會因為「首先存在」，而自在地存在著。

在這裡，人們應該已經可以看出，這裡所說的這個「純粹存在物」，已經不是腦反映中的內容，即已經不是心理所能有的內容，亦即不是由「反映」可以得到的對象。換個角度講，就是這個對象，已經脫離了和我們心理的「關係」，已經不是腦反映見出的那個對象了。也就是說，它已經掙脫了我們心理的限制，成為了「自由自在」的存在。

再換個角度來說，我們也就可知，如果人類要能夠「以為」「表象內容的那些對象」，不是由「我」決定（和我發生心理關係）地「首先存在」著。那麼，人類，首先就要能夠直面我們的心理——直面黑格爾和知性邏輯所謂的「那些對象」。既讓黑格爾或「知性邏輯」所說的「表象內容的那些對象」，首先成為我們的對象——也就是我們能夠開始關

注：自己的心理內容。這也就是說，要達到對對象有概念，人類首先就要洞悉：在概念與事物對象之間，尚存在著心理對象物及其情覺。

當然，我們必須看到，由黑格爾代述「知性邏輯」的這個「表象內容的那些對象」，是作為整體而言的，也就是它已經是被抽象化的對象了。而就實際對象而言，我們心理的表象，都是作為個體，並伴有一定情覺內容，而存在的。也就是說，我們的「以為」對象，並不就只是、只有針對著整體的「表象內容」，才能「以為」什麼；針對於個體，我們也可以「以為」。

---

[1]《小邏輯》　黑格爾著　第三篇　概念論　A・主觀概念　（a）概念本身（DerBegri　e　ealsSolcher）　§163　附釋二

[2] 同上

[3]《藝術原理》　【英】科林伍德著　王至元 陳華中譯　第二編　想像論　第八章　思維與感覺　第二節　感覺　第167頁

[4] 理解這個原本沒有的「首先存在」，最好的例子，就是數學上的那個「0」。沒有的東西，是不能感知的，也就不能有表象；而也就不能有對它的思維。這個「首先存在」，對心理——腦反映而言，就如同那個數學上的「0」。

第五節　駁主觀唯心論

一、主觀唯心的貓論

在前面的「心理篇」，我們已經分析過，就我們與外部事物的心理關係而言，外部事物的對象，呈現給我們腦子的現象[1]，並不就是它們的純粹自身——不管是我們的感知、還是表象、直至思維的所得，它們總是具有刺激意義性內容的對象物，即具有情覺內容的對象物。也就是說，外部世界的刺激物，不管對於我們是有益的刺激，還是有害的刺激，它們總是和我們發生了一定的「關係」的——我們首先擁有的對象，就是這個與我們具有了一定的「關係」的對象。

而且，我們還應該可以想到，這呈現在我們心理面前的對象，都是直接、具體、個別的個體對象。我們的感覺器官，正是因為直接受到了這些個體對象的刺激，才和它們發生了「關係」。也正是因為有這種「關係」的因素的存在，才使得刺激物，看上去，具有了我們的情覺內容——這就使得對象，在我們唯有感知和表象能力的那個心理階段，看上去，和我們融為一體、不分彼此，成為了我們的一部分。

我這樣地說，對於成人們來說，應該會是覺著很難理解的。因為，我們這些成人，總是覺著是很自然地就知道了，外部世界的事物對象，是外在於我們而存在著。正如天上飄動著的白雲、地上跑著的禽獸，在我們這些成人看來，是與我無關的存在，是外在於我們的存在——這在我們這些成人的認知中，覺著並沒有什麼可懷疑的，是自然而然的。

可很奇怪的是，當這種看上去自然而然的認知，一經被某些哲學家，上升到所謂的理論高度來說時，一種絕對主觀唯心的觀念，就會占有某些哲學家的頭腦——就會把他們原本正常、清晰地對世界的認知，讓他們自己給整混亂了：就會以世界是他的感覺所產生、世界只是他的一種幻覺，等等的說法，來顯示自己的辨析能力。

他們之所以會有這樣的一種認知，無疑是和人類所必然經歷的、我們前邊一再指出的那個「心理階段」，不無關係。也就是他們在反思人類能力時，也看到了人類能力，必然經歷的這個「心理階段」——只是他們把自己的反思，故步自封在這個心理能力的階段上；且自以為是地對這個階段的心理內容，進行了任意的閹割。因而，才得出了他們那個，絕對主觀唯心的觀念。

他們在述說自己的認知對象時，往往要以某些於己無關的動植物，來作為他們分析的基礎。比如，一隻貓——這隻貓，在他們看來，就是由「人們」[2]的感覺產生出來的，是人們幻覺的產物。因而，在他們，就會認為，事實上，人們並不清楚，這隻貓，是否是真實的存在。

他們針對著的這個例子，並由此例而得出的這個結論，還真是讓我們，有些難於辯駁。如果他們，真得非要讓我們圍繞著這隻貓，並且不涉其它物類地去辯白——在我們，辯駁起來，的確是有點兒困難。

因為，這隻貓，與他們和我們的存在與否，並沒有什麼直接的因果關係。我們說，這隻貓，是真實地存在於這個世界上的寵物；而他們楞說，這隻貓，不是真實的——並由此，而得出：這個世界，都不是真實的存在，都只是人們的一種幻覺。如果我們堅持：這隻貓，是真實的存在。而他們，卻要我們拿出，可以讓他們接受的實際證據，來證明它的真實性——我們侷限於這隻貓，還真是有點兒「黔驢技窮」。

因為，如果我們要讓他們改變他們的那種觀念，我們不管採取什麼方式、辦法，我們都必須首先得承認，這隻貓，確實都要通過人們的感覺器官（視覺），才會被發現、才會被看到。事實上，我們也一直在強調著：我們的一切心理內容，首先都是來源於我們的感覺器官——這就是事實，給予我們認識的軟肋。所以，不管我們怎樣說，到頭來，我們還就得承認，這隻貓，首先是人們感知到的對象。也正因此，他們說：這隻貓，就是人們感覺產生的對象，就是人們感覺的產物。進而說：這隻貓，就只是人們的幻覺——我們，還真是難於能夠去駁斥——好一直牙尖嘴利的「貓」呀。他們宣揚的那種觀念，以貓為例來說，我們必須承認，我們還真是：惹不起「貓類」的例證。

二、駁主觀唯心論

我們惹不起他們以貓為例的舉證，但這並不就是說，我們由此，也就必須和他們一樣，去承認：那隻貓，只是感覺產生的東西，只是感覺的產物。進而，就承認：這隻貓，只是我們產生的一種幻覺。最後，我們就不得不與他們一起合奏出：世界並不是真實存在的奏鳴曲。

我們，當然不會如此。我們的堅持，當然也有我們自己，能夠堅持的道理。

我們惹不起那隻貓，但我們，可以尋覓一下：我們是否能夠找到，類同於那隻貓，而又使得我們能夠惹得起的對象呢？

——我們要找的這個對象，就不能像那個貓一樣，看上去，與他們的存在，沒有什麼直接的利害關係。可以讓他們，無所顧忌地招來呼去，洋洋得意地給我們，演示出一套：張眼就來、閉眼就去的「魔術」。我們當然不會，讓我們自己陷入這樣的困局。為此，我們要找的這個對象，就是要讓他們（當然也包括我們），必須肅然起敬地對待的對象。必然是在良心、道德和認知上不能否認，而又確確實實地存在著的對象——對他們來說，有這樣的一個對象存在嗎？當然有。

這個對象，就是生養了他們——他們的父母親大人。

他們當然可以因為，那隻貓的於己無關，而肆無忌憚地說出：那隻貓，是他們感覺的產物，是他們的幻覺。但對於生養了他們——他們的父母親大人，他們就不能這樣不負責任地信口開河。那麼，生養了他們——他們的父母親大人，是不是也是憑賴於他們的感覺才產生？是不是也是他們感覺的產物？是不是也是他們的幻覺呢？

我想，任何有理智的人，任何懂得恩情之重的人，是不會否認：他是母生父養的——他的父親、母親，是實實在在地存在著，是不依賴於他的感覺，不是他的幻覺的產物。即如此，那麼，接下來，我們就要再問問他：他父母的父母，他的那些七大姑八大姨，即他父母的姊妹們，是不是也是不依賴於他的感覺而產生？是不是也不是他的幻覺？顯然，他也只能說「是」。也就是說，他必須承認，他的父母親大人、他父母的父母、他的那些七大姑八大姨，以及他們所餵養的「那隻貓」，是外在於他的，並不依賴於他而存在著。以此類推，對於任何的存在，他怕就都不能歸為是他的幻覺，都不能歸為是憑賴於他的感覺才產生的。

我們舉出這樣的例子，並不僅僅就是為了駁斥，那些持有絕對主觀唯心觀念的人。我們不否認，他們中的有些人，或許，真就敢不顧事實，而忘恩負義地宣稱：生養了他們——他們的父母，也是他們感知的產物，也是他們的幻覺。對於這樣的一些人，我們真不知，他們怎樣來回答以下的這個問題：是他們的父母生養了他？還是他們「生養」了自己的父母？而他們自己，又是如何介入：他們父母和他們的兒女之間的？他們當然可以束縛於用心靈看到與否為依據，來隨意地回答這個問題。但他們的這個回答，會給他們衍生的尷尬，怕也是他們始料不及的。究竟會給他們，衍生出一種怎樣的尷尬，我們就沒有必要再去分析了。因為，那在邏輯上的悖謬，是顯而易見的。

當然，他們也可以否認邏輯，就像哲學歷史上，曾經有過的那種愚蠢時期一樣——這種愚蠢的觀點，在今天中華內地的哲學界，畢竟還有一定的市場。對於這樣的一些人，我們確實不知，還能怎樣來讓他們明白事實的真相——那就由他們去吧。

我們之所以舉出這樣的例子，是希望那些被他們觀點所蠱惑，但並不是忘恩負義的人，能夠由此事實，而醒悟過來。

我這樣地說，並不就是表示，我認為，我們一生下來，就像成人那樣，知道天上飄動著的雲彩，地上跑著的禽獸，是外在於我們的存在。或者，延續著上邊，我們駁斥絕對主觀唯心觀念的話說，我們從來就知道生養了我們——我們的父母親大人，是外在於我們的獨立存在。

這樣地說，也是不符合事實的。

我們畢竟是從「心理最初基本是空白的」——那種狀況而來，是從幼嬰而來。我們識知的智能，是伴隨著我們身體的生長，而成長起來的。在這種成長中，我們是由不知到知——這種不知到知，是成長的必然經歷。不管一個人，在社會上，是怎樣地出類拔萃或庸碌無為；也不管一個人，是怎樣地博愛廣善或十惡不赦——他們，總是從幼嬰而來的。我相信，再怎樣自以為是的人，也無法否認：自己是從懵懂無知的幼嬰而來。

我們前邊，已經說過，在幼嬰唯有感知和表象的那個階段，他們是無法把外部事物和他們自己，區分開來的。也就是說，在幼嬰的階段，他們並不能區分出，「我」和外部事物的對象，是兩種不同的存在；而是覺著，外部事物的繁縟對象，與他們不分彼此。只是隨著機體年齡和生理發育的成長，及與外部事物對象的頻繁接觸，才使得他們能夠知曉，外部事物的對象，是外在於他們的存在。

[1] 在過去的知識論中，這是參雜有主觀因素的內容：「知識論上指我們認識外在事物，由於有主觀的先天概念加入其中，故所認識者只是現象，而非物的自體。」引見中華民國教育部重編國語辭典修訂本－主站。

[2] 很奇怪的是，當他們說「人們」時，他們似乎並不認為「人們」是他們的幻覺，也是他們感覺的產物。

第六節　思維與意識

一、「周圍環境」之網

他們是怎麼知曉的呢？在我看來，這就是憑賴於思維的能力，而知曉的。

而引起這個思維的原因，就在於：外部的同一事物對象，會由於感受者的境遇不同，而給予感受者，不同的刺激意義性體驗。即在不同的境遇中，外部環境的某一事物對象的刺激意義性（情緒），與腦中同一事物對象的表象（情感），有很大的差別。這種很大的差別，或許，是外部環境的原因所引起——比如天氣，天色，或許，是內部的原因所引起——比如，生理成長或疾病，等等。

正是這種種的不同，使得他們，通過對感知和表象間的關係的判斷、比較，而能夠獲知，對象，是與我有關的別一存在——是一種我無法完全控制的「環境」的對象。這裡的「環境」的對象，就是具有刺激意義性內容（情緒和情感）的那些刺激物——非具有刺激意義性內容的存在物，是不在這個「環境」之內的。

但是，需要在這裡，特別地交待出的是：這裡所說的感受者知曉外部事物的對象，並不就是感受者知道了外部事物的對象，是外在於個體「我」的獨立存在，即並不就是像我們成人一樣地知道了外部世界的事物對象，與個體的「我」

的存在，沒有直接關係。或說，與個體的「我」，是不同的存在。他們的知曉，只是知曉了由刺激意義性組成的「環境」關係——這裡所說的這種「環境」關係，就是他們知曉了，具有刺激意義性內容的「周圍環境」的存在。事物對象的存在，就是在這種「周圍環境」中，作為對象的存在。也就是說，在這個階段中，他們已經能夠發現，與他們發生關係（情緒和情感）的環境對象存在著，即他們發現了「環境」的存在。

這個「環境」，對於他們而言，是由刺激意義性內容（情緒和情感）編制成的一幅網——這幅網，就是他們活動於期間的「外部」——也就是他們的「周圍環境」之網。而存在於這個「周圍環境」上的一切個別的事物對象，對於他們，不過就是這網上的一個個節點。而他們自己，在他們覺來，也只是這網上的節點之一。這也就是說，在這個階段裡，他們並不知道，我之為我——我，是被淹沒在由情緒和情感編制的環境之網中的。

這也就可以看出，思維發現的存在，是「環境」的存在。即思維中，所發現的對象外在性，只是就環境中的存在而言。亦即，他們發現了對象是存在於「周圍環境」之中的，而不是發現了個體的我。因為，在這個階段裡，他們還不能發現我——這個階段的我，也只是環境中的一分子。是環境中，與他物一樣的一種存在。我，在這個階段，等價於環境中的其他事物對象。導致這種沒有自我的狀況，就在於情緒和情感——事物對象的情緒和情感，和我的情緒和情感，是一樣的。亦即，都是有情緒和情感的。但這種事物對象的情緒和情感，與幼嬰階段的那種對事物對象的情緒和情感，卻又有不一樣之處。這種不一樣之處，就表現在：這裡的事物對象，在他們覺來，是各有各的不同情緒和情感，而不是像幼嬰階段那樣不分彼此。

正是在這個階段，這種存在於環境中的一切事物對象，都是和我發生著關係的對象——對我具有著刺激意義性（情緒和情感）內容的對象。不管這對象，是有生命的，還是沒有生命的。他們都是「活」的存在。是「萬物有靈」階段的那種存在——這裡的「靈」，就是刺激意義性（情緒和情感）的內容——這裡的刺激意義性（情緒和情感）內容，是思維者，外射於對象身上的。但思維者，並不知道這種外射的存在，而只是以為，物與我，同等地具有著。

人們知道，**思維是腦判斷表象關係的活動**。人們亦知道，感受者，是憑賴於感覺器官，與外部世界發生直接「關係」。並由此，而得到事物對象的感知和表象——在這裡，從事物對象的角度而言，它們呈現給感受者的感知對象和表象對象，都是個別的對象。

對作為有感知和表象能力的感受者——人，是如此；對作為同樣具有感知和表象能力的感知者——禽獸，也是如此。

我認為，禽獸，也是能夠發現外部事物的對象的存在，即也是能夠獲知它們的「環境」的存在。因為，我們以上所說的那種情況，即引起人，覺察到同一刺激物的刺激意義性（情緒和情感）不同的情況，也會發生在具有表象能力的禽獸身上。即同一刺激物，對於禽獸，也會在不同的時候，產生不同的刺激意義性（情緒和情感）。亦即，在不同的時候，和不同的境遇中，它們得到的同一對象的刺激意義性（情緒和情感），也是會有差別的。而能夠辨別出這種差別的認知能力，正是思維——而我們才將分析過，凡有表象能力的禽獸，一般也是具有思維能力的。

這裡，應該再明確的一點是，這被從「與我一體」上，剝離出去的對象，並不是就是純粹物的自身對象，而是具有情緒和情感內容的對象。愛一個人，必是此人，有可以引起我們感到可愛之處的情覺；恨一個人，亦必是此人，有可以引起我們感到可恨之處的情覺。一個東西，看上去很美，是因為它，可以使我們面對它感到愉悅；一個東西，看上去很醜，是因為這個東西，讓我們面對著它極不舒服。愛恨一個物件，必是這種物件，可以使我們體驗到一種相應的情感。也就是說，對象的存在，可以使我們體驗到一種情覺——只是這種情覺的內容，在思維的階段，相較於單純的表象情感，更加複雜。

但是，在這裡，尤其要特別申明的一點，是：思維階段所得到的對象，還是屬於心理範疇的，即還是屬於反映的對象。也就是說，思維也是屬於心理能力的。亦即，思維也是屬於反映的能力。

二、人類思維的內容

我這樣的一種說法，怕是會引起人們，很強烈的反對。因為，按照過去哲學的習慣看法，思維能力，是人脫離與禽獸為伍的基礎所在。而按照我的看法，如果再結合上我們前面說的人有兩種能力——心理能力和意識能力——思維能力屬於心理能力，而心理能力是人與禽獸都有的，並且是沒有本質的區別，那思維在人，就不是一種什麼了不起的能力。即並不是人與禽獸，本質區別之所在。我這樣的看法，似乎與人們過去對思維的看法，十分抵觸；也似乎與人們所知道的思維事實，並不相吻合——這種不吻合之處，就表現在：人們一般地認為，人類的思維，並不只是反射著對象的影子；人類還可以在思維中，「回溯過去，展望未來」，人類還可以由思維得到思想。

以上這種能夠「回溯歷史，展望未來」、由「思維得到思想」的觀點，表面上看起來，的確，好像並不與人類大腦發生的事實相違背。可人們卻沒有想到，當人類思維能夠「回溯歷史，展望未來」之時、當人類思維可以得到思想之時，人類的思維中，已經參雜有非心理的內容。即人類的大腦，提供給思維的材料，在這時，已經不僅僅只是反映的內容，還有其它的內容——這個其它的內容，就是意識的內容。

意識的內容，摻入到人類思維中的情況，是類似於所謂的「思想意識」內容，摻入到人類的表象中。亦即，人類思維時，思維的對象內容，並不就只是心理的內容，還有意識的內容。

說在人類（成人）的思維中，有意識內容的參與，應該不是什麼奇談怪論。因為，這就正如人類的表象，有夢境和意識內容的情況一樣。既然人類的表象中，有夢境和意識的內容。那麼，這些個內容，也就必然地會在思維之中。因為，**思維是腦對表象關係的判斷活動**——表象之中的夢境和意識的內容，必然會被思維所運用，成為思維的內容，思維的對象。

況且，我們也知道，在人類的這種思維中，詞語，已經不是詞語了，而成為了概念。即我們所聽到、所看到的詞語，已經不只是那些個聲音和文字，而是成為了**對事物類屬的本質的概括**，即概念。詞語，之所以在人類的這種思維中，不是表象，而是變為具有意義內容的概念——即把詞語和概念聯繫了起來。是因為，在人類的這種思維活動中，人類的意識活動，已經參與其中。也就是說，人們過去所認為屬於思維能力的很多活動，其實，不單純只是思維的活動，而是思維和意識交替頡頏的活動。這也就是說，在人類的思維活動中，不僅僅只是意識的內容，參雜在人類的思維活動中，成為思維的對象；而且，在思維活動的同時，也有意識的活動，參與在其中——這種參與的最直接表現，就是把詞語變為概念。

比如，我們說「海洋」[1]——這個詞語。僅就它，作為思維階段的對象而言，它不過就是一種帶有音調的聲音的刺激，是我們感知的對象；如果我們記憶了它，並能再現，那麼，它就成為了表象的對象。由此可見，如果我們嚴格一點兒說，它，甚至於不是思維的對象。因為，這裡，並不存在表象的關係的問題。因而，也就無須思維的介入。而如果要使它成為概念，那就需要借助於想像，才能顯示出這個詞語所表達的概念內容，才能理解這個詞語的概念內容。這個詞語，作為概念，對於就生活在海邊而靠海生存的人來說，「海洋」就是面前的直接對象——他能夠在人們向著那遼闊無疆的蔚藍色水域一指，而說出「海洋」詞語的同時，就能夠理解這個「海洋」的詞語，所指的概念對象和內容是什麼。但這對於內陸生活的人，對於從來也沒有見過「海洋」的人而言，「海洋」的概念，就需要把水、藍色和浩渺無際，等等的對象，借助於想像，把它們融合在一起，才能在大腦中，出現「海洋」的概念。其實，在這之前的那些個水、藍色和浩渺無際，等等的對象，就已經不是具體的對象，而已經是一個被想像化了的概念。

就「海洋」這一個概念的形成和知曉，對人來說，應該是一個很平常的能力。但就這一個概念，對禽獸來說，它們卻是無論如何，也無法產生和知曉的。

說到這裡，人們應該可以想到，禽獸的思維，就是因為沒有意識的內容，所以，它們的思維對象，就只能是那些曾經面對著的個別對象；並且，其思維的結果，也超不出反映的範疇——這就是我們前邊一再探討的思維的原始形態。

禽獸，或許會有「歷史事件」的記憶，並從「歷史事件」與現實中，得到思維的內容。比如，禽獸可以記住「家」，記住主人，但它絕對不會有對未來的嚮往。因為，恰恰就是「未來」，是我們意識能力的典型的表現——這種典型的表現，就是想像。

三、人類的得意之處

一說到想像，就人們對它的一般性理解而言，想像，就是大腦以已有的知覺和表象內容為基礎，而創造出新的形象。就這個說法而言，人們所理解的是，在頭腦中，創造出影像——就像照片和電影那樣的一幅幅影像的形象。

這種觀念，其實，是對想像的一種片面認知。欲說清，這是對想像的一種片面的認知，最能說明這一點的例子，應該是那些先天失明者。一降生下來的不幸，就使得他們，沒法看到這個世界的色彩和相貌。但這種先天的不幸，卻並不影響他們作為人而存在著，並不影響他們無愧於「人」的稱號。之所以說，他們無愧於「人」的稱號，是因為，他們的行為活動，雖然由於受到視覺的缺陷而有所不便；但這並不影響他們，能夠和我們進行語言的交流，能夠進行思想的交流，能夠傳達他們的思想，能夠理解我們的思想。而實現這一點的根本，就在於：他們，有和我們這些視力正常者一樣的能力——這個能力，就是意識能力，也就是想像的能力。總之，是人之為人的本質能力。

而再高級的禽獸，再是先天功能無一缺漏的禽獸，再是能夠把這世界的色彩和相貌，一覽無餘的禽獸（如果它們能夠），它們卻不能達成，它們彼此間或與我們的語言和思想的交流。有人或許為此，而去想到，這是因為人類與禽獸發聲器官的能力差異所致[1]。但這樣想的人，卻沒有去再想一想，語言，不僅僅只是發出聲音的存在，而且還有文字的存在——無聲之語言。我想，該不會再有人，拿人類手臂和禽獸爪子的能力，來說事吧。若果有用此等觀點說事的人，不管他，是出於別有用心的企圖，還是詭辯逞能的目的，或是故步自封的心態，都絲毫也幫不了他。因為，人類中，那些先天失去臂膀的殘疾人，在沒有手的情況下，依然可以用腳，實現自己畫畫、寫字的願望。若因人手的靈活抓取，與禽獸爪子比較，而可以認為，人之為人，不過是肢體上的優勢而已；那麼，以人腳的笨拙，和動物爪子比較，人的肢體，怕是沒有絲毫優勢，而只有劣勢——這樣的劣勢，都能夠被人利用於創造，恰正說明了：人類，在本質上，是高於禽獸的。

人類，之所以能夠在這樣的劣勢情況下，實現着表達自我、表達思想。是因為，人類有創造的願望——就這一個「願望」的存在，就可以使得人類，傲立於生物之巔。而能夠產生這個願望的基礎，歸根結底，就在於想像。

四、想像的實質

那麼，何謂想像呢？我們已經說過，就人們對它的一般性理解而言，想像，就是大腦以已有的知覺和表象內容為基礎，而創造出新的形象。

由這種說法，我們就可知，這裡的「新的形象」，已經不是知覺對象和表象對象的本身，而是與知覺對象和表象對象，有一定關係的別一種形象。也就是說，這種形象，既不是知覺——**腦對刺激物予感覺器官的刺激意義性的反映**——的形象，也不是表象——**腦對感知記憶的再現**——的形象，而是與我們知覺對象和表象對象有關，但卻又不同的別一種形象——這個形象，我們可以把它，叫做：意象。

至此，我們就可以，把人們對想像的一般性理解，說成為：**想像就是大腦產生意象**。

由我們對想像的這個說法，人們應該可以看出，要想明白這個想像的意思，人們首先就需要，對意象有一個瞭解。

那麼，何謂意象呢？

說到意象，我們，當然可以侷限於我們關於想像的說法之上，自欺欺人地說：意象就是大腦想像之物。這樣地說意象，當然不能說是錯的；但這樣的說法，卻不是哲學應有的態度——這樣的態度，是一種迴避問題，而不求甚解的態度，是哲學所應極力避免的一種消極的態度。因為，這樣的說法，也只是把我們對意象的認識，停留在想像的階段，停留在想像的層面上——其所得到的認識，其實，只是對想像的認知，而不是對意象的認識。

比如，如果有人就此，問我們：想像是什麼？我們自然會回答說：想像是大腦產生意象。如果他借此，又問我們：意象是什麼？我們依照於上面的說法，自然就會回答道：意象是大腦想像之物。至此，我們好像是回答了他的疑問。但如果我們碰到了像蘇格拉底一樣喜歡刨根尋底的人，他就會接下來，繼續又問道：想像之物又是什麼呢？我們會怎樣回答呢？停留在想像的階段，停留在想像的層面上，我們，怕是只能這樣回答：想像之物就是大腦想像的結果。到這裡，我們的回答，已經第一次地出現了詭辯性的循環論證。而接下來，如果他又再問我們：大腦想像的結果又是什麼呢？我們會怎樣回答？對於這樣的問題，我們要回答，我們怕就只能再用詭辯性的第二個循環論證，來回答他的問題：大腦想像的結果就是意象。而若他，再窮追不捨而不無挖苦地繼續問我們：那意象又是什麼？我們怕是只能再用詭辯性地第三次循環論證說：意象就是大腦想像之物。

——這就是我們耽於意象就是大腦想像之物，所唯有的尷尬結局。如果為此，他指責我們：這是循環論證的詭辯

——並沒有為人們的知識，增加任何的內容。我們還真是無言以對。因為。事實就是，我們這樣地說來說去，除了告訴他一個「想像之物是想像的結果」之外，對意象本身究竟是什麼，卻是沒有絲毫的揭示。

我這樣地敘述這個問題，或許，在某些人覺來，這是一種令人不勝其煩的無聊作為，是一種無事生非的吹毛求疵。如果真有人，這樣地指責我們。我們會慨然默受，並老實地承認，這樣地解釋意象，確實是一種令人倍感無聊的廢話——這些，當然都是事實。然而，他們卻是不知道，我們之所以會這樣不厭其煩地說了這麼一通看上去的廢話，是因為，我們借此，想提醒人們注意：把我們這樣的辨析方法，運用到對過去哲學理論的認識中。人們就會發現，過去的很多所謂的哲學理論，其理論的邏輯性，就是機巧地用著這個拙劣的方法，而欺世盜名。

我們當然不屑於採用這樣的拙劣方法——我們是不會用想像之物，來代替意象的。既如此，我們就需要，在想像之物之外，真正找到意象自身的實質。

那麼，意象自身的實質，是什麼呢？

我們前邊已經說過：意象，是不同於知覺對象和表象對象的一種新的形象。那麼，這種不同，是如何地不同呢？我們知道，知覺和表象，都是心理功能的表現，也就是都是腦反映的活動。這種腦反映活動所得到的內容，我們已經反覆分析過，它是必須要通過我們的感覺器官，才能得到的一種內容——也就是它，必然有情覺參與其中。而說意象，是不同於知覺對象和表象對象的一種新的形象。也就是它，不是必須通過我們感覺器官，才能得到的一種對象。亦即，它，不是腦反映活動的對象，而是大腦的想像活動，創造出的一種形象。通俗一點說，也就是它，在我們腦反映的活動中，是不可能有的形象。即它，不可能是被我們腦反映的活動，所能反映出來的形象。

比如，極端一點地說，剔除掉情覺內容的反映物形象——這個沒有情覺的反映物形象，就可以是意象。而這個形象，卻是腦反映活動，無論如何，也不可能有的對象。因為，腦反映活動的對象，都是必須首先經過感覺器官的對象。而感覺器官，只有在受到刺激意義性的刺激時，才會在腦中產生感覺；進而知覺；再而表象；直至思維。而這一切，始終都是有情覺，相伴隨著。而意象，卻是可以剝離掉刺激對象的情覺，或將情覺和刺激對象，分別予以各自顯現的形象。

既然我們這樣說，那我們所認為的意象的自身實質，究竟會是什麼呢？在我看來，意象自身的實質，就是：**心理衍生像**。

我們這裡的這個「衍生像」說法，是比照於化學上的那個「衍生物」的說法而來——由此可知，如果人們要想明白這裡的「衍生像」之意，人們首先就要知道：「衍生物」是什麼？

衍生物是什麼呢？生存於中華內地的那些人，所能夠知道的答案，是：「較簡單的化合物所含的原子或原子團被其他原子或原子團置換而生成的較複雜的化合物，叫做原來化合物的衍生物。」[2]——看到這種文無斷句，讀起來，令人上氣不接下氣的表述。人們要想一下子就明白「衍生物」的意思，恐怕是有些奢望——這顯然是一個在表述上，有語法錯誤的病句。人們或許不會想到，我們以上引用的這個「衍生物」的表述，是複製於中華內地的《現代漢語詞典》的「衍生物」條目——作為讓內地人，比樣學樣典範的《現代漢語詞典》，其語言的表述，竟然都有如此低級的錯謬。那由此「典範」表述，而衍生的報紙、雜誌、書籍等等，那裡的語言表述，將會是怎樣的一種狀況，也就可想而知了。由此，真使得我們，可以對那些編纂《現代漢語詞典》者們，表示出我們極大的鄙視和輕蔑。因為，事實上，他們為了苟且偷安，已經甘願變成邪惡党文化，肢解中華傳統文化的工具。他們已經把靈魂，獻給了那個把「屎、屁」掛在嘴邊，圈子裡說話滿口污言穢語，骨子裡粗鄙不堪的人面獸心傢伙——把他的那些顛倒黑白、撥弄是非、挑唆人們離經叛道、欺師滅祖、自相殘殺的卑鄙惡毒言語，奉為聖諭；把秉性貪婪無恥，且嗜好食言自肥，毫無一點人倫觀念，張口閉口就是些嗜血如脂的話，且好鬥如獾的衣冠禽獸，奉若神明。我們之所以，節外生枝地對這些人的這個問題有此議論。是因為這些人，不僅甘願助紂為虐地成為那個邪惡團體的一員；而且還為虎作倀地幫襯著那幫子邪惡之徒，把有著悠久文明歷史的中華民族的燦爛文化，糟踐成斷垣殘壁、文不成句。《現代漢語詞典》，對「衍生物」表述的這種病態，不過是這現象的些微表現之一。尤為令人鄙夷的是：他們竟然幫襯著那個忝然傢伙，把令人不齒的「不須放屁」之髒話，忝累在中華民族曾傲居世界之巔的華美巧麗詩詞之上。子曰：是可忍也，孰不可忍也。

幸好中華民族的正統語言文化，尚在臺灣，保留有一份純潔性。在這裡，我們可以看一看，一種較合語法規範的說法：「較簡單的化合物中的原子和原子團，被其他原子和原子團置換，而產生較複雜的化合物，稱為該化合物的衍生物。」[3]——我們的「衍生像」說法，就是比照於這個「衍生物」之意的說法而來。

人們可以看到，我們的「衍生像」說法，所異於「衍生物」說法的區別，在於化「物」為「像」。如果我們遷就一下，採用不太嚴格的說法，我們完全可以說，意象就是心理衍生「物」。而我們，之所以不以「物」來命名意象。除了是為了與實體的「衍生物」說法有所區別，也是因為我們不想讓某些人由此，而產生「它是實體」的錯覺。

由臺灣語言學家對「衍生物」的較清晰的解釋，人們已經可以看出，「衍生物」的名稱，是以原始化合物來命名的。即以原句中的那個「較簡單的化合物」，來命名這個新的「衍生物」。而這個「較簡單的化合物」，在我們對意象的說法中，就是「心理衍生像」中的「心理」。這也就是說，意象，是大腦以心理內容為「原生像」，通過對心理內容的想像（置換心理的內容），而生成的一種「像」。

需要特別說明一下的是，這裡說的「原生像」，並不就是照片或鏡子中的那個「影像」，而是具有情覺內容的「像」。此其一。其二，即便這「原生像」，在我們具有正常視覺能力的這些人來說，或許，就是伴隨著情覺的「影像」；但對於先天失明者來說，這「原生像」，就不是「影像」，而是視覺之外的、建築在聽、聞、味、觸，等等感覺器官之上的「像」。即我們這裡的「原生像」的「像」，是從感覺器官的最廣義角度而言的「像」。我們的大腦，正是在這樣的心理內容基礎上，利用想像，而衍生出了相應心理的對象——意象。也就是說，如果沒有感覺器官的心理內容，就沒有相應感覺器官的心理內容的意象。反過來說，也就是有什麼樣的心理內容，才能有什麼樣的意象；沒有什麼樣的心理內容，就不會有什麼樣的意象。比如，先天失明者，就沒有光線和色彩的意象；先天失聰者，就不會有音樂的意象。之所以會是這樣，就在於，他們沒有這方面的相應的心理內容。因而，他們的大腦，也就不能衍生出這方面的意象——這就是意象的意思——故而，我們才說：意象是「心理」衍生像。

如果我們，把我們關於意象實質的說法，帶入我們那個想像的說法中，那麼，我們由「想像是大腦產生意象」，就可以得出想像的實質：**想像是大腦產生心理衍生像**。

五、飛翔的翅膀

很顯然，人類高於禽獸的能力，並不在於肢體的方面，而是在於人類的大腦——唯有人類的大腦，才具有這種產生心理衍生像的想像能力。

而在我們的生活中，得以使得我們語言交流的實現，即使得詞語，在交流中成為概念，其基礎，就在於人類大腦的這個能力。若沒有這樣的能力，那麼，詞語，就不可能成為概念——也就是不可能把聲音和文字的刺激，變成與聲音和文字毫不相關的意象（概念）。

或許有人會以為，這樣的一種說法，並不儘然。他們會以自己生活經歷中的事例，來鄙薄我們的這種觀點。他們會認為，他們是可以和自己所養的寵物，達成交流和理解的。然而，他們不知道，他們這裡的這種交流和理解，只是在情緒和情感層面上的交流和理解——也就是在心理層面上的交流和理解；而不是在意識層面上的交流和理解，既不是語言概念的交流和理解。

由先天盲人，無愧於人的稱號的事實可知，人類，確確實實具有著高於禽獸的能力。我們也已經說過，這種高於禽獸的能力，就是意識能力——而這個意識能力的表現，就是想像。當然，先天盲人的意識，和我們一樣，也不是生而就有的。也是和我們意識的產生一樣，是以心理為基礎的。即也是需要先從感知開始，然後到表象，及至到思維——其中的每一個心理階段，也是和我們一樣，被刺激意義性所左右著。

那些感覺器官功能健全的人，如果感到難於理解「感覺」中的刺激意義性的問題，那就試著，去理解一下先天盲人的感覺狀況吧——我相信，這會有助於他們的理解。而他們的理解，歸根結底，所憑賴的能力，就是想像[4]。

能夠想像，就使得我們的境域，一下子變得十分地寬廣起來。由想像為基礎，就可以使得我們的思想，插上自由飛翔的翅膀；憑賴於想像，我們就無須去在意面前的一草一木，也無需留意日升月落。過去也罷，未來也好，它們在想像的面前，不過就是一個參考的對象——至於這些參考的對象，是否存在於我們的自身？是否是我們的創造（主觀唯心）？是否是不依賴於我們而存在著？那對於想像，都不是什麼了不起的問題。因為，想像能力，已經不是反映，而是在反映的基礎上的一種創造——是在感知和表象及至思維的基礎上，大腦創造出新的形象——並由此，而領悟了對象。

人類各民族所使用的那些詞語、那些概念，歸根到底，都是由想像創造出的對象。由感知所得到的詞語——約定俗成的聲音和文字——被感知到，要成為概念，唯有借助於大腦的想像能力。只有憑賴於大腦的想像能力，才能把它們聯繫在一起，才能使得詞語，成為概念。

很顯然，我們所創造出的概念、詞語，和我們今天的一切物體和精神的成就，歸根結底，所憑賴的能力，就是想像。這當然也包括：我們已經知曉了的外部刺激物，存在於我們之外，是和我們情覺，沒有關係的一種存在。即我們一般成人，都會知道的那樣的一種存在。[5]

---

1 海洋，這兩個音節，如果作為聲音表象的關係來說，當然可以說有思維的介入。

2 見《現代漢語詞典》第1331頁。這可是《詞典》呀。由此，就使得我，有時候，不得不這樣想：所有那些體制內的學人，是不是都已經是自斷了脊梁骨？是不是都是一些助紂為虐、為虎作倀的幫閑？

3 見網上中華民國教育部重編國語辭典修訂本－主站「衍生物」搜索條目

4 我們在此，暫時不去追究，對想像的認知，在過去的認識上，存在著的一些問題。當然，之所以會在此沿襲過去的認知，也是因為，過去對想像的認知，並不是謬誤，而只是在認識上有些混亂和模糊不清，只是缺少應有的具體性和明確性。

5 成人得出這樣的結論，不是一種純書齋的結論，而是與人的意識和實踐性的行為活動，密切相關。

7 意識的本質

第一節　靈魂的本來面目

一、靈魂觀念產生的必然性

可知否？在我們人類的認識歷史上，曾經有過物活論、泛靈論，即「萬物有靈論」的觀念的。

人類，之所以會有物活論、泛靈論，即「萬物有靈論」的觀念，是人類在與自然的關係中，人類的認識，所必然要經歷的一個過程。亦即，產生這樣的一些觀念，是人類意識，在認識事物中的必然。也就是說，意識，不僅可以使得我們，識知到外部事物與我們的關係，也可以把我們自己的一些性質，附著於外物之上——附著於有生命的物體和無生命的物體之上——使得它們，在我們的觀念中，和我們具有一樣的能為。這就是物活論和萬物有靈論，產生的必然性——它是人類認識歷史上，所必然要經歷的一個階段。

可證這一點的事實，是：人類的各民族，雖然在文化上存在著很大的差異；但在人類各民族的文化中，卻都產生過一個十分相近，而又極其普通的神——這個神，就是「靈魂」。

我們一般地知道，「靈魂」的存在與否，普遍地只是針對著人類自身來說的。爭辯人類有沒有「靈魂」，是一件費力不討好，並且也不會有什麼結果的事情。因為，我們已經知道，人類是能夠想像的——從來沒有的東西，人類都能夠通過想像，給創造出來。更何況，在人類的面前，就有一個心理內容，供它鑒賞、把玩兒著。

二、靈魂是否有優劣

世上真的有「靈魂」存在嗎？在這個問題上，為了避免陷入過去認識的莫比烏斯怪圈，我們把目光，從人類的身上移開，投向人類之外的禽獸——去看看那些禽獸的情況——禽獸有沒有靈魂呢？說到這裡，那種認為一切物體都有靈魂的「泛靈論」觀念，已經是不值一提了。因為，對於這些敬畏靈魂的人，說起來，就會有一件令他們很尷尬的事情，橫亙在他們的面前：他們要生存，他們就要吃飯。而如果按照他們那種「泛靈論」的觀念來說，即一切事物都是有靈魂的觀念來說，那就是：他們自已，一直在吃著靈魂體——他們一直在很殘忍地「虐靈」，除非他們不吃飯——但這樣一來，那承載著他們靈魂的那個軀體的生存，就會發生困難。更別說，當他們死亡之時，那被他們靈魂棄之而去，所剩下的那個「軀殼」，是不是還在他們那個「萬物有靈」的泛靈論範疇之內了。

回答禽獸有沒有靈魂的問題，對於信仰上帝，並找到了世界根源是絕對理念的黑格爾來說，也是會左支右絀的。因為，他認為，動物是有靈魂的——這在他，是確定無疑的——他在「哲學全書」的《邏輯學》一書中，用括號的形式，明確地詮釋到：「（禽獸也是賦有靈魂的）」[1]。如此一來，靈魂，在他那裡，就有了能力的優劣之分。這由我們前邊反覆摘引過他的話：「人所異於禽獸的在於人有思想」、「能思維」——可證。他在他處，還說過這樣的話：「因為唯有禽獸才不能思想，反之，人乃是能思維的動物」[2]。把靈魂觀念，代入他的那些話，就是：禽獸的靈魂，沒有思想，不能思維；所以「禽獸沒有宗教，也說不上有法律和道德」[3]；因而，也就可知，禽獸的靈魂，不如人類的靈魂。如此一來，我們就可以順理成章地得出：靈魂是有優劣之分的。

靈魂，有優劣之分嗎？這怕是一切持有「靈魂」觀念的人，所不會同意的——若靈魂，也能分出個優劣不同的三六九等，那靈魂有沒有的爭辯，怕就沒有什麼價值了。因為，這就如同說人的靈魂優異，禽獸的靈魂低劣一樣——而這其實，還是把人與禽獸的實際能力，借助於一個並不相關的靈魂觀念，比較著來說。如此，靈魂不管有沒有，其實，就已經沒有什麼分別，也就沒有什麼意義了。除非是具有優異和低劣之分的靈魂，可以自由地進入禽獸或人類的軀殼。可這樣一來，人類，在這個世界上的存在和創造優勢，即刻也就會喪失殆盡。也就是人類所創造的一切物質和精神的成就，並不應該就是人類所獨有，而也應該屬於某些禽獸。可事實，卻不是如此。我們沒有看到，哪個禽獸，可以和人談天說地，可以自由地和人，分享我們的物質和精神成就。當然有人會說，靈魂的優劣與否，是在進入了不同的機體，而被消滅和增強的。不然，我們為什麼會說，某些人或專制的獨裁者是禽獸——這種說法，不能較真。因為，這種說法，只是一個比喻，就猶如把姑娘比作花兒一樣。若說靈魂，會因為進入了不同的軀殼，而能力的表現，就會有所不同。那也就是說，靈魂是受制於軀體的。若靈魂，說來說去，還是受制於它所附著的軀體。那這靈魂，是不是就太不濟事兒了？它有沒有，還有什麼分別呢？沒有也罷。

如果黑格爾那永生不死的「靈魂」有知，為此，而不得不改口說：禽獸沒有靈魂，只有人有靈魂。那靈魂是否存在的問題，也並沒有因為他的這種改口，而就消失。我們不妨假設，這就是他的回答——那麼，我們就可以在他的這個回答的基礎上，再向他請教一個問題：他認為創造了世界的上帝或說絕對理念，又是如何讓沒有靈魂的禽獸活動的呢？禽獸們的行為活動，又是憑賴於什麼而產生的？在這裡，我們已經不需要得到黑格爾的任何回答。我們甚至於可以不理緒，禽獸是怎樣活動起來的問題。我們只要知道一點，就夠了：那些沒有靈魂的禽獸，依然可以活動著、生存著——黑格爾怕是絕對不能否認這一點的——禽獸，若可以在沒有靈魂的情況下，依舊生存著、活動著；那我就不知道，人類，為什麼就非要靠著靈魂才能活動？才能生存？這顯然是「強人作難」了。

或許，有些人為此，而會替黑格爾辯解地這樣說：靈魂是沒有差異的。所差異之處，在於靈魂，進入了什麼樣的軀殼。進入了人類軀殼的靈魂，就可以有思想，能思維；進入了禽獸軀殼的靈魂，就會沒有思想，不能思維。這種說法，看上去，好像解決了靈魂不存在優劣的問題；但這種說法，卻又還是給靈魂的能力，套上了枷鎖：靈魂的能力，還是受制於軀殼。若靈魂的能力，說來說去，最終還得受制於它所附著的軀殼。那這靈魂有沒有，還有什麼意義呢？沒有也罷。

三、靈魂本來面目

在我看來，所謂的靈魂之說，不過是人類的意識（想像），反觀人類自身時，把自己的情覺，糅合在意識的能力之中，而賦予了「意識」，一種不依賴於人類的軀殼，而就可以自由存在並活動的性質——靈魂的本來面目，不過如此。

我們應該可以看出，人類在早期的認知中，並不能把情覺，從心理的內容中，完全地剝離出來——這就體現在人類的神話和宗教之中。神話和宗教，正是人類在意識到自然物外在於我們的同時，借助於想像，又把「我」的情覺，外化在了自然物身上。使得「我」所無能為力控制的自然對象物，變為和「我」一樣，但能力又高於「我」的「神」。比如，雷神、雨神、風神、死神及各種各樣的圖騰神，直至統攝著萬物的上帝。

希臘神話和希伯來神話及中華神話——乃至於一切民族神話中的神祇們，就都是這樣的產物。沒有人類的意識（想像），就沒有這些神的存在，也就不會有對這些神的崇拜和信仰。黑格爾雖然把人類的這種能力，歸為了「思維」「思想」，但黑格爾卻也的的確確地認識到了：「神」（宗教）

的存在與否，依賴於人類的能力。「神」，在他那裡是一種發現，在我們這裡是一種創造——在黑格爾看來，知道神的存在能力是思維，因而才對「神」是發現；在我們看來，神是人的想像能力的一種產物，因而「神」，在我們這裡就是一種創造——也就是「神」的存在與否，在我們看來，不是仰賴於人類的思維，而是仰賴於人類意識。

說到人類意識，我們必然要簡單地追溯一下，人類自身的發展歷史；說到人類自身的發展歷史，我們必然要涉及到所謂的人類進化的問題；而說到人類的進化問題，我們是不能不提到達爾文的那個進化說——我並不贊成達爾文的人類起源及進化觀。我之所以不贊成達爾文的人類起源和進化觀，理由之一，在於：即使別的問題，我們一概捨棄，單就其中被赫胥黎論證過的「類猿人」問題，就足以使得我們有理由，否認達爾文那種觀點的正確性——人類，至今也沒有找到這樣的化石——它在考古學史上，直到今天，一直是個空白。我覺著，我們完全可以肯定：它永遠會是一個空白。

我以為，達爾文進化論之脫節，之所以到今天，都不能使人釋疑。其根本的不幸，就在於，他那關於人類祖先，是從猿轉化而來的觀點，其本身就是荒謬的。在我看來，人，從來就是一個獨立的種系——我不是否定進化。我的意思是說，進化是存在的。但是，這種進化，既不是雜交，也不是串種，更不是怪胎，而是自體的進化。也就是說，人，從來就是人，從來就是一個獨立的種系——正如雞、鴨、貓、狗、狼、虎、豹、獅、猿，等等，從來也就是禽獸一樣——人與禽獸的血緣關係，只在於地球生命的歷史，而絕對不是誰是誰的演進。退一步說，即使人與禽獸有歷史的血緣關係（這一點是可以肯定的），但那，也絕對不是從與猿的分道揚鑣始——那種歷史，怕要早得多。

說到這裡，我順便提及另一個奇談怪論——這個奇談怪論，就是：人類，是外星人與地球母猿交配後的地球新生物——即人類的「智慧」，不是地球的生物所能產生，而是來源於所謂的外星智慧人。

這種觀點，在我看來，其認識上的幼稚、愚蠢，簡直是無與倫比。因為，假如人類自身並不能產生「智慧」，是靠外星人的「精液」所施捨的；那外星人的智慧，又是誰的「精液」所施捨的呢？這樣地追究下去，宇宙必有一個荒淫無道的上帝——這在今天說來，簡直是荒謬絕倫的。

---

[1]《小邏輯》　黑格爾著　第二版　序言

[2]《小邏輯》　黑格爾著　第一篇　存在論　A·質（c）　自為存在　§98

[3]《小邏輯》　黑格爾著　導言　§2　〔說明〕

第二節　意識產生的條件

一、人的生物機能

我並不想去思辨，人類的始祖，是不是就是那個從猿猴群中，第一個站立起來的猿猴？也並不想去猜想，那猿猴，會不會因為衣不蔽體、食不果腹，而去剝樹皮遮羞、而去刨坑種麥，以待來年的收成？那些，不是我興趣的所在。我所感興趣的是：人之為人，所具有的生物機能——至於這是不是就是生理心理學家們，所說得腦皮層或腦容量的大小的問題，也並不是我所關心的——我關心的是：人之為人，是不是就是因為具備了這樣的生物機能？進一步說，我真正關心的問題，是：這個生物機能，究竟具有了什麼樣的能力，才使得人之所以為人？

我之所以會對這一點關心，是因為，這一點呈現出的事實，足以能夠說明：我們人類的基礎，先天就優於禽獸。

不管人們過去對人類起源和人類進化的猜想，如何地大相逕庭、互不相容，但他們都不能否認的事實，是：人類育齡婦女所生產的幼嬰，如果其的先天生物機能（大腦），基本上正常。那他，就既不需要進化，也不需要刻意地去誘導；他只要是在人類社會中生活著，憑其自然的成長，他就會成為名副其實的人。即使他不幸地成為了所謂的「狼孩」、「熊孩」，只要他回歸了人類社會，他最終也會恢復為「人」。而真正禽獸中的狼崽、熊仔，即使讓它們，生活於我們人類的社會之中，即使讓它們，與人類朝夕相處、形影不離，即使心理學家和語言學家們，費盡心機地對它們善加誘導，它們，最終也不會成為「人」；也不能實現我們人與人之間那樣的交流（農、工、商，科技、文化、語言等等的交流）——這裡，所謂人與人之間的交流，並不就是單指感覺功能完好的人之間的交流，這也包括與那些感覺功能有缺陷的人，比如先天失明者、比如先天失聰者，等等之間的交流——若以殘疾人為例來說，我們就更可以看出，人類生物機能的優勢來。

禽獸們，之所以不管怎樣地成為「人崽」「人仔」，不管怎樣地在人類社會中生活，不管人類智者，如何費盡心機地對它們善加誘導，它們最終也不能成為「人」。在我看來，根本的原因，就在於：它們，沒有能夠使得它們成為「人」的生物機能。

這也就是說，要能夠成為「人」，首先就要具備有能夠成為「人」的生物機能——這是人之為人的先天條件，也是人之為人的先決條件。那麼，說到這裡，或許有人就會問：這是一個什麼樣的生物機能呢？在今天，我們已經可以毫不遲疑並完全肯定地說：這個生物機能，就是人類的大腦機能。

既然我們已經知道了人類這個先天條件的存在。那麼，接下來，我們就要瞭解一下，人類在這個先天的生物機能——大腦機能的基礎上，究竟又具備了什麼樣的能力，才使得人類，能夠具有了創造性地改造世界的能耐？

我們在前邊，亦已經向人們昭示過：人類的這種能力，就是意識——而體現著這種意識能力的表現，就是想像。

那麼，想像是怎樣讓人類，從「周圍環境」之網中，破網而出的呢？

二、再論「周圍環境」之網

我們前邊，通過對概念問題的分析，已經知道，**概念是人類大腦對事物類屬的本質的概括**。這也就是說，概念針對著的對象，已經不是人類心理中的那個帶有情覺的具體刺激物，而是剔除掉了情覺內容的具體刺激物的類屬。

從邏輯上來說，如果人類要想達成對事物有概念，人類不僅要能夠把相同事物的類屬，給它們歸並在一起，比如，把一株一株的玫瑰，歸並為「玫瑰」之類屬——在這之前，人類還要把在人類心理階段，附加給事物對象身上的情覺（刺激意義性）內容，從事物對象的身上剝離下來，以便於能夠看到事物對象的原貌——而要想達成這一點，人類首先就要能夠，對自己的心理內容進行關注。即首先就要讓自己的心理內容，成為被自己大腦關注的對象。也就是說，如果人類要把心理內容中的情覺內容，從人類腦反映的對象物身上剝離下來，人類首先就要對自己的心理內容，產生關注。因為，人類只有能夠關注自己心理的內容，人類才能夠對自己的心理內容，有所鑒察。

我們前面，在分析思維的能力時，曾經分析了人類和禽獸憑藉於思維能力，為自己編織了一幅「周圍環境」之網——這「周圍環境」之網，無疑擴大了人類與禽獸的行為活動的境域——這種境域，是由「周圍環境」之網上的事物對象，所決定的——「周圍環境」之網上的事物對象，對於人類與禽獸來說，是一種為生存服務而具有的必然關係的對象，是自體生存需要的一種延伸存在——這種延伸，就相當於自己的肢體（感覺器官），被延展伸長開來了一樣。

在這個階段，人類和禽獸，對於由機體自身的生理活動引起的感覺，和由「周圍環境」事物對象的刺激引起的感覺，是不能夠區分出不同的。對於他們來說，「周圍環境」中的事物對象的存在，就像他們的手足或爪子的存在那樣：當他們需要它（即「周圍環境」中的事物對象或人類手足與禽獸爪子）時，當它刺激了他們時，它就對他們存在著；而當他們不需要它，它沒有受到可以引起他們的感知刺激時，它就對他們，彷彿不存在似的。

總之，在唯有思維的階段，思維的主體，是沒有「我」的。也就是說，他們在這個階段，是沒有「我」與「環境」之分的：我就是環境，環境就是我——這就是「周圍環境」之網。能夠把這些事物對象揉和在一起，而建立起這個環境之網的能力，無疑是思維——但其所依賴的基礎，則是情覺。也就是說，這個「周圍環境」之網，是思維用情覺編制起來的。

或許有人會對我的這種看法，不以為然。在他們看來，在這個階段，如果人類與禽獸，只是把環境對象，當成如自己手足（或爪子）一樣的存在；那他們，就無法區分自己手足（或爪子），與其它環境對象的不同。

在我看來，真實的情況，恐怕就是如此。在這個階段，他們之所以不能夠區分自己手足（或爪子），與其它環境對象的不同。是因為，他們在這個階段，並沒有這種區分的必要。

言之於此，或許有人，就會發出這樣的疑問：若如此，那禽獸，為什麼不會像吃掉其它食物一樣，把自己的爪子，當成食物吃掉呢？

它們之所以不會把自己的爪子，當成食物吃掉。是因為，吃爪子與吃食物，對於它們，分別具有著不同的情覺體驗。這就正如它們在這個階段喝「水」，並不是因為它們已經知道那對象是「水」，才去喝它；而是因為喝那「對象」，可以消除它們機體內，令它們覺著不舒服的「渴」感覺——並給予它們，感覺滿足的體驗。它們吃食物也是一樣。它們之所以吃食物，是因為吃食物，可以消除它們機體內，令它們覺著不舒服的「餓」感覺；並在它們進食時，使得它們可以獲得舒服的體驗。而吃爪子，不僅不會使得它們獲得這種舒服、滿足的感覺，相反，還會由於疼痛，而給它們帶來痛苦的體驗。

三、心理行為的無所適從

那麼，人類，是怎樣在這個「我」所融身其間的「周圍環境」中，發現了外部世界的外在性存在？並發現了「我」存在呢？

我們才將說過，這首先就需要，人類對自己的心理內容，能夠產生關注。

人類之所以會關注自己的心理內容，在我看來，也並不是因為人類，得到了什麼啟示或偷吃了什麼「禁果」；因而，才去關注自己的心理內容。人類之所以會關注自己的心理內容，是因為，人類的心理內容中，有可以引起人類必然關注的因由。

這個因由，是什麼呢？

人們已經知道，一切生物的心理內容，都是刺激物與情覺結合在一起的內容——人類的心理內容，自然也不例外。而能夠引起人類關注自己心理內容的因由，在我看來，就是源自於人類心理內容中的那個情覺。即正是因為人類心理內容中的情覺，給予了人類機體感受和體驗的矛盾性、差異性、特殊性，才使得人類，不得不去對它產生關注。

在這裡，需要補充一點的是：能夠引起人類這種關注的前提，還在於人類記憶的豐富性。也就是說，人類的記憶能力，高於禽獸。也正因為人類的記憶能力高於禽獸，人類的表象對象的內容，就會更加豐富、更加複雜、更加具有多樣性。這裡的記憶能力，並不僅僅只是指對不同的刺激物及其刺激意義性的記憶，而也是指對同一刺激物的不同刺激意義性產生記憶——正是這後一種記憶能力，才使得人類，能夠對同一個對象的不同刺激意義性，產生記憶；並使得人類，能夠對這種記憶中的感知與表象的不同，或表象與表象之間的不同，有了可容比較和進行比較的內容基礎。如果沒有這種記憶能力，人類的表象內容，在人類的大腦中，就會像狗熊掰棒子一樣，隨著感知內容的變化，而不斷地被丟棄、置換、更新，人類也就會像一般畜類一樣地「記吃不記打」。

記憶的能力，決定著表象的能力；表象的能力，又決定著思維的能力。記憶對象的內容豐富了，表象的內容也就豐富了；表象的內容豐富了，思維的對象內容也就豐富了。記憶對象的內容的豐富，就會使得具有不同刺激意義性的同一對象，在表象中，被思維凸現了出來——也就是引起了思維的關注。而思維的這種關注，就會使得具有不同刺激意義性的同一對象，成為思維的對象目標。這也就是說，對具有不同刺激意義性的同一對象的「關注」，是思維的機能所致。

我們已經知道，**思維是腦對表象關係的判斷活動**。也就是思維能力所持有的內容，以及對這種內容進行判別、斷定的結論，超不出表象的範疇——超不出心理能力的範疇。也就是不管思維的結論內容怎樣，總是有情覺與對象物融合在一起的——思維的境域，在這個階段，也只能達到對「周圍環境」的發現——而這種融合在「周圍環境」的對象物中的情覺內容，常常會因為其的自相矛盾性，**而使得人類原本以心理情覺為活動指南**[1]**的原發性行為**，處於一種進退維谷的狀態。即刺激的對象物，給予人類情覺的矛盾性，會使得人類的行為，一時間，無所適從。

四、摸著一塊石頭

正是這種行為上的進退維谷、無所適從的狀態，使得人類的大腦，不得不對自體的這種行為，有所覺察；並由此，而不得不去關注，引起這種行為的那個刺激對象物——至此，人類就發現了，存在著導致自己行為活動的刺激對象物。並由這種發現，而知道了是刺激的對象物，引起了自己的行為——是刺激的對象物，對自己的作用，引起了自己對刺激對象物的行為活動。

也正是由於知道了這一點，才使得人類明白了，是自己看到、聽到、嗅到、觸到了刺激的對象物，即人類知道了是自己在聽、聞、嗅、看、觸，亦即人類知道了自己有聽、聞、嗅、看、觸的能力。

過去的哲學中，有一句很淺白的話，對這一點，說得很形象：當我們摸著一塊石頭時，我們知道，我們在摸著一塊石頭。也就是說，我們知道，我們自己感知到了面前的刺激對象物[2]。隨著對刺激對象物的發現，人類，就開始對刺激對象物本身屬性的成分，產生出了一種好奇性的關注，和進一步的認識。而至於刺激對象物，究竟怎樣才引起了人類的感知？人類，又是怎樣地感知著不同特質的刺激對象物？則會由於人類，對刺激對象物本身屬性的好奇性關注和認識，而被人類逐漸地給遺忘了。直到體現著人類智慧集大成的哲學，開始反省人類和世界的關係究竟怎樣發生時，才讓人們不由地驚呼道：「我們永遠不能確實知道引起我們的感覺的真正原因。」[3]

人們都知道，人類社會化生活以及個體性的生活，歸根結底，都是為了滿足人類機體自身的情覺需要，並受制於人類機體自身情覺的需要。

說到這裡，說起來，似乎就很奇怪。人們雖然都知道這一事實的不可辯駁性，可直到今天，人們對情覺的關注，卻遠遠不如對外在刺激物的關注。雖然人類對外在刺激物的關注，以及在此關注下所創造發明的一切東西，事實上，都源自於人類的情覺，並是為了滿足人類情覺的需要。可情覺，在人類自我認識的關注度上，卻是始終處於一種次要的低位，甚至於是被故意地忽略著。

這方面，最具代表性、最明顯的荒謬，就表現在：統馭著我們過往的一切認識的已有哲學，竟然就是在把情覺關在門外的基礎上，建立起來的——人們甚至於用這種觀點，來對待和情覺密切相關的「美學」。黑格爾「美就是理念的感性顯現」[4]之說，正是這種觀點，在美學上的典型表現——由這種偏狹的認識，而發展起來的哲學，如果最終不沉入到玄虛妄想和不知所云中去，那倒真是應該讓人感到意外了。

當然，哲學之所以會這樣地發展著，也並非就是違背人類認識本性，而誤入了認識的歧途。相反，這樣的發展途徑，就其的歷史軌跡而言，正是人類認識道路上的一個必由之路。

人們知道，生物的趨利避害行為，是為了保障生物自體的生存。也就是說，趨利避害是一切生物的先天本性的本能使然。人類作為一種生物，其先天本性的本能，自然也是趨利避害。如果一個刺激的對象物，是利害相加地纏繞在一起；並且，這種利和害的兩種刺激，都會引起人類很強烈的感受和體驗——那它，就必然地會引起人類對它的關注。而也正因為這種利和害的強烈刺激，並存於「一體」；也就會使得擁有這種刺激的那個「一體」的對象物，自然地就凸顯了出來，就會首先成為被人類首要關注的目標——這就是認識及其哲學發展的始點。

由此始點發展起來的認識及其哲學，其目標，自然是以刺激物的本身為焦點。

哲學的不幸，並不在於從此始點起。而是在於，在其後的發展道路上，哲學卻盲目地始終將情覺拒之於門外；甚至於在情覺，成為其認識對象的首要內容時，比如美學、心理學，哲學卻依舊用慣性的思想，駕馭著自己的意向。

五、哲學認識的遺憾

說到這裡，我們不能不再一次地指出一個令人扼腕惋惜的事實：過去的哲學家們，從來也沒有真正完全地認識到，我們所認知的世界事物的對象，實際上，並不是直接對外在的對象物的認知，而是對我們自己的心理——腦反映的對象物的認知。換個方式來說，就是：過去的哲學家們，從來也沒有能夠真正完全地認識到，我們是通過對我們自己的心理對象物的認識，來認知外部的世界的。也就是說，過去的哲學家們，從來也沒有真正地認識到，我們對外部世界的認識，其實，是通過對我們自己的心理對象物的認識，來實現的[5]。

或許，有些人會覺著，這樣地指責過去的哲學家們，有失公平。因為，通過黑格爾的代述，而使得我們獲知，「知性邏輯」關於概念的形成和來源，有這樣的述說：「我們以為構成我們表象內容的那些對象首先存在，然後我們主觀的活動方隨之而起，通過前面所提及的抽象手續，並概括各種對象的共同之點而形成概念」[6]——就這個述說來說，在他們看來，黑格爾代述的這個「知性邏輯」的觀點，在這裡提到的「表象內容」，就是「心理能力」中的心理對象物。亦即，在他們看來，對「表象內容」的認識，就已經是對「心理能力」的心理對象物的認識。憑賴於此，他們自然就會反詰我們地質問道：「知性邏輯」既然已經把「表象內容」，作為了認識的對象，怎麼能說「過去的哲學家們，從來也沒有真正完全地認識到，我們所認知的世界事物的對象，是對我們自己的心理對象物的認知」呢？難道說，僅僅因為過去的哲學家們，沒有明確地表示出「表象內容」，就是「心理能力」的心理對象物，而就認為，過去的哲學家們，從來也沒有認識到有心理的存在嗎？

我們當然不會因為過去的哲學家們，有沒有在人類的能力中，分辨出個「心理能力」的名稱，而就認為，過去的哲學家們沒有認識到有心理的存在。我們當然不是吹毛求疵的妄自尊大之輩。在我們看來，心理作為人類的能力之一，究竟應該賦予一個什麼樣的名稱，是無關緊要的。只要它指向的是那個概念——概括了心理的本質屬性，即揭示出了它「**是腦對刺激物的刺激意義性的反映**」。不管它被叫做什麼，那就都是理應得到承認和肯定的。

可問題在於，我們這樣說的理由，不是因為過去的哲學，有沒有一個類同於「心理」概念的詞語（「心理」這個詞語本來就來源於哲學）。而是在於，我們前邊已經明確地指出過的問題：過去哲學的「心理」認知，就像黑格爾代述的「知性邏輯」所說的那個「表象內容」一樣，那並不就是心理的實際內容，也不是實際的心理，而是類同於一張「風景名片」——它只有物的影像，而沒有任何的情覺成分。若「表象」，沒有情覺的成分，只有物的影像。那它，還是心理中的表象嗎？不過就是一個照片而已——而這正是唯心主義者們，普遍地作為目標的那個對象——對這樣的「表象內容」的認識，能說是對心理對象物的認識嗎？顯然不能。

人們千萬不要以為，說到人類的心理（也包括一切動物的心理）內容，有沒有情覺在其中，是無關緊要的。且不說，情覺正是人類與外部自然的先天關係的心理體現——沒有情覺，人類與外部自然，就沒有了「關係」，也就不會有心理。進而說，也就不會有意識，也就沒有人類——單就哲學的認識而言，也正因為過去的哲學認識，忽略了人類心理（感覺、知覺、表象、思維）的情覺存在。所以，也就一直不能辨清人類與世界的真實的關係；故而，也就不能把關注點，集中在人類的能力上。

不僅如此，最為不幸的是，過去的哲學認識，還跳躍性地隔絕開這一點，好高騖遠地去認識世界的本原；並武斷地給予世界的本原，於唯物或唯心的觀點；且各執一詞地圍繞著這些個觀點，固守一方地爭吵了兩千年。

更加不幸的是，在這期間，人類智慧的集大成者——哲學，由於不能使得人類的智慧，認識到每一個個體的人，作為生命的特殊一份子的彌足珍貴。而把地球上，唯一具有智慧的最完美的生命——人，視同於頑石、草木、牲畜。給一些邪惡之徒，留下了可被利用的空隙。使得他們，得以以「階級鬥爭」的觀點，挑動起人類群體之間的仇恨。在他們的挑唆下，一些人迷失了心智，變得像毫無憐憫地禽獸一樣，對自己的同胞，進行著殘忍的迫害，直至肉體的虐殺、屠戮、食之。可以預見的是，只要人類不能認識到自己在生物界的特殊性，這樣的悲劇，總有一天，還會再發生。

說到這裡，我覺著，很有必要再重申一下，我在題記中的那句警語：人不是動物，人是智物——因為人有一切動物所沒有的智慧。

---

[1] 這也是一切動物的行為活動的根源。

[2] 這裡，還不能說，真正地認知到了心理作為一種能力的存在。這種認知，在過去，一直是曖昧不清的。

[3]《簡明哲學辭典》　羅森塔爾 尤金編　第662頁

[4]《美學》　黑格爾著　第一卷　第138頁　轉引自蔣孔陽《德國古典美學》

[5] 這一點，就可以說明：現代人的意識能力，為什麼看著，會使得古代人的意識能力沒法比。其原因，就在於：我們是以我們現代的心理對象，為認識的對象。我們的意識，是建築在現在的心理對象的基礎上——這個心理對象，是彙集了我們前人的聰明才智在裡邊的。

[6]《小邏輯》　黑格爾著　第三篇　概念論　A·主觀概念　概念本身　§163〔說明〕　附釋二

第三節　意識的原形

一、心理的內容

我們，絕對不能忽略，人類心理內容中的情覺成分。因為，人類正是由於剝離了自我心理對象上的情覺內容，才使得人類，從「周圍環境」中，辨識出與我融為一體的環境事物，其實是與我無關的外部存在物——並以此為基礎，而使得「我」，脫穎而出。

我們前邊，通過對思維能力的分析，已經使得人們知道：思維能力，已經可以讓人類，獲知「周圍環境」的事物對象的存在。思維，是屬於心理的範疇的——而心理，始終是被情覺束縛著。也就是說，不管是人類的感知，還是人類的表象，直至人類的思維，都使得人類與「周圍環境」的關係，囚囿於情覺之中而不能自拔——心理既如此，那屬於心理的思維，自然亦如此。因而，也就可知，思維是無法讓人類，把「我」與「周圍環境」區分開來——「我」與「周圍環境」，在思維的階段，是融為一體、不分彼此的：我就是環境，環境就是我。故而，在思維的階段，我們是無法從「周圍環境」中，剝離出「我」的存在。

而實際上的不同，是：我們這些成人，不僅知道「周圍環境」，是外在於「我」的自在性的存在——這也包括那些主觀唯心論的理論家們，在成為主觀唯心論的理論家之前，他們作為成人的一般性知道——我們還知道，「我」，是不同於「周圍環境」的事物對象的一種存在。

這也就可以見出，人類，必然具有一種高於心理能力的能力，能使得人類知道，「周圍環境」的事物對象，是與我無關的一種外在性的存在；並知道，「我」是不同於「周圍環境」的事物對象的一種存在。

這是一種什麼樣的能力呢？在前邊，我們已經向人們昭示過：這種能力，就是意識。

那麼，意識，又是怎樣讓人類，在這個「周圍環境」之網中，發現了外部世界的事物對象的自在性存在？並由此，而發現了「我」存在呢？

我們在前邊，亦已經說過，人類要想在「周圍環境」之網中，發現事物對象的外在性。人類首先就要關注，直接與環境發生利害關係的心理內容；只有能夠關注心理內容，人類才能夠在這種關注中，發現心理內容中的對象物與情覺；而只有發現了心理內容中的對象物與情覺，人類才能夠將心理內容中的情覺成分，從心理對象物的身上，剝離下來——使得心理對象物，恢復它作為心理對象之前的「原貌」——也就是黑格爾代述「知性邏輯」所說的「表象內容的那些對象」的「首先存在」。

人類，是怎樣地實現了這種剝離呢？

二、意識的原形

我們在分析黑格爾代述「知性邏輯」所說的那個「表象內容的那些對象」時，已經指出過，他們所謂的「表象內容的那些對象」，其實，已經不是心理本身原有的表象內容，而是被科林伍德先生，揭示出的那個「純化過程的產物」[1]——這個「純化過程」，也就是把情覺的成分，從感受物的身上，給剝離了下來——使得感受物，成為了沒有感受的對象物。把科林伍德先生揭示出的這一點，和黑格爾代述的「知性邏輯」的說法比較，就可以知道，「知性邏輯」的「表象內容的那些對象」，原本是帶有情覺的成分的。是我們，在對它們進行「以為」時，才把它們身上的情覺成分，從它們的身上，給剝離了下來。

我們假定，這些「表象內容的那些對象」，尚沒有變成「純化過程的產物」。即它們，是帶有情覺成分的內容對象。是我們「以為」之後，它們，才成為沒有情覺成分的「表象內容的那些對象」。

那麼，這個被我們的「以為」，所剝離出來的「表象內容的那些對象」，在我們的腦中，又是怎樣的一種情況呢？亦即，當我們的腦子，這樣「以為」時，被我們的腦子，所「以為」的「表象內容的那些對象」，會不會以某種形式，「顯現」於我們的腦中？也就是當我們的腦子，「以為」著「表象內容的那些對象」究竟如何時，在我們的腦中，會不會有「表象內容的那些對象」的「意象」？

在我看來，這是毫無疑問的。

在我們腦中的心理感受物，就像化妝舞會上戴著面具的人臉一樣。而我們大腦的意識活動，就像猜想，蒙在面具後面的人臉的容貌一樣。如果我們，把人臉所戴的面具，當成我們心理感受物上的情覺；把隱藏在面具後面的真實容貌，當成刺激了我們，而引起我們心理活動的對象物本身。「意象」的產生情況，是這樣發生的：當我們對某個化妝舞者發生興趣，在其摘下面具，而露出真實容貌時，我們對其的真實容貌，有時或會驚呼其美，有時或會不無失望。某人的真實容貌，之所以會令我們，或驚呼其美，或不無失望；是因為，某人本身的真實容貌，超出或低於我們事前，對其容貌的「猜想」——其與我們「以為」其的容貌如何的想像，大相逕庭。這個例子說明，在遮蓋著某人容貌的面具被掀起之前，在我們的頭腦中，已經「以為」出了某人面具背後的「容貌」——這個「以為」出的「容貌」，就是我們的「意象」。

比照於此，我們就可以知道，被我們「以為」了的「表象內容的那些對象」——剔除掉了情覺成分的對象物——是必然會以「意象」的形式，顯現於我們的腦中。

不管這個「意象」，是以什麼樣的形式（考慮到失明者和失聰者，我們只能這樣說）顯現著，它必然會在我們的腦中映現出來。這個映現在我們腦中的「意象」，顯然，已經不是我們心理中的感知對象或表象對象。即不是刺激了我們感覺器官，而使得我們腦反映得到的那個對象——不是那個帶有情覺成分的感受物；而是我們腦中原本並沒有，但由於我們大腦對其的關注，而被我們大腦想像活動，所創造出來的一種「新東西」，即沒有了情覺成分的「新東西」。

而當這個「新東西」，一經被我們大腦活動創造出來，它就是帶著一種，我們自以為是的「悟」而來——這種「悟」，如果化為我們的語言來表達，就是「原來如此！」

通俗一點講，就是：我們大腦，發現了隱藏在我們心理內容背後的刺激物的「原貌」。

而當這個心理對象背後的刺激物「原貌」，一經被我們大腦的活動「見」到——它就會在我們的大腦中，代替我們的心理對象，成為替代我們心理對象固有的「東西」。也就是說，這之後，我們的心理對象，不管再以什麼形式和內容出現於我們的大腦之中，即當我們的心理對象，作為感知或表象再次出現時，我們的大腦，即刻就會把它置換成這個「東西」——這就是人們所說的「意識」。

三、過去對意識的茫昧

意識，是每一個哲學家，在自己的哲學理論中，普遍都會談到，但卻又普遍都說不清、道不明的一個晦澀的對象。哲學家們，也都普遍地知道：人有「意識」這個能力。哲學家們，也都用過各種各樣的方法，對它做過各種各樣的解釋；或用各種各樣的說明，來指出它的具體狀況。比如，「知道」我們有感知的能力，「知道」我們時時地在感知著，並且「知道」我們是在感知中得到了刺激的對象；「知道」我們有表象能力，並且也「知道」我們可以看到頭腦中的表象；「知道」我們有思維能力，也「知道」我們在思維著，並對這種思維能力進行了專門研究，而創立了《邏輯學》；「知道」人可以內省，可以反觀我們自己內心的一切活動；「知道」我們的父母，是外在於我們而存在著；「知道」外部世界的對象，是不依賴於我們而存在著；「知道」……等等——哲學家們，正是把這些個「知道」，叫做意識。

這也就可以看出，雖然哲學家們認識到了這些個「知道」，就是意識。但卻也普遍地都不清楚：這些個「知道」的原形，是什麼？這些個「知道」，究竟是怎麼一回事兒？我們為什麼？會有這些個「知道」。我們為什麼？會把這些個「知道」，叫做意識。哲學家們，也從來沒有能夠描述出：這些個「知道」，有一個什麼樣的過程？這個過程中的對象和內容，究竟都是些什麼？

他們並不知道，當他們一「知道」這些對象時——這些對象，就已經不是他們和外部世界發生（心理）關係時，他們所得到的那些個感知對象或表象對象；而是已經被他們的大腦，替換過了的對象——就已經是他們大腦的「意象」——這個替換了他們原來心理內容的「意象」，我們在前面，已經揭示出了它的實質：**心理衍生像**——這就是哲學家們，在日常生活和認識活動中，所面對的那個對象；也是我們一般人，在日常生活中，所面對的那個對象。這也就是說，我們平時所以為，看到、聽到和頭腦中見到的那些個外部的客觀事物——「刺激物」，其實已經不是我們感知和表象中的那些個心理內容。而是已經被我們的大腦，替換過了的對象——替換為大腦想像出的「意象」。

四、生活中的例證

人們應該都有這樣的經驗：一個被我們熟視無睹的環境對象——比如，大街上某個位置的一幅巨大廣告招貼畫；比如，人們工作環境中的一種現場布置；比如，我們自己生活環境的家庭擺設和裝飾——這些環境對象的存在，由於久置不變；常常會使得我們，對其視之漠然、麻木不仁。

這種情況，人們過去，有一個詞彙描述它，那就是「印象」。

但如果這種環境的對象，發生了變化——比如，廣告招貼畫，改換了新的內容或被移走；比如，人們工作環境中的現場布置發生了變化；比如，我們自己的家庭擺設和裝飾，重新做了一番位置的調整——待我們，再次進入這些環境的那一瞬間，我們常常會對眼前的景象，有一種近乎驚奇的新鮮感——好像是某個位置該有的東西，卻沒有了，被換了什麼似的。

我們為什麼，竟然會有那個近乎驚奇的新鮮感體驗呢？奇妙就奇妙在：即使這樣的環境對象的調整，是我們自己親歷親為。也依舊會讓我們，產生那種近乎驚奇的新鮮感。比如，我們自己，對我們自己家庭的擺設和裝飾，做了改換位置的調整——這種改換位置的調整，是我們自己花費了力氣親自所做的。而當我們從外邊回到家中，走進門，乍看到眼前景象的那一瞬間，我們也同樣會產生那種近乎驚奇的新鮮感——這就不是那個「印象」的說法，所能解釋的。

之所以會有這種近乎驚奇的新鮮感，在我看來，就是因為眼前的景象——現實中的這個感知對象，並不符合我們對其意識的意象——這裡的這個意象，是我們在對原有心理內容中的刺激物和刺激意義性進行分離時，所產生的那個意象，即對舊有心理內容的舊有意識——亦即眼前的景象，改換了我們意識，在進入這個大環境之前，不自覺地對原有小環境的對象，進行剝離時所產生的那個預期意象。這就令我們，不得不產生了那種近乎驚奇的新鮮感——心理中的感知對象——伴隨著刺激意義性的感知對象，再次引起了我們的感知體驗。而這就引起了我們意識，對這種體驗的注意。這種注意，就會使得我們的意識，再去意識到我們的心理內容，並對其產生相應的意象——再對心理內容中的刺激物和刺激意義性進行剝離，產生意象——改換我們原有的意象，即讓新的意象，替換原有的意象——讓這種新的意象，成為我們大環境意象中的有機成分。時間一長，這種新的意象，便自然地就會融入我們對大環境的意象之中——這種情況，在我們平時生活中的表現，就是：我們對其，就又會漠然置之。

此例，也就說明了一點，我們的意識，始終是以心理為導向的。我們可以一時地沉浸在意識之中。但我們，卻無法抗拒心理對我們的呼喚。我們的心理，就像一個風向標一樣，牽引著我們意識的方向。使得我們的意識，不至於迷失於黑暗的森林，不至於被三隻野獸所吞噬[2]。而這，也就證明了，感覺對於我們的生存的重要性——也說明了那種「感覺剝奪」實驗中的人，為什麼並不能像他們自己在實驗前，所設想的那樣，能趁機好好地思考考試的問題；而卻是令他們，心智迷失地跌入「走火入魔」的境界。

在這裡，應該特別指出的是，不是我們將我們的心理內容，置換為意象的那種大腦活動，才是意識；而是我們大腦對心理內容產生意象的那個本身，就已經是意識了。

因為，對心理內容產生意象時，我們就是已經「悟到」了「這個意象是那個對象」。而不是在那個置換之後，或在那個置換發生時，才使得我們知道「那個對象是這個意象」。置換的活動，不過就是因為已經有了那個「悟到」，才去置換；而不是因為有了置換，我們才能「悟到」。況且，這種置換的本身，往往是需要通過心理行為的檢驗之後，才能有的「再意識」——而過去的理論家們以及一般人所以為的意識，往往只是指這個「再意識」。

五、意識後的實踐

我們，之所以在述說人類意識的發生情況時，會以黑格爾代述 「知性邏輯」的那個「表象內容的那些對象」為突破口。無疑是，這個說法，給予了我們一種認識和敘述的方便。人類意識的發生，當然未必就必須是以此種內容的對象為始。

就實際而言，引起我們人類大腦的關注，並引發大腦產生「意象」的心理對象，未必就只能是表象的內容——它也可以是感知的內容。然而，不管這個心理對象是什麼，首先都是這個心理對象的情覺，引起了我們大腦，對這個心理對象本身的關注；而正是這種關注，才能夠使得我們的大腦產生意象——剝離出心理對象中的對象物和情覺的不同——產生出心理對象物，是獨立自在地存在著的「意象」。

這個在大腦中產生出的「意象」，一旦出現於我們的大腦中，隨之而來，就必然會引發出一種心理行為的檢驗活動——這種檢驗活動，就像我們猜想出某人遮在面具後面的容貌，隨之就去掀起那個面具，檢驗其是否符合我們對其的猜想一樣。

這種心理行為的檢驗活動，會因為對象的不同，而有著不同的檢驗方法。但這種檢驗的方法，不管怎樣地不同，卻都是通過我們的感覺器官，與對象的接觸來實現的——這裡的感覺器官，就是聽、聞、嗅、看、觸，等等外在的感覺器官——這種接觸性的行為，就是實踐的活動——人類第一次真正意義上的實踐行為。這種檢驗的目的，當然是為了驗證：我們所面對的那個對象，和我們頭腦中的「意象」，是否相符合[3]。

毫無爭辯的事實是，人類具有「窺一斑而略知全豹」的本領。也就是人類，是可以由對一物的認知，而實現認知一類物。由對一物的認知，而得到一類物的認知，無疑也是借助於想像的能力來實現的。即當我們借助於想像，獲知某一個心理對象物，是外在於我們時。我們如果再見到其它類似的心理對象物，我們依舊可以借助於想像，而隨之「悟」出：它們，也是外在於我們的那一類東西；直至認知到全部的同一類心理對象物，都是外在於我們而存在著。

不消多言，「周圍環境」，能夠引起人類這種「悟」的對象，是數不勝數、俯拾皆是的。而當人類通過想像和實踐，能夠認知到某一個心理對象物，是「如此這般」時。那麼，人類也就可以在此基礎上，意識到其他的心理對象物，也是「如此這般」。也就是說，人類由對「一個」心理對象物的外在性「覺悟」；而再通過想像，就可以把它，運用到其它所有的心理對象物上。這一點，或許，就是我們通過對不同的心理對象物，都來源於同一感覺器官的事實而意識到——即它們，都是來源於同一感覺器官的對象物，因而，它們就都是一樣的外在對象物——亦即意識到來源於同一感覺器官的不同對象物，都是外在於我們的一種存在。比如，對亞里士多德在《第一哲學》開篇中所說的「視覺」[4]的對象物。即只要我們意識了「視覺」的對象物之一的外在性，我們就可以意識到：凡是我們「看到」的對象物，就都是外在於我們的存在。也就是說，我們只要能夠意識到「看見」的對象物之一，是與我的感受無關。那麼，我們也就可以在此基礎上，而意識到「看見」的一切對象物（與我們生存活動有直接關係的機體肢體除外——它們是另一個對象），都與我的感受無關，即都是外在於我們的獨立的存在物。亦即，我們就會知道，我們視覺所看見的一切對象物，皆是如此，概莫能外。這也就是說，當我們可以想像一個心理對象物的情況，如此這般時，並通過實踐行為而確定後；我們就可以想像到：所有的心理對象物，都是如此這般——經年累月之後，我們就會以為，我們所感知到的一切對象物，就是那樣一些外在於我們的「東西」——就是那樣一些，不帶有任何情覺感受內容的外在的刺激物。

亦正是因為如此。所以，我們這些成人，就都會自然地覺著：一切事物對象，那人、那禽獸、那樹、那山、那水、那聲音、那味道，都是外在於我們的一種獨自的存在。久而久之，那種引起我們感知並伴隨著我們，而給予我們機體體驗的情覺感受，就會在我們對對象物的意識中，被我們不自覺地隱去——不自覺地覺著，我們對對象物的感知，並沒有情覺的內容。對象物對於我們，只是刺激著我們的刺激物——我們所感覺到的對象物，也只是純粹的刺激物——黑格爾代述的「知性邏輯」，所說的那個「表象內容的那些對象」，就是這種意識的產物。他們當然不會想到，當他們

「以為」「表象內容的那些對象」是「首先存在」時，那「表象內容的那些對象」，就已經被他們先「意識」過了。

而我們，要再知對象物的刺激意義性存在時，那就只有在對象物對我們的刺激，使得我們的感受，非比尋常（美感）或異常強烈（刺疼、炙熱）時，我們才會重新覺察到，它對我們的刺激意義性的存在——且「遺忘性」地以為，這只是對象物本身的特性。就如我們把看上去很美的事物對象，以為是事物對象本身的特性，以為和一塊炙熱的鐵塊一樣，是因為鐵塊的溫度所致。而卻不知道，這裡，有引起我們感覺的刺激意義性的存在。這就是為什麼會有拉丁成語「談到趣味就無可爭辯」[5]的說法。因為，給予我們美的事物對象，往往會由於人的各種各樣不同的狀況，而給予人們不同的情覺感受和體驗，即會引起人們程度不同的注意。所以，一個饑腸轆轆的乞丐，和一個悠然自得的國王，就會對於絢麗的夕陽，具有不同的感受，就會有「美不美」的問題存在。

六、意識是每一個人的基本能力

應該指出的是，這樣的一種能力——以想像之物（意象）替換心理的內容——是人類每一個成員，都普遍地具備的一種普通的能力。當然，這種能力的前提，首先就是要有想像的能力。這也就是說，人類的每一個成員，都普遍地具有著想像能力。

想像能力，說起來，也並不就是一種不可測知的神秘能力。它的某些雛形狀態，在具有表象思維的生物中，就已經顯現出了它的萌芽——這個萌芽的狀態，就是做夢[6]。當然，做夢和想像，是有所不同的。它們的不同表現在：做夢是具有表象功能的生物，在睡眠中，腦映現出由情覺編製著的情景；而想像，則是人在清醒的狀態中，大腦產生出意象。

想像，在人類，並不需要什麼特殊的誘導和發掘，才能具有。因為，想像是人類這個物種的一種自然而然的普通能力，是只要具備了這種生物機能的生物，都先天具有的一種能力。這就像具有感知能力的生物，都先天地能夠感知相應的刺激對象一樣。

而只要有了想像的能力，那麼，以想像之物來「替換」心理的內容，也就是一種自然而然的事情。因為，這個想像的本身，實際上，就是對心理內容的一種覺悟。況且，這種「替換」，說到底，其實就是對「想像」之想像。也就是說，這個替換，不過就是我們想像著這個「意象」，其實就是那個「心理內容」。我們正是把大腦以意象替換心理內容的這種活動，謂之為意識的活動；把大腦以心理內容為對象而產生意象的這種能力，謂之為意識的能力。

---

1 《藝術原理》　【英】科林伍德著　王至元 陳華中譯　第二編　想像論　第八章　思維與感覺　第二節　感覺　第167頁

2 見但丁《神曲》。

3 不幸的是，這樣的檢驗，在過去的哲學認識中，從來也沒有得到一個結果：客觀論者認為，心理對象的物本身存在於外；主觀論者認為，心理對象的物本身存在於內。幸運的是，不管認為心理對象是在內還是在外，他們都承認，物本身就是物本身——它的存在，和我自身存在的情覺無關。

4 《形而上學》　亞里士多德　卷一　章一　第1頁

5 《朱光潛美學文集》　第三卷　第414頁

6 動物的夢，分不清自己和外物。也就是它的夢中，沒有自己。它不可能在夢中，看到自己。只有人的夢，可以看到自己。

第四節　我之所以為我

一、第六感官感覺

我們對意識原形，及其產生過程的描述，是做了極度簡化和省略處理的。

事實上，真要循著它的那個軌跡，去描述它，其間的複雜性和繁瑣性，會是罄竹難書的。比如，人類意識在最初的階段，人類會利用各種各樣的心理行為，不厭其煩地反覆通過「實踐」活動，去驗證這個意象與實際感知對象的關係。並由這種驗證，而領悟到：這個引起我們感知的對象物，並不是我們自身的情覺所致，而是與我們自身情覺無關的一種存在。

而人類之所以會有這種能力，所憑賴的就是想像。而想像，我們前邊的分析，已經使得人們知道：**想像是大腦產生意象**。而意象，我們在前邊，也已經揭示了它的內涵，那就是：**意象是心理衍生像**。由此，也就可知，**想像就是大腦產生心理衍生像**。

之所以人類大腦，會產生心理衍生像。無疑地，首先是因為人類大腦，具有能夠產生出心理衍生像的生物機能——而導引著人類大腦的生物機能，產生出心理衍生像的機緣，則是因為心理中的表象對象或感知對象，給予人類心理情覺的差異性、矛盾性、特殊性。這種心理情覺的差異性、矛盾性、特殊性，會使得**人類原本以心理情覺為活動指南的原發性行為**[1]，因時因地，處於了一種無所適從，而又進退維谷的膠著狀態。

這種膠著狀態的表現，就是：在那一瞬間，人類的機體（手腳），好像忽然被什麼東西，給綁住似的不得動彈。正是這一點，使得人類，不得不對自己的這種情狀，產生關注——這種關注，就是對我們自己心理內容的關注——而在這種關注中，人類，既不知道這種綁住自己機體（手腳），導致自己不能動彈的這個東西（或說原因）是什麼，也不知為什麼會被這個東西綁住。這就激發了人類大腦想像功能的活動——這種活動的結果，就是產生出意象，即產生出心理衍生像。

這種情況，與那個引起人們心靈震撼，每一個人幾乎都曾不自覺地經歷過的「似曾相識」現象，即某些神秘論者，所謂的「第六感官感覺」的發生情況，有點兒相類似。

我們都有這樣的經驗：在我們正做著某個事情的時候，我們會突然莫名其妙地就停了下來——我們的一切行為活動，在那一瞬間，彷彿就像突然被凍住了似的，凝滯在那裡。因為，一種奇妙的「似曾相識」意象，忽然沒來由地從我們的大腦中生出。令我們，心靈震撼地對我們自己，此時此刻的此種行為狀態，對我們面前的此情此景，產生出一種不由自主的關注。我們自己的行為狀態和面前的景象，所喚起的那種非常熟識之感，幾乎是逼迫著我們，要為面前的這種情狀，找出合理的解釋，即尋覓出其的根源——這就使得我們，不自覺地會對我們自己過往的經歷，進行內省。意圖從記憶中，搜尋出與此有關的歷史事件：好像我們，在我們自己過去歷史中的某年某月的某個時刻（包括夢境），曾經絲毫不差地有過此時此刻的此種行為，曾經一模一樣地面對過我們面前的這個情景——導致「意象」產生的那種情況，是與此相類似的。它們，其實是來源於一個相同的根源——這個根源，就是大腦對自我心理內容的關注。

而呈現於人類面前的事實是，引起這一切的緣故，只是因為人類，對面前的那個事物對象的行為活動——好像是這種行為活動，對面前的事物對象本身，施出了什麼魔法。致使得人類，不得不去關注這一切。

於是乎，人類的面前，就有了兩個對象：

一個就是自己的行為活動；

一個就是面前的事物對象。

因而，這就使得人類，不得不去關注自己這個行為的狀態；並關注，那個引起自己這個行為狀態的對象物——它，是人類的行為，處於這種膠著無為狀態的根源。而由於對象物，總是會因時因地對人類有著不同的刺激意義性。最終，就會使得人類，借助於自己的想像能力，恍然大「悟」了對象物的獨立自在性——產生出：對象物是獨立自在的意象。這種意象，甫一產生，人類就會利用著自己的感覺和知覺以及表象和思維，即人們利用著心理的行為活動，去檢驗自己的這個意象——這種檢驗的結果，就是再次確證了對象物的獨立自在性。

我們前邊，已經說過，黑格爾代述的「知性邏輯」，所謂的那個「表象內容的那些對象」（不管是唯心論對象的表象，還是唯物論對象的表象；不管是客觀說的表象，還是主觀說的表象），就是這種減去了情覺內容的對象物——這個被減去情覺內容的對象物，並不就是心理的實際表象，而已經是意象。它一乃被識知時，就已經不是心理的原本表象，而是以意象，出現在人類的大腦之中。

二、意識的對象

可能有人已經注意到，我們在敘述意識產生的契機時，說到意識的目標對象，所針對的是「心理」，而不是像過去多數理論所說的「刺激物」。

雖然，我們不否認，我們在論述中，曾有過以「物」為目標的暗示。比如，我們借助於的科林伍德那個「純化過程的感受物」的說法——這個說法本身，就已經是在暗示著，我們所指的「內容」是「感受物」。再有，我們前邊所說到的那個「表象內容的那些對象」——我們在前邊，亦已經分析過了，黑格爾和「知性邏輯」的這個「表象內容的那些對象」的說法，所指對象，就是以「物」為目標的。說意識產生的契機，是以心理中的「刺激物」為目標。當然不能說是錯誤的。但我們，卻也一定要清醒地認識到，「刺激物」，並不是意識的唯一目標或說唯一對象——引起意識產生，或說導致意識活動的對象，是心理——是心理自身，不能解決自身的問題時，才有了意識的參與——意識所面對的對象，是心理。

而人們已經知道：「**心理是腦對刺激物的刺激意義性的反映**。」由這個心理的定義，應該已經可以使得人們，很清楚地知道，心理的內容中，不僅有「刺激物」，還有刺激物給予主體感覺器官的利害性信息，即「刺激意義性」，亦即情覺。

我們在關於意識原形的分析中，其實，亦已經很明確地透露出了這一點。這就是：意識所面對的對象，並不就僅僅只是刺激物，還有那個被它，從刺激物身上剝離下來的情覺的內容。因而，意識的對象，就不會僅僅只是以「刺激物」為目標，而情覺——「刺激意義性」也必然是其目標之一。即情覺，也是意識必然要面對著的對象——而且，是它必須要面對的對象。因為，意識中的外在對象物，雖然，看上去，似乎脫離了心理情覺的束縛，成為了所謂的「物自體」。但意識所意識的目的，從根本上來說，也還是在於為機體的生存服務。因而，意識的活動，對機體來說，不管看上去是多麼地超脫，但歸根結底，它最終的目的，也還是在於為了機體本身的生存（質量）。況且，我們也知道，情覺，不像刺激物那樣是外在於機體的存在，而是與意識本體共存於機體——它與意識本體是一體的——它，理應會是在意識的對象範疇之內。

因而，也就可知，意識所針對的對象，就不僅僅只是心理內容中的刺激物，而也應該有這個刺激物的情覺。也就是意識所針對的對象，是：既包含著刺激物、也包含著情覺的心理內容。

三、對心理內容回顧

說到這裡，可能就會有人產生出這樣的疑問：那個被意識（想像）從心理內容中的感受物身上，剝離下來的情覺內容。其的結果又怎樣了？意識，是如何看待它的？

我們前面，已經說過，我們對想像之物（意象）與外在事物對象關係的驗證，是依賴於我們的感覺器官。而我們都知道，感覺器官，就是發生感覺的器官。而感覺，通過我們前面的分析，人們已經知道：「**感覺是腦對刺激物予個別感覺器官的刺激意義性的反映**。」由感覺的這個定義，我想，人們應該可以理解，我們感覺中的內容，並不就只是過去感覺論所說的那個刺激物的個別屬性，而是還有刺激物的個別屬性給予我們感覺器官的刺激意義性。僅此而言，至少我們可以這樣說，感覺是具有刺激意義性的內容的。我們在前邊，已經分析了這個刺激意義性的內容，對感覺來說，它就不僅僅只是擁有著，而且它還是感覺的最重要內容——是感覺之所以為感覺的根本內容。感覺中的刺激意義性內容，既然是如此地至關重要，那我們，就沒有理由認為，我們在驗證意象與外在對象的關係的實踐性心理行為中，我們的感覺，沒有刺激意義性的內容。我們也已經知道，感覺的刺激意義性的內容，就是情緒：「**情緒是感覺的刺激意義性**。」由此，我們也就知道，這裡的這個刺激意義性的內容，就是情緒的內容。這也就是說，我們在驗證意象與外在對象的關係時，是有情緒參與其中的。

根據現代心理學的有關知識，我們業已經知道，我們的感覺，並不是單獨地發生著作用——感覺一發生，隨之而來的就是知覺。而知覺，我們也已經得到了它的定義：「**知覺是腦對刺激物予感覺器官的刺激意義性的反映**。」——這個定義中所說的「感覺器官」，就不是指個別的感覺器官，而是指所有的相應的感覺器官。也就是，知覺是腦綜合了各個個別感覺器官的感覺的一種反映。

我們知道，知覺總是以感覺為前導的。即知覺的發生，總是有感覺的原因為引子。不管這種感覺是被動的，還是主動的感覺——所謂「實踐感覺」——知覺總是有感覺的原因的。既然感覺是知覺的原因，那麼，感覺的刺激意義性的內容，就必然會在知覺中存在，並得到體現——不管這種感覺，是被動的感覺，還是主動性的感覺。接近零度的水，不管我們是有意識地把手伸進去去感受，還是無意識地把手伸進去得到感覺，我們都會感受到一種徹骨的刺寒疼痛；並使得我們，會不自覺地迅速把手抽出來。這也就可以看出，不管我們的感覺，是被動性地發生，還是我們主動性的「實踐感覺」，都是必然會伴隨著刺激意義性的。

不消多言，我們在「實踐感覺」時，感覺，也會由於環境對象物的狀況變化，或我們自身的情況變化，而給予我們不同的體驗。比較有名的例子，是：兩盆一樣溫度的水，由於在接觸它們之前，左右兩隻手，分別經歷了不同的冷熱環境的刺激，因而，就會使得兩隻手，對兩盆一樣溫度的水，感覺著一個熱，一個涼。

我們對對象的體驗，還會由於各種內外因素的變化，而使得我們的感知，處於飄忽不定中。

四、「我」的產生

由於同一個刺激對象，給予了我們不同的感受，就會使得我們的大腦，不僅去關注刺激的對象，也會去關注我們自己的這個感受。而感受，還時時地伴隨著我們。也就是說，在我們意識到心理對象的刺激物的外在性時，隨之而來的意願，就是對它去檢驗。而在這種檢驗過程中，感受，會一直伴隨著我們。

對刺激物的意象，已經使得我們知道，感受，不在刺激物的身上；因而，感受，就必然地會從刺激物的身上，被剝離出去。也就是說，我們已經知道，這個感受，不是刺激物的所有——刺激物，是沒有感受的。從刺激物的身上剝離下來的感受，並不就是感受沒有了。因為，不管在什麼時候，我們總是時時地都處在感受之中。而且，只要我們和刺激物有接觸，我們就會有感受——它，雖然在性質上會飄忽不定；但它，畢竟是「有」——對於我們，是確確實實地存在著。因而，它，也就不能、也沒有理由被「棄之不顧」。

那麼，感受，是怎麼回事呢？它，應該歸於哪裡呢？即這個被剝離下來的感受，是在哪裡呢？大腦的意識能力，這時就會再一次地發揮作用，產生出感受是存在於我的機體的意象——我的感受——將「感受」，收回到我們自身來。即通過意象，而意識到是我們的這個機體在感受，是我們這個機體在感受著，是「外部存在物」，給予了我們機體的感受——而我們的這個機體感受，使得我們有了體驗。也就是意識到了，感受是我們自己的機體體驗所有。至此，我們，才有了「自我」的意識。

這種意識，隨著我們與外在存在物的接觸，隨時隨地，都會得到我們自己機體的即時驗證。這也就是說，借助於想像和實踐，我們明白了，我們是不同於對象的一種存在——這個不同，就在於：我們自己，有我們自己的感受「體驗」

——這就是「我」——「我」的意識，由此，就誕生了出來[2]。這也就可以看出，我們所謂的「我」，是由對「我的感受」的意識所得到。如果我們在這裡，對「我」下一個定義，那麼，**我就是人類個體對自身感受的意識**。

在這裡，由對心理對象物外在的發現始，外在的對象物，就悄然地從「我」所融身其間的「周圍環境」中，被剔除了出去。「周圍環境」上的感受物，因為剝離了情覺成分，而變為了無「情覺」的存在物，也就不會再出現於這個由情覺的關係編制的「周圍環境」之網上——「周圍環境」之網，亦就悄然地消失不見了。情覺，由此，才被回收到它的本體之中，即「我」。

從此為始，我們面前的世界，就分為了兩個對象：外在的事物和「我」。到此時，意識的面前，就有了兩個截然不同的對象：「我的感受」和外在的事物。

正是「我的感受」的誕生，更加堅定了我們對心理對象物外在性的認知，即將刺激意義性，和外在的事物區分開來。把一切刺激意義性，都歸入到「我的感受」來，歸入到「我」來；而將一切刺激的對象物，從「我的感受」中，剝離出去，使其成為與我無關的外在的存在。

五、外部存在物與我的分化

對「我的感受」和對「對象外在性」的這種分離意識，就在我們對心理內容的認知中，固化為兩個看上去斷裂的、截然不同的存在對象：我的感受，就是「我」；刺激物，是與我無關的「外在的事物」——這種物我兩分的意識，逐漸地，就會成為我們看待一切事物對象的基礎。

久而久之，「我的感受」，在我們的意識中，就成為了與外在的事物、與環境無關的獨立存在，成為「我」獨有的存在。而那個給予我們情覺感受的基礎的「感覺」，就會在我們對自體與對象的關係的意識中，成為了沒有任何情覺成分，而只是對外物識知的一種機能——亞里士多德在《第一哲學》中，所揭示出的那個視覺的「特愛觀看」，因為它「能使我們識知事物，並顯明事物之間的許多差別」[3]，就是這種意識，上升到理論性的表達。

由對「我的感受」的認知，形成了我們對我們自身的觀念；由對「外在事物」的認知，我們形成了我們對世界事物的認識。

我們這種對外物與「我」，分而述之的描述。其實，是一種很無奈的「吹毛求疵」。因為，事實上發生的情況，並不是這樣涇渭分明地於各自的意識，而是在意識到刺激物的外在性的同時，也就意識到了是「外部的存在物」，給予了我的機體「感受」，即就已經意識到了與刺激物不同的「我」——我的感受。

因為，這種意識並實踐的情況，並不是我們特意的安排，也並不需要特別的方法，它就在我們平常的行為活動之中，就是我們平常行為活動的內容。這就猶如我們看到了一個蘋果，當我們能夠想像到它的獨立自在時，我們既可以通過即時的看與不看，來檢驗它的獨立自在性；我們甚至於可以通過抓握或放開，來檢驗它與我們意象的關係——並在這種檢驗中，通過我們自己的手的觸摸實踐，而體驗到它，給予我們的那種刺激意義性的感受——並由這種觸摸的感受，而獲知，「手」是我的實踐需要的一部分，是我的感受的一部分，是我的一部分。

諸如此類的實踐性體驗，最終，就會讓我們意識到：我們作為「個體」的獨立存在。我們成人，當然不會重複這樣的事情。但在幼童意識初萌的時期，這樣的行為，怕就是必須，而且也是很有必要的。而當這種行為，注入了游戲的成分，比如，我們曾經都有過的那種「捉迷藏」的游戲，無疑就變成了一種智慧。如果一個成人，在另一個成人的面前躲來躲去，意圖由此，而去發現一種游戲性的樂趣，那就會被對方覺著很白痴、很無聊；但這樣的行為，如果你在一個幼童的面前去表現，就會讓他在發現你時，「咯咯」而樂。

在這裡，我們之所以會這樣地把「外物」和「我的感受」，以隔絕的方法來認識。除了為能夠更好地說明，它們各自所具有的特性之外；還在於，人類久已形成的理論觀念，就是這樣畫地為牢地看待我們與世界的關係[4]。因而，這也就造成了一般人，都是這樣地看待我們和世界的關係。

而實際上，「外物」和「我的感受」，並不就是這樣互不相關地各自獨立存在著，而是息息相通的。這一點，就體現在我們人類唯有的一種情覺——感情——能力之中。

---

1 這也是一切動物行為活動的根源。

2 我們此後的意識，會依此類推，得出別人或別的生物，也有感受。甚至於會認為一切皆有感受，即得出萬物有靈論。

3 見亞里士多德《形而上學》　卷一　章一　第1頁

4 主觀唯心論理論的觀念認識，也不例外。他們雖然認為心生萬物，但他們卻並不認為，心與萬物不是兩個存在。

第五節　意識、語言與感情

一、意識的定義

由我們前邊的分析，應該已經可以使得人們明白，人類意識的產生，始自於人類大腦，對自我心理內容中的刺激物與刺激意義性的分離。正是這種分離，使得融合在自我心理中的刺激物和刺激意義性，分別成為了意識中，各得其所的「外物」和「我」。

言及於此，或許有人就會問道：那意識的本質是什麼呢？

解答這個問題，說容易，也容易；說不容易，也不容易。

說解答這個問題容易。是因為，我們前邊，已經有了對「意識之為意識」的一定分析。更主要的方面，是：意識，本來就是我們「人之為人」的一種標誌——是人之作為人的生活的一種基本能力。我們人類，對世界及其一切具體事物的認識（包括對意識本身的認識），歸根結底，就依賴於它。比如作者寫這本書，以及作者要解決問題的這個本身；讀者讀這本書，以及讀者對這本書的內容的理解——這些，就都是依賴於我們人類的這個意識能力。

說解答這個問題不容易。是因為，意識是近代哲學家們哲學理論的一大支柱。是哲學家們，在自己的哲學理論中，必須要借用來說明人類能力的最重要的概念。比如黑格爾在《小邏輯》中，就這樣說：「動物也是具有潛在的普遍的東西，但動物並不能意識到它自身的普遍性，而總是只感覺到它的個別性。動物看見一個別的東西，例如它的食物或一個人。這一切在它看來，都是個別的東西。同樣，感覺所涉及的也只是個別事物（如此處的痛苦，此時感覺到的美味等）。自然界不能使它所含蘊的理性（Nous）得到意識，只有人才具有雙重的性能，是一個能意識到普遍性的普遍者。」[1]——由黑格爾這番比較性的敘述，我們就可以看出，黑格爾就是用「意識」，來說明人類的能力（黑格爾說是「性能」）高於動物。

令人十分敬佩的是，黑格爾在這段表述裡，竟然說出了「只有人才具有雙重的性能」的話。黑格爾這裡所說的「雙重的性能」：一種，就是他所說的動物的「感覺」性能；一種，就是「意識」的性能。也就是說，黑格爾已經認識到了，有兩種本質不同的「性能」，共存於人體之中：一種是類同於動物的性能的「感覺」性能；一種是只有人類才能唯有的「意識」的性能。只是令人遺憾的是，黑格爾並沒有把這存在於人體之中的兩種本質不同的「性能」，是怎樣地共存於人體之中？以及在人體之中，究竟發生了什麼關係——作為自己的哲學目標，做進一步的辨析。

至於其他的哲學家們，他們雖然也知道人有意識能力，但他們卻不能起碼地辨識出，這種能力，與一般動物的「感覺」能力的本質不同；只是把這兩種本質不同的能力，皂白不分地當成了一種能力的不同程度或不同表現來看待。

毫無疑問，意識，是哲學家們始終在關注著的一個對象。是歷來的哲學家們，試圖要弄明白，但至今也沒有弄明白的一大哲學疑難——意識，既然是哲學的一大疑難，那要解答它的本質是什麼，看上去，自然也就不容易。

既如此，那我們，又是怎樣地看待意識的問題？並解答它的本質呢？

在我看來，意識，既然是人皆有之，並是哲學家們人皆知之的人的基本能力。那它，就不應該是哲學家們所以為的那樣晦暗不明、難於梳理。它，之所以在過去的哲學認識中，一直不能顯現出其的廬山真面目。最根本的原因，就在於：哲學家們，始終把它，和人類與禽獸共有的那個心理能力——即黑格爾所謂「雙重的性能」中的「感覺」性能——糾纏在一起來認識；始終不能把它和心理能力，從本質上真正地區分開來。在這方面，即使看出了「只有人才具有雙重的性能」的黑格爾，也不例外。黑格爾雖然認知到了人有「雙重的性能」，但他對各自的「性能」，所具有的形式和內容以及範疇，其認識，並沒有脫離舊有觀念的窠臼。正是由於以上的種種原因，所以，才就造成了哲學對意識，「知其然而不知其所以然」的困惑局面。

由我以上的這個分辨，也就可以使得人們明白，只要我們把心理能力和意識能力，從本質上真正地區分了開來，那麼，意識的本來面目是什麼，也就會使得人們一目了然。由我們此前所做的那些分析，應該已經使得人們，對意識能力和心理能力的本質不同，有了一定的認知。而憑賴於我們此前對意識的分析，如果我們在這裡，直接就展示出意識的本來面目，在人們，應該不會覺著是一件過於突兀而不可思議的事情。如此，意識的本來面目是什麼呢？意識的本來面目就是：**意識是（人類）[2]大腦以心理為對象的想像**——這就是意識的本質。

人們通過我們前面的分析，已經知道，想像就是大腦產生意象——意象是心理衍生像。因而，意識，也就可以這樣說：**意識就是（人類）大腦對心理產生心理衍生像**。

這就是令哲學家們，窮盡了畢生精力，而百思不得其解的意識的本來面目。我們人類認識世界和改造世界，所表現出的那些驚天地泣鬼神的作為：語言、思想、智慧、憧憬、理智、意志、認識、學習、工作、內省、觀念[3]，等等，無不是這種能力的具體體現。

我們這樣地定義意識的本質。乍一讓人覺來，在我們的這個定義裡，好像並沒有揭示出，人們都熟知「意識」的那種基本能力，即覺察「我」自己和覺察別人及世界事物的那個「覺察」的能力[4]。但如果人們稍微地思考一下，人們也就可以明白，我們這個定義中的「心理衍生像」說法，就是對「我」自己和別人及世界事物的一種「覺察」。

因為，這個「心理衍生像」，就是大腦改造心理內容的一種「覺悟」——這裡的潛臺詞，就是：「這個（衍生像）是那個（心理內容）。」這就像阿基米德下到浴盆中，忽然悟到了浮力原理，激動地忘記了自己還是赤身裸體，就逕直地跑到大街上，興奮異常地向著路人高聲大喊著「我找到了！我找到了！」——的潛臺詞，不過是「這個和那個一樣。」

勿需多言，不管是一般人的「覺悟」，還是阿基米德的「覺悟」，這種「覺悟」導致的必然行為，就是接下來對這個「覺悟」的檢驗——通過心理行為的實踐性活動，對這個「心理衍生像」進行驗證。而這種驗證的過程，不管經歷了多少的曲折和反覆，最終的結果，自然是使得覺悟者，確認了自己的這種「覺悟」。

說**意識是大腦以心理為對象的想像**——這個「以心理為對象的想像」的基礎表現，就是：將心理的內容，區分為「外部存在物」和「我的感受」——這就是意識功能的最基本表現。

二、語言產生的必然性

將心理的內容，區分為「外部存在物」和「我的感受」，在人類，是十分重要的。因為，人類只有把心理的內容，區分為「外部存在物」和「我的感受」之後，人類才能夠把「外部存在物」的本身（屬性），和人類的「我的感受」本身，分別作為認知的對象，繼續去認識；而只有把「外部存在物」的本身和人類的「我的感受」，分別作為認知的對象之後，人類，才能夠創生出直指「外部存在物」本身和直指人類「我的感受」的語言，才能實現對「外部存在物」和「我的感受」的認識。

——這裡所謂的「語言」，不是指我們今天所使用的現成的語言，而是指人類從無到有的語言。

就地球上人類有近七千多種不同語言的事實，應該可以使得人們，明白一個道理：語言，在人類歷史的發展進程中，是從無到有的。換個角度來說，就是：語言是人類意識無中生有的一種創造——這種創造的目的，是為了表達意識對「外部存在物」和「我的感受」的那種認知。由此，也就可以看出，意識將心理的內容，區分為「外部存在物」和「我的感受」之後，語言，是意識在對「外部存在物」和「我的感受」的各自意識中，表達這種意識的一種必然的產物。也就是說，只要我們將心理的內容，區分為「外部存在物」和「我的感受」，那麼，語言，也就必然地會產生出來。

至於語言的這種產生，是以家庭[5]為單元或是以族群為單元，那都並不影響語言產生的必然性。

通過我們前面的那些有關語言的分析，應該已經使得人們明白，語言——不管是言語、還是文字——自它一乃產生起，它就不是以個別的事物為對象，而是以事物（或個別事物）的類屬為對象。這一點，不管是就外部的存在物而言，還是就人類的自身感受而言——語言針對著的對象，概是如此。

在這方面，最能說明這個看法，而最使得人們意想不到的語言對象，應該就是那個「我」的概念了。

按照人們一般的理解，「我」這個概念，應該是最具個性特點和私人色彩的一個語言對象了。但事實上，這個概念所表達的對象，也還是類屬的對象。即「我」，也是一個類屬的概念。比如我說：「我很高興。」這裡的這個「我」，看上去，好像只是代表著寫出這本書的我這個作者本人。但如果有一個讀者朋友，也這樣說：「我很高興。」那麼，這裡的這個「我」，就不是寫出這本書的我這個作者本人，而是那個讀者朋友。以此類推，地球上的人類，每一個人，都可以借助於這個「我」，來表達自已。因而，也就可知，這個「我」，並不就是指個別的對象，而也是指類屬的對象。那麼，這個類屬是什麼呢？我們在前面的「我之所以為我」一節，已經揭示出了它的內涵：**我是人類個體對自身感受的意識**。

「我」，都是一種類屬的概念，那個「我很高興」的「高興」，就更不例外了。「高興」所指，無疑是一種情覺的感受——也就是「高興」，是對某種情覺的感受的一種表達。它既可以是我的，也可以是你的、他的，是人人都可以得到的。因而，我們就可以說：「他很高興。」也可以說：「他們都很高興。」更可以說：「我們都很高興。」至於怎樣引起的這個「高興」，當然會有很多各種各樣的原因。但不管這些原因是什麼，都是直指機體生理某種特質的活動的感受。

三、語言的威力

說到這裡，令人值得玩味兒的情況，是這樣的一種狀況——如果我們，與處於「高興」狀態的感受者面對面，我們可以看到：感受者神情愉悅，因為內心的興奮，臉上抑制不住地蕩漾出笑意來——而這個高興的感受者，之所以會這樣地「高興」，卻不是他得到了一件渴望已久的東西；或自己的機體，得到了什麼生理上的額外滿足；而僅僅是因為：別人對他，誇獎了那麼幾句。亦即，是「語言」給了感受者這樣的「高興」。

語言，竟然能夠有這麼大的能耐——竟然能夠讓人類的機體生理，產生出如此強烈的內在反應。這就使得人們，對語言，不能不「刮目相看」了。或許有些人，早就對語言能夠給予人類如此奇妙的作用，感到了驚奇——這裡所說的奇妙作用，就是指語言和人類機體生理，發生的那種因果關係——尤其是對人類情覺方面的、那種令人絕對不能忽視的直接作用：別人的一句話，或許，就可以讓我們高興的手舞足蹈；而同樣是別人的一句話，或許，就會讓我們立時變得呆若木雞。至於那些語言殺死人的例子，在我們的現實生活中，也並非就是什麼奇談怪論。

語言，為什麼會有這樣大的威力？它為什麼會對我們機體的生理，產生這樣強烈的刺激作用？其原因，在哪裡呢？

我們知道，語言，一般是借助於聲音和文字，才能對人產生著刺激的作用。但語言的真正作用，卻又並不就在於聲音和文字的刺激。我們已經知道，我們人類的語言，目前有近七千多種。也就是說，我們人類，目前用近七千多種不同的聲音或文字，來表達著他們各自，對世界的認識和感受。不消多言，每一種語言，都是各有特色的。而要理解這其中的一種語言，那就需要知道，這聲音和文字所代指的內容——也就是語言所表達的概念。這也就是說，語言的聲音和文字，和其所代指的內容——概念，不是一回事。換個角度講，我們只有理解聲音和文字所代指的內容——概念，語言，才能對我們產生真正的作用，才能對我們具有語言的效果。

由此，也就可以看出，語言對人的真正的刺激作用，必須是在使用著同一種語言的人群中，才能實現、才能起作用。換個角度講，一種聲音或文字，只能對使用它的人起作用；對使用著不同聲音和文字的人，就不起作用——我們這裡所說的起作用，不是指聲音和文字的物理刺激作用——不是指心理方面的作用，而是指那個可以令人或手舞足蹈或呆若木雞的作用。這也就是說，語言，除了那種物理的刺激作用之外，還有一種更有意義的刺激作用，即概念的作用。因而，也就可以知道，語言，作為一種聲音或文字的刺激，其真正的意義，並不在於聲音和文字的本身，而是在於這聲音和文字背後，所包含著的概念的內容。也就是說，語言導致人類機體的生理發生強烈反應的原因，並不在於聲音或文字等等外部表現對人類心理方面的物理性刺激，而是在於其聲音和文字，所代指的那個概念的內容。

那麼，語言所代指的概念的內容，對人類的機體生理，為什麼能夠產生作用呢？

要搞明白這個問題，那就要說到，在地球這個生物圈中，目前，只有我們人類才具有的一種情覺——感情。

我們在前邊分析情感的問題時，曾經特別就主觀與情感的關係，進行過深入的分析；並由這種分析，得出了「情感並不具有主觀的成分」的分析結論。我們在前面的分析中，也已經表示過，主觀活動，所導致的刺激意義性的感受，我們叫做：感情。

什麼是感情呢？「前不見古人，後不見來者；念天地之悠悠，獨愴然而涕下。」【出自唐・陳子昂《登幽州台歌》】——這種感念在天地間自身孤獨，因往來煢孑而愴然涕下的感受，就是由感情生髮出的體驗。這種感情的感受，是唯有人類，才能具有的一種體驗；是任何禽獸，所沒有的。

人類，為什麼會有這樣的一種體驗？這種體驗，是怎麼來的呢？

四、意象的內容

要瞭解這些，我們還得回到，我們大腦的意識產生階段——從我們大腦的意識產生說起。即從我們大腦，能夠把心理的內容，區分為「外部存在物」和「我的感受」說起。

我們知道，對心理內容的意識，是大腦通過想像，把心理內容中的刺激物和刺激意義性，做出了分離。**想像就是大腦產生意象——意象是心理衍生像**——即意象，是大腦以心理內容為原生像，通過對心理內容的加工、改造，而在大腦中，生成的「像」——這種加工、改造的活動，就是想像的活動；而生成的「像」，就是心理衍生像——這個心理衍生像，就是想像之物。即想像之物，也就是意象——這個意象，就是我們對心理內容的意識。這種加工、改造的活動，不僅僅只是針對著我們心理內容中的刺激物，而也同時針對著我們心理內容中的刺激意義性。因而，也就可知，對心理內容的意識，就是大腦通過想像產生的意象，分離了我們心理內容中的刺激物和刺激意義性。也就是，我們「以為」我們心理內容中的刺激物和刺激意義性，如何怎樣時，我們是以大腦產生的意象，來替代我們心理中的刺激物和刺激意義性的——也就是，拆分了刺激物和刺激意義性，在我們心理階段的那種緊密無間的關係，產生出：刺激物就是「外部存在物」、刺激意義性就是「我的感受」——的意象。

這也就是說，我們對心理內容的意識，是以意象，來置換了我們的實際心理內容——並通過心理行為的實踐活動，而使得我們，能夠確證我們的這種意象。若換個容易被人理解的說法來說，也就是：我們大腦的想像活動，在分離我們心理的內容時，是產生著兩個休戚相關的意象：一個是「外部存在物」的意象；一個是「我的感受」的意象。

——這當然與存在於心理階段的那個「刺激物與感受」的情況，不一樣了。在那裡，「刺激物與感受」，是渾然一體、不分彼此的；而在這裡，「外部存在物」與「我的感受」，卻是以遙相呼應的關係形式存在著。也就是說，當我們將刺激物，從與我們一體的關係中剝離出去，即對刺激物產生出其是自在獨立地「首先存在」的意象時；我們同時也就意象到了，是這個刺激物，給予了我們對它的「感受」。或者說，當我們意象到了刺激意義性是我們的感受的同時，也就意象到了那個刺激物的外在性存在。

意識，之所以能夠揭示出「外部存在物」與「我的感受」有這種關係，首先就在於，我們心理思維階段的那個「周圍環境」，給了我們，能夠這樣揭示的條件。

五、看上去的荒誕

我們在分析思維能力時，曾經說過：具有此種功能的生物，憑賴於思維能力，為自己建立起了「周圍環境」之網。

我們這裡所說的「周圍環境」之網，是一種怎樣的情況呢？比如，禽獸遠遠地聞到了某種氣味——由這種氣味的刺激，就會讓它在自己的大腦中，產生出具有此種氣味的對象物——並由這種對象物的刺激意義性（情感），使它預知到處在危險的境地；而脫離這種危險的方法，就是逃跑，逃離到沒有這種氣味的安全的地方去——這一系列的腦的活動，就是思維。這其中的那一系列的場景，就是「周圍環境」之網。

需要在這裡說明的是，在這個「網」中，思維主體與周圍環境是渾然一體的。也就是說，思維主體，在這時，並不能區分出對象物與「我」的不同——而這種不能區分的根源，就在於，思維主體憑賴於自己的感受，把它們融合成了一體——對象物的存在，對於思維主體只是感受的存在。而這個「周圍環境」之網，之所以能夠對思維主體存在，就在於，這個「周圍環境」中的那些事物對象，作為個體的存在，它們個個都有「自己」的相應情覺，即給予思維主體的刺激意義性——這裡所說的「自己」，不是指思維主體，而是指「周圍環境」中的那些各個的對象物。

說到這裡，人們應該可以想到，在心理的階段，思維主體是覺著：情覺存在於對象物的身上，而不是存在於思維主體自己的身上——因為，思維主體並沒有「自我」。它的自我，是化在了對象物的身上，是與對象物融為一體的。比如，那個情感的定義——**情感是表象的刺激意義性**——所揭示的內容，就是當思維主體的頭腦中，出現某個對象物的表象時，思維主體，同時也就感受到了對象物對於思維主體的刺激意義性（情感）——在這時，思維主體就以為，是表象（對象物）有情感。亦即，只有這個表象的出現，才使得思維主體有情感——這種情況，讓思維主體覺著，情覺不是思維主體自身所有，而是表象（對象物）所有。比如，某種表象，讓思維主體獲知了威脅，因而緊張，因而害怕，因而逃跑。這裡，所表象到的威脅，不是思維主體有威脅——而是使得思維主體感受到了緊張——生理產生了某種調節性的活動。這種活動，讓它體驗到了緊張，因而害怕。是對象物，對思維主體有威脅——這個威脅，是對象物的存在——對象物，才是威脅的根源，而不是思維主體自己，是威脅的根源。因為，只有那個對象物的出現，才讓思維主體感受到了它的「威脅」，並讓思維主體感受到了緊張並害怕——它害怕、它逃跑，不是為了生存（它並沒有生存的觀念），而是為了躲避那種讓它不舒服的感受和體驗。

這裡，應該可以讓人們回想起「詹姆士——蘭格情緒學說」中的詹姆士那個說法：「因為我們哭，所以愁；因為動手打，所以生氣；因為發抖，所以害怕」——詹姆士這裡的「因為發抖，所以害怕」的那個說法，就是思維主體，因為表象到刺激對象物的威脅，而自身不由自主地顫抖，因而才感受到了害怕。

這也就可以看出，詹姆士那樣的說法，並非就是一無是處的。因為，他的說法，雖然看上去荒謬不經，但也並非就是毫無根由的憑空捏造——只不過是，他弄錯了發生這種情況的對象[6]。

不過，即使詹姆士的那個說法，在我們這裡，恢復了它的一定的名譽，但這對於我以上得出的那個看法，怕也沒有多大的裨益。況且，詹姆士的說法，還「遭到多數心理學家的反對」——由我前邊對情緒的揭示，人們當然可以不必把「多數心理學家的反對」，當成一種可靠的依據——但也不能不承認，讓人們理解在思維的階段，思維主體如何看待「周圍環境」中的對象物與自己情覺的關係，確實也是有些困難。

這種理解上的困難，最令人覺著不能接受的情況，應該是：禽獸面前的食物——比如，在狗面前的一塊熟肉。按照我對思維階段的思維主體的看法，或許，就會遭到人們這樣的譏諷：狗面前的「一塊熟肉」，對狗來說，就是情覺的對象——如此說來，那塊熟肉，就是有情覺的了。那塊熟肉，有情緒、情感嗎？若真有人如此地詰難我，卻也並不就是一種無事生非的刁難。因為，我的說法，看上去，確實存在著會導致這樣荒謬的結局。

說老實話，我也曾經為我的這個看法，將會面對著這樣的結局，而長久地苦惱過：是我錯了嗎？

六、意識的越俎代庖

不過，我後來，還是想明白了。這個觀念的結局，之所以，看上去顯得荒謬。就在於：這是我們人類，用我們自己的意識，代替了狗的心理。在這裡，是我們人的意識，把對象分為了狗和「一塊熟肉」。並把狗和「一塊熟肉」，分別作為了兩個不同的個體來看待——且在這種看待中，只把「一塊熟肉」，作為了情覺的目標。所以，才有了這種看上去的荒謬結論。而對於狗來說，是沒有這種自身和對象之分別的。對象——不管是什麼對象，對於狗來說，都是與自體合二為一的情覺對象。這一點，我們可以通過巴甫洛夫那個對狗的實驗，來理解到。在他的那個實驗中，狗是把燈光、鈴聲和食物，作為了與自己有關的同一個情覺對象來看待的。因而，才會在不管出現哪一種刺激對象的情況下，它都會不由自主地去分泌出消化食物的唾液。

我們都知道，我們有一個成語，叫做「如飢似渴」——這個詞語，所表達的內容，無疑是一種情覺的感受。這也就是說，情覺與飢渴，是相連在一起的。而我們也知道，如果我們正處於飢餓之時，看到了食物，我們就會感到更加地飢餓難耐。如是之，飢餓的情覺，是在哪裡呢？是我們自己嗎？若是我們自己，那麼，不管怎樣，食物也不應該引起我們情覺成分的加重，而應該是與我們的情覺感受毫無關係才對——但事實，並非如此。

我們有意識的人，都會如此——都會讓我們的意識，在那時那刻，有所迷失；那分辨不出自體與對象不同的禽獸，就更是會如此。

因而，也就可知，對於思維主體而言，不是思維主體覺著自己有情覺，而是覺著對象才有情覺——雖然情覺導致的一系列生理反應，就發生在它自己的身上，讓它自己感知著。比如，「銳利之物」刺傷了狗，狗感到了疼，因而「怕」。對於狗來說，是那個「銳利之物」的「疼」，「可怕」——是對象給予它情覺。但對於我們人來說，我們可以說，是怕我們自己「疼」，而不是怕「銳利之物」。

由此，也就可以看出，在我們的意識產生之後，刺激物與感受的關係，正好被我們，給顛倒了過來——這就是物我兩分。即當我們的意識產生後，亦即我們通過想像，而意識到了外物與感受的各自獨立存在時。「周圍環境」之網，就消失不見了。但是，這裡的消失不見，只是它們，作為我們心理對象的「周圍環境」之網消失了；而不是說「周圍環境」中的對象物，作為我們面前存在的對象物，也消失了。它們，作為對我們刺激的對象物——作為心理內容的刺激對象物，即給予我們情緒和情感感受的對象物，依舊存在著——而在這同時，它們也是作為我們意識的對象而存在著，即作為被我們意象到的「外部存在物」，而存在著。對象物，依舊還是對象物——只不過那層與我們的生存行為活動休戚相關的心理關係，被我們，適時地給剝離了開來。

也就是說，在這裡，它們對我們的存在，具有著雙重的身份：一是心理的對象；二是意識的對象。亦即「周圍環境」中的那些對象物，伴隨著我們意識的產生而被意識到時，它們在我們的意識中，就已經成為了外在於我們的存在物；而那些伴隨著這些存在物的情覺內容，即它們個個原有的刺激意義性，並不就是消失不見了，而是依舊會伴隨著它們出現。因為，那些是它們，與我們的一種確確實實的關係——這種關係，隨著我們對它們的表象映現，或與它們的再次感知接觸，而會重複地出現著。這就使得我們的意識，不能不對這些情覺的內容產生關注——並在這種關注中，通過想像，而意象到感受在我的身上，是我在對「外部存在物」感受著，是我的感受——這裡，就開始顛覆了情覺，在心理階段與我們的那種關係。

七、感情的特質

由此，也就可以看出，情覺內容，雖然被我們的意識，從外部存在物的身上給剝離了下來，成為我們意識到的我們對它們的感受，但卻依舊附著在外部存在物的身上。也就是當我們，在對這些外部存在物意象時，我們對外部存在物，依舊是有感受的。只不過，這種感受，已經被我們意識到了是我的機體在體驗，是「我的感受」——而一切的感受，由此，便成為了「我」的感受——這就產生了「自我」。即，我們已經知道了，這是我們自身具有的感受，不是存在於外物的身上。亦即，我們已經意識到：這種感受，是我們給予外在對象的伴隨物。也就是說，在這裡，我們的意象，其實是兩個意象：

一個是對外物的意象；

一個是對我們自己的感受的意象。

這兩個被意象的對象，並不像心理階段那樣合二為一，而是既相關、又分離地並存在一起。這種相關是，當我們意象到對象物時，我們同時，也就意象到了這個對象物給予我們的那種感受——這種感受，是類同於表象得到的那個感受。說它分離，是因為，在我們感知到這個對象物時，我們常常會因時因地，感受會有所不同——這種不同的感受，會被我們的意識，以意象的形式，把它們再組合在一起。形成一種內容更加複雜的感受——成為我們對對象物意識到的「我的感受」。久而久之，這種對象物與感受的界限，便不再那麼分明。由此，也就可知，作為感情的刺激意義性，在我們的意識中，已經變為我們所覺察到的自身的感受。而不是像心理階段那樣，附著於外物之上。

至此，人們應該可以看出，情感與感情，是怎樣的不同：情感，是把情覺外化於對象物身上，以為是對象物所有；而感情，則是我們意識到的我們對對象物的感受，即意識到是我們對對象物，產生了情覺的感受——這就是心理情感和主觀感情，隱藏著的本質區別。

就情緒和情感的發生而言，一切都是直接的、直白的。刺激意義性是怎樣，就是怎樣。也就是它的發生，不是我們所能控制的。而感情則不同——感情是我們對存在物的意象性感受。這種感受，雖然其本源，來自於情緒和情感，並且其的特質，會被情緒和情感所左右；但它畢竟是我們意象性的存在，與我們意識到的「外部存在物」，並不就是合二為一。因而，它，也就可以被我們的意象所變化——把一些原本並不屬於它的內容，附加在它的身上。使它看上去，似乎具有了原本並不存在的情覺內容。比如，民族感情（由自我和親情感情而衍化）、國家感情（由親情和地域感情而衍化）；比如，階級感情（由自我和排他感情而衍化）；比如，對子虛烏有的神鬼的敬畏之情——黑格爾雖然不是很清楚這種「敬畏之情」的緣故，但他卻清楚地看到了，人有異於禽獸的這一點。所以，他才會說：「……只有人才能夠有宗教，禽獸沒有宗教，也說不上有法律和道德。」——這就是人的感情與禽獸的情感，存在著本質區別的例證。也是我們自身情感和感情，存在著本質區別的例證。

雖然人與人之間的感情，並不存在這種本質的區別。但因為環境境遇、個人經歷等等的因素，其感情的感受，也未必就能夠一樣。比如，那個因為往來煢孑而感嘆天地間知音難覓，禁不住愴然涕下的「前不見古人，後不見來者；念天地之悠悠，獨愴然而涕下。」【出自唐・陳子昂《登幽州台歌》】的感情抒懷，就會令一些文人學子拍案叫絕；但在一些庸俗淺薄的人看來，就會覺著，這是騷人墨客吃飽了撐得沒事兒幹，閑極無聊的一種矯情——一樣的對象、一樣的事情，在人，就會有感情截然不同的感受。

最為明顯的差異，就在於具有同等感情內在特質的兩個人。比如，都是文學教授的兩個人。但因為他們使用著不同的語言，一個人聽到、看到以上這樣的感情抒懷，或許因為感同身受，而就會潸然淚下；而另一個人聽到、看到以上這樣的感情抒懷，則會表現的麻木不仁——雖然他的內心，也有這樣的感同身受；但因為語言的障礙，他就不知道，這是在說著什麼；因而，也就沒有這樣的意象，也就沒有這方面的感情。而如果把這樣的表達，換成他能理解的語言，他就或許也會因為感同身受，而潸然淚下。

說主觀情覺和心理情覺隱藏著本質的區別，還表現在：感情，並不像情緒、情感那樣是感受與表現內外一致、如影隨形，而是存在著感受與表現，並不同一、內外有別的情況。

八、內在感受與外在表現

這裡所說的感情內外有別、並不同一，就是指內在感受和外部表現，並不就是完全地一樣——它們存在著一定的區別。所謂的內在感受，就是我們這裡所說的這個「感情」；所謂的外部表現，就是人們過去所說的「態度」。

當然，從本質上來說，感情就是意識活動的內在感受，態度就是意識活動的外部表現——就態度的本質而言，態度就是人對事物對象的感情表達。一個人表現著什麼樣的態度，我們就知道一個人具有什麼樣的感情。也就是說，感情就是所持的態度。也正因為態度和感情，具有著這樣外顯就是內在的應變關係，所以看一個人的態度，就知道一個人的感情。正是因為如此，我們這些大人們才會知道，小孩子是這個世界上最真誠的人了。因為，他還沒有學會，用假態度來隱藏自己的真實感情——他的態度，就是他感情的表達。

也正是因為人們意識到了這一點。而由於人類社會生活的種種境遇，並不會都那麼盡如人意；因而，感情在我們人類，就不能直情徑行地表達出來。就會有是否有感受？感受如何？就會有如何表達的問題存在。所以，這也就出現了感情的感受和態度的表達，南轅北轍——當然，從本質上而言，這種南轅北轍的現象，並不就是感情和態度的關係，發生了本質的變異，而是假態度表現著假感情。正如我們不喜歡某個人，而假裝的喜歡，只不過是假裝的態度，帶來了假裝的感情——而這其中，導致他假裝的那些感情因素，正是他真實感情的真實態度。正因為感情和態度，存在著這種內外有別，所以，也就存在著「口不應心」的做作，存在著裝模作樣，存在著虛偽、欺詐。

我們前邊，已經說過，人類對外在事物的意識，是由一物擴展為一類物。而不管是對一物，還是對一類物的意識，它們都是人類對「外部存在物」的意象。而我們才將說過，對「外部存在物」的意象，也是伴隨著「我的感受」的。對一物的認知，毫無疑問，是對我們心理對象物的認知——這個心理對象物所具有的那種感受，也就會伴隨著我們對外在存在物的認知——這種感受，就是我們對一類物認知的基礎。

當然，同類屬對象的此一物與彼一物，在我們的感受，未必就相同。但這並不就能影響到我們，會把這不同的感受，給它們歸在一起——這種情況，其實，就如同我們對同一個對象物，由於不同的境遇，而會有多種感受的情況一樣。也就是說，這並不會影響我們對對象物的感受。所不同的就是，感受的特質，發生了一些變化而已。比如，冬天的水，讓我們體驗的就是冰冷刺骨的感受；夏天的水，讓我們體驗的就是清涼宜人的感受。而不管是冬天的水，還是夏天的水，它們都是「水」。而水，給予我們的感受體驗，就會是既有清涼宜人之感，也有冰冷刺骨之受。只不過，這個不同，需要加上「冬天的」或「夏天的」等額外的成分。

九、先天的第一福音

我們語言的產生，不管是言語，還是文字，毫無疑問，就是源自於我們對事物對象的這種認知，即語言是對這種認知的一種表述。而這種表述，可被利用的先天的最基本條件，就是聲音——聲音是我們先天的第一福音——我們從母腹中降生，證明著我們存在於這個世界的第一個表達，就是啼聲繚繞。因而，聲音，被用來表述我們對事物對象的認知，就是自然而然的不二選擇。

我們人類的語言，最初就是用特定的聲音，來表述著我們大腦意識對某個對象的意象。表述，不僅僅只是我們對自己意象的指代，也是為了交流。即通過聲音（及其輔助行為），使得對方明白，我們所指的對象。這裡所謂的「使得對方明白」，就是讓對方頭腦中，也出現和我們一樣的意象。言語，就在這樣的表述和交流中誕生了——這就實現了聲音和意象的合二為一。也就是說，某個對象的意象，會伴隨著某個聲音，出現於我們的大腦中。反過來說，也就是某個聲音，會喚起我們對某個對象的意象——這就是所謂懂得某個聲音的意思——這種聲音的表述，就不會僅僅只是陳述著事物對象，而也是陳述著我們對事物對象的感受。

我們的認知，是有感受相伴隨著——雖然這種感受，在人們未必同一，但這並不影響這種表述的實現。因而，這種表述，也自然會有感受相伴隨著。也就是我們聽到某種聲音的表達之時，我們的大腦中，不僅會出現某種事物的意象，我們還會體驗到，這某種意象給予我們的感受——這就是語言和感情的關係。

人們知道，在我們成長的過程中，我們總是時時處在與周圍環境，發生關係的行為活動中。也就是我們，時時都被心理對象包圍著。而我們的意識，在我們的成長過程中，也是在不斷地把心理對象中的刺激物和刺激意義性，分化為「外部存在物」和「我的感受」。也就是說，當我們，把我們心理對象的刺激物，意象為「外部存在物」時，我們同時也就把其的刺激意義性，歸為了「我的感受」。

在這方面，引起哲學家們特別注意的對象，就是對「美」的事物的感受。不管哲學家們認為「美」是什麼，「美」在他們，都是兩個對象：一個是外部刺激物的對象；一個是感受者的感受。而當我們，再意象到「美」的「外部刺激物」時，我們就會同時也意象到它們給予我們的那個感受——這個伴隨著意象的感受，就是感情。

由以上的這些分析，我想，人們應該已經能夠理解感情的內涵是什麼：**感情是意象的刺激意義性**。

---

1 黑格爾《小邏輯》　導言　邏輯學概念的初步規定　§24　附釋一（第四自然段）

2 我們在這裡，之所以把人類，用括號括起來，是因為，我們在這裡，所揭示的是意識的本質，這並不就僅僅限於是人類的機能。也就是不管它是什麼物種，只要它具備了這樣的機能，那麼，就是有了意識的能力，就會有意識。而之所以把人類，在這裡用括號昭示了出來，是因為，在這個地球上，目前我們所知道的生物中，就只有我們人類，才有這種能力。

3 維基百科，自由的百科全書【意識】『意識到目前為止還是一個不完整的、模糊的概念。一般認為是人對環境及自我的認知能力以及認知的清晰程度。研究者們還不能給予它一個確切的定義。約翰·希爾勒通俗地將其解釋成：「從無夢的睡眠醒來之後，除非再次入睡或進入無意識狀態，否則在白天持續進行的，知覺、感覺或覺察的狀態」[1]，現在，意識概念中最容易進行科學研究的是在覺察方面。例如，某人覺察到了什麼、某人覺察到了自我。有時候，「覺察」已經成為了「意識」的同義詞，它們甚至可以相互替換。目前在意識本質的問題上還存有諸多疑問與不解，例如在自我意識方面。現在對意識這一概念的研究已經成為了多個學科的研究對象。意識問題涉及到的學科有認知科學、神經科學、心理學、計算機科學、社會學、哲學等。這些領域在不同的角度對意識進行的研究對於澄清意識問題是非常有幫助的。』

4 我們在這裡，不考慮這些個概念，是否可以並列在一起，並列在一起是否是謬誤的問題。

5 很奇怪的是，人們在考察語言的產生時，很少會考慮家庭的因素。而最自然、最有可能的語言發生地，應該就是家庭。

6 詹姆士觀點的正確性，還有一種情況，就是對人而言，由生理刺激的感受，而喚起相應的意象。

第六節　兩片樹葉和一條河流

一、人們會有的詰問

我認為，我們人類對外物對象的意識，是由對一物的認知，而得到一類物的認知——這樣的一個說法，或許，會使得某些自以為是的人，大不以為然。因為，他們自負地知道：「世上沒有兩片完全相同的樹葉。」——這裡所說的「完全相同」，是指樹葉本身的紋理、形態，等等。這樣的「知道」，會使得他們，在對我的說法不以為然中，理直氣壯地向我發出這樣的質詢：「既然『世上沒有兩片完全相同的樹葉。』那你這個作者，又是憑什麼能夠認為，意識會由一個對象物，而認知到一類的對象物呢？難不成，你這個作者會認為，世上可以找出兩片完全相同、甚或於一類完全相同的樹葉不成？推而廣之說，難不成，你這個作者會認為，世上存在著兩個完全相同的對象物不成？」

以客觀的存在而論，按照我們所知道的一般事實來說，同類事物的兩個對象物之間，確實總存在著不完全相同之處。

僅就這一點來說，我們是無法把對某一個對象物的認知，複製到另一個同類的對象物身上。因為，它們彼此之間，畢竟總是存在著一定的差異。既然對同類事物的兩個對象物的認知，都存在著這樣的問題；那由一個對象物，而認知到一類的對象物，就更是不可能的了。因為，一類對象物之間的差異，絕對大於一類中的兩個對象物的差異。所以，說意識，可以「由一物而認知到一類物」，起碼在表面上看來，顯得好像是有悖於邏輯的。

我們當然承認：「世上沒有兩片完全相同的樹葉。」我們當然不會否認，我們在這個世界上，確實不能找出兩片完全相同的樹葉——正如我們在人群中，無法找出，兩個樣貌完全相同的人一樣。

但是，這些事實的存在，卻並不就會影響到人類意識，能夠由對一物的認知，而得到一類物的認知。

二、意識面前的心理內容

之所以會是如此，就在於，呈現在人類意識面前的心理內容，本身，就沒有能夠實現反映出刺激物的細節。因而，人類意識，在以心理的刺激物為對象時，也就沒有這樣的苛求。

意識，之所以不會對心理內容的刺激物，有這樣的要求。是因為，呈獻給人類意識的心理本身，其能力所在的目的，原本就不在刺激物的細節上。我們前邊，已經分析過，心理的目的，並不在於獲知刺激物的本身屬性如何，而是在於獲知刺激對象的情覺（刺激意義性）如何——正是這一點，使得心理的重點，是在刺激物的情覺方面，而不是刺激物本身屬性的特徵方面。因為，說到底，心理活動是直接為機體的現實生存服務的。故而，心理的活動，就是以刺激物所具有的情覺為關注的對象，而並不是以刺激物本身的屬性為關注的對象。正是因為心理活動是以情覺為目的的活動，正是因為情覺在其中的重要性，所以，才使得心理，並不會對刺激物本身屬性的細節特別地去關注——心理內容中的刺激物，在腦反映中，呈示出來的樣相，就只是一個概貌。而人類意識所面對的對象物，就是這樣一些只具有概貌的對象物。

沉且，就人類意識而言，人類意識，不管其本身的能力如何地驚天地泣鬼神，但其最終的目的，說到底，也還是為人類自己的機體生存服務。何況，其最初關注的對象，並不就只是心理中的刺激物，而是刺激物與情覺結合在一起的心理本身[1]。因而，說意識一開始——甚至於是在一定的時期——並不就會去關注對象物的細節，應該不是什麼背離事實的奇談怪論。而也正是意識的這一點，才使得人類，能夠就一個對象物的認知，而擴展為對一類對象物的認知——且並不會去關注到對象物細節方面的具體差異——並由此，而能夠實現，人類對事物類屬本質的認識。

由以上的這些分析可知，正是因為心理的目的是為了機體自身的生存——而人類意識，是以心理為對象，所以，才使得人類意識，能夠在一開始，不去注意對象物的細節；才使得人類意識，不至於一開始，就被對象物的細節所束縛；才使得人類意識，不至於一開始，就沉入到對細節的辨別之中；才使得人類意識，可以從對一物的認知，而實現對一類物的認知；才使得人類意識，能夠對事物的類屬，形成認知；才使得人類意識，能夠對事物形成概念性的概括認識。沉且，就是人類意識產生之後，也並沒有改變人類行為活動的目的——人類行為活動的目的，依舊還是以維持和保障有機體，在現實環境中的現實生存為目的——生存，依舊是人類的第一需要——人類意識，也依舊還是圍繞著這個需要而活動，並以心理的情覺（情緒、情感）為基本的意向。

這一點，也體現在我們人類社會的生活現實上。我們當然知道，在哲學上，說出「世上沒有兩片完全相同的樹葉」，並不算是什麼能耐。因為，這是基本的事實。如果嚴苛一點說，這樣的一種說法，就好像說人每天一日三餐一樣，那幾等同於是一種廢話。但是，很奇怪的是，就這種隨處可見而俯拾即是的淺白事實，在今天，如果你告知你周圍的人們：「世上沒有兩片完全相同的樹葉。」這竟然還會令他們感到詫異，猶有不信。而待他們，真得實際地去檢視，並確實發現不了兩片完全相同的樹葉時，他們就會對你，感到很驚奇和敬佩。就會把你，看做一個好像具有什麼非凡智慧的能人。就你周圍的那些人而言，他當然知道什麼是樹葉；也知道楊樹葉子與柳樹葉子是絕對的不同。奇怪就奇怪在，知道楊樹葉子和柳樹葉子不同的人，卻又未必知道「世上沒有兩片完全相同的樹葉」——這個基本的事實。

由以上的這個事例，我們就可以看出，具有著意識能力的人們，並不是對事物對象的所有細節，都先天地就具有著精細的認知。這也就從另一個角度說明了兩點：

一是，人類（也包括一切具有心理能力的生物）的腦反映——心理，並不是以物為重點的，而是以情覺為重點。也正因為如此，所以，人類的心理內容，並不就是把關注點，放在對象物本身的特徵方面，而是放在對象物的情覺（刺激意義性）方面。故而，心理的對象物，就不是具有細節的對象物，而只是一個概貌。

二是，意識的基礎內容，來源於心理的內容，是針對於心理內容的活動。正因為意識是針對於心理內容的活動，意識的基礎內容來源於心理的內容，所以，人類意識，在意識到心理的內容與外在事物對象的關係時，所針對的對象物，也只是一個概貌。只有一個有心的人，或者經過一定知識和技能訓練的人，才能注意到外在事物對象更多的細節問題。而不是當人類一開始有意識時，人類就能夠注意外在事物對象的細節。因為，心理的內容，並沒有一開始，就給人類提供這方面的細節。

反過來說，若人類意識，一開始，就關注在對象物的細節上。人類，不僅不可能意識到一類的對象物；人類，甚至於不可能意識到一個對象物。

今天的科學知識，已經使得我們知道，任何對象物，都是時時地處於流變不息之中——就我們人類自己的機體而言，也是時時處於生長、發育，直至衰老、死亡的變化之中。

以此而言，我們就可以知道，任何對象物，永遠都不能夠只有一個狀態——也不能夠保持在某一個狀態之中，而凝滯不動。就是我們人類自己的機體，也永遠不會是只有一個狀態地存在著。極端一點講，即使我們身上掉下了一粒皮屑，也不能就說，我們就是沒掉之前的那個狀態的人——就現代生理衛生的知識而知，我們的身上，每天掉下的皮屑，是成千上萬的。

如此事實，就可以讓我們知道，人類意識，如果真得一開始就關注在細節上，那人類，就不可能認知到任何的一個對象物。因為，對象物的細節，時時都處在變化不息之中。

三、赫拉克利特名言

說到這裡，不能不讓我們想起，一個經歷了兩千多年，且直到今天，還依舊在哲學上，對人類的認識，具有著非凡影響力的哲學名言——這就是赫拉克利特向世人宣布說的：「人不能兩次走進同一條河流」。

由我們以上所做的那些分析，應該已經可以讓人們意識到：他的這種說法，其實是一種很片面的觀點。甚至於我們可以說，他的這種說法，實際上，是一種並不符合事實和邏輯的謬說。

赫拉克利特這種說法的本身，不管是出於什麼目的而言，也都是顯而易見地不能成立。因為，當他以狀態為據，告訴我們，河水在一刻不停地流淌著時；他卻忘記了，人自己，也時時地在生長、發育地變化著。更可悲的在於，依照於他這樣，以狀態來判斷事物的觀點來說，他這樣說法的結局，就會是：人不為人，河流不為河流。

因為，正如河水的狀態，並不凝滯在某一刻一樣，人的狀態，也並不凝滯在某一刻。如此，我們該以人的什麼狀態為准，來說那是「人」——來定義人？該以河流的什麼狀態為准，來說那是「河流」——來定義「河流」呢？

然而，不管我們以什麼「狀態」，來定義人或河流，人與河流，都會因為它們的不能凝滯，而失卻本性。所以，結論必然就是：除非人或河流凝滯於某種狀態，否則，人不為人——你我就都不是人，河流不為河流——世上就沒有河流的存在。因為，按照運動的原理說，不管我們怎樣地規定這個狀態，在我們規定對象的狀態時，對象，就已經成為了過去式。由此可知，那種以狀態來規定事物的觀點，不僅是一種並不符合事實的觀點，甚至於是一種在邏輯上自欺欺人的謬論。

當然，有人或許會說，赫拉克利特這裡的「人」概念，是就人的共同特點而言，是就人的類屬特徵而言，也就是就人的本質特性而言，而並不是指某一個特定狀態的人；而說「河流」之不「同一條」，則是指河水蕩蕩不息地流向海洋的「狀態」，造成了河流不是「同一條」。

就赫拉克利特的那個說法來看，這或許，有可能就是赫拉克利特表達的意思：人不變，只有河流在變。

若這真是赫拉克利特在表達的一個意思，那可真是他的一種不幸。若他真的就是這樣地看問題，細辯起來，那他的那句話，在邏輯上來說，就是一種並不高明的詭辯。因為，它違背了推斷事物關係的邏輯起碼規則：「同一時間，同一關係，同一對象。」即他這裡的「人」，是以人的類屬本質而言；而「同一條河流」，則不是以河流的類屬本質而言，而是以河流中的水流「狀態」而言。這顯然採用的不是「同一」的標準。是把原本不能放在一起比較的兩個對象，給它們牽強地硬扭在一起。讓它們，發生著原本就不存在的關係。這就如同說，一片樹葉從樹上掉了下來，我們就看到冬天來臨了——這顯然是極其荒謬的。

換個角度看，如果我們要讓它們，在不違背邏輯規則的情況下發生關係。那麼，按照邏輯的規則來說，若「同一條河流」作為對象，是以狀態來說；那麼，「人」作為對象，也應該是以狀態來說。若「人」與「河流」，都以狀態來說，那赫拉克利特的那句話，是不是就能夠在不違背邏輯規則的情況下，成立了呢？

在我看來，若人與河流都以狀態來說，那麼，必然的結論，就是：他的那句話，不僅不能成立；而且，更加大謬不然。

這種以「狀態」來說的看法，歷來在哲學界是大行其道，幾可成讖。偶有質疑者，也不過是刀走偏鋒，更加極端。這些偶有質疑者的代表性說法，就是赫拉克利特的學生，克拉底魯的說法：「人不僅不能兩次走進同一條河流，人一次都不能進入同一條河流。」[2]——由這種說法包含的意思，我們可以看出，這不僅是贊成赫拉克利特的觀點。而且，是意圖要把赫拉克利特的觀點，表述得更加徹底。

不管他們的這種表述，是否已經達到了他們的「徹底」目的；也不管他們的這種表述，是否正確無誤。他們的這種表述裡，包含著一個時隱時現的前提——這個前提，就是當代那些懂得邏輯的人，按照邏輯「同一時間，同一關係，同一對象」的規則，替赫拉克利特的觀點，換一種角度的辯解：赫拉克利特這裡的「人」和「河流」，是指「同一個人」和「同一條河流」。

這或許，也有可能就是赫拉克利特要表達的意思——至於赫拉克利特原本的意思究竟是什麼？我們和他們，都已經無法向赫拉克利特當面求證。所以，我們和他們，也就只好這樣「想像」著說——他們借此反駁我們道：若如此，赫拉克利特的說法，就不能說是違背邏輯的起碼規則了。即如此，那我們對赫拉克利特的那種指責，在他們看來，就變成了無事生非的吹毛求疵。他們這樣地看問題，或許，有他們自以為是的道理。

但不幸的是，他們的這些道理，在我們看來，一文不值。因為，即使赫拉克利特說「人」和「河流」，就是指「同一個人」和「同一條河流」。那他的那個說法，也是有問題的。

有什麼問題呢？

這個問題，就是：這「同一個人」和「同一條河流」的說法，是以什麼為標準而得出？該以什麼為標準而得出？標準不同，其結果，就會大相逕庭。而且，不管是以什麼為標準，可以得到的「唯一」結論，就是：他的那個說法的本身，不管怎麼著說，都不能成立——這就是赫拉克利特的觀點，「唯一」可以得到的「道理」。

怎麼會是這樣呢？要講「道理」，結論只能如此。

因為，若說這「同一個人」和「同一條河流」，是以它們某一存在的狀態為標準——也就是「這個人」踏入「這條河流」的那一瞬間為准。那麼，可以得到的結論，就是：這「同一個人」和「同一條河流」的本身，就都是不能存在的。也就是說，以狀態為標準，根本就沒有這「同一個人」和「同一條河流」的之「同」。

是否如此？我們不妨分析分析看。

按照赫拉克利特的原意來說，「同一條河流」，只有凝滯在「人走進」的那一瞬間，它才是它的本身；而過去了那一瞬間，它就不是「同一條河流」了——這是赫拉克利特的「人不能兩次走進同一條河流」的原話中，那「同一條河流」的本意。以此類推，同理可知，「同一個人」，也只有凝滯在他「走進河流」的那一瞬間，他才是那「同一個人」；而過去了那一瞬間，這「同一個人」，就不是「同一個人」了——這也是赫拉克利特的原話未盡表達，而實際包含著的意思。

這樣一來，帶來的結局，會是什麼呢？就是：即不存在「同一條河流」，也不存在「同一個人」。因為，它們各自的狀態，就不存在著與各自本身的「同一」——它們各自的狀態，都只有「唯一」，即人進入河流的那「一瞬間」。亦即，人或河流的各自本身，都不存在「兩次」的同一狀態。也就是說，它們，沒有「兩次」一樣的狀態，可以把它們叫做：「同一條河流」和「同一個人」。既如此，怎麼還能根據狀態來說，「同一條河流」和「同一個人」呢？

很顯然，依照於赫拉克利特的那個說法，根本就不存在這樣的一個自身之「同」。如此，哪裡來的「同一條河流」和「同一個人」的說法？哪裡來的「人……兩次……」之說？它們各自之「同」的狀態，在哪裡？以狀態來說，就不會有「同一條河流」和「同一個人」，也就不能說「同一條河流」和「同一個人」。這也就是說，赫拉克利特原句中的那個「同一條河流」、「人……兩次……」的說法本身，按照他推斷事物的邏輯來說，已經是原本就不成立的荒謬自悖[3]。由此可知，「同一個人」和「同一條河流」，是不能以狀態來說的。

若「同一個人」和「同一條河流」，不能以狀態來說，那就只能以它們所屬的本質來說。若「人」作為對象，是以類屬的本質為標準來說，即「人」是「同一個」人；那麼「同一條河流」作為對象，也應該是以類屬的本質為標準來說。而若「同一個人」和「同一條河流」，不是以狀態為對象來說，而是以它們所屬的本質為對象來說——即這個人，為什麼叫做這個人；這條河流，為什麼叫做這條河流——那麼，這同一個人，就可以和同一條河流，進行無數次地再接觸。

也就是說，這同一個人，不只是可以兩次走進同一條河流，他可以無數次地走進同一條河流。

---

[1] 這裡，無須明確的是，心理本身中包含著的情覺，會干擾意識於對象物的關注。

[2] 見《辯證唯物主義和歷史唯物主義原理》　李秀林、王於、李淮春主編　第50頁

[3] 我們在這裡，並沒有去追究「人」與「河流」本身的概念所指問題。某一個人，之所以叫人，顯然是因為它符合於人的類屬本質；某一條河流，之所以叫河流，也是因為它符合河流的類屬本質。而如果從人和河流的類屬本質角度看，就更不能用狀態，來判斷其們的是與否。

第七節　猛獁象和恐龍

一、「一切皆變，無物常在」

我之所以會對赫拉克利特的這種說法有此議論，是因為，這種說法所形成的一種認識觀點，在以往的哲學認識上，在人們日常的認識活動中，已經造成了極其深遠而又很惡劣的影響。這種影響的典型表現，歸結起來，就是這樣的一句話：「一切皆變，無物常在。」

這種觀點，在哲學上來說，其實，是一種膚淺的浮光掠影的認知。因為，這種觀點，不僅是把事物的表面狀態，當成了我們認識一切存在的依據；而且，還把事物的表面狀態，當成了一切存在的基礎。依照於此種觀點，得到的結論，就不是「無物常在」，而是根本就沒有「物」可存在；且「一切」亦不復存在——這甚至於包括，他們這裡所說到的那個「變」的自身。

何謂「變」？就字面的意思而言，「變」就是「變化」。而由赫拉克利特的「人不能兩次走進同一條河流」的觀點來理解，我們可以知道，這裡的「變化」，就是流動性的「運動」。

何謂運動？同是古希臘的哲學家，而晚於赫拉克利特一個多世紀，且寫出《第一哲學》一書的亞里士多德，在安德羅尼柯為其六篇邏輯論述而編撰成《工具論》的「範疇篇」

中，總結了運動的六種情況——他這樣說：「運動有六種：生成、毀滅、增加、減少、變化以及位移。」[1]亞里士多德在這種關於運動的說法裡，還特別地把「變化」，給單獨地指了出來。認為「變化」，在運動中「是個例外」[2]。即「變化乃是一種和其他運動形式不同的運動。」[3]這種不同，在他看來，就在於「變化就是指性質的改變」[4]。變化的「相反者」[5]，是不變化——「不變化」，就是「性質保持不變」[6]。

如此，我們依據於那個「一切皆變，無物常在」的觀點，這樣地問一下：變化自身的性質，會變化嗎？何謂性質呢？簡單地說，性質就是本質。如此，此前的那個問題，就是：變化自身的本質，會變化嗎？

若變化自身的本質會變化，那變化，還是變化嗎？黑格爾曾經這樣說過：「事物中有其永久的東西，這就是事物的本質。」[7]由黑格爾的這句話，我們可以知道，變化自身的本質，是不能發生變化的。因為，若變化自身的本質，發生了變化，那麼，變化自身的本質，就不是本質，就不會是事物中的「永久的東西」。也就是說，若變化自身的本質會變化，那麼，變化就不是變化了——就會成為了變化自身的相反者，就是「不變化」。而若「變化」，成為了「不變化」，那麼「一切皆變，無物常在」，就變成了「一切皆不變，無物不常在。」

進一步說，若變化自身的本質會變化，那麼，包含著變化的運動自身的本質，也會變化——而運動自身的本質若變化了，就會是不運動，即沒有了運動。而如果沒有了運動，那也就沒有了這運動之一的「變化」了。由此，我們也就可以看到，運動自身及其變化自身，都在這個「一切皆變」中消失了——也就是運動自身及其變化自身的本質，因為「變化」，而失卻了自身，而沒有了。運動自身及其變化自身的本質，都沒有了，哪裡還能夠有那個「一切皆變」呢？

顯而易見，若是「一切皆變」，那麼，不管是變化自身的本質，還是運動自身的本質，或是其他的一切事物自身的本質，也就都會發生變化——也就是本質發生了變化。而若本質發生了變化，那麼，本質就不為本質了。即如此，依賴於本質而存在的一切事物，豈有存在？若一切事物都沒有了存在，那又何以有「一切」？何以有「物」？何以有「皆變」？何以有「常在」不常在？

若為了「一切皆變」，而保持變化自身的恒定性，那麼，變化自身的本質，就不能發生變化——只有它不發生「變化」，它才能使得，它之外的一切有「變化」。如此，變化自身，就必須在「一切皆變」之外。亦即，變化本身，並不在這「一切」之內。這也就是說，為了保持「變化」的恒定性，變化自身的本質，就不會變化。若變化自身的本質不會變化，那麼，也就可知，運動自身的本質，也不會變化。推而廣之，一切事物自身的本質，都不會發生變化。由此，也就可以概而言之：本質，不會發生變化。

二、本質和規律的關係

本質如此。那麼，與本質有著密切不可分的關係的規律呢？

過去的多數哲學家們，在他們的哲學理論中，常常把本質和規律，作為事物的兩個並不相關的稟質來看待。彷彿本質和規律，在事物中的關係，就像互不交叉的兩條鐵軌一樣。

在我看來，本質和規律，在事物中，有著互為因果，而彼此缺一不可的關係。事物，如果失去了本質，那也就失卻了它的本性，也就不成其為事物；而事物，如果僅有本質而沒有規律，那麼，事物也就不能夠顯現，同樣也就不能成其為事物。既然本質和規律，都是事物之所以為事物，不可或缺的基礎；那麼，也就沒有理由認為，它們在事物中的存在，只是各行其是、各自為政、互不相關地沒有關係。

當然，這樣說的前提，是事物都有本質和規律。那麼，事物都有本質和規律嗎？

說到這裡，或許，就會有人問了：何謂本質？何謂規律呢？

這兩個問題，說起來，都是大問題——都是需要作為專門的問題，來詳加探討的。本書之意旨，並不在於此。所以，對這兩個問題，我們在此，只能略加概述。

在我看來，本質是規律的內容[8]，規律是本質的形式。這就是說，本質和規律的關係，就如同內容和形式的關係一樣，是互為因果的。這也就是說，本質是依賴於規律，而顯現為現象——規律，是本質表現為現象的必然性[9]。

黑格爾曾經這樣說過：「我們又常說：凡物莫不有一本質。」正是由於有這樣的認識，黑格爾在其的《邏輯學》一書中，就有一篇，專以本質為目標的「本質論」。至於說到規律，雖然多數的哲學家，在自己的哲學理論中，都不乏用到它；都知道事物的生成和存在，有其的規律。但似乎是，尚沒有誰，專門以它為目標，而探討過它[10]。

在我看來，規律，之於事物的重要性，絲毫也不亞於本質之於事物的重要性。按照一般的理解來說，規律，就是指事物的現象，在與他物的關係中，反覆地出現。而事物的現象，之所以會反覆地出現，在我看來，就是因為事物的本質，在與他物的關係中，事物本質的自身，包含著一種必然性——這種必然性，也就是規律。因為，規律是本質的形式——規律是本質表現為現象的必然性。

而就本質在事物的存在而言，**本質就是事物的內容**。何為內容？按照過去哲學的一般觀點而言，所謂內容，就是指事物內在元素的總和。但在我看來，這樣的看法，卻不無偏頗。在我看來，內容，是事物內在元素的結構方式。這也就是說，本質就是事物內在元素的結構方式。比如，我們要創作一部描述某個事件的文學作品。對這個作品而言，其的內在元素，就是詞語（概念）。但詞語（概念），並不就單純只是這個作品的內在元素——它是一切語言或理論作品的內在元素。所以，就不能說詞語（概念），是這個作品的內容。那麼，什麼是這個作品的內容呢？那就是把詞語（概念）按照一定的方式組合在一起，即結構的方式，就是文學作品的內容（本質），也就是所描述的某個事件。再比如，石墨和鑽石的基礎，我們都知道是碳元素。但它們，各自的本質，卻並不相同。這裡的不相同，就是碳元素的結構方式——這也就是它們各自的內容。又比如，同分異構體的乙醇與甲醚，它們就是不同種類的物體，也就是有著本質的不同，也就是內容是不同的——這內容的不同，就是相同元素的結構方式的不同。

這裡所說的元素，並不就是僅從微觀層級的角度而言，而也是指宏觀、宇觀事物的基本組成部分[11]。比如恒星系的元素，就是恒星和行星等等。人與動物的內在元素，基本上是一樣的——都是細胞體，但因為結構方式的不同，所以就有本質的差別。我們目前已知，這種差別的所在，源自於是基因的排列和多寡。

本質如是。那麼，規律在事物的存在，是什麼呢？**規律是事物的形式**——形式，是事物本質固有的現象。

黑格爾說，「形式就是現象的規律」。顛倒過來說，就是：現象的規律就是形式。這也就是說，本質顯現為某種結構方式的現象，是受著本質自身的規律所制約的。

規律為什麼會制約著現象呢？

剽竊於黑格爾觀點的辯證唯物主義認為，現象[12]是本質的表現。也就是說，有什麼樣的本質，就會表現出什麼樣的現象（在我看來，「假像」之說是一種妄言）——這樣的說法，嚴格說起來，其實是有缺漏的。缺漏在哪裡呢？這個缺漏，就是遺失了規律在其中的存在作用。而缺失了規律在其中的作用，是無法解釋狀態與狀態的差別的。比如，玫瑰園中，每一株玫瑰與每一株玫瑰之間的差別。這個差別，是什麼差別呢？顯然，不能說是本質的差別，而只能說是現象的差別。而如果按照黑格爾的說法來說，就不能說是現象的差別。因為，在他那裡，本質決定著現象。即有不同的本質，才有不同的現象——若現象有異，則本質，必也不相同。如此，那這每一株玫瑰和每一株玫瑰的差別，又是什麼方面的差別呢？一種機巧的說法，可以說是狀態的差別。但狀態，不是現象嗎？若狀態不是現象，那麼，過去的很多哲學理論，恐怕都要重寫。如果狀態不是現象，那麼，現象，就會變成一種說不清的神秘存在——我們在這裡，是沒有必要陷入這樣的爭辯之中的。在我們看來，狀態就是現象。因為，現象是本質的規律性的形態——形式和狀態——這裡的形式，就是規律；這裡的狀態，就是現象。每一株玫瑰與每一株玫瑰，之所以有不同，是本質在顯現為現象時，本質在與它物的相互作用中的規律的使然。即這種差別，是規律所決定的。亦即，本質之於每一株玫瑰，與別個事物的關係的必然性表現。這也就是說，這種差別，是玫瑰種子自身及與它物（比如光照、營養、位置，等等）關係中的必然性的表現。即本質自身法則的使然。也就是本質自身的規律的使然——正是這種規律的使然，才使得每一株玫瑰，與每一株玫瑰的狀態有差別。但這種狀態的差別，不管有怎樣的不同，它的基本形式，卻是一樣的。這就如同人的高矮胖瘦不同，但人體的基本形式都相同，是一樣的。

由以上對本質和規律的關係的簡略分析，我們就可以知道，規律，也是不能發生變化的。若規律會發生變化，本質也就會發生變化。若本質還是本質，規律還是規律——還是以它們固有的關係，出現反覆，那就不能說，規律和本質也有變化。若本質和規律沒有變化，又怎麼能說「一切皆變，無物常在。」莫不是，這本質和規律，不在這「一切」之內？那它們，在哪裡？

三、具體事物的存在和消亡

就人類對自然的改造和利用來看，應該可以令人不容置疑地相信：事物都有其本質和規律——也就是，事物都是由本質和規律所決定的。比如，農業生產的作物播種、收穫的反覆性，就是因為農民，掌握了作物及其與作物有關係的事物的本質和規律，而運用著它們，來為人類生產著糧食。至於作物是否豐收，是否顆粒無收，那就決定於作物種植者，是否滿足了作物生長的規律，以及這種滿足的程度——這應該沒有什麼例外。可是，這種作物生長的規律性情況，就不會發生在地球自然環境中的極地。若一個人，一生就是一直在極地生活著。那這個人，就從來沒有見過農業生產。如此，是不是，世界上就不存在農業生產呢？是不是，就不存在糧食作物的本質和規律呢？顯然不能這樣說。

事實上，人類改造自然和利用自然的活動成果，已經無數次地證明了：任何事物，都有其本質和規律。比如，人類的農業活動、工業活動和科學活動——這些活動，就是使得同一事物，不斷地反覆出現。這種能夠使得事物不斷地反覆出現，就是因為「本質恒在，絕無變易；規律恒有，絕無流變。」正是由於人類對事物的本質和規律的這種認識，並掌握了一定的事物的本質和規律，人類才能夠通過實踐活動，而利用著事物的本質和規律，來為人類的生存服務。

我們今天所享受到的一切科學成就，其之所以能夠成為成就，就在於，科學家們歷來一直堅信著：「本質恒在，絕無變易；規律恒有，絕無流變。」並以此為理念，而孜孜不倦地揭示著事物的本質和規律——使其能夠福祉於人類。若事物的本質和規律，也處於「一切皆變，無物常在」的說法之內，那麼，事物就不能反覆地出現。人類，也就不能運用著它們，來為人類自己服務。

當然，我們並不否認，具體事物，確實存在著所謂生成和消亡的運動和變化[13]的過程——這就如具體事物，找不出兩個完全一模一樣的對象一樣。也就是那句話說的那樣：「世上沒有兩片完全相同的樹葉。」——為什麼會如此呢？這就在於事物的本質，在顯現自身時，為自身適應於周圍環境，而做的一種規律性的調整。正如葵花向陽的運動現象一樣——這種運動現象，所顯示的證據，恰恰就是：本質和規律不運動、不變化。因為，只有本質和規律不運動、不變化，才能使得具體事物，維持著生成和消亡的運動和變化的過程。亦即，這種生成和消亡的運動和變化過程，並不就是本質和規律，發生了運動和變化，而正是本質和規律的使然。比如，就葵花向陽的現象而言，如果葵花向陽的本質和規律，發生了運動和變化；那麼，葵花就不會向陽。再比如，作為生物的人，我們是由精卵結合，而在子宮中孕育，直至出生、發育、死亡——這一切，正是人，作為一種生物的本質和規律的使然，而不是違背了人作為生物的本質和規律。這也就是說，人作為生物的這種「運動」和「變化」，也是由生物的本質和規律所決定的。即人的生長、發育、死亡的現象，正是人作為生物的本質和規律所導致；而不是人作為生物的本質和規律，發生了什麼運動和變化。若人這個生長、發育，死亡的現象的本質和規律，發生了變化，那麼，人就不會有這個生長、發育、死亡的現象，也就不會有人的生命存在。但幸運的是，這個「運動」「變化」的過程，是不會改變的。作為生物的人如此；作為生物的其他對象，也是如此。

生物如此，非生物也是如此。總之，一切事物，都是如此。

由此，也就可知，任何事物的本質和規律，都是不會，也不能有「運動」和「變化」的——這包括運動和變化本身的本質和規律。若運動和變化本身的本質和規律，也會改變，那麼，運動就不是運動，變化也就不是變化了。運動和變化本身的本質和規律，只有不運動和不變化，才能保持其運動和變化本身的運動和變化。因而，也就可知，運動「不動」，變化「不變」。這就是：「本質恒在，絕無變易；規律恒有，絕無流變。」

四、猛獁象和恐龍

這一點，其實也體現在我們對事物的認識活動中。比如，我們都知道，地球上，曾經有過猛獁象和恐龍的生命實體——而作為活的生物實體，猛獁象和恐龍，在今天的地球上，已經不存在了。如此，是不是猛獁象和恐龍本身的本質和規律，因此，也就消失了呢？

這種提問，或許，在一些自以為聰明的人覺來很可笑。在他們看來，既然猛獁象和恐龍的生命實體都消失了，也就是不再有這種生命實體的現象了——現象既然都不存在了，那本質和規律，自然也就消失了。

這種看法，應該是舊有哲學的一貫看法——這，好像不應該會引起我們的什麼質疑。可在我看來，這樣的看法，其實是一種淺嘗輒止的淺見。

為什麼會這樣說呢？我們不妨就這一點，在這裡，做一下分辨。

首先，當我在這裡說到猛獁象或恐龍時，我尊敬的自以為聰明的人們，你們知道，我說的對象是什麼嗎？你們當然會回答是「知道」。那你們，是憑什麼知道的呢？你們當然可以說，你們是通過科學家發現的猛獁象尸體和恐龍化石，而「知道」：地球上，曾經有過猛獁象和恐龍的活體實物——這切實不錯——你們和我，都是這樣地知道的。那你們認為，你們的那個「知道」，是就猛獁象和恐龍，作為生物的本質和規律而言，還是就它們作為活的實體的現象而言呢？

你們，顯然不可能，是就它們作為活的實體的現象而言——因為，你們知道的「現象」，和科學家所知道的「現象」一樣：是猛獁象尸體和恐龍化石，而不是猛獁象和恐龍作為活的生物實體。猛獁象尸體和恐龍化石，與它們活的實體，顯然是兩種不同的實體存在。這就如同一個馬的雕像，和一匹真正的馬，是兩種不同實體的存在一樣。顯然，你們的知道，是由猛獁象尸體和恐龍化石，或通過科學家們的描述（文字、圖畫），而借助於你們的想像，才意識到這種生物實體的存在；才「知道」有這些生物實體；才「知道」它們是什麼——也就是，你們的「知道」，是就其與生物的本質和規律相聯繫的實質而言，即就其本質和規律而言。那麼，它們的本質和規律是什麼呢？

以猛獁象為例來說，猛獁象是地球冰河時期的最大陸生脊椎哺乳動物——這就是猛獁象的本質和規律。

我們在這裡，還可以換一種角度，通過略去猛獁象和恐龍的形體、生存方式、所依賴的自然環境，等等的具體情況。以如下這樣去繁就簡的認識方法，來看待它們的本質：它們是「脊椎動物」。這也就是說，他們是生物族譜中的一員。

那麼，它們在今天來說，還是不是生物族譜上的一員呢？正確的回答，應該是：它們依舊還是——而且永遠都是。因為，它們作為生物族譜上的一員，並沒有從生物族譜上被除名——沒有誰能說，它們不是生物。所以，雖然作為活的生物實體，猛獁象和恐龍，在地球這個自然環境的生物界消失了；但這並不因此，而就是它們作為生物的本質和規律，也就消失了。

再換個角度思考一下，我們是不是可以這樣猜想：假如我們，給它們一種適宜它們產生和生長的自然條件和自然環境——比如，它們曾經在地球上產生和生活過的那樣的條件和環境，它們就會必然地出現——這應該不會有什麼疑問吧。它們，為什麼會再次地出現呢？顯然是，它們的本質和規律，決定了它們必然地會出現——不管這種出現，需要什麼樣的苛刻條件。這也就是說，它們的本質和規律，並沒有消失——並沒有隨著它們現象的消失而消失，即沒有發生什麼「運動」、「變化」。

由此，也就可以看出，本質和規律，並不會因為現象的存在與否，而存在或消失。因為，本質和規律，是顛撲不破的自然定律所決定。

五、本質和規律與現象的關係

我們的宇宙學家們，之所以會在蒼茫浩渺的宇宙中，孜孜不倦地尋找著外星生命。就在於，它們堅信：「本質恒在，絕無變易；規律恒有，絕無流變。」正是秉承於此種觀念，他們才相信，只要有能夠滿足生物產生的充要條件，那麼，生物就會必然地產生出來——這是自然科學，已經揭示出的事物的本質和規律。

生物界如此。非生物界，亦是如此。比如，給人們在黑暗中帶來穩定光明，給人類的文明生活，帶來天翻地覆影響的電力產生原理之一：「導體切割磁力線，就會在導體閉合的導線回路中產生電子流動。」就無數次地證明了這個本質和規律。我們今天的生活中，「電現象」，已經幾乎是無處不在了。換個角度思考一下，在人類沒有造出我們今天這些「電現象」之前，「電」的本質和規律，是不是就不存在了呢？若非愚不可及，怕是不會有人這樣認為的。這也就是說，有沒有「電」現象的存在，並不影響「電」的本質和規律，就一直在那裡存在著。

由此，我們也就可以知道，不能以現象的存在不存在或有沒有，而認為本質和規律是否存有。現象，是本質通過規律所決定的。亦即，有沒有某種事物的現象，乃是因為有沒有某種事物的本質和規律起作用（表現出來）；而不是有沒有某種事物的本質和規律。

再有，本質並不就直接表現為現象，或說本質直接就決定著現象。本質是依賴於規律，來表現或決定著現象的。也正因為如此，來源於同一本質的現象，就會有一定的差別。比如，牡丹園中的牡丹，每一株與每一株，雖然看上去都是差不多；但若做細辨，則各不相同——彼此之間，總是有一定的差別和不同。但這種差別和不同，卻並不影響它們，大都開著艷麗魅人的牡丹花朵，都是牡丹。再比如，我們所見的同種樹木，例如法國泡桐。法國泡桐樹，與楊柳樹比較，枝葉是絕對不同的。乍一看來，法國泡桐樹，似乎都是一樣的。但稍一細辨，我們就會發現，它們各個泡桐樹，也都不一樣，都有自己的特點，都與他個有一定的差別。而之所以會有這種一定的差別，乃是由於其的本質，與其生長的環境和其他的環境因素，產生了相互作用。所以，本質，才通過自身含有的規律，而使得狀態出現了不「同一」。這樣相互作用的生長環境和其他的環境因素，就我們所知，應該是不計其數的。比如，地球磁場、比如生物營養，比如……等等。正是相互的環境因素的相互作用影響，才造成了來源於同一本質的現象，有所差異，才會發生「世上沒有兩片完全相同的樹葉」。而這正是事物之間，彼此的本質和規律的相互影響，才造成了顯現狀態的差異。

這裡的影響和差異，並不是對本質和規律的本身，產生了運動和變化，而是給它們加注了適合於它自身顯現的內容。這就正如我們在常溫的水中，放入了一粒鹽——鹽，就會融合於水中，使我們喝到帶鹹味的水——這也正是水這個本質和規律的使然。若我們滴入常溫的水中一滴油，油就不會融入這水中——這就是水的本質和規律的使然。很顯然，事物之間，是有相互的影響作用的。但這種影響，只有和事物的本質和規律相諧和，才能產生相互的作用。

由此可知，猛獁象和恐龍的存在與否，並不是由現象所決定，而是由本質和規律所決定。我們不能因為它們的現象存在與否，而就認為它們的本質和規律存在與否。這是兩個不同層次的認識視界——所得出的結論，必然會南轅北轍。

換個角度思考一下，假定猛獁象和恐龍，出現於我們人類生活的環境之中。我們人類利用武器，把它們，統統都給殺死了。如此，它們的本質，是不是為此，也就消失了呢？顯然不能這樣說。

再換個角度而言，比如我們為了滿足口欲或為了生存，我們宰殺了一隻雞。如此，雞的本質，是不是為此就消失了呢？怕也是不能這樣說。因為，這只雞，雖然被我們吃掉了。但還有很多別的雞，依舊在活著——它們的活著，依賴於什麼呢？顯然是依賴於它們的生物本質和規律。所以說，本質和規律，並沒有消失。那麼，雞的本質和規律，是不是會因為這只雞的被宰殺，而受到影響，即發生了變化了呢？也不能這樣說。因為，我們不能說：有這只雞的存在，雞的本質和規律就圓滿；沒有這只雞的存在，雞的本質和規律就有缺憾。正確的說法，應該是：這只雞的消失，正是雞作為生物的本質和規律的使然——雞的本質和規律，並不會因為這只雞的存在與否，而受到絲毫的擾動。

由以上的這些分析，人們應該就可以知道，本質和規律，是不會發生運動和變化的。而如果本質和規律，不會發生運動和變化，那麼，那種「一切皆變、無物常在」之說，顯然就是一種，只看到事物表面狀態的變化，而看不到事物深層原因的走馬觀花的膚淺認知。

[1] 亞里士多德《工具論》　範疇篇　秦典華譯　＊Categoria據《洛布古典叢書》希臘本文【14】

[2] 同上

[3] 同上

[4] 同上

[5] 同上

[6] 同上

[7] 《小邏輯》　黑格爾著　第二篇　本質論　§112　〔說明〕附釋

[8] 就更深層次的角度講，即本質和物質的關係講，本質是內容的表現形式。可以簡稱為：本質是內容的形式。比如，同分異構體。這裡的內容，就是物質（不是物體）。

[9] 黑格爾在《小邏輯》中，說過這樣的話：「形式就是現象的規律」——黑格爾《小邏輯》（b）內容與形式 §133——依據於黑格爾的所說，就可以知道，決定現象的規律是形式。

[10] 黑格爾在《邏輯學》中，曾經把它作為小節的分目，簡單地談到過它。

[11] 至此，就出現了整體與部分的問題。由我們的分析，也就可知，整體與部分，是有本質的差別的。至於這種差別的所在之處，不在我們這裡討論的範疇，因而從略。

[12] 人們目前所理解的現象，不是形式，而是形態（形式和狀態）——這樣的理解，才更符合於現象的自身。因而，也就可知，不是本質決定現象，而是本質和規律決定現象；現象不是本質的表現，而是本質和規律的表現。

[13] 本節中，說到的運動和變化，若按照亞里士多德關於「運動」的說法，運動與變化，是不能並列在一起的，因為它們是屬種關係。我們這裡，之所以把它們並列子在一起，是因為，我們現在對運動和變化的觀念，有「性質」之別。這當然與牛頓揭示出運動的原理，有一定的關係。總之，我們在這裡，把變化和運動並列在一起，是為了強調變化對性質的改變。

第八節　哲學與真理

一、哲學的沒落與興盛

接下來，我們需要就哲學和真理的關係問題，做一下簡單的探討。

之所以會探討哲學和真理的關係的問題，是因為哲學和真理的關係的問題，已經到了迫切需要解決，而且是必須要解決的非常時期。

我們之所以要這樣說，是因為，哲學發展到今天，不但沒有沿著它原本探求真理的正確道路走下去，反而偏離了自己原初的軌道——在今天，哲學不僅遺失了它在古希臘時期，那種對一切事物都「追本溯源」，且不憚於以宇宙為目標的恢弘探索精神；卻畫地為牢地將自己的認識境域，故步自封在已有的觀念之上；並節外生枝地畸生出一些自欺欺人的故弄玄虛之語。被當今社會的大多數人，貶稱為「不知所云」的代名詞。

究其原因，在我看來，就在於哲學家們，尤其是近代的哲學家們，由於他們不瞭解哲學之源的意識實質是什麼，所以，才被意識所必然衍生的宗教觀念所蒙蔽——使得衍生於意識的宗教之藤，在近代哲學理論的土壤中，肆無忌憚地蔓延瘋長，蔚然成勢；而產生了宗教觀念的意識自身，卻在近代哲學的理論中反漸失其身，成為了宗教的囚徒——只能在宗教之藤的重重圍裹之中，無可奈何地掙扎著、呻吟著——這一點，在近代及現代哲學上的顯著表現，就是：哲學不但與真理漸行漸遠，反而成為了宗教的幫襯（黑格爾）。更加不幸的是，哲學還被一些投機社會而心性邪惡的人引入了邪境，使其變成了蠱惑人類自相殘殺的理論工具（馬克思）。

我們知道，「哲學」，作為人類智慧集大成的學問，首先起源於古希臘。亞里士多德在《第一哲學》中，對古希臘哲學的起源和內容，以及諸哲學家們其時的觀點，是做了比較詳盡的總結性述說的。我們在這裡，是沒有必要，再對這一切做重複性的敘述。我們只要知道，「哲學」一詞，在古希臘的意思是「愛智慧」，就足矣。

何謂「愛智慧」呢？在這裡，我們首先就要理解「愛智慧」之「愛」的意思。「愛」無疑是「喜歡」「喜愛」的意思。因而，就可知道，哲學就是喜歡智慧、喜愛智慧。這就像一個男人喜歡一個女人，一個人喜愛一個物件一樣。喜歡一個女人、喜愛一個物件的目的是什麼呢？那就是希望得到這個女人、希望得到這個物件。當然，喜歡這個女人、喜愛這個物件，並不就是主觀的願望就可以得到的。因為，人是生活在人類具有物體和精神需求的社會裡——人在社會的一切需要，都會受到人類社會的道德、法律、感情等等因素所制約。因而，喜歡這個女人，必須是在這個女人回應這種喜歡的情況下，才能得到；喜愛這個物件，則必須是通過社會的物體交換，才能得到。由此，也就可以看出，在人類社會中，喜歡一個女人欲得到她，或喜愛一個物件欲得到它，都是有附帶條件的。

但喜歡智慧，卻與此就並不一樣。喜歡智慧，就沒有這些附帶條件。因為，智慧是人的意識活動的一種表現——是意識自身活動，所得到的一種結果。而意識在人，並不是需要什麼附帶條件，才可以具有、才能得到——因為，意識就是人的本質的體現。由我們對意識的分析，相信人們應該已經可以理解，人欲得到智慧，就像在森林中，欲得到新鮮的空氣一樣。只要你喜歡到森林去呼吸新鮮空氣，你就可以自由而毫無阻礙地得到它——智慧在人，就是如此。也就是說，只要你喜歡智慧，你就可以得到智慧。

那麼，何謂「智慧」呢？亞里士多德在哲學標誌的《第一哲學》卷一章一的末尾那句話，是這樣說的：「智慧就是有關某些原理與原因的知識。」依照於亞里士多德的這句話，我們就可以明白，古希臘的「愛智慧」，就是尋求得到「有關某些原理與原因的知識」。由亞里士多德在《第一哲學》卷一章一之後的那些敘述，我們可以看到，古希臘哲學家們體現著「愛智慧」的哲學作為，就是尋求世界的原理和原因，即尋求世界本身的來源，亦即尋求世界本原。

二、哲學不是「世界觀」

說到這裡，應該特別需要聲明的一點，是：這種尋求世界原理和原因，以及由此而得到的知識，不是什麼「世界觀[1]和方法論」。

「哲學是世界觀和方法論」之說，是所謂的「實踐的唯物主義」或叫「辯證唯物主義」的代表人物們，為達到自己投機社會的不可告人目的，偷奸取巧地把進化論觀點和階級鬥爭觀念，移花接木地替換了唯物論觀點和辯證法觀念——為阻斷人們質疑他們這種偷樑換柱的邪惡行徑，他們在忝然自吹中，給自己冠上了哲學家的名譽，並心懷鬼胎地臆造出了這個不倫不類的哲學定義——意圖借此擾亂人們嚮往智慧的追求，惑亂人們崇尚真理的天性，脅迫著人們放棄對真正哲學的探索，逼使著人們以他們的「馬」首是瞻。

說起來，實在不能不令人表示出鄙夷：這些所謂的辯證唯物主義的代表人物們——他們，實際上，絲毫也不具有尋求世界的原理和原因的能力。他們所謂「主義」中的那些與哲學有關的觀念，也只是人云亦云地剽竊於他們之前的哲學家們。

尤為令人不無蔑視的是，由於他們本性的愚鈍、悟性的欠缺，使得他們，根本就理解不了，他們鸚鵡學舌地剽竊來的那些哲學觀念。他們，不單是對所剽竊的哲學的那些觀念本身及其之間關係理解不了，就連他們忝然自封為「最科學真理」的那個「主義」觀點中的最基本概念，在他們，也是識知的一場糊塗。比如，作為他們「實踐的唯物主義」根基的那個「物質」概念，他們竟然都不能把「它」，與「實物」的概念區分開來。竟然會不分不曉地把「它」和「實物」的概念，並列在一起來說——這種做法的淺薄，就猶如把植物和樹，並列在一起來說一樣；甚而荒謬地把它們，當成了一個概念的不同「稱謂」來看待，就猶如把植物和樹，荒謬地當成了一個概念一樣——這由他們不得不說到「物質」概念之義時，恩格斯那個《自然辯證法》中的「實物、物質無非是各種實物的總和……」的話，就可看出。再比如，他們對人的「感覺和知覺」的能力，不懂得該怎樣區分，所以，就「感知不分」地攪合在一起來說；甚至於把感知，和「意識」的概念混為一談——而他們原本就對意識、精神、思維、觀念等的不同概念，不清不楚，亦始終辨別不清這些概念間的關係和區別，所以，也就把感知和它們，當成一個概念的不同表達，而含糊其辭地亂說一氣。由此可知，在哲學上，他們不只是「感知不分」，簡直就是一竅不通。

特別令人不齒而又憎惡的是，由於他們心性的邪惡、秉性的狂妄自大，使得他們在自己「主義」理論的字裡行間，除了充斥著一些赤裸裸地挑動仇恨、煽動邪惡的言語之外，餘下的內容，就是一些自相矛盾、引刀自宮之語。比如，他們號稱，他們代表著無產者的利益，要「全世界無產者聯合起來」——「全世界」？「世界」有幾個？由此，就可以看出，他們所說的「世界觀」，不是他們自己標榜的「宇宙觀」，而是與「宇宙」的觀念沒有任何的關係——但他們自己，卻極其鄙視無產者，把無產者稱為「蠢蛋（笨蛋）、惡棍、屁股（蠢驢）」（英文原文是stupid boys，rogues，asses）——自己卻美滋滋地甘當著攫取什麼「剩餘價值」的資本家（恩格斯）。又比如，他們自詡是徹底的無神論者。但他們，卻對神鬼之相誠惶誠恐，言必以神鬼來為他們開道——他們別有用心地弄出的那個《共產黨宣言》，開篇的第一句話，就是荒謬絕倫地這樣寫道：「一個幽靈，一個共產主義的幽靈，在歐洲徘徊。」無神論的人們——比如拉・梅特里，比如費爾巴哈——就算是一些普普通通的人，除了這些所謂的辯證唯物主義的代表人物們，還有誰？會說出這種連符合起碼邏輯都不配的蠢話。他們就是這樣的一些，連基本邏輯能力都不具備的人。更就別說，他們還有什麼尋求世界原理和原因的能力了。他們正是為了掩蓋，他們自己在哲學上的這種蠢笨、無能，才挖空心思地採用政治的挑撥離間手段，淺薄地對歷代哲學家們的理論和觀念，予以唯物或唯心的「觀點」劃分；且為這些被他們無中生有冠之於的「世界觀」，賦予了代表著階級利益的「思想方法論」。借此，而明目張膽地挑撥人類分化為兩個敵對的集團；並明火執仗地煽動一部分人，以「武器的批判」，去消滅另一部分人的肉體。藉以達成他們，因為得不到智慧，而仇視智慧；因為不能役使人類，而分裂人類、毀滅人類的險惡用心。

人類自我認識歷史上的不幸，讓我們，看到了他們惡毒用心的部分得逞：有一個時期，一些人，因為不能認清他們魔鬼嗜血的邪惡心機，被他們蠱惑著，對自己的父母、兄弟、姐妹、子女，等等血脈相連而至親至愛的人，以階級之名義，進行著精神的迫害和肉體的虐待；以你死我活的鬥爭手段，對自己的同胞，進行著族類自戕。

而導演了這些人間慘劇的他們，卻蜷曲在竊據的阿爾卑斯山上，心滿意足地桀桀陰笑著：一邊欣賞著人間，這一幕幕由他們及他們門徒挑起的人性泯滅、人倫盡喪的悲劇；一邊張開血盆大口，盡情地饕餮著門徒呈上的不同民族人體的血肉大餐——對辯證唯物主義的任何觀點和觀念的任何容忍，都是對人類的犯罪。因為，在人類歷史上，除了辯證唯物主義或說實踐的唯物主義之外，從來也沒有一種理論的觀點和觀念，會造成這種不分種族、不分國家、不分膚色、不分地域的人類災難。保守的估計，被以此種理論名義，而直接殺害的不分種族、不分國家、不分膚色、不分地域的無辜之人，在地球上，達一億之多。

三、哲學產生的必然性

說哲學，不是「世界觀和方法論」，也不僅只是因為，「世界觀和方法論」的說法，曾經是那些邪惡之人，蠱惑人類自相殘殺的哲學定義：還因為，尋求世界本身的來源之意願，並不是只有在得到某種教旨的指引，或得到了某種方法的指導，才能有的一種尋求活動。而是它，原本就是人類「愛智慧」的天性使然。說哲學，不是「世界觀和方法論」，還在於，這個所謂的「世界觀和方法論」之說，和尋求世界的原理和原因，不在一個層次、不是一個層次的問題。有了世界觀，並不就是也就有了關於世界的來源的認識。即並不就是有了世界觀，也就有了關於世界的原因和原理的知識——這是層次不同的問題，是不能混為一談的。至於說到「方法論」，那和尋求世界的原理和原因，更是沒有什麼關係。

尋求世界的原因和原理，無疑地就是尋求世界本原，也就是尋求世界的來源。

世界的原因和原理，是什麼呢？即使人類對此一無所知，但這也並不影響人類，會去對它進行尋求。因為，人類擁有著會去尋求它的能力——這個能力，就是意識。也就是說，人類是憑賴於意識的能力，去尋求世界本身的來源的——沒有意識的能力，就沒有這種尋求。

我們已經知道，**意識是大腦對心理的想像**。

這也就可以看出，意識，是以心理的對象為目標的——凡進入心理範疇的對象，都是意識的目標，都會成為意識的對象。當人類的意識，將心理的內容區分為「外部存在物」和「我的感受」之後，尋求世界本身的來源，就是意識「愛智慧」的早晚必然。能夠說明人類這種必然性的事實，就表現在：人類的各個民族，雖然各有自己的不同語言和文化——但他們，在自己的發展歷史中，卻毫無例外地都有他們自己，關於世界的來源的觀念——他們的這些觀念，或者是以傳說，或者是以神話，或者是以理論，代代相傳，留存於世。

這也就可以看出，對世界本原的尋求，原本就是人類意識，所必然具有的一種意願。因為，只要人在意識著，那麼，人就必然地會對自己所意識到的一切，不停地去尋根問底、追本溯源——這就是人類意識「愛智慧」的體現——也是哲學，必然會在人類產生的因緣。

一般的人，也能知道，要尋求世界本原，首先就要有「世界」的概念——而概念，不管是就人類的歷史而言，還是就個人的現實而言，概念，並不就是人的大腦先天就有的。即並不是人生而具之的，而是人的大腦的後天所得。概念是意識的產物，是意識將心理的內容，區分為「外部存在物」和「我的感受」之後，對「外部存在物」和「我的感受」的各自對象和內容的概括性意象——「世界」的概念，是什麼呢？不管這世界的「概念」，在意識中，是天地間方圓幾十里的事物對象，還是日升日落、斗轉星移、四季交替、往死來生的事物對象，那都是人們的世界意象，是人們所意識的「世界」——也就是人們形成的世界觀念，也就是人們的世界觀[2]。由此，也就可以知道，世界觀，就是人們對世界的觀念。

至於這世界是怎麼來的？其本原是什麼？以及這世界，之所以為世界的原因和原理，又是什麼？遠不是世界觀本身的問題，也並不在世界觀的範疇之內，而是「觀」世界——把世界作為意識的認識對象之後，才能產生的一種智慧。這就像人們看到了房屋，也就有了房屋的意識——有了「房屋」的意識，並不就是知道了房屋是怎麼來的，房屋之所以為房屋的原因和原理——這是兩碼事兒。比如，一個孩子，產生了自己的「世界」意識。我們能不能就說，他有了世界觀呢？這當然就是他的世界觀。我們當然可以說，他已經有了世界觀。但這是不是因此，而就可以說，他已經有了世界本原的認識，就已經有了世界原因和原理的知識呢？顯然，不能這樣說。

因而，也就可知，世界觀和追究世界本原，不是一個層次的問題，不能混為一談。辯證唯物主義者們，正是把這兩個不是一個層次的問題，為了他們不可告人的社會投機野心，利用魚目混珠的欺騙手段，把它們，削足適履地硬說成為了一個問題[3]。他們這樣做，是邪教迷惑人們意識慣用的伎倆。即在人們形成觀念之前，他們就從大腦上，控制住人們的思想。讓人們以他們的「觀點」為行動的指南，變成言聽語從的禽獸：你們的正確思想，就是遵從於我的指引，成為我的信徒，聆聽我的教導，崇拜我，按照我的意願行事。

四、「世界」詞語的概念

關於「世界」這個詞語，如何成為了概念的替代物，在我們人類，是有兩種不同的情況的：

一種是，我們人類通過對心理內容的意識，而在大腦中，形成了世界的概念——為了表達這個概念，就創生出了「世界」[4]這個詞語；

一種是，我們聞知了這個詞語，通過意識的活動，讓它和我們大腦中的某一概念，結合在一起。

第一種情況，無疑是我們人類的祖先，才能有的所為。即創造出，表達他們頭腦中的概念的詞語；第二種情況，是我們今人的所為。然而，不管這種不同的情況，有怎樣性質的不同，這裡，首先所具有的東西，都是：概念。也就是說，不管是我們人類祖先，創生出「世界」這個詞語，還是我們今人，識之「世界」這個詞語，首先都是對它，已經有了「概念」——「概念」先於這個詞語，存在於我們人類的大腦中。

我們已經知道，**概念是我們對事物類屬的本質的概括**——而這種概括，是依賴於我們大腦的意識能力，也就是想像的能力才實現的。由此，也就可知，「世界」概念，是人類意識，把我們所具有的各種心理對象（和意識對象）[5]，在大腦綜合起來，而抽出其共同性質，所形成（衍生）的一種意象——這個意象，就是我們所認知到的「世界」，也就是我們的世界概念。

說到這裡，人們應該可以看到《邏輯學》的身影：這就是哲學家們過去所說的「歸納邏輯」。由此，也就可以看出，「歸納邏輯」，並不是思維之功，而是意識之能——我們的任何概念，都是意識歸納的結果。而詞語，正是表述這種歸納結果的產物——替代物——它當然也是意識之能的產物。

由此，我們就可以理解，「人同此心，心同此理」這句話的意蘊。也就是我們不管使用什麼樣的替代物（詞語、盲文、手勢語等等），那都是在表達我們大腦中的概念。也正是因為概念在人類大腦中，有這種「同一性」，所以，不管人們使用近七千多種語言中的哪一種語言，人們都是可以通過頭腦中的概念，而實現溝通的——「人同此心，心同此理」。而這種溝通，就不是依賴於我們心理中的那些個別的對象來溝通，而是依賴於意象中的對象的類屬本質來溝通。

也正因為如此，所以，我們才說，**概念是對事物類屬的本質的概括**——也就是黑格爾說的「普遍性」。即概念，自打它一產生出來，它所呈示出來的對象，就是普遍性的對象，而不是個別性的對象。個別性的對象，只是在我們的心理階段，才會存有——黑格爾顯然是看到了這一點，所以，他才說動物的對象，都是個別的對象，只有人的認識的對象——並且自認識一開始——就是普遍性的對象。因為，人的認識對象，一開始就是概念——就已經是歸納的對象，就已經是普遍性的對象。也就是說，我們交流的對象，一開始，就是普遍性的對象。

當然，這並不就是說，我們沒有個別的對象。我們的心理對象，和動物的心理對象一樣——都是和情覺（情緒、情感）成分，密切地結合在一起的個別對象。這就是為什麼，我們所使用的生活用品，比如，我們眼前、手邊的任何一個人造的物件，不僅要能夠實用，而且還要美觀。即不僅要能夠滿足我們生活上的實際需要，而且還要讓它，作為我們心理的對象，使我們看著順眼、好看，手摸上去舒服、滑溜、趁手，等等。

但一當我們把它作為認識的對象，它就失卻了個別對象的身份，而成為了普遍性的對象。這也就是為什麼，那個看上去極具個別性特點的「我」，作為概念，也是普遍性的對象。其實，對象在交流之前——被我們知道為對象時，對象，就已經不是個別的對象，而是普遍性的對象。因為，當我們知道對象之為對象時，我們的意識，就已經參與在其中。而只要我們的意識一參與到對象中，對象，就已經不是實際感知或表象的對象，而是意象——即被我們意象的「外部存在物」。

有了「世界」的概念，並且，把它作為我們意識的目標對象，我們才能對世界，有進一步的認識——這進一步的認識，就是尋覓世界的面貌和其的原理和原因。因為，認識之為認識，就是為了要瞭解事物的本質。而要瞭解事物的本質，只有在我們能夠「認知」了對象，即意識到了本質通過規律顯現的必然性的現象，我們才能對它，有進一步的認識。所以說，認知就是「知道」，就是我們意識對事物的察知，即明確了對象只為對象自身。而只有在明確了對象只為對象的自身時，我們才能對它，有進一步的認而識之；由這種認而識之，再經過心理的行為活動的實踐檢驗，去假存真，就得到了符合事物內容的真正的知識。

由此而知，認知是認識的起點、源頭，知識是認識帶來的結果。而「認識」，就是認知到知識的過渡。也就是由知道「什麼是此事物」，到理解「此事物是什麼」的過程。即由「什麼是它」，到「它是什麼」的理解過程——這個過程，就是我們的意識能力，以事物為目標的意識過程。也就是我們的意識能力，對事物的本質進行剖析的過程。這種剖析的過程，無疑就是用意象代替意象。即用意象，對意象進行分析、綜合的過程——這就是認識。

在這裡，人們應該又可以看到《邏輯學》的另一個身影：這就是哲學家們所說的「演繹邏輯」。因此，也就知道，「演繹邏輯」，也是認識不可或缺的工具。「歸納邏輯」，使得我們對事物形成了概念；而「演繹邏輯」，則是使得我們，能夠揭示出事物自身的本質。亦即，揭示出事物作為概念的內涵和外延。

「演繹邏輯」，絕不可認為只是以「天鵝都是白的」、「天下烏鴉一般黑」之類的事物表面現象為大前提，而去求證什麼「某隻天鵝是不是白的」、「某隻烏鴉是不是黑的」——那是對「演繹邏輯」的一種庸俗淺薄的詮釋——以那些大前提為對象，若作為練習「演繹推理」的初級入門訓練，也無不可；但切不可，把它作為「演繹推理」的本質之所在來看待。

在哲學上來說，「演繹邏輯」，不是為了求證「某隻天鵝是不是白的」，「某隻烏鴉是不是黑的」，而是為了求證「天鵝是什麼」「烏鴉是什麼」之類本質屬性的內涵問題，也就是給予事物對象以定義——這定義揭示的內容，就是概念。

五、哲學的誕生

之所以會是這樣，是因為，我們作為現代人，我們的意識，一開始所面對的對象，大都不是實際的事物對象，而是替代著對象的詞語。而詞語，作為事物對象的替代物，往往會由於施教者的施教能力，或我們個人心理給予意識的認知境域，與實際的對象產生偏差甚至謬誤。即使得詞語，於概念原有的意義，有所缺失或背離。比如，我們這裡作為對象的「世界」詞語，原本是來源於佛教的一種說法。而在今天，有些人對它的理解，就可能是天地間自己生活方圓的幾十里的地域；有些人理解的，則可能是古往今來、天地間的一切事物；而有些人，則理解的可能就是自己心靈的衍生物。而辯證唯物主義的代表者們，則把這個詞語，別有用心地故意含糊其辭為：或「人生」、或「社會」、或「人間」、或「國家」、或「自然界」，等等的不定之詞語。再比如，我們在前邊，所探討的感覺、表象、心理、情緒、情感、意識[6]，或者那些所謂的「世界觀、形而上學、懷疑一切、全世界無產者聯合起來」的說法，就是使得詞語所代表的概念本意，有些由於視角的問題，而被無意間曲解；有些則被別有用心的人故意扭曲，而使得人們，產生出概念不清的混亂性。又比如有些悖論，像「阿基里斯悖論」、「說謊者悖論」，就是由於對詞語與概念的關係，在理解上出現偏差——或將兩句話，合併成為一句話所導致的。

而要使得它們回歸本意，我們就要借助於「演繹邏輯」對它們內涵關係的揭示，而使得它們顯露出真相。

我們說，概念，是我們人類，對事物對象的類屬本質形成的概括性意象。或許，有人會對這種說法，大不以為然。在他們看來，我們意識中的概念對象，就像一個美女一樣，只是一個外表的形式，而並沒有什麼內容。這其實，是對概念的一種誤解。若概念不包含著它應有的內容，那概念，就會讓人無法實現交流，也就讓人無法互相理解。概念所包含的內容和形式，是與事物對象的本身恰如其分的，既不多也不少。

——在這裡，千萬要注意：概念並不就等同於詞語。詞語之於概念，在一般情況下，往往會有餘外的內容，介入到概念之中。即人為地將不屬於概念的內容，與概念強粘在一起。使得概念，參雜有不屬於自己的內容——比如，我們前邊探討過的心理、情感、思維等等，就是被過去的哲學家們，不恰當地加入了意識的成分；當然還會有另一種情況，那就是詞語，缺少了概念應有的內容——比如，我們前邊探討過的感覺、知覺、表象等等，就是被過去的哲學家們，遺失了情覺的成分——諸如此類的情況，不一而足。

為什麼會造成這樣的情況呢？容易讓人理解這一點的具體例子，就是創造了新事物者，通過詞語，對新事物命名後的解釋。有意思的情況，是：即使給予新事物予以命名的人，有時候，也會由於表達能力的問題，而未必就能把他頭腦中的新事物的概念內容，通過詞語的形式給揭示出來。即不能給予事物，以準確的、恰如其分的定義。但這並不就表示，他對新事物本身的概念，以及此概念與其他事物關係的理解，也有差池；而只是他的解釋能力，存在著問題。而正由於他的解釋不得要領，所以，也就會以訛傳訛，造成了他所創立的事物稱謂，與代表事物本身的概念，一開始，就陰差陽錯。

但這種以訛傳訛的錯誤，不是概念的本身有錯誤，而是認識者對概念的陳述有錯誤。即用詞語解釋概念的時候，出現了詞不達意的錯誤。正如柏拉圖把人的概念，定義為「兩腳直立行走，渾身無羽毛」，不是人的概念本身有錯誤，而只是柏拉圖的定義詞不達意。也正因為他的定義有這種錯誤，所以，才會有人拿著一隻拔光了毛的雞，去質問他——而使得他，即刻意識到了自己這個定義的錯誤，令他羞愧難當地當即暈倒。

然而，不管詞語與概念的內容如何地不符，最終，也會因為概念畢竟是人的大腦意識，對事物對象類屬本質的一種揭示，而使得詞語和概念，達成完滿的合二為一。

由此，也就可以看出，頭腦中存在著的概念，是一回事兒；而表達這種概念，通過詞語揭示的內容和形式，又是另一回事兒。兩者，不可同日而語——**哲學，正是意識在揭示概念的這種內涵的認識中，才誕生了出來。**

說我們的認識，是以意象替換意象——這意象，就是概念的意象——而意象的對象，我們知道，並不僅僅只是事物的對象，還有我們的感情——意象的刺激意義性，也會參與其中。而感情，無疑也會讓我們，體驗到心理情緒和情感那樣的感受——這種感受，有時候是很強烈的——而這時，我們就會拋開（抑制）我們心理對象的滋擾，沉浸在一種所謂的「忘我」境界中。但是，這裡的「忘我」，並不就是沒有了對心理的感受，只不過是我們的意識，不斷地抑制著心理的影響，讓我們，沉浸在意識活動的感受之中，即沉浸在感情的感受之中。我們有時，會因為意識所帶來的巨大的感情感受，而麻木不仁於我們心理的刺激意義性感受。比如，我們在創作文學作品時，常常會因為想像中的意境感受，而忘卻現實。就像福樓拜因為沉浸在小說創作的意境之中，一會兒把自己變成了伯爵夫人，一會兒把自己變成了馬車夫，而不知自身是誰的情況一樣。但是，不管這種忘我境界的情覺感受，如何地強烈（沒有超過「度」），它最終，也會因為機體為生存的自我調節功能的活動，而逐漸地消退，直至淡漠，回歸於心理的現實之中。因為，生存對於有機體而言，永遠是第一要義。我們不會因為沉浸在認識和思想之中，而忘記了我們的生存需要——想忘也忘不了。

六、本質和規律及哲學和科學

說認識事物，就是為了瞭解事物的本質。那我們對世界的認識，是不是就是在瞭解世界的本質呢？這應該是毋庸置疑的。這瞭解世界的本質，和尋求世界的來源，即尋求世界本原，亦即尋求世界的原因和原理，是不是一回事兒呢？它們，當然就是一回事兒。

要瞭解它們為什麼是一回事兒，我們就要知道，本質是什麼以及其與規律的關係。關於本質是什麼以及其與規律的關係的問題，我們在前邊的「猛瑪象和恐龍」一節中，已經做過了一定的分析。通過分析，我們已經知道：本質是規律的內容，規律是本質的形式。

在這裡，我們不妨再往深處去想一想。既然本質是規律的內容，那麼，這本質自身的內容，又是什麼呢？比如化學上的同分異構體（乙醇和甲醚、雷酸和氰酸，等等），它們的基本元素，都是相同的，就是都具有同樣數目的不同元素。如果說，元素就是本質，就是它們的內容，那麼，它們，就不應該表現出不同的物體形態（正常環境溫度和氣壓下，乙醇是液態、甲醚是氣態，氰酸性態穩定、雷酸易爆），成為不同的物體（正常環境溫度和氣壓下，乙醇溶於水、甲醚不溶於水）。

而我們知道，我們的先人們，已經認識到：「凡物莫不有一本質。」[7]換個角度講，每一類事物，都是有其與他個不同的本質。這也就是說，同分異構體，也是各有自己的本質，即本質是不同的。而如果我們考察一下，我們就會發現，同分異構體的本質的不同，不在於它們有同樣數目的不同元素，而是它們在空間上的結構方式不同。因而可知，它們本質的不同，不在於它們那一樣的元素，而是在於，它們空間上的不同結構方式。換一種說法，同分異構體，如果說有本質的不同，就在於它們的空間結構方式不同。

因而，也就可知，決定著它們本質不同的是結構方式——結構方式就是它們的本質，而不是它們包含著的那些元素。由此，又可見，本質在這裡，表現出來的內容，是結構方式，而不是它們的元素。而它們表現出的物體形態（正常環境溫度和氣壓下，乙醇是液態、甲醚是氣態，乙醇溶於水、甲醚不溶於水），就是它們各自本質的規律性顯現。

說同分異構體各自的本質，就是它們各自的結構方式。

而我們知道，結構方式，實際上，就是一種形式——而形式是規律所有：規律是本質的形式。因而，我們又可以說，這種結構方式，就是規律。如果這種結構方式是規律——也就是形式——而形式是不可能離開內容，而單獨存在著。也就是說，它也必有自己的內容。那麼，它的「內容」又是什麼呢？我們已經知道，本質是規律的「內容」。也就是它的本質，又是什麼呢？很顯然，這裡的本質，就是那相同數目的不同元素——同分異構體的相同之處，就是它們具有同樣數目的不同元素。換個方式說，同分異構體的結構方式的本質，就是同樣數目的不同元素——這是就深一層次的角度而言的。進一步說，決定著這些同樣數目的不同元素，能夠這樣地在一起的原因，又是深一層次的本質使然——如此一來，這些同樣數目的不同元素，對深一層次的本質來說，就又變成了一種結構方式。反過來說，這種結構方式（同樣數目的不同元素），對於同分異構體的那個結構方式來說，就是內容了，也就是本質。亦即，這匯在一起的同樣數目的不同元素，是不同結構方式共有的內容，亦即本質。而這本質，之所以表現（組成）為不同的結構方式，乃是它們同樣數目的不同元素（本質），和空間發生了不同的關係，它們的本質自身原理的一種表現——這種表現，就是形成了不同的結構方式（具體的同分異構體）——在這裡，結構方式，就又變成了規律的表現，即本質（同樣數目的不同元素）與環境作用物（在這裡是「空間」），發生一定關係的原理的表現。

由此，也就可以看得出來，本質與規律，是互為因果的。但這種互為因果，不是彼此之互為因果，而是在不同層次上的互為因果。即在微觀上的本質，對宏觀而言，就是規律；而在宏觀上的規律，對宇觀來說，就是本質。反過來說，在宇觀上的規律，在宏觀上就是本質；而在宏觀上的本質，對微觀來說，就是規律。

這樣的一種說法，有些人聽上去，可能覺著有些玄虛。但其實，一點兒也不難理解。因為，我們所說的這一切，就在它們彼此的那個關係式中含蘊著：本質是規律的內容，規律是本質的形式——把這個說法，相融於彼此之中，展開來說，就可以看到：本質是本質的形式的內容；規律是規律的內容的形式。換個方式來說，就是：本質是自身「形式」的內容——比如，同分異構體的「結構方式」，對於同樣數目的不同元素來說，就是「形式」；而「同樣數目的不同元素」，對於結構方式，就是「內容」。規律是自身「內容」的形式——比如，同分異構體的「結構方式」，對於同分異構體來說，就是「內容」；而「同分異構體」，對於結構方式來說，就是「形式」。而這種本質和規律的終極統一，即本質和規律的原型，亦即本質和規律合二為一的原態，在唯物主義來說，就是物質[8]；在唯心主義來說，就是意識、精神、絕對理念；在不可知論來說，就是感覺。

因而，也就可以使人由此看出一點：認識了事物的本質，也就是認識了事物所具有的規律。很顯然，任何事物，都是有其本質和規律的。哲學，正是在追究事物的本質和規律——即亞里士多德所說的「原理和原因」——的認識中，誕生並成長起來的。

但是，就事物存在的一定表現（現象）而言，本質和規律，畢竟是有其各自不同的稟質。因而，也就不能夠混為一談。一個是內容，一個是形式；一個是原因，一個是結果。故而，這就使得我們對事物的認識，因為認知側重點的不同，而產生了認識的分化。這種由認知側重點不同所導致的結果，就使得原本把本質和規律合二為一的「哲學」，發展到今天，逐漸地分化為哲學和科學的不同——以事物本質為目標的認識，形成了我們今天的哲學；以事物規律為目標的認識，就形成了我們今天的科學。

由此，我們也就可以知道：**哲學是探求事物本質的認識**。科學是探求事物規律的認識。

對舊有的大多數哲學認識者來說，最大的事物，並且是與事物本身合二為一的終極的唯一對象，就是我們身處於其中的宇宙——世界。因而，世界便成為舊有的大多數哲學認識者，不二選擇的認識目標。因為，不管世界如何之大，如何之深，如何獨一無二，它，也是其本質的產物，也是其本質的規律的顯現。這也就是說，世界不管如何地存在著，也是受到制約著它的本質和規律所左右。因而，也就可知，我們認識這個世界，也就是意圖認識這個世界的本質和規律——這就是舊有哲學的目標和目的之所在。

雖然人類的哲學意願，未必就像亞里士多德所說：「這類學術研究的開始，都在人生的必需品以及使人快樂安適的種種事物幾乎全都獲得了以後。」[9]但人的衣食住行的基本滿足，卻也是「這類學術研究的開始」的最低基本要求。因為，衣食住行，與人的心理活動密切相關。不能滿足基本的衣食住行，人的心理，就會讓意識的目標，圍繞著這些基本的需要而活動；也就讓意識，騰不出去玄思遐想的空間。當然，即使這些被滿足了之後，人類能夠產生哲學的意願，卻也不是一蹴而就的；而也是一種循序漸進、日積月累的結果。

七、「智慧就在於說出真理」

因為意識之為意識，是起源於大腦對心理的關注，並以心理為基礎，且以心理為目標對象的想像。所以，意識才是大腦以心理為對象的心理衍生像，即意識是大腦以心理為對象目標的想像。因而，也就可知，心理是意識產生的必要條件：沒有心理，就沒有意識。而心理的基本內容，總不外是由感官所得——感官之域，總不外是我們自己周圍現實環境的事物。所以，我們心理的基本內容，就是我們現實環境的事物。我們正是以我們現實環境的事物為立足點——語言也是一種環境的刺激物——而逐漸地由近至遠、由小到大，由淺入深，並借助於語言，而才有了認識終極事物——宇宙——世界本質的意願。

心理之為心理的目的，當然是為機體的現實生存服務——是有機體，以刺激物對自體感覺器官的刺激利害為依據，而與環境建立的一種反映的關係。那麼，何為刺激物對機體感覺器官的刺激利害呢？有機體，又是如何獲知刺激物的這種刺激，對自體的利害呢？即所謂的利害，是一種什麼性質的刺激？它們，究竟給了有機體一種什麼樣的感受體驗，而使得有機體，因此而產生出趨向或迴避的行為活動呢？

提出這樣的問題，在某些人看來，從哲學的角度看上去，這似乎有些越俎代庖了。因為這些問題，似乎應該是屬於生物心理學的領域，不應該是哲學「不恥下問」所關心的。但持有這樣觀點的人，卻並沒有能夠明白，如果哲學不去解決這個問題，那麼，任何具體學科，就永遠不能夠解決這個問題。因為哲學不能夠解決的問題，具體學科，就更不能夠解決——具體學科，只是哲學這棵大樹上生出的枝枝葉葉。況且，這個問題的本身，並不像表面看上去的那樣，只是為了瞭解導致生物行為的原因，而是對瞭解人與禽獸的本質很重要。因為，它關涉的是：人類與禽獸的行為活動的本質內容，究竟是什麼？

前蘇聯哲學家們，說巴甫洛夫認為，這種利與害，就是告知動物「在生物學意義上」的「有利和不利」[10]——這種說法，我們在前邊，為文需要，曾經不得不照搬來，說明情緒的問題——但這種說法，嚴格地說起來，其實是一種遁詞，是一種裝腔作勢的避實就虛的說法。因為，這個所謂的「在生物學意義上」的「有利和不利」，說白了，也不過就是「為生存」說法的別一種表述。而「為生存」，原本就是人類和禽獸這些生物的先天秉性——也是一切生物的先天秉性。人們不會由這個說法而知道，這「在生物學意義上」的「有利和不利」，在人類和禽獸，是怎樣地被辨別出來的？它對人類和禽獸的機體，究竟產生了什麼樣的作用，而使得人類和禽獸，獲知它於己的「有利和不利」？即它在人類和禽獸，究竟會是一種什麼樣性質的刺激感受，而使得人類和禽獸，能夠因此而停止原有的活動；且為此，而產生趨向或迴避的行為。

沉且，所謂「在生物學意義上」的「有利和不利」的對象，並不就止於動物界的生物而已，還有個植物界，在那裡等待著「在生物學意義上」的「有利和不利」被解說。顯然，這「在生物學意義上」的「有利和不利」的說法，看上去，似乎包含著什麼深蘊難測的內容，但其實，什麼也沒有說。

在我看來，要追究這種「利害」的刺激性質，是用不著拿故作高深的「在生物學意義上」來說事兒，也用不著遠交近攻地從「為生存」的角度，來「有利和不利」地述說它。

所謂的「利害」刺激，說白了，也不過就是讓人類和禽獸的機體，有了「舒服或不舒服」之感。「利」的刺激，就是「舒服」，因而引起了趨向的行為；「害」的刺激，就是「不舒服」，因而引起了迴避的行為。這當然是由於刺激物於機體的刺激，引起了有機體內部生理的變化，而使得有機體體驗到的感受——這種感受的體驗，是生物機體，先天稟質的所得。

那麼，實際的情況，是不是這樣呢？人類和禽獸，真的會由這種刺激，而體驗到「舒服或不舒服」的感受嗎？人類和禽獸，有這樣的生物機制嗎？

這其實，不應該引起什麼疑問。這就像在驕陽似火的炎熱夏季裡，走到樹蔭下的蔭涼之處，就會感到「舒服」一樣——而若此時，恰有一股清涼的微風吹過來，那種「舒服」之感，幾乎就會令人有一種高興起來的衝動。機體內部的自在的生理活動，引起 「舒服」感受的極致，是「射精」——

這也就證明了，人類和禽獸的機體內部，有一種可以讓人類和禽獸，體驗到「舒服不舒服」的機制。正是這種機制的活動，導致了人類和禽獸的趨向或迴避行為。若射精，就猶如向地上吐口唾沫一樣的寡淡，那就沒有性交之欲，也就沒有附帶著的種系延續。由此，也就可以看出，「舒服或不舒服」，就是感覺之源，也就是情緒之質——是人類和禽獸，趨向或迴避的行為活動之源，是心理本質的根本之所在。[11]

不消解釋，意識是為心理服務的。我們已經知道，意識是建立在心理基礎之上，並以心理為目標對象的想像。因而，意識的最終目的，歸根結底，也是在於為機體的心理現實服務——這就使得代表著意識能力的想像，被繫上了繮繩。使得想像，不至於去沉迷在玄思妄想之中，而必須地時時以心理的對象為目標——這就是我們絕大部分人的意識所向。因而，也就可知，意識的內容，不管看上去多麼地超凡脫俗，但都必然是以為人類自己服務，為終極的目標——這也就揭示出了我們「愛智慧」的真正目的。

顯而易見，我們認識的目的，不是為認識而認識；我們認識的目的，最終是為我們自己的現實生存服務——正是為此，我們才要通過意識，去認識我們所生活於這個空間中的一切事物對象。我們認識這一切，是為了瞭解這一切的本質和規律，以使其能夠為我所用。而要想達成這個為我所用的目的，我們首先就要把握得住對象，即對對象形成一個概念的意象。而為了留住這個概念的意象，並在我們需要時，可以隨時地把它從我們的大腦中喚出，我們就需要借助於其他的方式來幫忙——而最便利的方式，就是利用我們先天的第一福音：聲音。於是，言語就產生了。言語，就是為了表達我們大腦中的那個概念意象。赫拉克里特，正是看到了這一點，所以才會說：「智慧就在於說出真理」[12]。

八、真理和真理觀

說「智慧就在於說出真理」，那麼，何謂真理呢？

自哲學誕生以來，真理，就一直是哲學家們，孜孜不倦地追求「放之四海而皆準，行之百世而不惑」的目標對象——可不意的是，由於人類過去對自我認識的蒙昧，使得它，始終被人為地覆蓋著一層神秘的面紗；始終不能對它，達成一個統一的觀念。體現在這方面的具體表現，就是：有人認為，宗教的被崇拜對象，就是真理；並由此而認為，真理是具體的，沒有抽象的真理（黑格爾）；有人認為，真理只可意會不可言傳，號稱「真理掌握我們」（陳嘉映）；有人認為，有用即是真理（詹姆士、杜威、胡適）等等。不一而足。「真理是什麼」的問題，雖歷經了哲學兩千多年的探討，但卻依舊像蒼蠅一樣盤旋在哲學界的天空，依舊始終不棄不離地在哲學家們的頭頂之上，「嗡嗡」地叫著；令哲學家們抓不住、也趕不走。

不消多言，人們對真理問題的興趣，和哲學的興盛與否，密切相關。當近現代的哲學，開始被人們貶斥為「不知所云」之時；尤其在哲學被邪惡之人，偷天換日地變為鼓動人類自相殘殺的工具之後。人們雖然沒有像拒絕哲學——世上最著名的諾貝爾獎就拒絕了哲學——一樣地拒絕真理，但對獲得真理的企望，卻也日漸式微；並逐漸地瀰漫出一種，永遠也不可能獲得真理的悲觀氣氛——這很類似於赫胥黎得出「我們永遠不能確實知道引起我們的感覺的真正原因」——的那種情況。

由我們對赫胥黎預言的成功破解，我相信，人們已經能夠明白，擺在意識面前的問題，就沒有意識不能解決的。具體說到真理的問題，只要我們，真正找到了過去一直解決不了真理問題的癥結所在，「真理是什麼」的問題，就會迎刃而解。

說到真理的問題，我們是不能不提到，被後人極力推崇、並認為在探求真理的問題上是不二人選，且給後世留下很多著名的哲學著作，更以《第一哲學》一書而彪炳哲學，被後人譽為百科全書式人物的古希臘哲學家亞里士多德。他之前的人，比如巴門尼德、比如赫拉克利特，雖然也說到過真理的問題——巴門尼德在分辨「真理之路」和「意見之路」的不同時，這樣說：「真理被認為是永恒的、不變的」[13]；相應而言，意見（猜忖）被認為是暫時的、可變的——巴門尼德的這個說法，被認為是有意識地對真理和謬誤的不同，進行了區分後的最通俗描述。至於赫拉克利特的說法，我們在前邊已經引用過，這就是那句話：「智慧就在於說出真理」。他完整的話，是這樣說的：「智慧就在於說出真理，依自然行事，聽自然的話。」[14]雖然巴門尼德和赫拉克利特，都說到了「真理」這個對象——他們和亞里士多德，都可以被稱為古希臘哲學界的巨人——但後人認為，他們並沒有對真理，進行過哲學的思考。那麼，誰是第一個，對真理進行了哲學思考的人呢？那就是亞里士多德。因為自亞里士多德的「真理觀」誕生之後，後世「幾乎所有真理理論都可以追溯到他」[15]。

亞里士多德究竟說了些什麼？使得後來的哲學家們，會如此這般地推崇他。亞里士多德是這樣說的：「是什麼說不是什麼，不是什麼說是什麼，這是假的；是什麼說是什麼，不是什麼則說不是什麼，這是真的。」[16]——這就是亞里士多德的著名真理觀。

九、真理和真話

由亞里士多德的這個說法，或許可以讓人想起，由中國古代的歷史事件，而衍生出來的一個成語：「指鹿為馬」。

按照亞里士多德的說法來說，「指鹿為馬」是「假的」——這一點，我們自然和亞里士多德的看法一樣：「指鹿為馬」是「假的」。那麼，什麼是「真的」呢？還以「指鹿為馬」的成語為例來說，「真的」就是「指鹿為鹿」「指馬為馬」——這就是「真的」。我想，不會有人要對這一點，也產生質疑吧？

說「指鹿為鹿」「指馬為馬」是「真的」，這自然不錯。然而，如果由此而就認為，「指鹿為鹿」「指馬為馬」就是「說出了真理」。恐怕，也很難能夠引起人們的什麼共鳴。因為這樣的一種「能耐」，在我們的現實生活中，實在是沒有什麼可以特別地誇耀之處。它是每一個正常人，再平常不過的一種基本的能力。我們完全可以指著一棵桃樹，告訴一個三歲的孩子說：「這是桃樹。」而事實上，有孩子的人都會這樣地告訴孩子，都會這樣地讓孩子知道「什麼是桃樹。」如果這種告訴孩子「桃樹就是桃樹」的話，就可以被認為是「說出了真理」，就可以被認為是「智慧」。那麼，歷代所有的哲學家們，都應該為此含羞而死。

很顯然，雖然人們不會否認「指鹿為鹿」「指馬為馬」是「真的」，但也鮮有人會認為，「指鹿為鹿」「指馬為馬」就是「說出了真理」。

由我們前邊對概念與詞語的關係的分析，應該讓人們很容易地就能夠知道，這不過就是賦予了被想像之物——即被意識從心理內容上剝離下來的「外部刺激物」，一個名稱而已。而之所以賦予了對象這個名稱，是人們為了表達概念，所為概念創造出的一種約定俗成的稱謂。

當然，亞里士多德所謂的「是什麼說是什麼」，是指對概念已經形成了約定俗成的詞語稱謂之後，指對象為概念的詞語稱謂。或者說，是就某種事情的事實的真實表述。通俗一點講，也就是說真話——說真話，當然是「真的」。但以為說真話，就是說出了真理，怕就難有共識。這一點，我們可以通過舉例來說明一下。比如，法庭審判時，一個證人不懼威脅地說出了真話——我們當然會欽佩這樣的人。但我們，並不由此而就會認為：他說出了真理。由此可見，真話和真理是兩回事兒，不能混為一談。既然真話並不就等於真理，那麼，那種認為亞里士多德在《第一哲學》中的那個有關「真的」說法，就是對真理的哲學探討，或說就是對真理的哲學規定，怕就有些牽強。一個人，在法庭上說出了他所見到的事實；一個人，說出了他自己對事物的真實感受——這些，都是真話，都是「真的」。但不能由此而就可以認為，這些就都是「真理」。

人們一般地知道，說真話最多的人就是孩子。由此，是不是就可以說，說出真理最多的人，就是孩子呢？若真理如此——那真理，怕就要和稚嫩、天真、無知聯繫在一起了——這怕是任何一個稍有見識的人，都不會同意的。況且，我們也都知道，孩子之所以會說真話，不是因為他有什麼思想，而是因為他尚沒有養成說一些言不由衷的話，來隱藏自己真實感情的陋習。

換個角度來說，真話，也不過就是把自己所見到的事實，敘述了出來——這雖然是一種誠實的品德，但卻並不就能說，這是一種智慧的表現。若智慧的表現，僅僅在於陳述自己所見到的事實（雖然這裡不免有意識參與），那麼，智慧，也就與亞里士多德所說的「原理和原因的知識」，不發生什麼關係。如此之智慧，沒有也罷。

十、真理的定義

說到這裡，應該可以讓人想到，真理和智慧，必然會有一定的關係。而我們已經知道，亞里士多德在《第一哲學》中，關於「智慧」，已經很明確地說過：「智慧就是有關某些原理與原因的知識。」這也就是說，只有我們對事物的原理和原因去認識，並由此而得到了相關的知識，我們才可以說：我們有智慧——這才是智慧的表現。

由此就可以知道，對事物的表面現象有了認知，或只是看到了事物的表面現象的聯繫，即僅僅只是「知事物之所然而不知其所以然」，不能夠稱為智慧；只有對事物「知其然也知其所以然」，即認識到事物的原理和原因，才能夠稱為智慧。而我們都知道，事物的原理和原因，並不就顯現在事物的表面，而是隱藏在事物的內部，是我們看不見、摸不著的對象——也就是它並不就顯現在我們心理的內容中。是需要我們對心理的內容，首先有意識——並在這個基礎上，通過對其的再想像——再產生意象，即對事物內在的原理和原因，再產生我們自以為是的意象才能得到。

我們已經知道，意象是心理衍生像——也就是對心理對象的再創造。因而，這就存在著一個問題，我們對心理對象所產生的這個意象，是否符合於這個對象，之所以為這個對象的原理和原因呢？

要證明這一點，我們唯一的途徑，就是通過我們自己的心理行為活動（借助於我們人類所創造的工具），去檢驗它——這種檢驗的活動，就是實踐——去看看：它是不是會反覆出現？是不是符合我們的預料？如果它符合我們的預料，會使得事物反覆地出現。那麼，我們就是了解了事物的原理和原因，就是得到了智慧；如果不符合我們的預料，並不會反覆地出現。那麼，我們就沒有得到它的原理和原因。我們就需要再去找找，它之所以不符合的問題所在——重新對它再認識（再產生一定的意象）、再檢驗——直至符合。只有符合了我們的預料，我們才是得到了事物原理和原因的知識，才體現出了我們的智慧。

縱觀人類歷史發展上的一切真知灼見，無不儘是如此。而這一切，無疑都是人類對事物對象的認識，並通過心理行為的實踐性檢驗活動，而得到的真知識。我們人類今天的一切成就，無不是這樣得到的知識。我們正是在這些知識的基礎上，並利用著這些知識，對自然進行著再認識；且在順應著自然的情況下，即赫拉克利特所說的「依自然行事，聽自然的話」——利用著自然事物，來改善著我們的生活環境、生活質量，讓自然為我們的生活服務。

我們已有的知識，雖然作為學科，各有領域；但它們卻並不就是孤立地存在著，而是互為聯繫、互為影響。而由這些知識的積累，我們就會逐漸地擴大我們的認知領域。由此及彼、由近到遠，由小到大，由現象而至規律，由規律而至本質，直至去認識終極事物——宇宙——世界的本質。

很顯然，我們一切認識的目的，歸根結底，都是在瞭解事物的本質和規律，並最終要得到符合事物本質和規律的知識——我們就是把這個符合事物本質和規律的知識，叫做「放之四海而皆準，行之百世而不惑」的真理。由此，我們就可以知道：**真理是符合事物本質和規律的知識**。[17]

言止於此，我們就完成了我們對人類智慧溯源的探索。

至於我們，是否為人們打開了洞悉世界上的一切事物的意識之門，那就讓真理證明吧。

[1] 見下邊的3注釋。

[2] 見下邊的3注釋。

[3] 他們的卑鄙之處，並不僅僅如此。他們對「世界觀」之「觀」的含義，故意含糊其辭。把「世界觀」原本的「觀念」之意，偷偷置換成「觀點」之義。故而，在他們所謂的理論中，他們的「世界觀」，就變成了「人生觀」——把「世界」概念，變成了「人生」概念。

[4] 「世界」這個詞語的本身，來源於佛教。我們這裡，是從哲學的「世界本原」說法，來理解它，「世界」即「宇宙」之意。

[5] 這裡，之所以括上了意識對象，是因為，意識對象，最終也是會成為心理的對象。這裡，有三層意思：一是，意識對象，最終會被心理記憶，成為心理表象的對象。二是，對夢境對象的意識，記憶並成為表象。三是，宗教就是讓意識的對象，成為了心理表象，而後又成為了意識的對象。

[6] 若以關係而言，感覺（表象或情緒、情感）和心理，是不能並列在一起的。因為，它們是種屬關係。正如獼猴桃和橘子，與水果是種屬關係，而不能並列在一起一樣。這裡，之所以把它們並列在一起，並不是考慮它們的關係，而僅指它們都是被人誤解的對象而言。

[7] 見黑格爾《小邏輯》　第二篇　本質論　§112　附釋

[8] 此前的唯物主義的「物質」概念，只是「物體」或「實物」的不同稱謂，並沒有達到產生並決定著萬物的那個「萬物之原」的認識深度。

[9] 見亞里士多德《第一哲學》　卷一　章二；

[10] 《簡明哲學辭典》　（蘇）「巴甫洛夫」條目　第48頁

[11] 「舒服不舒服」，就是我們在前邊「思維的本質屬性」一節中，所沒有明確的具體內容。

[12] 《古希臘羅馬哲學》　第29頁

[13] 見互聯網上《維基百科》「真理」條目

[14] 《古希臘羅馬哲學》　第29頁

[15] 見互聯網上《維基百科》「真理」條目

[16] 見亞里士多德《第一哲學》　卷四　章七；另見互聯網上《維基百科》「真理」條目

[17] 本質是哲學的目標，規律是科學的目標。

哲學宗教類　PA0067

人類智慧溯源
——人的本質探索

作　　者 / 秦躍東
責任編輯 / 邵亢虎
圖文排版 / 陳姿廷
封面設計 / 王嵩賀

發 行 人 / 宋政坤
法律顧問 / 毛國樑　律師
出版發行 / 秀威資訊科技股份有限公司
114台北市內湖區瑞光路76巷65號1樓
電話：+886-2-2796-3638　傳真：+886-2-2796-1377
http://www.showwe.com.tw
劃撥帳號 / 19563868　戶名：秀威資訊科技股份有限公司
讀者服務信箱：service@showwe.com.tw
展售門市 / 國家書店（松江門市）
104台北市中山區松江路209號1樓
電話：+886-2-2518-0207　傳真：+886-2-2518-0778
網路訂購 / 秀威網路書店：http://www.bodbooks.com.tw
國家網路書店：http://www.govbooks.com.tw

2013年5月BOD一版
定價：560元

國家圖書館出版品預行編目

人類智慧溯源 : 人的本質探索 / 秦躍東著. -- 一版. -- 臺
北市 : 秀威資訊科技, 2013.05
面； 公分. -- (哲學宗教類)
BOD版
ISBN 978-986-326-105-6 (平裝)

1. 真理論

166 102007592

讀者回函卡

感謝您購買本書，為提升服務品質，請填妥以下資料，將讀者回函卡直接寄回或傳真本公司，收到您的寶貴意見後，我們會收藏記錄及檢討，謝謝！如您需要了解本公司最新出版書目、購書優惠或企劃活動，歡迎您上網查詢或下載相關資料：http:// www.showwe.com.tw

您購買的書名：________________________________

出生日期：________年________月________日

學歷：□高中（含）以下　□大專　□研究所（含）以上

職業：□製造業　□金融業　□資訊業　□軍警　□傳播業　□自由業

□服務業　□公務員　□教職　□學生　□家管　□其它____

購書地點：□網路書店　□實體書店　□書展　□郵購　□贈閱　□其他

您從何得知本書的消息？

□網路書店　□實體書店　□網路搜尋　□電子報　□書訊　□雜誌

□傳播媒體　□親友推薦　□網站推薦　□部落格　□其他________

您對本書的評價：（請填代號　1.非常滿意　2.滿意　3.尚可　4.再改進）

封面設計____　版面編排____　內容____　文／譯筆____　價格____

讀完書後您覺得：

□很有收穫　□有收穫　□收穫不多　□沒收穫

對我們的建議：________________________________

____

____

____

請貼
郵票

11466
台北市內湖區瑞光路 76 巷 65 號 1 樓
秀威資訊科技股份有限公司 收
BOD 數位出版事業部

（請沿線對折寄回，謝謝！）

姓　　名：＿＿＿＿＿＿＿＿　年齡：＿＿＿＿　性別：□女　□男

郵遞區號：□□□□□

地　　址：＿＿＿＿＿＿＿＿＿＿＿＿＿＿＿＿

聯絡電話：(日) ＿＿＿＿＿＿＿＿ (夜) ＿＿＿＿＿＿＿＿

E-mail：＿＿＿＿＿＿＿＿＿＿＿＿＿＿＿＿